U0750506

刘畅 著

多维视角下的新闻传播理论新探

暨南大学出版社
JINAN UNIVERSITY PRESS

中国·广州

图书在版编目（CIP）数据

多维视角下的新闻传播理论新探/刘畅著. —广州：暨南大学出版社，2013.5

ISBN 978 - 7 - 5668 - 0500 - 3

Ⅰ．①多… Ⅱ．①刘… Ⅲ．①新闻学—文集 Ⅳ．①G210 - 53

中国版本图书馆 CIP 数据核字（2013）第 039083 号

多维视角下的新闻传播理论新探

著　　者：	刘　畅	

策划编辑：	李　艺	
责任编辑：	李　艺	林芳芳
责任校对：	黄　球	周海燕

地　　址：	中国广州暨南大学
电　　话：	总编室（8620）85221601
	营销部（8620）85225284　85228291　85228292（邮购）
传　　真：	（8620）85221583（办公室）　85223774（营销部）
邮　　编：	510630
网　　址：	http：//www.jnupress.com　http：//press.jnu.edu.cn
排　　版：	广州市广海照排设计中心
印　　刷：	佛山市浩文彩色印刷有限公司
开　　本：	787mm×960mm　1/16
印　　张：	18
字　　数：	318 千
版　　次：	2013 年 5 月第 1 版
印　　次：	2013 年 5 月第 1 次
定　　价：	39.00 元

（暨大版图书如有印装质量问题，请与出版社总编室联系调换）

序

刘畅老弟的新作《多维视角下的新闻传播理论新探》即将问世，嘱我写序。

这本书的内容属于新闻传播学的范畴。对于这门学科，我是个门外汉，一时有点犯难，但又寻思着我们每天就生活在新闻里，无时无刻不在传播之中，从这个意义上讲，又不完全是外行，于是就接受了。待浏览篇目，细读内容，品味文意后，兴味盎然而生，冒发出点底气。"底气"云云是说，刘畅的这本书与我的研究领域和感兴趣的话题还是有许多关联的。

我一直专注于中国政治思想史领域研究，关注王权与中国社会结构的问题，主张理解中国社会的要害之一就是"权力支配社会"；而刘畅的书名也有"权力"二字，只不过是一种现代的、基于新媒体的权力。但如果考虑到当下中国是古代中国的一种有机延续，现代社会中的许多东西都有古代社会的"胎记"，这些"权力"之间还是有若隐若现的联系的。简单来说，古代中国社会的弊端之一，就是缺乏制衡王权的其他行政或社会权力，一家独大，"普天之下，莫非王土"，基于血缘的宗法权力宝座成为政治争夺的唯一目标，所谓"秦失其鹿，天下共逐之"，即所谓"齐家、治国、平天下"。这种游戏规则导致中国社会的周期性动荡，破坏性极大，也导致中国近代社会发展的极度不平衡，至今还在影响着中国政治的基本结构。此不赘。

确如本书所说，网络不仅仅是一门技术，还是一种思想，一种观念，一种思潮。这样说不是在媒介和思想、思潮之间直接画一个等号，而是说网络技术的即时性、便捷性、大众普及性使得支配媒介的权力发生了前所未有的大转移——原来只被少数人掌握的媒介现在进入了大众手中，于是就有了"思想"或"思潮"的含量。恰如作者所言，在权力监督的问题上，出现了"反向全景敞视"。其出现的意义在于，它使得以往"离场"、"缺场"的大众实现了真正"在场"。它昂首入"场"，构造了一个"无处不在"的电子监控空间，监视行政权力"犯规"的每一个细微动作，使其再也不能随心所欲。这是一个"新情况"，在中国历史上是前所未见的。还有，网民作为一个群体，确实在参与着政治活动，通过作者的介绍，我们看到，由中国特殊的国情决定，议政、问政甚至是"参政"成为中国微博的一种主要功能，微博问政关注的是一个个关乎网民切身利益的制度漏洞，是极有针对性的。另外，网民为何能够成为一个群体，也是得益于网络这种技术。有了网络之后，网络的普及性、大众性、互动性、瞬时性、零成本以及强大的聚合性，使得原先如恒河细沙的无组织网民终于有了"组织"，并且几乎不需要支付任何成本，从资金和技术上解决了奥尔森所说的"被遗忘的集团"和"潜在压力集团"难以组织起来的问题，网民对实际权力构成了无形的压力与引导。这些问题实际上都与政治思想史的基本问题——权力与社会——有着直接或间接的联系。制约权力的方法也离不开权力——以权力制约权力；书中所说的"第五种权力"，实际上属于一种社会权力，而社会权力的壮大，无疑是社会进步的表现。当然，对这种权力改变社会的期待过大也是不可取的，因为它毕竟是"虚"的，实权的掌控者能听几分，是很难预测的。

与刘畅老弟相识有年，平时多有沟通与交谈，每感见解契合，思想共鸣，很是享受谈话的乐趣。感觉他的思维和动作都很敏捷，勤思考，下手快。他涉猎较广，眼界开阔，属于杂家者流。专家固然不易，但我以为杂家可能更难，学者中需要有一批杂家。以前总担心他摊子铺得太大，要吃亏的，现在我要庆祝他进入了收获期。创意及新的观点，往往产生于跨学科思维的交叉和激荡之中。刘畅老弟眼界开阔的一个好处就是：左右逢源，皆成观点，上下古今，皆有文章可做。他此前耐得住寂寞，耗得起时间，一旦达到一个临界点，就会有不俗表现。

年龄有生理和心理之分，而心理年龄又包括学术年龄。从学术年龄的角度来看，他还年轻，当有更好的作品问世。是为盼，是为序。

刘泽华

2013 年 2 月于西雅图寓所

自 序

多年前，由于组建新闻传播学系的需要，笔者面临又一次角色转型：从古代文学思想史和古代政治思想史研究转向新闻传播学的教学和研究。此种转换，一则以惧，一则以喜。惧的是"人过四十不学艺"，一般而言，涉足一个完全陌生的领域，光是适应新学科和学习基础知识，就要耗费至少两三年的时光；喜的是此种转换恰好提供了一个跨学科思维的机会，笔者兴趣广泛，崇尚杂家思维，喜欢多涉猎一些领域，尤其喜欢追踪时代，把鲜活、即时的社会事件当做文献和文本来阅读，并把其作为思维的材料，而这恰恰是新闻传播学的本质特征。实际上，笔者感觉，以前的古代文学思想史和古代政治思想史已经奠定了基本的理论思维和学术能力，目前进入新闻传播领域，只不过把思维对象换一下，本质的东西并未受影响。比如理论思维的基本功是对概念的敏感，善于从日常感性材料中发现并提炼出概念来，这一点，新闻传播学和文学思想史、政治思想史是相通的。从某种意义上讲，这本书基本反映了笔者这种"角色转型"之后的思考成果，其中不无文学思想史和政治思想史基本学术方法的影子。当然，较晚才涉足这一领域的浅薄和尴尬也是明显的，这都体现在字里行间，这也是需要读者理解和原谅的。

《多维视角下的新闻传播理论新探》是笔者常年思考问题的论文结集，它是一本以"第五种权力"和"社会心理新闻"为核心内容，以新媒体和社会变化为主要研究对象的研究性成果，追求独创型、新颖性、前沿性。其中多数文章在 CSSCI 入选学术期刊上发表，与《传播：故事与思维》不同，它有浓厚的"学术色彩"。如果非要自评的话，要是说本书有点儿突破，那就在于：一是提出了一系列具有独创性的理论概念，如"第五种权力"、"社会心理新闻"、"思想修辞"、"事实思维"等，其本身具有填补空白的意义；二是为继续研讨提供了一个起点和平台，许多概念具有可延展性；三是具有方法论的指导意义，如提出"事实思维"是新闻传播人独特的思维方式，具有指导意义，并探讨了"思想修辞"这一思维现象。凡此，虽尚无定论，但也可见出这本小书锐意求新、着眼理论前沿的兴趣和特色。

本书由三大部分构成：

第一编：第五种权力。探讨网络传播环境背景下一种新的新闻舆论监督方式。媒介即讯息，媒介是人的延伸，新媒体不仅仅是一种技术，还是一种思想和思潮。近年来，随着网络通信传播技术的迅猛发展及网民群体的扩大，一种有异于"第四种权力"的新的媒介权力形式——"第五种权力"顺势崛起，可称之为"社会权力"或"微观权力"。它之所以具有相对独立性，有着多元的原因，对这种种原因的分析，构成第一编的主体。第一编以权力、媒介和社会的新型关系为基本思路，探讨新媒体和社会变革、社会治理之间的关系。不仅有具体内容，还具有方法论的意义。随着网络的崛起，社会权力关系也发生了变化。权力的本质是控制，而控制的前提是可视性或可见性，边沁、福柯都曾用"全景敞视"来说明视觉、技术和权力的关系。"在场"，是权力监督的必要条件之一。而由于中国监察系统的先天不足，使其"在场"多以"不在场"而告终，构成所谓"在场困境"，与其紧密相关的是"缺场悖论"。网络技术的出现，实现了物理空间和虚拟场所的分离，也催生了一种新的权力与技术的关系，它从反向意义上实现了由边沁到福柯的"全景敞视"，即"反向全景敞视"，从而产生一种新的"在场"关系，使"在场困境"与"缺场悖论"双双迎刃而解。不赘。

第二编：社会心理新闻。第二编试图从理论和实践形态两方面论证一种新的新闻样式——社会心理新闻。所谓社会心理新闻，就是对新近发生的、积累了一定时段的"心理事实"的报道。从"新闻心理"到"心理新闻"，不只是一种词序的变化，还体现出一种完全不同的研究思路和认识视角。社会的发展和进步，会催生读者新的新闻需求；而新的新闻需求，则会催生新的新闻报道的方式和理论。由这种新闻史的事实和思路出发，在目前的新闻传播界，完全可以提出一个较新的新闻概念——心理新闻。新闻是对新近发生的事实的报道，但在实际生活中，所谓"事实"大致可分三类：一是物理事实，二是社会事实，三是心理事实。传统新闻理论和实践过多强调了对前两类"事实"的报道，而对这第三种"事实"有所忽略。所谓"社会心理新闻"，就是对新近发生的、积累了一定阶段的"心理事实"的报道。实际上，在目前的新闻实践中，这种新闻产品已经出现，但尚处于感性认识阶段，亟须理论上的探讨与完善，以期对新闻实践有所指导。

第三编：新闻传播人思维方式初探及其他。第三编意在探讨新闻传播人独特的思维方式，提出"事实思维"这一概念，认为"事实思维"是新闻传播人独有的思维方式，它介于逻辑思维和形象思维之间，并将其作为新闻传播人的基本思维方式。笔者还结合自己在韩国的亲身经历，提出新闻人是生活的"卧底者"。第三编还汇集了若干篇角度新颖、探索性强的论文，尤其注重方法论的探讨与研究，如《语言修辞与思想修辞》，意图在语言修辞之外，探索一种新的"修辞"形态——思想修辞。前者是语言润色，后者是思想润色；前者着重的是如何使语言更漂亮，更有感染力和说服力，后者着重的是如何使思想更有感染力和说服力，更为普遍接受；前者一般是局部的、分散的、片段的，而后者则具有整体性、结构性、系统性的特征。该文指出：比喻延伸和中观思维，是思想修辞的两个重要范畴，这样就把一般泛泛而言的这一概念落到实处，而非空谈。以"思想修辞"为关键词搜索 CNKI 等期刊网（收录年份从 1915 年至 2013 年），只有一篇文章勉强与此关涉，即《思想修辞化——艾丽丝·默多克文学创作中的"类型"研究》一文，而其研究的内容和笔者思考的也不是一回事，可见论证"思想修辞"的填补空白意义和创新价值。总之，这一问题还有很大的研讨空间。

坊间有云，新闻无学。由此可以反证理论思维对于新闻传播学研究的重要性。新闻学、传播学的发展亟须理论思维的介入，其中，概念创新尤为重要。在本书中，笔者对概念创新进行了有意识的探索，如"第五种权力"、"心理新闻"、"思想修辞"、"事实思维"等，目前都具有唯一性，这从搜索引擎上就可得到证明：用搜索引擎搜索这些概念，会发现，它们基本都是笔者的独创，还有很大的理论研讨空间。正是在这个意义上，《多维视角下的新闻传播理论新探》有其一定的学术价值。此外，网络媒体的出现，使既有的媒介格局发生了颠覆性的变化，也影响到权力结构和社会变迁、转型治理等问题，本书在这一点上也有所挖掘，尤其注重中国社会转型期的网络媒介的特殊作用，并能将其上升到理论层面进行论证，如《"在场困境"与"缺场悖论"——反向全景敞视下的"第五种权力"》、《微博问政、治理转型与"零碎社会工程"》、《"第五种权力"与潜在压力集团》等，都不是仅仅停留在现象层面，而是力图在理论思维层面上有所创新。这就为继续研讨搭建了一个平台，拓展了延伸的空间，以期为繁荣学术、构建新闻传播学的本土理论体系作出贡献。

笔者不由想起了传播学"议程设置理论"发现者美国学者麦库姆斯的话："大多数社会科学的发展是一个逐渐积累的过程，这与自然科学中的那些戏剧性的'发现'形成了鲜明对比。上个世纪末期，这个积累特点在议程设置理论上体现得尤其明显。……很少有理论刚诞生就羽翼丰满。它们通常始自一种简明扼要的洞见，然后经由许多人的多年探索，才逐渐清晰起来。议程设置理论的形成正是这种情形。这个理论始自一个简单的假设，这个假设描述大众传播如何影响公众对社会与政治议题的关注。由此，这个理论逐渐扩展，又融入许多新的命题，如关于产生这些效果的偶发条件、塑造媒介议程的力量、媒介信息中具体因素的影响以及这个议程设置过程的各种结果。"（《议程设置：大众媒介与舆论》）麦氏所描述的这种思想过程，具有普遍意义。

　　笔者深知，创新难，概念创新尤难，概念创新问世后被社会和学界所接受更难。面对这"三难"对《多维视角下的新闻传播理论新探》所涉及一系列问题的探讨，不无知难而进的艰辛与尴尬。生命不息，创新不止，研讨不休——虽不能至，心向往之，因为，恰如学界先贤所说：社会科学领域的发现是一个不断积累的过程，很少有理论刚一诞生就羽翼丰满。

　　掀翻书页之际，愿与读者和同行共勉。

刘　畅

2012 年 12 月于南开大学文学院

目　录

第一编

第五种权力
——网络传播时代背景下的新闻舆论监督新探

第四种权力：新闻自由之子

"第四等级"（Fourth Estate）或"第四种权力"（Fourth Power），是欧美西方社会对于新闻媒体在社会中的地位的表述，是指在立法、行政、司法这三种权力之外的一种独立的社会力量，其社会职能是"监法"，即对上述三种社会权力进行舆论监督，以保证这三种权力的运作透明以及社会机体的健康运行。

关于"第四等级"或"第四种权力"的缘起和成因的说法有各种版本，但无非是遵循两种路径，一是观念缘起，二是概念命名溯源。

就观念缘起而言，无论哪种表述，都与新闻媒体独立自主的社会地位有关。没有独立于立法、行政、司法三种权力之外的特殊地位，实施"监法"就只是一句空话。而新闻媒体获得这种权力的合法性来源，就是新闻自由的思想。从这种意义上来说，"第四种权力"是"新闻自由"思想之子。

自由主义新闻思想成为宪法的条款，是人类发展史上的一个重大事件，也是自由主义本身发展的一个重要里程碑。它表明，自由主义思想在欧洲占据了统治地位。1789 年 6 月 27 日，法国国民议会成立，决定仿效美国各州的做法，在新宪法正文前附一份公民权利的宣言，并在其中宣布言论出版自由。7 月 6 日，国民议会制宪委员会成立，立即着手审议部分代表提交的各种人权宣言草案。7 月 14 日，法国大革命爆发，国民议会又组成新的制宪委员会，决定加快草案审议工作，对言论自由问题，其最终表述为：

无拘束地交流思想和意见是人类最宝贵的权利之一，每个公民都有言论、著述和出版的自由，只要他对滥用法律规定情况下的这种自由负责。

此后，其他许多国家的宪法、《世界人权宣言》、《联合国人权公约》、《欧洲人权公约》、《美洲人权公约》以及《国际新闻自由公约草案》等法律法规中都有涉及言论出版自由的条款，在它们的制定过程中都以法国《人权宣言》第十一条的表述为基础。例如 1789 年美国制定的《权利法案》（亦称《第一宪法修正案》）就指出：

国会无权制定法律涉及建立宗教或禁止宗教的自由；剥夺人民言论或媒

体的自由；剥夺人民和平集会及向政府请愿、伸愿之权利。①

　　这种思想在 19 世纪美国报业精英中已经是普遍信条。查理·德纳曾任《纽约论坛报》采访部主任和主编以及《纽约太阳报》社长和主编，1888 年，他在一次演讲中说：

　　世界上没有一个国王、皇帝或独裁者拥有相当于我们美国总统那样大的权威或权力，我们假设有一天发生这样的事（上帝保佑，但愿它不会发生）：当上总统的那个人征服了全体人民的心，使他们达到了盲从的地步，因而使这位总统的野心变得不受任何制约，使他能为所欲为，假设他一步步地摆脱了宪法的约束，假设他践踏了个人自由的原则——这是我们父辈留给我们的最可珍贵的遗产，这是我们共和国的灵魂；假设他践踏了这条原则，而政权在他手中，甚至法庭也俯首听命于他，军队也追随他、服从他。那么，这时靠谁来保卫公民的自由，不为他的野心所踩蹴呢？这时就得依靠报纸，就得依靠自由的报纸，当所有别的保障都已崩溃的时候，自由的报纸仍然保卫着我们一代代将自由传下去，仍然维护着（我们希望如此）共和国的一切尊严和光荣，直到永远。②

　　这种对新闻媒介的认识和表述基于西方宪政思想家对权力的本能恐惧和本质上的不信任。其实，稍先于查理·德纳的美国启蒙思想家潘恩（1737—1809）就从宪政角度表达了同样的思想：

　　政府即使在其最好的情况下，也不过是一件免不了的祸害；在其最坏的情况下，就成了不可容忍的祸害；因为，当我们受苦的时候，当我们从一个政府方面遭受那些只有在无政府的国家中才可能遭受的不幸时，我们由于想到自己亲手提供了受苦的根源而格外感到痛心。③

　　在探讨制度必要性和它的功能设计时，英国哲学家、历史学家和经济学

---

　　①　[美] 迈克尔·埃默里. 美国新闻史. 展江译. 北京：中国人民大学出版社，2004. 80. 其英文原文为："Congress shall make no law respecting an establishment of religion, or prohibiting the free exercise thereof; or abridging the freedom of speech, or of the press; or the right of the people peaceably to assemble, and to petition the government for a redress of grievances."

　　②　樊炳武. 新闻理论. 呼和浩特：远方出版社，2001. 171～172.

　　③　[美] 潘恩. 潘恩选集. 马清槐等译. 北京：商务印书馆，1981. 31.

家大卫·休谟（David Hume）提出了著名的"无赖原则"预设。他认为，人们在考虑制度安排时，必须持有"人人应当被假定为无赖"这样一种假设。人必须被看成是"理性"的谋利动物。而制度设计要达到的目的是：不论当权者多么利欲熏心，通过完善的制度机制的钳制功能，都可做到"规规矩矩"地服务于公益。休谟说：

> 政治作家们已经确立了这样一条准则，即在设计任何政府制度和确定几种宪法的制约和控制时，应把每个人都视为无赖——在他的全部行动中，除了谋求一己的私利外，别无其他目的。①

对此，詹姆斯·布坎南是这样说的：

> 当人们的政治行为被认为一如他们其他方面行为一样是追求私利之时，宪政上的挑战就成为这样一种挑战：构造和设计出能够最大限度地限制以剥削方式追求个人利益，并引导个人利益去促进整个社会利益的制度和规章。②

普遍"无赖原则"的假定，以人性恶为基本假设，构成了西方国家制度方法论必要的思想前提——基于"最坏情形"的人性判断，即每个政治家都有可能是无赖，而不是寄托于人性的自我完善。基于此种基本思路，美国宪政学家詹姆斯·麦迪逊则从人的本能角度提出了制度设计的"非天使预设"：

> 如果人都是天使，就不需要政府了。如果是天使统治人，就不需要对政府有任何外来的或内在的控制了。在组织一个人统治人的政府时，最大的困难在于必须首先使政府能管理被统治者，然后再使政府管理自身。毫无疑问，依靠人民是对政府的主要控制；但是经验教导人们，必须有辅助性的预防措施。③

英国哲学家、政治思想家波普尔则从"证伪主义"的立场提出了"国家是一种必要的罪恶"的政治预设命题，他说：

---

① ［美］斯蒂芬·L. 埃尔金等. 新宪政论. 周叶谦译. 北京：生活·读书·新知三联书店，1997. 27～28.

② ［美］詹姆斯·M. 布坎南. 自由、市场与国家. 平新乔，莫扶民译. 上海：上海三联书店，1989. 39.

③ ［美］汉密尔顿等. 联邦党人文集. 程逢如等译. 北京：商务印书馆，1980. 264.

国家尽管是必要的，但却必定是一种始终存在的危险或者（如我斗胆形容的）一种罪恶。因为，如果国家要履行它的职能，那它不管怎样必定拥有比任何个别国民或公众团体更大的力量；虽然我们可以设计各种制度，以使这些权力被滥用的危险减少到最低限度，但我们绝不可能根绝这种危险。①

这些所谓的"政府即使在其最好的情况下，也不过是一件免不了的祸害"、"必须有辅助性的预防措施"、"使这些权力被滥用的危险减少到最低限度"等思想，不仅为西方三权分立提供了理论基础，也为"第四种权力"（新闻媒介的舆论监督权力）的登场准备了条件，铺平了道路。这种权力的本质是"以权力制约权力"，给政治活动设定一个什么可以做、什么不可以做的边界。正如美国著名政治学者汉娜·阿伦特（Hannah Arendt）所指出的："为了防止（政府）行动的破坏性，需要对它进行限制和引导。政治的任务就是要努力为行动的破坏性设定一个边界。国家、法律以及制度的作用就在于此。"

要真正起到"监法"的职能，媒介报业的独立地位就成为关键，只有存在一种独立于立法、行政、司法这三种权力之外的社会力量，舆论监督才有可能实现。而基于市场经济和个人主义理念的美国报业的发展，恰恰为此提供了丰富的物质和精神资源。作为"新式新闻运动"的风云人物普利策、赫斯特以及奥克斯都曾表述过类似的思想。早在接手《邮讯报》时，普利策就指出：

《邮讯报》不为党派服务，而为人民服务；不是共和党的喉舌，而是真理的喉舌，不追随任何主张，只遵循自己的结论；不支持"行政当局"，而是批评它；反对一切骗局，不管发生于何处，也不管它是何种性质的；提倡原则和思想，不提倡偏见和党派性。②

普利策曾给一名主编写过一封信，表明自己的办报宗旨，这段话也代表了美国报业一致奉行的独立精神和职业态度：

每期报纸都提供了一个机会和责任：讲一些勇敢和真实的话，摒弃平庸

---

① ［英］卡尔·波普尔. 猜想与反驳：科学知识的增长. 傅季重等译. 上海：上海译文出版社，1986. 499.

② Don C. Seitz, Joseph Pulitzer. *His Life and Letters*. New York：Simoon and Schuster，1924. p. 101.

与陈腐，讲些令社会上有知识、有教养、有独立见解的人们敬重的话，无虑党派性和流行偏见。我情愿每天都有一篇这样的文章，而这篇一二十行字的文章很可能就是一整天辛勤劳动、聚精会神地认真思考、修改、斟酌文体和推敲字句的结果。①

1907 年，在辉煌事业将要告终之际，普利策还留下了这样的名言：

我知道我的退休不会影响办报的基本原则：报纸将永远为争取进步和改革而战斗，决不容忍不义或腐败；永远反对一切党派的煽动宣传，决不从属于任何党派；永远反对特权阶级和公众的掠夺者，决不丧失对穷苦人的同情；永远致力于公共福利，决不满足于仅仅刊登新闻；永远保持严格的独立性，决不害怕同坏事作斗争，不管这些事是掠夺成性的豪门权贵所为，还是贪婪的穷人之举。②

而在 1896 年，奥克斯申明自己拯救《纽约时报》的理念时就坦言：

我的殷切目标是：《纽约时报》要用一种简明动人的方式，用文明社会中慎重的语言来提供所有的新闻；即使不能比其他可靠媒介更快提供新闻，也要一样快；要不偏不倚、无私无畏地提供新闻，无论涉及什么政党、派别或利益；要使《纽约时报》的各栏成为探讨一切与公众有关的重大问题的论坛，并为此目的而邀请各种不同见解的人参加明智的讨论。③

综上，这些"不为党派服务"，"真理的喉舌"，"决不从属于任何党派"，"要不偏不倚、无私无畏地提供新闻"的思想理念，实际上都表明了报业不受立法、司法和行政三种权力限制的理念，为其成为一种表达民意、监督政府的独立社会力量奠定了基础。正是从这种独立意义上，英美及西方媒体被称为"第四等级"或"第四种权力"。

除观念缘起之外，就概念命名、字面溯源而言，也有不少人作出了贡献。

1804 年，美国著名思想家杰弗逊最早提出"第四种权力"的思想。他在反对派报纸的大力攻击下，以压倒性的优势连任总统。他说，如果一个政府

---

① Don C. Seitz, Joseph Pulitzer. *His Life and Letters*. New York：Simoon and Schuster，1924. p. 286.

② ［美］迈克尔·埃默里. 美国新闻史. 展江译. 北京：中国人民大学出版社，2004. 219.

③ A. S. Ochs Declaration for the Principles, *New York Times*，1996 - 08 - 19.

在批评面前站不住脚，就理应垮台，而联邦政府的真正力量在于接受公众的批评，而且有能力抵挡批评。所以自由报刊应是对行政、立法、司法起制衡作用的"第四种权力"。①

1840年，法国著名的批判现实主义作家巴尔扎克曾发表过这样的议论："在法国，报业是国家的第四种权力，它攻击所有人却无人攻击它；它随心所欲地指责，它声称政治家和文人属于它，应该为它作出牺牲，而它却不愿互惠；它说着、干着可怕的蠢事，可这是它的权力！"②

正式提出"第四等级"这一概念的是英国历史学家凯黎里，尽管他把这一提法归于政治家爱德蒙特·巴克。根据他的记载，1928年，英国国会举行会议，爱德蒙特·巴克有一段发言，凯黎里对此作了如下记述：

伯克说议会中有三个等级，但在不远处记者的旁听席上，坐着远比这三个等级都要重要的第四等级，它不是指发言人本身和他们机智的语言，而是指一种存在的事实……我常说，从他们笔下流出的那些印刷文字，有着与民主同等的意义：写作问世后，民主就不可避免了。……那些拥有向全国说明真相的话语权的人，就构成一种权力，政府的一个部门，与立法、执法、司法等部门同等重要。这一等级的显赫不在于他的社会地位、收入和服饰，而在于他说出了公众想知道的信息，而这些正是最重要的。③

需要说明的是，"第四等级"与"第四种权力"虽然都指媒体，但还是略有区别的——前者指的是一种占有一定社会地位的社会群体，即媒体记者和从业人员，与其相区别的其他三种等级分别是僧侣（或神职阶层）、贵族、平民；后者指的是一种用舆论监督社会的权力，与其相区别的其他三种权力分别是立法、司法和行政。简言之，"第四等级"是指一个群体，"第四种权力"是指其功用。

正是从凯黎里正式运用"Fourth Estate"（第四等级）这一概念之后，"第四等级"、"第四种权力"才不胫而走，成为西方新闻界的口头禅。④1974年，美国联邦最高法院的一名法官正式提出了具有法律意义的"第四种权力理论"（Theory of Fourth Power）。至此，"第四种权力"已被英美西方社会普遍接受。

---

① 陈绚．网际网络——第五种权力？．国际新闻界，1999（5）．
② 刘国瑛．新闻传媒——制衡美国的第四权力？．长沙：湖南教育出版社，2002. 23.
③ Thomas Carlyle. *Toeg Effect.* http：//www. alienlove. com.
④ 余家宏．新闻学简明词典．杭州：浙江人民出版社，1988. 210.

　　综上可见，作为观念意义上的"第四等级"或"第四种权力"源远流长，几乎与西方新闻自由、新闻独立的历史相始终；而概念命名意义上的"第四等级"或"第四种权力"要推至 20 世纪 30 年代，尽管此前这种思想已经深入人心。从这种意义上来说，"第四等级"或"第四种权力"是新闻自由思想之子；没有自由独立之思想，也就没有"第四种权力"。

"第四种权力"：对"三权"的制衡

"第四种权力"的本质在于对前三种权力，即立法权、司法权、行政执法权的监督与制衡。

从权力分类来看，新闻媒体在本质上不同于其他传统的权力，它属于一种新的权力形式。加尔布雷斯在《权力解剖》一书中，把权力分为三类：应得权力、补偿权力和约定性权力。应得权力是指惩罚性的权力，通过威胁或者施加惩罚性后果，使他人服从。军队、警察可以视为这一权力的代表。补偿权力是指给予报酬的权力。它通过给予回报而使他人服从。补偿权力在现代经济中最重要的表现形式就是金钱报酬。跨国公司所拥有的主要权力是指补偿权力。第三种权力是指约定性权力。它通过改变他人的信念来实现，包括以劝说和教育等手段使他人服从于某个机构或个人意志。约定性权力与前两种权力相比，在现代政治经济中最为重要。它的载体包括演讲、小册子、书籍、电视、广告、媒体吹风会、杂志文章等等。加尔布雷斯说，这些工具都是"权力的现代表现形式"。今天的媒体兼有巨大的补偿权力和约定性权力。一方面，媒体产业已经成为全球经济中最大最赢利的行业之一；另一方面，媒体深刻地影响着社会的意识形态和政治运行，是意识形态的主要载体和统治现代社会的重要政治工具。媒体集这两种权力于一身，成为持续影响现代社会的最深刻的复合力量，因而它是超越传统权力形式的新兴权力中心。①

与发轫于20世纪初叶的"进步运动"相表里，这一时期美国新闻界把"第四种权力"表现得淋漓尽致的是著名的"扒粪新闻运动"（Muckraking Journalism）。对此，张巨岩先生在《权力的声音》一书中，对此有比较详细的叙述，下面摘录其要：

19世纪末到20世纪初，即从内战结束到1930年代的大萧条之间，是美国政治和社会发生剧烈变革的时期，也是这个正在上升的民族在走向强大之前的转型与阵痛时期。这一时期，美国由农业和乡村社会向工业和城市社会快速转变。私有企业无序竞争，剧烈兼并，出现了权力巨大的工业巨头，如洛克菲勒的石油业，卡耐基的钢铁业，摩根和范德比尔特的金融业等。其中，

---

① 张巨岩. 权力的声音. 北京：生活·读书·新知三联书店，2004. 264～265.

洛克菲勒的标准石油托拉斯独自控制了美国 90% 的石油业。剧烈的兼并使原来处于中产地位的阶层逐渐边缘化，或者沦为贫困的产业工人。加上源源不断的新移民的冲击，美国社会出现了剧烈的两极分化，贫困、黑暗和不公正的现象到处泛滥。于是出现了以伸张社会正义为核心内容的进步运动。"扒粪新闻"即为"进步运动"的一个重要的"进步"成分。发动"扒粪新闻"的媒体主要是当时发行量正向全国扩张而影响力大增的杂志和一些报纸。"扒粪新闻"中的作家也使美国的民众忽然意识到，居然还有个"黑暗的美国"存在。《华盛顿邮报》的一名编辑曾形象地描述这种现象："我们在道德上确信，如果我们再猛地拉开下一扇门，就会有一个尸体倒出来。"

"扒粪新闻"的一个著名记者艾德文·马克汉姆在 1906 年报道美国的童工现象时这样写道：

在希腊和罗马，主人和奴隶的孩子在同一托儿所生活。教师帮助他们健身，而不必顾及血统和财富。但我们的"基督教文明"多么不同啊！1 700 000 个儿童在工作！……这是 1900 年的数字，而现在已经多出了数千数万。其中许多日夜工作 10 到 14 个小时，而只得到可怜的一角钱的工资。

乔治·特纳这样描写穷人移民的女儿们的境地：

就在（纽约）休士顿大街的北面，是一长排的标志。在那里，波兰和斯洛伐克的下女们在阴暗的雇佣机构中坐成直直的一排，等人领走去做仆人。这些不幸的脸色苍白的村姑的运气要比（做妓女和舞女的）加利西亚的犹太姑娘好一些。她们像挂了标签的行李一样来到这里，挤在一排简陋的寄宿屋中，晚上是七八个人，早上给中介机构跑腿的人把她们和她们的小行李箱带走，然后坐下等待主妇来挑选。

美国的政治在此时也相当腐败。共和党和民主党的总统候选人都是在烟雾缭绕的密室中由党务大员确定的，所谓的"初选"基本上是作秀（民主党总统候选人竞选只是在 1968 年民主党芝加哥大会时，由于民众通过暴乱性质的抗议，才被迫开始改革的；共和党的改革更晚。托克维尔的《美国的民主》描写的是乡村美国时期的政治图景）。这就是美国历史上有名的揭露权钱黑幕的"进步运动"（1895—1920）的政治社会根源。

"扒粪新闻"主要代表人物有林肯·斯蒂芬斯、戴维·菲利普斯等 20 多人。这些人主要是基于道德义愤或宗教原因，奋力揭露社会中的不公正现象。他们认为，揭露社会的黑暗与疾病会使社会变得更加健康，并使政治得到改良。

随着调查新闻对政治社会弊端愈来愈多的攻击，总统西奥多·罗斯福开始担心它们在煽动革命气氛。当戴维·菲利普斯在《世界主义者》上发表《参议院里的叛国》等激烈文章后，原来赞同调查新闻的罗斯福总统的态度发生了变化。他把这些报道调查新闻的记者和作家称为"扒粪者"："这些人不向别的地方看，只向下盯着手中的粪耙；他们既不抬头向上，也不尊重别人给他们的王冠，而只是一味地在地上扒那些脏东西。"

"扒粪新闻"对美国的政治产生了积极的影响，彰显了"第四种权力"对社会和行政权力的监督、制约与改造作用。雷吉尔在《扒粪者的时代》一书中曾这样评价"扒粪新闻"的社会效果：

1900 和 1915 年间的系列改革令人印象深刻。罪犯服役制和以劳偿债的制度在一些州被废除，监狱改革得到执行。1906 年通过了一项有关洁净食物的联邦法。很多州采用了《童工法》；1906 年通过了雇主责任的联邦法案；1908 年通过了第二个，并在 1910 年得到修改。森林资源得到了保护：《新土地法案》使得数百万英亩土地的开垦成为可能；随即通过了自然资源保护的法律。一些州通过了妇女 8 小时工作制；跑马场赌博被禁止；1908 到 1913 年间，20 个州通过了《母亲退休金法案》；在 1915 年，25 个州已经有了《工人赔偿法》；宪法中增加了一项收入税的修正案；"标准石油"和烟草公司被分割；尼亚加拉大瀑布也没有落入贪婪的大公司手中；阿拉斯加被从古根海姆和其他资本家手中救了下来。

也许导致这些社会革新的原因很多，但新闻媒体的"扒粪运动"无疑起了关键作用。"进步运动"和"扒粪新闻"对美国政治社会制度的健全产生了非常重要的作用。它对于揭露社会的不公正，促进立法与政府机构的改革，以及监督大公司的违规行为等方面，都功不可没。[①] 权力的本质在于"在 A 能使 B 做 B 本不愿做的事情这个范围内，A 对 B 拥有权力"、"权力意味着做事情、控制他者、让他者做本来不愿意的事情的能力"，从这一点看，新闻媒体无疑很好地发挥了"第四种权力"的作用，使得行政权力做了自己本不愿意的事情，促进了社会进步。

---

① 张巨岩. 权力的声音. 北京：生活·读书·新知三联书店，2004. 212～215.

　　中国学者辰光所著《第四种权力——一个记者的暗访生涯》（中国画报出版社 2010 版）一书的封底印着这样四行字——第一种权力：立法权；第二种权力：司法权；第三种权力：行政权；第四种权力：舆论监督。看来，这本书的基本思路也是把新闻媒体的舆论监督视为一种制衡前三种权力的权力。该书内容简介如下：

　　《中国法制观察周报》记者江天养从事多年深度报道，他的名字和一系列惊天大案联系在一起。LX 省 JY 县发生一起矿难，当地媒体一片沉默，江天养单枪匹马潜进矿区，揭开矿主刻意隐瞒事故，强行封闭井盖致死几十名矿工的真相。H 市看守所，服刑人员张某猝死所内，家属求告无门。江天养不畏艰难，找到确凿证据，披露看守所干警疏于职守，牢头狱霸虐待犯人的人间惨剧，替死者讨回公道。境外黑手党开设赌场聚赌，国内富商、官员组团前往。江天养暗访途中面临人生最大危机，他凭借过人胆识脱离虎口，冒死将证据传回国内，引发高层震怒，百名干部相继落马。ZH 市某药厂违规生产，致使药品污染，191 名患者用药后濒死。江天养奔波数月，终于寻得证据，让患者家庭顺利索赔，卫生部中国范围内封杀此批次药品，挽回数万患者生命。江天养其情其行，拷问药品行业良心。暗访记者的精彩人生，报刊上没有的内幕秘闻，最引人注目的社会现实，最发人深思的社会问题，一一为你展示。①

　　《大国寡民》的作者卢跃刚在对《第四种权力——一个记者的暗访生涯》一书的书评"权力的形态及其他"中说："按照西方国家学者的解读，他们把属于一个国家的体制划分为三种权力互相制衡。……当然，再健全的制度也不能保证体制内每一个人都循规蹈矩。有了权力，就会有人开始琢磨权力的寻租，也就是如何利用自己手上的权力为自己谋求利益，而这一目的达成的时候，他们又会开始考虑如何让利益最大化！所以，人们就会经常见到那些手里只有火柴头大的权力，却挥舞得和丈八蛇矛一样的当权者，更有甚者，他们会利用自己手中的权力中饱私囊、贪污受贿、权钱交易、肆意腐败。而他们遭遇到国家机构的调查、处罚和审判时，一定会利用各种各样的方式来逃避对自己的惩罚，这是任何一个历史时期、任何一个国家都不能避免的现象。所以，在我看来，《第四种权力——一个记者的暗访生涯》一书的可

---

　　① 《第四种权力——一个记者的暗访生涯》内容简介．当当网，http：//product.dangdang．com，2012 – 06 – 28.

贵之处就在于，它鲜明地提出了对这样一个艰难命题的解决办法，就是利用独立于国家统治阶层之外，制约着社会发展平衡的第四种权力——舆论监督，利用媒体的开放性，利用广大社会群体对新闻事件的关注，利用这样一个公正、透明、公开的方式让一切阴暗大白于天下，从而遏制丑行的滋生和捕捉到国家政策、法规和行政制度上的漏洞，加以解决。我认为，这是比小说内容更需要读者关注的东西。"① 由此可见，所谓"第四种权力"的本质在于对前三种权力，即立法权、司法权、行政执法权的监督和制衡。

在此要特别指出的是：所谓"第四种权力"云云，只是一种比喻，以形容新闻媒体的社会权力，并非真的认为新闻媒体是行政权力的一部分。如果非要较真的话，那么，新闻媒体显然不是行政权力的一部分。据张巨岩先生介绍，美国密苏里大学新闻学教授莫瑞尔就坚持，把新闻媒体称为"第四种权力"是一种神话。莫瑞尔教授的《自由的必要：新闻自治的哲学》一书认为把媒体视为第四种权力是美国自由主义者的三大神话之一（另两个神话分别是"人民有知情权"和"人民有接触媒体的权利"）。莫瑞尔说：

第三个神话在美国有很多信众。这一神话相信，媒体是某种美国政府非正式、但非常真实的一部分。与此相关的类似概念认为，媒体是"看门狗"，是一个对政府滥权的"制衡"及政府的对手。记者们尤其喜欢把自己和自己的职业包装在这些闪闪发光的笼统辞藻中。

他还说：

传播这类神话的书籍和文章比比皆是。新闻学院、报社、电台和种种新闻团体如此不遗余力和神乎其神地散布这种观点，以致不明白美国历史的人初到美国，会以为新闻记者是人民选举出来的，担负着某种特殊的公共职能。这一神话的最初来源似乎是爱德蒙德·柏克或者托马斯·麦考利把英国议会中的记者戏称为"第四阶级"。而英国人无意间的指称穿过大西洋抵达美国后，"阶级"却变成"政府分支"了。

莫瑞尔教授指出：

和"媒体是政府第四分支"这一总的假设相关的是媒体是政府"制衡"

---

① 卢跃刚. 权力的形态及其他. 当当网，http：//product. dangdang. com，2012－06－28.

的信条。这当然会把媒体置于政府之外，把媒体置于一个监视和批评政府的位置。但难道这和其含义为媒体是政府一部分的"媒体是政府第四权力"的概念相矛盾吗？媒体当然不可能既是政府的一个部门，又是它的"制衡"。真实的情形是，媒体并非政府的一部分。它只是私人企业而已。在1973年"水门事件"丑闻和"国防部文件"泄密等事件中，一些媒体确实对政府进行了制衡，但全部媒体都是"政府的第四分支"却不过是个动听的神话而已。①

张巨岩先生认为，莫瑞尔是美国最德高望重的媒体学者之一。他的许多研究和观点已经成了美国甚至国际媒体研究的经典之作。莫瑞尔在这里对媒体和政治权力关系中的"第四种权力"概念的澄清是非常重要的，尤其是他对美国媒体首先是私人企业这一性质的再次确认，可以说是我们准确理解美国媒体与政治的最佳出发点。②

---

① ［美］莫瑞尔. 自由的必要：新闻自治的哲学. 纽约：哈斯汀出版社，1974. 115～117.
② 张巨岩. 权力的声音. 北京：生活·读书·新知三联书店，2004. 138.

第四种权力：虚假议程设置
——从"倒萨"到"涉藏"

是权力，就有被滥用的可能。"第四种权力"既然也是一种权力形态，当然也就存在着被滥用的可能性。西方与美国媒体为达到某种目的的"虚假议程设置"就是一例。正如有学者指出的那样：

冷战结束以来美国的历次对外干涉表明，美国媒体在战争中已经鲜能坚守"中立"与"客观"（如果有过的话），而是越来越成为政府进行国内战争动员和影响世界舆论的重要工具。这一方面是由媒体在国际冲突中必然具有的党性和民族性所决定的，另一方面也是政治军事权力运用"泄密"等公共关系手段来实现的。同时，媒体、公共关系和广告等现代传播工具已经越来越和外交、军事等工具融合，成为现代战争"总体宣传"的一部分。[①]

究其原因，是因为"媒体与政治权力的'共生'关系首先是由媒体作为一个追逐利润的行业本性所决定的，它对主要由大公司投放的广告的依赖，它对政府作为最权威信息来源的依赖，以及它作为主流意识形态的载体，都决定了这种'共生'关系是不可避免的"[②]。

"议程设置"是传播学的一种传统理论模式，从本书的角度来看，它属于"第四种权力"的范畴，因为它讨论和限定的是传统媒体。这种理论认为，大众传媒不仅是公众认知外部环境重要的信息源，也是其判断"社会议事日程"重要的影响源。分析围绕"3·14"事件某些西方媒体的表演，可以有多种角度。一些西方媒体的表演，客观上为新闻传播学，尤其是国际传播，又增添了一个新的词汇——"虚假议程设置"。它并非始于"涉藏"，而是源于"倒萨"。从"倒萨"到"涉藏"，从"虚假事实"到"虚假议题"，再到"虚假议程设置"，不仅手段如出一辙，其目的也有着惊人的相似之处。议程之虚假，必然导致行为之虚假，而行为之虚假，又会导致结果之虚假。目前部分西方公众对中国的偏见以及支持"藏独"分子的行为，无疑与这种

① 张巨岩. 权力的声音·后记. 北京：生活·读书·新知三联书店，2004. 393 ~ 394.
② 张巨岩. 权力的声音·后记. 北京：生活·读书·新知三联书店，2004. 394.

"虚假议程设置"有关。而"倒萨"议程之虚假，无疑是导致目前"伊战"结果虚假的逻辑前提，由此亦可推断"涉藏"这一"虚假议程设置"的未来走向。

笔者提笔写作此文之际，"藏独"分子的残暴行径，部分西方政客居心叵测的丑恶表演，某些西方媒体的混淆是非、颠倒黑白，已激起了海内外中国人民的强烈愤慨，媒体资料俱在，不赘。笔者并不赞成某些过于情绪化的抵制，但十分同意这是一种民意的表达的看法，其精神、心理层面上的表意成分要远远大于行为层面上的"抵制"成分。而稍加留意一下，会发现目前这种心理已经弥漫到中国社会的各个层面上，甚至有向行为层面扩展的趋势，或实际上已扩展到行为层面。前有车，后有辙。2008 年 3 月 14 日以来发生的"藏独"事件，成因复杂，牵涉面广，分析角度也很多，但有一点是毋庸置疑的，即某些西方媒介充当了这一事件背后的推手。恰如欧洲理事会外交关系委员会执行主任马克·莱昂纳德所说："（中国的）形象已经发生了变化……过去 5 年的事情，一直与经济机遇有关；过去 6 个月，则是关于中国对达尔富尔和西藏造成的威胁。"莱昂纳德解释道："欧洲人对中国所知甚少，他们的消息来源是新闻报道，而最近的报道对中国颇为不利。"[①] 如果说"经济"和"达尔富尔"还是真实议题的话，那么，"涉藏"纯粹是一个虚构出的议题。

一、议程设置理论原型

"议程设置"是传播学的一种理论模式。它认为在社会公众生活中，存在着大量有待解决的问题，比如"三农"问题、食品安全问题、房价问题、垄断行业问题、竞争中的"潜规则"问题、毕业生就业难问题、进城务工人员生存状况问题、教育资源分布不合理问题……例如新华网称 2007 年为"民生年"，当年需要破解的 12 道"民生考题"分别为：

考题 1：劳动就业——夯实社会和谐的基础；考题 2：社会保障——让鳏寡孤独废疾者皆有所养；考题 3：医疗卫生——求解买药贵看病难；考题 4：食品安全——为百姓严把"入口"关；考题 5：教育收费——莫让"钱"成求学路上"绊脚石"；考题 6：司法公正——消除冤假错案；考题 7：安全生产——人命关天的头等大事；考题 8：收入分配——让百姓的"钱袋子"都鼓起来；考题 9：企业改制——将职工利益放在第一位；考题 10：土地征

---

① 雷达等. 中国形象在欧洲被抹黑　欧洲人认为中国威胁超美国. 环球时报, 2008 – 04 – 18.

用——遏制滥占土地之风；考题 11：城市拆迁——房屋不能说拆就拆；考题 12：环境污染——让天更蓝水更清。①

　　而在这众多的议题当中，究竟哪些是重要的，哪些是次要的？哪些需要优先解决，哪些可以往后放一放？每个人心目中都有一张无形的"议事日程表"，这张表"记录"着公众对当前社会各项大事及其重要性的判断，以及对解决的优先顺序的认识。但是，大众的这种判断和认识不是凭空产生的，而是在大众传播媒介的影响下形成的；换言之，大众传媒不仅是公众认知外部环境重要的信息源，也是我们判断"社会议事日程"重要的影响源。1922年，美国学者沃尔特·李普曼（Walter Lippmann）出版了《公众舆论》一书，虽然书中没有使用"议程设置"一词，但是他表达了类似的基本思想：媒体创造了我们头脑中的象征性的想象，这些想象有可能与我们经历的"外在"世界完全不同。李普曼以"外在世界和我们头脑中的图像"作为《公众舆论》第一章的主题。他描述了 1914 年在大洋洲的一个岛屿，住着几个英国人、法国人和德国人。岛上不通电缆，英国邮轮每 6 个星期来一次。到了 9 月，邮轮还没来，这些岛民谈论的话题仍然是最后那期报纸报道的即将对卡约夫枪杀加斯东·卡尔梅特一案进行审判的消息。因此，9 月中旬的一天，他们抱着非同寻常的急切心情全都涌向码头，想听那位船长说说作出了什么样的裁决。但他们得知，6 个星期以来，英国人和法国人为了协约的尊严正在同德国人作战。在这不可思议的 6 个星期中，这些岛民仍然像朋友一样相处，而事实上他们已经成了敌人。这说明了"头脑中的图像"在这 6 个星期中指导他们的行为，但是这个"头脑中的图像"与"外在现实世界"并不符合。一旦岛上的居民阅读了由邮船送来的报纸，外在世界就会影响他们头脑中的图像。李普曼说，我们头脑中的图像往往因为几个原因而与实际现实不相吻合：我们需要简单的规范，就如"刻板成见"，以便为这闹哄哄的、模糊不清的混乱世界提供解释。② 李普曼进一步指出，大众媒体是现实世界的某个事件和我们头脑中对这个事件的想象之间的主要联结物，通过它，某个社会议题被大众传播、公众和政治精英赋予优先的关注。在此，实际上已经提出了"议程设置"问题。③

---

　　① 贺劲松.2007 年需要破解的 12 道"民生考题".新华网，http://www.xinhuanet.com，2007 – 02 – 25.

　　② 熊澄宇.西方新闻传播经典名著选读.北京：中国人民大学出版社，2004.

　　③ ［美］沃尔特·李普曼.公众舆论.阎克文，江红译.上海：上海人民出版社，2006. 3～4.

1963 年，政治学家 B. 科恩（Bernard Cohen）指出，新闻界"在告诉人们'怎样想'这方面大都不怎么成功，但是在告诉人们'想什么'那方面却异常有效……依据于……报纸的作者、编辑和发行商为人们所描绘的图画，这个世界在不同的人看来是不同的"。1972 年，美国传播学家 M. E. 麦库姆斯和 D. I. 肖在《舆论季刊》上发表《大众传播的议程设置功能》一文，为这一理论正式命名。在 1968 年美国总统选举期间，麦库姆斯和肖仔细研究了此期传播媒介的选举报道对选民的影响，发现在选民对当前重要问题的判断与大众传媒反复报道和强调的问题之间，存在着一种高度的对应关系。也就是说，大众传媒作为"大事"加以报道的问题，同样也作为"大事"反映在公众的意识当中；传媒对某一问题强调得越多，公众对该问题的重视程度也就越高。根据这种高度的对应性，麦库姆斯和肖认为，大众传播具有一种为社会公众设置"议事日程"的功能，传媒的新闻报道赋予各种"议题"不同程度的显著性，影响着人们对周围世界的"大事"及其重要性的判断。由于"议程设置"理论准确地揭示了存在于大众和媒介之间的一种奥秘，其正确性又不断地被无数传播事实所证明，所以自问世以来备受关注，成为传播学研究的重镇。至 1992 年，已出版了 233 种学术著作；其后，每年大约有十余种相关出版物面世。

二、"倒萨"：虚假议程设置之始

但是，上述从李普曼到麦库姆斯和肖所谓的"议程设置"所指涉的都是真实的对象，他们所涉及的"议程"，都是实实在在的，只不过在排序上有轻重缓急之分。而自冷战结束后的西方新闻界，在政治利益的驱动下，由政客和媒体联手，制造出了一种"虚假议程设置"。由西方媒体对拉萨事件的不实报道所引发的"涉藏"议题，以及由欧洲议会和美国参众两院所提出的所谓"涉藏议程"，就是明证。而这种"虚假议程设置"，并非始于"涉藏"，而是源于"倒萨"。

"倒萨"者，推翻萨达姆政权之谓也。伊战前，美国政府及媒体为了给这一"议题"一个充分理由，不断地设置话题，引导舆论。2000 年，美国专门成立了直属白宫的"全球宣传办公室"，编造萨达姆政权与"基地"组织相勾结、从非洲购买用于制造核武器的浓缩铀等所谓"新闻"。2001 年 5 月 1日，布什谴责包括伊拉克在内的"无赖国家"进行核武器、生化武器的研制；2001 年，"9·11"事件爆发，美国政府向恐怖主义宣战；在取得阿富汗反恐战争胜利的前后，美国又多次有意无意地透露未来打击伊拉克的"军事部署"和"作战计划"。2002 年 1 月 29 日，布什在《国情咨文》中称伊拉克是开发大规模杀伤性武器的"邪恶轴心"，并设置了"萨达姆＝最大的恐怖分子"这一命题。2002 年 6 月，布什在西点军校演讲中首次提出了"先发制人战略"。对伊拉克持续多年的核查，仍未查到美国所称的"威胁"证据后，美国国务卿鲍威尔亲自向安理会提出所谓的证据，布什也在最后通牒中重申，"我们和其他政府所收集到的情报，毫无疑问地显示伊拉克政权继续拥有和收藏一些最具杀伤力的武器"。据悉，这种"设置"子虚乌有的"虚假议题"的行为不仅存在于总统和白宫，美国的大小政客也在各种场合和演讲中频频使用简短、明确、易懂、易记的词汇和肯定句型，不容置疑地说明伊拉克等国家就是"邪恶"，需要"自由"，美国不是"发动战争"，而是"解放"这些邪恶国家。于是，美国政府和军方巧妙地夺取了媒体的"议程设置"权，构建了一个庞大而并不存在的虚假议程。

2003 年 3 月，美国权威专业周刊《编辑和出版》公布了对 50 家美国主流报纸的调查，其结论是：大多数报纸选择了布什的战争；从 2 月 15 日到 19 日，共有 37 家报纸为战争问题发表社论，其中 15 家断定战争是必需的；13 家选择了中立的调子，观望联合国的最后决议；只有 9 家反对战争。而美国电视频道自"9·11"事件之后则全部选择了和布什站在一起。从 ABC 新闻（ABC NEWS）的"铁腕对待伊拉克"，到福克斯新闻（FOX NEWS）的"向恐怖主义宣战"，几乎所有资讯频道都在比赛似的播出伊拉克战争的必然性分析。他们以密集的图像说服观众——战争爆发是不可逆转的，也是最恰当的解决方式。就连一些平时不问时政的主题频道——比如音乐频道和历史频道、儿童节目 Nickelodeon——也决定介入伊战专题。通过这一系列话题的设置和引导，公众心目中的关键词完成了从"反恐"到"倒萨"的转变。结果是美国民众的"倒萨"情绪攀升到相当高的水平。2002 年 7 月，世界舆论调查公司与 CNN 共同进行的民意调查结果显示，美国 67% 的民众赞同发动伊拉克战争。美国《新闻周刊》2003 年 4 月 12 日公布的最新民意调查显示，美军攻陷巴格达后，三分之二的美国民众认为找到发动战争的证据——"大规模杀伤性武器"和"萨达姆与基地组织的联系"很重要。但事实是，至今也没找到。其实，早在 2004 年，就有美国记者对此进行了反省。2004 年 8 月，美国《华盛顿邮报》在头版显著位置刊登了一篇自曝家丑的文章，作者是该报著名记者、传媒评论员霍华德·库尔茨。他在文中披露，就在伊战打响的前几天，《华盛顿邮报》资深记者沃特·匹克斯写了一篇文章，质疑布什政府有关萨达姆政权隐瞒大规模杀伤性武器的证据。文章逻辑清晰，极具说服力，但发表时却受到来自报社高层的阻力。后来在该报总编辑助理、因捅出"水门事件"而名声大噪的鲍勃·伍德沃德的帮助下，这篇文章才勉强于 2003 年 3 月 18 日在第 17 版发表，标题是"质疑伊拉克与'基地'组织有关的说法，但布什固执己见"，但并未引起公众注意。那么，《华盛顿邮报》的头版都给了谁呢？库尔茨研究发现，在 2002 年 8 月至 2003 年 3 月 19 日（伊战打响前一天），《华盛顿邮报》的 220 余篇头版文章里，有 140 多篇都是"旗帜鲜明"支持开战的。① 可见，正是在媒体的推波助澜之下，通过一系列话题的设置和引导，公众心目中外部世界的图像完成了从"反恐"到"倒萨"的转变，使美国民众的"倒萨"情绪攀升到相当高的水平。而在其中起关键作用的，是"萨达姆与基地组织勾结"和"伊拉克拥有大规模杀伤性武器"这两个子虚乌有的议题。

三、"涉藏"：虚假议程设置的新版本

"虚假议程设置"是某些西方政客和媒体运用娴熟的手段。"倒萨"如此，"涉藏"亦然。有了"倒萨"的前车之鉴，我们对一些西方政客和媒体在所谓"涉藏"问题上的表演看得会更加清楚。从"虚假议程设置"角度看，"倒萨"与"涉藏"如出一辙。打开当下流行的"反 CNN 网站"，一行"FREE IRAQ，FREE TIBET?????"（"解放"伊拉克，"解放"西藏?????）赫然在目，并配有相关视频。寥寥数语，一针见血，窥破一些西方人的险恶用心。"倒萨"、"涉藏"，从西方某些"战略家"的角度来看，实有内在联系。

"虚假议程设置"的要害在于"虚假"，即依照常理和常态，这种"议题"并不存在。例如，长期以来，"西藏是中国的一部分"，是西方欧美国家与中国交往的前提，是不容置疑的。而"虚假议程"却可以利用"虚假事件"和"虚假信息"使之成立。拉萨"3·14 事件"的性质与真相有目共睹。而西方某些媒体有违新闻职业道德，随意裁剪照片，弱化图片说明，甚至冒用新闻图片，把在尼泊尔发生的事情说成是在拉萨，其目的就是要虚构一个事件——"西藏人民和平示威却遭到镇压"。而这种经过以偏概全、张冠李戴的"事件"性因素一旦虚假地"存在"，就会进入"虚假议程设置"的下一个环节——提出所谓的"议案"，欧洲议会和美国参众两院通过的所谓"涉藏反华决议案"正是在这样的"事实"背景下出现的。而这种"议案"一旦经过媒体的渲染，就会影响公众对外部世界和环境的认知和判断，而这一点又是"虚假议程设置"理论的核心——媒介在告诉人们"怎样想"方面并不成功，但是在告诉人们"想什么"方面却异常有效。恰如有学者所

---

① 唐勇．美国媒体反省伊战报道：这样的文章见不了天日．人民日报，2004 – 08 – 17.

言，对于造势的媒体而言，某些问题是否真实并不重要，重要的是如何赋予它们特定的政治意义，并将其引入公共领域，引起社会的广泛注意和讨论，经过"共同定义的过程"，从而达成一种全社会的"共识动员"。

2008 年民众"抵制家乐福"的情绪源——法国政客及其媒介的表演就是如此，他们上演了一个标准的"虚假议程设置"闹剧。据悉，4 月 6 日整整一天，各种谣言在巴黎城四处流窜——"四辆大巴从布鲁塞尔运来抗议者"，"抗议行动将是非暴力的、戏剧性的"……法国电视台则不断地反复播放在英国伦敦出现的少数"藏独"分子干扰圣火传递的镜头，以及抵制奥运主要力量之一"记者无国界"负责人梅纳尔不断号召法国人前来抗议的呼吁。4 月 7 日，法国《解放报》封面大标题是"解放奥运"，版面上用了将奥运五环变成五个手铐的画面。这明显是一种"共识动员"，煽动反对圣火传递。后来人们看到在"抗议"圣火接力的人群中，很多人就举着这张报纸，说明这种煽动已经取得了效果。而这并非偶然个案，一位中国记者在偶然地收看、收听、阅读的法国电视、电台、报刊上，发现抵制奥运主要力量之一"记者无国界"负责人梅纳尔无处不在，几乎成了唯一的一个法国人。法国电视台的裁剪方式令电视观众几乎无一例外地以为，4 月 7 日的巴黎"全都是抗议者"。与此同时，在埃菲尔铁塔对面的特洛加代罗广场，则是"藏独"支持者在抗议。中国记者在采访中发现，举着"西藏独立"旗帜的法国人几乎都没有到过中国，更不要说西藏。"西藏遭到中国入侵，僧侣和平示威遭到残酷镇压……"在回答《文汇报》记者关于为什么前来抗议圣火接力的提问时，他们的回答几乎都是一样的。当中国记者问道："你们是否知道'3·14'曾发生过非法暴动？""是否知道五位被活活烧死的汉、藏女子？"绝大多数法国人都表现出茫然的神情——他们对此一无所知。一位名叫奥雷利安的法国游客详细描述了骚乱分子如何残忍杀害一名无辜过路青年的事实经过，但法国报刊仅在小角落里刊登，以至于大多数人都没有注意到。而电视台对此完全视而不见。法国电视三台主持西藏报道的一名记者在回答询问时居然表示"不知道有这事"……①可见，对一般法国民众而言，拉萨究竟发生了什么，他们并不清楚；而那些被裹挟进"藏独"浊流的人们也并不清楚他们所反对的究竟是什么。而更加可笑的是，法国媒体竟然移花接木，编造谎言。据一位名叫张希的女学生披露，她在 4 月 7 日那天手挥五星红旗欢迎圣火，并接受了好几家法国媒体的采访。9 日，却在法国《快报》的网站上

---

① 郑若麟. 抵制奥运圣火传递的台前幕后——法国政客和媒体是如何炮制一场闹剧的. 文汇报，2008 - 04 - 14.

发现，自己的照片被列入支持"藏独"行列之中，被说成是"从中国前来抗议的女学生"，而她手中挥动着的中国国旗却被完全裁剪掉了。此外，请看看其他一些西方媒体的表现：法国《费加罗报》的头版头条标题——《火炬在巴黎惨败》；法国《解放报》的头版头条——《给中国一记耳光》；美国《华盛顿邮报》社论——《中国玩世不恭的、不道德的外交政策置世界舆论于不顾》，该文将拉萨恢复社会秩序的执法行为说成是对少数民族的"镇压"，从而"玷污了奥运会的荣光"；德国 N - TV 电视台主持人口中说"西藏的新抗议活动"，而图片中的喇嘛和警察却是尼泊尔的……

　　更加离谱的是，2008 年 3 月 25 日，印度最大的新闻网站 Rediff 有一段题为"藏人发泄怒火"的视频新闻，其中引用了来自 CCTV - 4 的视频片段。视频中，一名藏族妇女用普通话说："我的心情是非常沉重的。这些少数分裂分子搞的破坏活动，我们都是见证者。好日子不过，小孩上学也不让上，正常的上班也不能上班，破坏了我们的好日子。"而同期打出的英文字幕却是：The Tibetan people have gathered together yesterday on the street and the military men come and fired some tear gas, some poisonous one to us in the afternoon at 3 or 4PM and arrested about 10 or 20 people.（昨天所有的藏人都上街了。下午三四点钟的时候，军队来朝我们喷有毒的催泪气体，还抓了一二十个人。）①

　　可见，由于"事件虚假"，导致信息虚假，最后必然导致"议程虚假"，而后又必然导致大众行为虚假——人们只是为了反对而反对。2008 年 3 月 26 日，所谓的"西藏流亡政府""议长"噶玛秋贝赴欧洲议会，并提出了流亡藏人的所谓"五点要求"，即"结束杀戮"、"释放被抓捕者"、"治疗伤者"、"尊重人权"、"向西藏派遣国际调查团"。噶玛秋贝的此次活动为欧洲议会出台西藏问题决议奠定了基础，噶玛秋贝提出的"五点要求"在这份决议中都得到了体现。但细观这"5 点要求"之首的"结束杀戮"，很明显是颠倒黑白，究竟是谁在"杀戮"？究竟谁的"杀戮"应该结束？事实俱在，不赘。正是欧洲议会这些政客不负责任的鼓噪助长了欧洲"藏独"分子的嚣张气焰，成为后者敢于在北京奥运火炬接力伦敦和巴黎站采取一切手段进行破坏的催化剂之一。

四、"倒萨"、"涉藏"，意在遏制

　　浊流汹涌，事出有因。"倒萨"与"涉藏"，表面上看相去甚远，实际上，若从颠覆一个非西方主权国家的角度看，二者又有惊人的相似之处。

---

　　① 唐勇林．西方媒体的"有色眼镜"．中国青年报，2008 - 03 - 26（5）．

"项庄舞剑，意在沛公"；"倒萨"、"涉藏"，意在颠覆，意在遏制。如果我们清楚了"倒萨"虚假议程设置的全过程，也就不难窥破和预测"涉藏"议案背后的险恶用心。同时也可以看出，究竟是什么在影响着新闻公正。

　　西方一些政客和媒体在"涉藏"问题上的表演，明显属于一种偏见。社会心理学对偏见的定义为：一种对独特团体成员的敌意和负面的态度，只因对方属于那个团体。"刻板印象"是偏见态度的认知成分，是对某个团体的统一概念，将同样的特征赋予该团体的所有成员身上，无视成员之间的实际差异。"歧视"是偏见态度的行为成分，是对特定团体成员的不公平、负面或伤害性行为，只因对方属于那个团体。迄今为止，"藏独"势力和西方一些政客、媒体的表演，为此作了生动的诠释。而分析其成因，可以运用偏见研究中的"现实冲突理论"。这种理论认为，偏见是群体间有限资源——无论是经济、权力或地位——竞争所产生实际冲突后不可避免的心理副产品。有限资源竞争导致对竞争性团体间的贬损与歧视。以 19 世纪中国工人在美国社会中的形象为例，当加州出现淘金热时，大批中国劳工参与其中，与当地白人利益发生尖锐冲突，于是美国主流媒体视之为与白人争利的"邪恶形象"；而在修建贯通美国东西的铁路大动脉时，也有大批中国劳工参与，这与当时白人利益一致，于是中国劳工在美国主流媒体上又被评价为"勤劳、朴实"、"可以与白人一样优秀"。①

　　而就"涉藏"虚假议程而言，它尖锐地反映了中国崛起和西方利益的冲突，是"中国威胁论"的最新版本。对此，还是看看一位美国教授的分析。威廉·恩道尔是一名从事国际政治、经济、世界新秩序研究超过 30 年、现居住在德国的美国著名学者。他指出，"今年 3 月在西藏发生的骚乱事件是华盛顿最近一次策划的'颜色革命'"，之所以在这个时候发生，与"美国经济正陷入严重危机"以及"美国希望借奥运之机给中国难堪"不无关系。他明确指出："为什么美国要对中国这一最大的贸易伙伴采取这种冒险行为？我的理解是，西藏蕴含着十分丰富的矿产资源和能源，有大量的铀、锂；且是亚洲七大河流的发源地，蕴含丰沛的水资源。因此，控制了西藏，就能控制中国的崛起。"② 实际上，大量资料表明，"藏独"势力的消长盛衰与欧美西方国家支持的力度息息相关；换言之，达赖集团的猖狂程度与西方政客的支持力度有密切的因果联系。远的不说，仅在拉萨"3·14"事件前后，围绕"涉藏"问题就有如下表演：2008 年 3 月 21 日，美国众议院议长佩洛西专程

---

　　① ［美］阿伦森等. 社会心理学. 侯玉波等译. 北京：中国轻工业出版社，2007. 385.

　　② 刘坤喆. 美学者：西藏事件是华盛顿最新策划的"颜色革命". 中国青年报，2008 - 04 - 16.

赴印度达兰萨拉与达赖会谈，以示"声援"。是日，佩洛西一行先出席所谓的"西藏流亡政府"为她举行的欢迎会，然后与达赖喇嘛共进午餐。两人携手参观藏人寺庙，刻意表现出关系非同一般。两人的身后则是一片挥舞着的美国国旗和"藏独"雪山狮子旗。4月1日，美国夏威夷州国会民主党众议员阿伯克龙比等人发起国会"西藏问题议员团"，专门关注中国西藏的"人权问题"。4月9日，在佩洛西的推动下，美国众议院通过决议案，呼吁结束"在西藏的镇压行动，释放那些在非暴力示威活动中被逮捕的藏人"。同时，佩洛西等议员频繁发表声援"藏独"讲话，呼吁抵制北京奥运……在这一系列行为背后，则是其居心险恶的政治目的。而2008年这股"藏独"浊流，又是2007年一个阴谋的延续。

据《国际先驱导报》记者报道，2007年5月11日至14日，在西方势力的支持下，达赖集团在布鲁塞尔举行的第五次"支援西藏组织国际大会"上制订了针对北京奥运的"路线图计划"，并将矛头明确指向奥运圣火传递。经过4天讨论形成的"行动计划"，是在欧洲、美国和达赖集团的授意甚至亲自操刀之下形成的。与会者中，有代表美国政府的美国副国务卿、西藏问题特别协调员葆拉·多布里扬斯基，德国弗里德里希—瑙曼基金会主席沃尔夫冈·格哈特，"西藏流亡政府总理"桑东仁波切和达赖的特使洛第嘉日。另外，会议材料上也明确写着：大会是由"西藏流亡政府信息与国际关系部"、德国亲自由民主党的瑙曼基金会和比利时议会西藏小组联合举办。可见，作为会议的领导者，欧、美和"西藏流亡政府"对"行动计划"的形成起到了主导作用。当时，"国际西藏运动"在分发的材料中如是表明自己的"功绩"：2006年，该组织从"美国"争得的"直接援助"为735万美元。据报道，该组织至少自1994年开始就从美国国家民主基金会得到大量资金，而后者是里根政府时期成立的，一直有"第二中情局"之称。①

西方某些政客和媒体的这些作为，直接影响了西方公众心目中中国形象的变化。恰如有学者分析的，"'藏独'分子借奥运之机发泄对北京的仇恨和敌意，与这些年来西方媒体对中国崛起态势所作的歪曲报道完全合拍。中国产品好不容易走出国门，却被丑化为导致西方工人失业的罪魁祸首；中国商人和资本进入非洲大陆，老牌殖民国家心生嫉恨地称之为新殖民主义者；中国企业在海外展开并购行动，西方政府视之为洪水猛兽。当然，还有庞大的贸易盈余、庞大的外汇储备、庞大的军费开支、庞大的能源消耗，更有庞大

---

① 尹德．亲历"藏独"阴谋大会 美国中情局影子若隐若现．国际先驱导报，2008 - 04 - 18.

人口，这一切都使整个西方世界产生了被挑战、被取代、被超越、被损害的恐惧感"①。

这并非仅仅是政府的态度，在民间也有极大市场。据报道：

（2008 年）4 月 15 日，几则对中国不利的消息同时冒了出来，被西方媒体重点报道。一则是一个环保报告称，中国已经取代美国，成为全球"最大污染者"，另一则是一个人权组织的报告，说"奥运会主办国中国是世界上处决犯人最多的国家"。……英国《金融时报》15 日公布的一则调查也来凑热闹，该调查称，在欧洲人眼中，中国已取代美国成为全球稳定的最大威胁。几顶大帽子同时扣下来，这种"偶然"绝非简单。它们反映中国在西方舆论中的形象正在恶化。②

这些"妖魔化"的歪曲报道，直接影响了中国的国际形象。

据《环球时报》报道："中国在国际的形象突然遭受打击，在欧盟 5 个最大的国家进行的一项民意调查显示，多数欧洲人把中国视为全球稳定的最大威胁。"具体而言，在开展调查的欧洲 5 个国家，平均有 35% 的受访者认为，中国对全球稳定构成的威胁大于其他任何国家。而 2006 年这一数字只有 12%，2007 年为 19%。法、德、英 3 国民众认为中国是最大威胁的比例也迅速增加，而 2007 年他们都将美国列为最大威胁。同样，《瑞典日报》、挪威《晚邮报》、丹麦《政治报》等北欧媒体也都在 2008 年 4—5 月份公布了"对中国印象"等民调，结果有 50% 以上的人认为中国形象不佳。③ 在这一点上，美国的情况也不乐观，美国著名民调机构盖洛普于 2008 年 3 月 28 日发布了一项民调结果，在被问到"谁是美国最大的敌人"时，伊朗、伊拉克和中国分列前三位。这一民调采用电话调查方式，采访了 1 007 名美国成年人，结果显示，25% 的美国人认为伊朗是美国首要的敌人；第二是伊拉克，占 22%；第三为中国，占 14%；然后是朝鲜，为 9%；俄罗斯和巴基斯坦并列第七，为 2%。在中美关系越来越受瞩目的今天，已经很少有美国政客公开将中国直接定位为敌人，但美国民众在一年之内，对中国的敌视度上升了 3

---

① 联合早报：西方以恐惧和嫉妒心态看待中国. 新华网，http：//www. big5. xinhuanet. com，2008 - 04 - 14.

② 雷达等. 中国形象在欧洲被抹黑　欧洲人认为中国威胁超美国. 环球时报，2008 - 04 - 18.

③ 雷达等. 中国形象在欧洲被抹黑　欧洲人认为中国威胁超美国. 环球时报，2008 - 04 - 18.

个百分点（从 2007 年的 11% 上升到 2008 年的 14%），这一结果不得不令人深思。① 而在这其中，西方媒体的"虚假议程设置"报道，无疑起到了关键作用。有西方人士指出："奥运前夕，西方媒体的报道态度说明：中国实行改革开放所带来的转变都被遗忘了。西方报道中的中国形象已达到历史最差状态。这并非偶然现象，也不完全是由于新近的西藏事件所引起的。这表明上世纪 90 年代理想化的、积极的中国形象已开始转变为现在的扭曲的、消极的形象。回顾一下中国在德国及欧洲的历史形象就不难发现，欧洲对中国的印象总是在理想化与妖魔化之间不断摇摆。经过 20 世纪 90 年代"颂华"后，他们现在再次处于妖魔化中国的阶段。中国的崛起使西方错误地担心它将成为经济和政治威胁。②

有学者分析认为，美国媒体在《宪法第一修正案》、《信息自由法》和《阳光政府法》等法律保护下对行政和政治权力进行监督。与世界绝大多数国家相比，美国对包括媒体在内的言论自由的保护几乎可以说是最好的。美国《宪法第一修正案》可以视为人类文明的一个里程碑式的文件，因为以宪法的形式禁止国家立法干预媒体，是由美国开其端的。这是美国媒体与权力关系中的一个重要但非主要的方面。③ 此外，美国媒体与行政权力还是一种情人和"共谋"的关系。上述学者指出，美国媒体和权力的关系是一个既复杂又不复杂的现象。复杂是因为它牵涉的方面太多：政府、宪法、法律、意识形态、大公司、金钱、外交等等。

总的来看，媒体和政治权力之间是一种情人般的"共生"关系。主流媒体对于政治更像是"诤臣"和"谏士"，而不是流行观念中所谓的"看门狗"所比喻的监督和被监督的关系。政治权力则通过现代社会控制的利器——公共关系，最大限度地把媒体的"议程"纳入自己所希望的范围内。冷战结束以来美国的历次对外干涉表明，美国媒体在战争中已经鲜能坚守"中立"与"客观"（如果有过的话），而是越来越成为政府进行国内战争动员和影响世界舆论的重要工具。这一方面是由媒体在国际冲突中必然具有的党性和民族性所决定的，另一方面也是政治军事权力运用"泄密"等公共关系手段来实现的。同时，媒体、公共关系和广告等现代传播工具已经越来越

---

① 栾慧. 调查显示美国人对中国敌视度上升. 青年参考，2008 – 04 – 04.

② ［德］托马斯·哈伯德. 西方歇斯底里的行为：妖魔化中国. 邵京辉译. 环球时报，2008 – 04 – 17.

③ 张巨岩. 权力的声音·后记. 北京：生活·读书·新知三联书店，2004. 394.

和外交、军事等工具融合，成为现代战争"总体宣传"的一部分。①

正是这种"情人"、"共生"、"共谋"的关系，导致了一个又一个为美国政府和国家利益服务的"虚假议程设置"。

总之，从"倒萨"到"涉藏"，从"虚假事实"到"虚假议题"再到"虚假议程设置"，不仅手段如出一辙，其目的也有着惊人的相似之处，那就是以西方的模式制定世界游戏规则，遏制非西方力量的发展，给未来即将崛起的潜在大国制造麻烦。"项庄舞剑，意在沛公"，"倒萨"、"涉藏"，意在颠覆，意在遏制。对此，不可不察，亦不得不防。"虚假议程设置"的要害在于"虚假"，而"虚假议题"则会导致"虚假认知"、"虚假行为"及"虚假结果"，目前部分西方公众对中国的偏见以及支持"藏独"分子的行为，无疑与这种"虚假议程设置"有关。恰如上文莱昂纳德所指出的——"欧洲人对中国所知甚少，他们的消息来源是新闻报道，而最近的报道对中国颇为不利"。而我们却要说，这种"颇为不利"完全是媒体"制造"出来的，有着强烈的主观色彩，对中国形象在西方社会的塑造已经造成了十分恶劣的影响。议程之虚假，必然导致行为及结果之虚假。"倒萨"议程之虚假，导致数百万生命的伤亡，使原本还算平稳的伊拉克陷入一片血海之中，也置美国于进退两难的境地，事实雄辩地证明了其结果——"解放伊拉克"——的虚假；"涉藏"议程之虚假，还要付出怎样的代价，还要导致怎样的"虚假结果"呢？前车不远，结论不言自明。

（原载于《当代传播》，2008 年第 5 期）

---

①　张巨岩. 权力的声音·后记. 北京：生活·读书·新知三联书店，2004. 393.

第五种权力：信息自由之子

近年来，随着网络通信传播技术的迅猛发展及网民群体的扩大，一种有异于"第四种权力"的新的媒介权力形式——"第五种权力"顺势崛起，大有"青出于蓝而胜于蓝"之势。迄今为止，从概念命名及使用层面上，"第五种权力"有两种含义：

一是指欧美国家的"思想库"，是已有名词。这里所谓的"第五种权力"，是相对于"第四种权力"而言。恰如有学者所介绍的："有人把西方国家中媒体的影响力称为立法、行政、司法三种权力之外的第四种权力。倘如此，则思想库便可称为第五种权力。在西方国家，思想库的不断发展并在各自国家内外政策的制定过程中发挥着日益重要的作用，是近几十年来一个十分突出的现象。而要论思想库的数量之多和影响之大，在西方国家中又以美国为最。"① 由于本文不讨论"智库"意义上的"第五种权力"，故对此不赘。

二是指网络舆论，由本文提出。这里所谓的"第五种权力"，也是相对于"第四种权力"而言，即相对于"第四种权力"的各种依托于网络平台的网民舆论或网络话语权。目前，在中国，这种权力已逐步走向成熟，并在媒介独立、舆论监督方面发挥主要作用，补充了"第四种权力"之不足，从而促进了社会进步。或者可以说，就"传统"的新闻传播、舆论监督而言，正在悄然发生着一种"权力转移"的变化。简言之，就是以往传统的新闻媒体具有的舆论监督的权力，正在向网络舆论或网络话语权悄然转移。如果说，"第四种权力"是新闻自由之子的话，那么，"第五种权力"就是信息自由之子，其自由天性是由于其独特的任何人、任何时间、任何地点的参与、表达与互动这一新媒体特征所决定的。

1990 年，美国著名未来学家阿尔文·托夫勒在他的《未来三部曲》之一的《权力的转移》中就指出，我们正处于一个"权力转移期"，其云：

但在我们生活中，权力仍是人类最不了解却最重要的一环，特别是对我们这一代的人，因为我们正处于"权力移转期"。眼前的世界正进行解构，取而代之的是一个完全不同于以往的新权力结构，而且这种权力转移正在社

---

① 任晓. 第五种权力——美国思想库的成长、功能及运作机制. 现代国际关系, 2000 (7).

会各个阶层展开。在办公室、超级市场、银行、教室、医院、学校和家庭里，旧的权力形式正依照新轨道进行重新分配。①

在论及权力转移问题时，提倡"软实力"或"软权力"的美国学者约瑟夫·奈也说："根据字典的定义，权力意味着做事情、控制他者、让他者做本来不愿意做的事情的能力。鉴于控制他者的能力往往与拥有某种资源相关，政治家和外交官往往将权力界定为拥有人口、领土、自然资源、经济规模、军队和政治稳定。例如，18 世纪，欧洲尚处于农业经济时代。人口是最为关键的权力资源，因为人口提供了征税、征兵的基础，就传统而言，作战能力往往是检验大国的标尺。而现在，权力的定义不再强调昔日及其突出的军事力量和征服。技术、教育和经济增长因素在国际权力中的作用越来越重要，而地理、人口和材料则变得越来越不重要了。"②

具体而言，约瑟夫·奈还提到了信息这一因素在"软权力"中的作用，他说：

国际政治性质的变化常常使无形的权力变得更加重要。国家凝聚力、普世性文化、国际制度正在被赋予新的意义。权力正在从"拥有雄厚的资本"转向"拥有丰富的信息"。信息变得越来越丰富，但基于新信息首先采取行动的灵活性却是稀缺的。信息成为权力，尤其是在信息扩散之前。因之，对新信息及时作出反应的能力是一种至关重要的权力资源。随着信息经济的兴起，原材料变得越来越不重要，组织能力和灵活性则越来越重要。③

随着网络新媒体的出现，在新闻传播界也存在着"旧的权力形式正依照新轨道进行重新分配"的现象。"随风潜入夜，润物细无声"，互联网出现之后，原本是新闻媒体才有的掌控话语的权力在悄然发生着转移。

美国学者曼纽尔·卡斯特曾在他的《网络社会的崛起》一书中指出：

我们对横越人类诸活动与经验领域而浮现之社会结构的探察，得出一个综合性的结论：作为一种历史趋势，信息时代的支配性功能与过程日益以网络组织起来。网络建构了我们社会的新社会形态，而网络化逻辑的扩散实质性地改变了生产、经验、权力与文化过程中的操作和结果。虽然社会组织的

---

①　[美] 阿尔文·托夫勒. 权力的转移. 吴迎春，傅凌译. 北京：中信出版社，2006.3.

②　[美] 约瑟夫·奈. 硬权力与软权力. 门洪华译. 北京：北京大学出版社，2005.98~99.

③　[美] 约瑟夫·奈. 硬权力与软权力. 门洪华译. 北京：北京大学出版社，2005.105.

网络形式已经存在于其他时空中，新信息技术范式却为其渗透扩张遍及整个社会结构提供了物质基础。此外，我认为这个网络化逻辑会导致较高层级的社会决定作用甚至经由网络表现出来的特殊社会利益：流动的权力优先于权力的流动。在网络中现身或缺席，以及每个网络相对于其他网络的动态关系，都是我们社会中支配与变迁的关键根源，因此我们可以称这个社会为网络社会（Then Network Society）。①

美国《时代周刊》2006 年的"年度人物"（Person of the Year）不是某一个具体的个人，而是全球数以亿计的互联网使用者。对此，《时代周刊》封面的下方有一段解释文字："是你，就是你！你把握着信息时代，欢迎进入你自己的世界。"（Yes，you. You control the Information Age. Welcome to your world. ）《时代周刊》"颁奖辞"说：

但是，通过一个不同的视角来看 2006 年，你会看到一个不同的情况，它与冲突或伟人无关，它是一个规模前所未有的社区和合作的故事。它是百科知识的大汇集、一个百万视频的人民网络 YouTube 和在线大都会 MySpace。它是多数人从少数人那里夺取权力，互相无偿地帮助的故事。这不仅改变了世界，而且还改变了世界改变的方式。……Web2.0 是一个大型的社会实验。与所有值得尝试的实验一样，它可能会失败。这个有 60 亿人参加的实验没有路线图，但 2006 年使我们有了一些想法。这是一个建立新的国际理解的机遇，不是政治家对政治家，伟人对伟人，而是公民对公民，个人对个人。②

《时代周刊》这段话所说的所谓"多数人从少数人那里夺取权力"，"不是政治家对政治家，伟人对伟人，而是公民对公民，个人对个人"，都强调了原本没有新闻话语权的"个人"或"大众"成为舆论权力的主体。据统计，2007 年初，《时代周刊》将网民作为"年度人物"之时，中国的网民才逾 1.3 亿人，而截至 2008 年 6 月 30 日，中国互联网络信息中心（CNNIC）发布的第 22 次报告显示，中国网民数量已达 2.53 亿人——仅仅不到两年的时间，中国网民的数量几乎翻了一倍，比 2007 年同期增加 9 100 万人，同比增长 56.2%。2008 年上半年，净增 4 300 万人。2007 年底美国网民数为 2.18

---

① ［美］曼纽尔·卡斯特. 网络社会的崛起. 夏铸九等译. 北京：社会科学文献出版社，2006.434.

② 互联网使用者当选《时代周刊》年度人物. 新华网，http：//news. xinhuanet. com，2006 - 12 - 17.

亿人，按照美国近年来的网民增长速度估算，美国网民人数在 2008 年 6 月底不会超过 2.3 亿人，因此中国网民规模已跃居世界第一位。而在网络应用中，与言论、舆论、观点密切相关的网络社区论坛和网络新闻的用户规模及访问量都非常可观。

《2008 年中国互联网络发展状况统计报告》显示，网络社区中论坛访问率为 38.8%，用户规模为 9 822 万人，在网络应用中排名第九。拥有博客或其他个人空间的网民比例达 42.3%，用户规模突破一亿关口，达到 1.07 亿人。半年内更新过博客或个人空间的网民比例为 28%，用户规模超过 7 000 万人，半年更新用户增长率高达 43.7%。网络新闻使用率为 81.5%，用户规模达 2.06 亿人，在网络应用中排名跃升至第二位，仅次于网络音乐使用率，半年增长 5 164 万人，半年增长率为 33.4%。网络新闻阅读率比 2007 年增加了 8.8 个百分点。这与中国 2008 年上半年出现的社会事件密切相关，2008 年上半年一系列重大新闻事件的出现使得更多的网民通过互联网查询相关信息。①

2012 年 1 月 16 日，中国互联网络信息中心发布的《第 29 次中国互联网络发展状况统计报告》再次显示，截至 2011 年 12 月底，中国网民规模突破 5 亿，达到 5.13 亿。……同时，微博成为网民获取新闻信息的重要渠道，众多"新鲜的"即时通信软件纷纷出炉，使即时通信使用率上升至 80.9%，即时通信用户规模达 4.15 亿，比 2010 年底增长 6 252 万人。② 据悉，从 2010 年底的 6 311 万跃升至 2011 年 6 月底的 1.95 亿，再跃升至 2011 年 11 月底的 3.2 亿，中国微博用户数在不到 1 年的时间内实现了 5 连翻。如今，约占中国网民数量 65% 的微博用户已经形成一个庞大的"微"人群。③

正是在此背景下，依托于各类网络平台的"第五种权力"才会崛起，成为一种相对独立的力量。对此，喻国明先生分析得很透彻：

我们是在一个高度中心化的世界里成长的，信息的社会化传播以及"话语权"一直是少数人享有的"专利"。受众，在过去的传播学词典中始终是传播链条中下游角色的一个专属名词，其能动性至多不过表现为选择或者不选择某个传媒，接受或者不接受某项传播内容或形式。但目前传播领域发生

---

① 中国互联网络信息中心.2008 年中国互联网络发展状况统计报告.http://www.cnnic.cn, 2008 - 07 - 23.

② 中国互联网络信息中心. 第 29 次中国互联网络发展状况统计报告. http://www.cnnic.net.cn.

③ 韩元俊.新华网"年度人群"系列报道：走近"微"人群.新华网，2011 - 12 - 22.

的真正重大事变，乃是其作为"上游"角色成分的深刻改变。对传媒产业而言，当传统意义上的"受众"参与到新闻产制价值链的上游，而不再只是单纯的阅听大众时，也就意味着媒体生态和游戏规则的深刻改变正在酝酿和发生之中。①

凤凰新媒体 CEO 刘爽先生也认为，从本质上说，网络这种新媒体是一种体验的革命，是人的生存方式与话语权的革命。他指出："新媒体形式上是一种技术，本质上是一种哲学、一种思潮。……一提到新媒体，似乎总与技术关联最紧密。但计算机技术实际上是技术最浅层的应用领域，科学技术的最高境界应该是哲学，其下才是数学、物理、化学和计算机等。我们目前最需要的，是理解全球技术的趋势。"这是因为"新媒体的追求个性、追求互动和参与，以及刚才说的'去中心化'，正是关乎整个社会的时代精神。新媒体体现出的社会思潮和时代精神，是可以上升到社会学和哲学的高度进行探讨的。这样与时代发展紧紧相连，新媒体的前途将不可限量"②。

而上述所云"媒体生态和游戏规则的深刻改变"、"新媒体体现出的社会思潮和时代精神"，其表现的最明显之处莫过于"第五种权力"的崛起。从出现的那一天起，网络新媒体就有着鲜明的独立、自由的天性，不无巧合的是，就连新媒体的物质载体——计算机——也具有强烈的个人性：1981 年，IBM 开发出自己的电脑，就将其命名为 PC，即 Personal Computer，也就是"个人电脑"的意思。而这种无数"PC"的连接，从信息发布的角度来说，除了信息发布者本人之外，它在人类历史上第一次达到了信息流动可以不受任何权威控制，第一次达到了新闻传播过程中的"去中心化"。恰如喻国明先生所说："显然，'阅众参与'、'去中心化'和'平等对话'是这一轮传媒变革的几个最为重要的关键点，新闻生产不再是少数媒体机构中编辑和记者的专利，它已逐渐演化成'多数人向多数人传播新闻'的传播模式，这便是我们今天必须面对和研究的崭新课题。"③

从这种意义上来说，与"第四种权力"一样，"第五种权力"的核心价值是"独立"，是"自由"。如果说"第四种权力"是新闻自由之子，那么，"第五种权力"就是信息自由之子。

---

① 喻国明. 新媒体究竟在改变着什么?. 新闻与传播·卷首, 2006 (6).

② 于兵兵, 朱宇琛. 专访凤凰新媒体 CEO 刘爽：新媒体是技术，更是一种思潮. 上海证券报, 2008 – 07 – 10.

③ 喻国明. 新媒体究竟在改变着什么?. 新闻与传播·卷首, 2006 (6).

作为"他者"的第五种权力

"第五种权力"之所以能够独立，并与其他四种权力清晰地区分出来，是由于其"他者"的第三方地位。这一特性，实际上沿袭了"第四种权力"作为"监法"的一种独立的社会权力。作为"第四种权力"的这种特性，已如上论。但在中国新闻史和现实之中，由于诸多原因，"第四种权力"发育得很不充分，难以充分起到"监法"的作用。这一是因为新闻业与中国近现代史、当代史的政党政治共生同行，有着先天性的"体制内"基因与"工具"、"喉舌"的烙印；二是由于诞生于网络媒介之前的传统媒体有着自身的局限性。这些都使新闻媒介难以作为一个"他者"的第三方而存在。而网络媒介的"任何人、任何内容、任何时间、任何地点"的先天特性使得这一状况有所改变，这就是作为他者存在的"第五种权力"。下面简要介绍这种新的权力形式在中国社会所发挥的主要功能，而这些功能无一不与其"他者"的第三方地位密切联系。

一、真正实现"观点的自由市场"

所谓"观点的自由市场"，最早是由英国政论家、文学家约翰·弥尔顿提出的。弥尔顿曾经公然拒绝政府的检查，出版了两本关于离婚问题的小册子，因此受到国会的传讯。弥尔顿对此很恼火，他在接受质询时公开谴责了检查制度的理论和实践。他的论点的基础假定是，人们运用理性就可以辨别正确与错误，分辨好坏，而要正常地运用这种才能，就必须让人们不受限制地去了解别人的观点和思想。弥尔顿认为真理是通过各种意见、观点之间自由辩论和竞争获得的，而非权力赐予的。必须允许各种思想、言论、价值观在社会上自由地流行，如同一个自由市场一样，才能让人们在比较和鉴别中认识真理。从弥尔顿这种思想出发，后来形成了西方关于"观点的公开市场"以及"自我修正过程"等概念。

在中国，由于众所周知的原因，政治在社会生活中起主导作用，新闻媒介一直与党派和各种利益集团有着千丝万缕的联系，在"喉舌"论和"工具"论的背景下，"观点的自由市场"一直难以实现。而由于网络"零壁垒"、"零把关"、"自媒体"的先天开放、自由的性质，使得"观点的自由市场"在中国成为可能。例如2008年发生的"范跑跑事件"，此事细节和各种媒体的讨论已多，此不赘。但它起码说明，任何思想观点，即使是像"在这生死抉择的瞬间，只有为我女儿我才能考虑牺牲自我，其他人，哪怕是我的母亲，在这种情况下我也不会管的"这样触及道德底线的观点，也都可以在媒体上展示，引发公众讨论，由公众各抒己见，辨别真伪，然后得出较为一致的结论。据悉，范美忠发表该言论后，一周内该帖在天涯社区上的浏览量就达 14 万余次，引发了亿万中国人的大讨论，使得这一原来比较模糊的问题越来越明晰。

从制度层面上来看，它直接导致了教育部对《中小学教师职业道德规范》的修改。2008 年 6 月 25 日，教育部在其官方网站上公布新修订的《中小学教师职业道德规范（征求意见稿）》，"保护学生安全"这一条被首次加入其中。该意见稿通过后，全国的教师都将奉行这一新的职业道德规范。据悉，上一次修订《中小学教师职业道德规范》还是在 1997 年，在新形势下，社会各界要求重新修订该规范的呼声日高。特别是面对突如其来的特大地震灾害，灾区广大教师始终把学生的生命安全放在首位，舍生忘死，奋不顾身，保护学生，以爱书写了人民教师的伟大师魂，在全社会赢得了高度赞誉。与之紧密联系的是从观念层面上，民众也逐步达成了"师德应高于普通道德"的共识，诚如葛剑雄先生所言：

> 《道德规范》是针对中小学教师的一种"行规"。任何一个行业都会有本身的特殊要求，可以并且在法律容许的范围之内，对本行业人员提出一些高于一般公民的行为规范和具体要求。……一个人不能只指望享受某一行业的特殊权益，却不愿意承担这一行业的特殊义务。"保护学生安全"是针对中小学的特殊情况提出的——中小学生的绝大多数是未成年人，因此教师在负有教育、教学之责时也同时负有保护之责。……在遭遇突发事件，或学生处于危险中时，作为成年人、具有更强避险经验和能力的教师应该给学生切实有效的帮助。教师与学生的生命权是同等的，在危难中让体力和经验不如自己的学生走在前面，正是给学生平等权利的表现，就像在海难发生时让老人、儿童、妇女、残疾人优先上救生船一样。①

而在"范跑跑事件"之前，对中小学教师是否要救助学生这一问题，无论是规范措施，还是民众认识，显然不如今天明晰，而之所以明晰，无疑是因为"观念自由市场"的一种假设——"通过这种互相容忍和不同意见的比

---

① 葛剑雄. 师德高于普通道德. 今晚报·副刊, 2008 - 08 - 27.

较，看起来最合理的一种意见就会出现而被大家普遍接受。"① 毫无疑问，如果没有范美忠自由地在网络上公开发表自己的意见，也就不会有这样的讨论及其结果。纵观这一事件始末，充分体现了民主政治的"慎议"精神。慎议民主理论认为，如果一种政治对话不是慎议的，也不是在异质性的群体当中进行的，那么它就无法服务于民主的目的。慎议民主的基本标准包括参与者在意见和理由方面的差异与不一致。公共对话应该允许异议的表达，并包容多种视角和观点。其基本原则有三：第一，参与商议的过程由平等性和对称性的规范所支配，所有人都拥有展开言语行为、质疑、提问和进行辩论的机会；第二，所有人都有权质疑预先定好的对话题目；第三，所有人都有权发起对话语程序规则及其被采用或实施的方式的反思性论辩。② 而在这方面，由"第五种权力"而逐步实现了"观点的自由市场"就是一例。

二、设置社会议题，进行共识动员

之所以把"网络舆论"称为"第五种权力"，是因为它可以聚拢网民意愿，在传统媒体之外单独设置社会议题，引导公众舆论，最后达到一定社会效果。2008 年，以"3·14""藏独"事件为导火索的中西民众情绪大对立终于表面化。其情形恰如中国驻英国大使傅莹所总结的：

如果说50 多年前中国与西方世界间被厚厚冰层遮挡的话，今天，新的无形的冰层仍然存在，它源于西方民众对中国的认知差距、滞后偏见和双方的互不信任。……有80%的中国人表示对西方抱有恶感。而自去年以来，欧洲人将中国视为最大威胁的比例几乎增加了一倍。在美国，也有31%的受访者认为中国的威胁程度高于伊朗与朝鲜。中西方民众情绪上的严重对立达到了前所未有的程度。③

法国某些媒体、政要及部分追随民众如何反华、辱华，报道已多，只摘其一点就可见一斑：

---

① [美] 弗雷德·赛伯特. 传媒的四种理论. 北京：中国人民大学出版社，2008. 35.

② Benhabib, S., ed. *Democracy and Difference：Contesting the Boundaries of the Political*, Princeton, N. J.：Princeton University Press, 1996. p. 70. 胡泳. 众声喧哗. 桂林：广西师范大学出版社，2008. 215.

③ 中国驻英国大使傅莹谈中西民众情绪对立问题. 天津北方网，http：//www. enorth. com. cn，2008 – 05 – 06.

　　4月7日是我巴黎十几年来度过的最为漫长的一天，也是最为黑暗的一天。这一天，巴黎的天空散发着一股种族主义的陈腐气味。作为一个中国人，我也属于被奥运圣火所吞噬的人之一，当然是以人权的名义……当我听到记者无疆界组织的支持者们高喊"打倒中国"时，我的心碎了。对于我和千千万万中国人来说，代表着人类理想的法国，在这一刻，失去了光彩。我不由得想起了罗兰夫人的名言：自由啊，多少罪恶是以你的名义而犯下的……①

　　这一问题成因复杂，牵涉面广，但有一点毋庸置疑，即某些西方媒介充当了这一事件背后的推手。恰如欧洲理事会外交关系委员会执行主任马克·莱昂纳德所说："欧洲人对中国所知甚少，他们的消息来源是新闻报道，而最近的报道对中国颇为不利。"②

　　而西方某些政客和媒体的这些作为，直接影响了西方公众心目中中国形象的变化。对这种世界范围内"妖魔化"中国的浪潮，传统的"第四种权力"显得势单力薄，无能为力。对此，已有舆论尖锐地指出：

　　我们的媒体要主动出击，才是最好的防守。咱主流媒体应对世界各国特别是西方国家有自己的评论，有自己的舆论导向、喉舌。要有更多的能对世界各国进行评论的自己的评论家、专家。……中国应该让世界多听听中国的声音。主流媒体应积极表达中国民众对国际事务、事件的看法和感受。不能光让某些西方媒体一知半解、道听途说、无中生有地对我们发表评论。应该对西方国家品头论足，建立强大的评论专家队伍，特别对西方大国在中国问题上指手画脚的、挑刺的、无中生有的那些媒体，要给予强烈的反击。③

　　在主流媒体难以完成这一任务时，网络媒体就显得尤为重要，弥补了其不足。而这恰恰给了"第五种权力"大显身手的空间与时机。2008年3月20日，北京青年饶谨创办了一个域名为 Anti - CNN. com 的网站，标题为"西藏真相：西方媒体污蔑中国报道全记录"。域名与标题均揭示出网站的宗旨——收集、整理并发布西方主流媒体作恶的证据。④ 该网站这样写道："如果您看到任何西方媒体作恶的证据，请千万不要轻易放过他们。把它们保存

---

　　①　郑若琳. 法国媒体：客观公正让位于"政治正确". 东方早报，2008 - 04 - 23.

　　②　雷达等. 中国形象在欧洲被抹黑　欧洲人认为中国威胁超美国. 环球时报，2008 - 04 - 18.

　　③　主流媒体应主动出击世界媒体. 人民网·强国社区，http：//bbs1. people. com. cn/，2008 - 08 - 20.

　　④　唐勇林. 中国网民自发反击外媒歪曲拉萨事件. 中国青年报，2008 - 03 - 26.

起来并寄给我们。多收集一份他们的罪证，就是为我们争取到了多一点的话语权。"网站成立仅仅5天，就可以看到，"在这个现在还略显粗糙的网站上，搜集了众多西方媒体报道中的谬误，包括美国的CNN、福克斯电视台、《华盛顿邮报》，英国的《经济学人》、BBC、《泰晤士报》，德国的N‐TV、RTL电视台等西方主流媒体，也有南亚的一些新闻媒体如ANI"①。仅据2008年10月的统计，Anti‐CNN. com网站已经达到并超越了预定传播目的——"1个民间网站，成立仅7个月，近15万注册会员，累计浏览量数十亿次，300多名志愿者，遍布全球数以万计的'草根记者'，让100多家全球知名媒体、政府机构、跨国公司、非政府组织'低头认错'，数以百计的国内外知名媒体对网站进行专门报道。有一种声音震天动地，有一腔热血感动国人，理性和智慧源于激情，这就是Anti‐CNN. com"②。此外，从中文网站到其他语种网站，从地方网站到门户网站，还有各种专业论坛、校园论坛等，网友们通过博客、视频、BBS、签名等，纷纷加入谴责的行列，近两年流行起来的视频网站也成了反击西方媒体的阵地。据德国之声中文网报道，YouTube网站上一个名为"西藏过去、现在和将来都属于中国一部分"的视频在3天之内点击量接近120万次，各种语言的评论达7.2万多条，并引发了中西方关于西藏问题的大辩论。截至2008年3月25日晚8时，该视频的点击率已经达到170多万次。随后，同样在YouTube网站上，一个名为Tibet："True face of we stern media"（"西藏骚乱：西方媒体的真实面孔"）的视频也赢得了点击狂潮，截至2008年3月25日晚8时，该视频点击率已高达70多万次，评论也达到2万多条。这些意见，都是通过网络汇聚成河，最终形成了巨大的声浪，并引起了西方媒体的正视。③

　　纵观"反西方媒体不公正报道"事件始末，网络舆论这种"第五种权力"不仅提出了明确的社会议题，最大限度地聚拢、动员了网络民意，并且收到了如上所说的实际效果，这说明网络舆论这种"第五种权力"已经有了独立设置社会公众议题的能力。而我们之所以称之为"权力"，是因为任何权力都具有掌控对象的能力，是因为网络舆论掌控着中国民众对于西方国家态度的"权力"，而中国对西方而言，又意味着巨大的市场。出任世界银行首席经济学家兼资深副总裁的中国学者林毅夫预测，以经验法则分析，并观察预期寿命、卫生条件，以及食品支出总额占个人消费支出总额比重的恩格尔系数等指针数据分析，中国当前经济规模与1960年代的日本相似，而日本

---

① 唐勇林. 中国网民自发反击外媒歪曲拉萨事件. 中国青年报，2008‐03‐26.

② http：//www. anti‐cnn. com，反CNN网站网页内文字。

③ 叶铁桥. 网民反击西方媒体独霸话语权. 中国青年报，2008‐03‐26.

历经近 30 年发展，1988 年人均收入追上美国。他表示，参酌日本前例，再加上人民币长期的币值变化，到 2030 年中国的人均收入可望达到美国的一半，且中国人口为美国 5 倍，届时中国的整体经济规模将是美国的 2.5 倍，为全球最大的市场。① 而如若不想失去中国这一巨大的市场，首先是不要失去中国民众的信任和好感。从这种意义上说，网络舆论这种"第五种权力"同中国的市场权力一样巨大和重要。

同样还是在 2008 年，"3·14"事件后中国掀起了一轮"抵制"的浪潮。如上所述，中西民众情绪对立的背景和原因十分复杂，但有一点是确定的：中国人民的情感受到了伤害，当然，我们要理智，要宽容，要以和为贵，要有大国气度，但这并不意味着麻木和毫无反应。而由于诸多原因，这种声音很难由中国的传统媒体发出，于是，网络媒体，或曰"第五种权力"就弥补和发挥了重大作用。其中最突出的就是从网络走向现实中的"抵制家乐福"事件。

对于"到底是谁最早提出抵制家乐福"这一问题，"是千千万万有良知有血性的中国人提出来的"，是最常见的一个答案。而据权威调查，网络是这一社会议题的策源地。成都网友"萝雨宁馨"是最早将家乐福纳入"抵制清单"的网友之一。2008 年 4 月 10 日上午 9 时 51 分，她在天涯社区发帖《爱我中华，抵制法货》。"这次是我少有的一次冲动。"在接受记者采访时，这个 1981 年出生的女程序员说，"我看到一个网友提出抵制家乐福，但那帖被埋得很深，顶不起来，为了醒目，我单独开了一个"。26 岁的"水婴"，在北京一家 IT 公司上班。10 日上午 10 时 45 分，他将《抵制法国货，从家乐福开始》贴上"猫扑"网，没想到一下子就火了。12 日前后，一条短信悄然传遍几乎所有用手机的人："奥运圣火不断受到骚扰，尤其在巴黎……让全世界看看中国人团结的力量！5 月 1 日，让全国的家乐福冷场！"短信末尾还有一句，足以使它跻身成功营销案例："转发 20 个，你就是最爱国的中国人！"稍后，另一条短信被加进来："家乐福后台老板路易威登公司曾多次资助达赖集团，支持其分裂中国的罪恶行径。"4 月 14 日至 16 日，新浪网连续 3 天的在线投票显示，88% 的网友赞成抵制家乐福。4 月 15 日至 17 日，《中国青年报》社会调查中心联合题客网，通过数据库实施的全国民调显示，赞成抵制家乐福的比例，比在线调查低很多，但也过半——51%（7 240 个样本）。② 这充分说明，民众自发的声音不约而同地出现，在极短时间内形成海量的自

---

① 林毅夫. 2030 年中国整体经济规模将为美国 2.5 倍. 天津北方网，http://www. enorth. com. cn，2008 – 05 – 02.

② 叶铁桥. 一个发展中大国的理智与情感. 中国青年报，2008 – 04 – 30.

由传播，确实说明当时中国民众对法方的不满情绪异常强烈。如在采访中，市民李先生气愤地说："破坏北京奥运会的人，就是我们中国人的敌人。以前，我一直在家乐福买东西，自从接到网友发来的'抵制家乐福'短信后，我们全家就再也没有去过，而且我身边的许多朋友也已经不去了。""我要响应这个号召，同时也要告诉朋友和家人不要去家乐福购物、不要去肯德基吃快餐，叫他们看看我们中国人的力量。中国人只要团结起来，就没有什么不能战胜的。"大学生谭辉慷慨激昂地说。① 而在中国许多城市，如合肥、青岛、北京、上海、昆明等，"抵制家乐福"已经从口号变成了行动，中法关系岌岌可危。

"抵制"无疑收到了实际效果：为了修补两国之间的紧张关系，平息中国民众的愤怒，恢复两国的政治互信，推动中法关系重回正常轨道，法国参议长蓬斯莱2008年4月21日抵华访问7天，他一来华，就去看望在巴黎勇敢保护圣火的中国残疾人姑娘金晶，并向她转交了法国总统萨科齐的亲笔信。萨科齐赞扬金晶正义、非凡的勇气，坚决反对针对她个人的袭击。其后，胡锦涛、吴邦国会见了蓬斯莱。另外，法国前总理拉法兰也于4月24日至27日访华，拉法兰此行一是要出席在北京举行的中欧关系论坛，二是会见中国领导缓解双边关系。除拉法兰以外，法国总统外事顾问雷维特也于4月26日至27日来华访问，与国务委员戴秉国举行中法战略对话非正式磋商，并就中法关系展开坦诚对话。② 法国政要如此密集访华，反映出他们高度重视修补有破裂危险的中法关系，诚如中国社会科学院欧洲所所长周弘所指出的："多位法国政要访华，以及他们的最新表态，显示法方对近来的一些错误做法有所反思，是一个好的征兆。"

纵观"家乐福事件"始末，网络舆论这种"第五种权力"已经有了独立设置社会公众议题的能力，它掌控着中国民众对于"家乐福"的市场购买力，能够给"抵制"对象造成潜在经济损失，而这一点显然是法国政要最为担心之事。诚如周弘所说，"中法关系遭到损害的后果当然需要双方共同承担，但如果法方不采取更多积极行动纠正错误，他们将承受更多苦果"③。这里所谓"苦果"，主要是在华利益和经济损失，而直接促成这种效果的，无疑是由网民发起的"抵制家乐福"的民间反法情绪的合理释放。换言之，中法冲突是一种利益博弈，而在博弈中，有时诚实、宽容、忍让是无济于事的，而具有"侵略性"的逼抢却会收到效果。若没有"抵制家乐福"的反法情绪

① 各大城市抵制家乐福、肯德基，美丽的哈尔滨，你怎么了. 黑龙江晨报，2008－04－20.

② 中国新闻网，http://www.chinanews.com.cn/，2008－04－24.

③ 齐彬. 法国应采取更多行动修补中法关系. 中国新闻网，2008－04－24.

和行为，就不会构成实在的压力；而没有压力，就不会有法方这样积极的表现，也就不会促进问题的进一步解决。而像"抵制家乐福"这样的社会公众议题，显然是不能由政府部门或是主流传统媒体提出的。换言之，网络舆论补充了政府声音和"第四种权力"的不足，已经具备了独立设置并完成社会议题的能力，从这种意义上说，称之为"第五种权力"是名副其实的。

三、不懈追求真相，实施全民监督

之所以把"网络舆论"称为"第五种权力"，还因为它可以最大限度地"追求真相"，真正实现全民监督，而这一点，已经大大超越了"第四种权力"的舆论监督范围。例如牵动中国社会神经 9 个月之久的"华南虎照片事件"。

2007 年 10 月 12 日，陕西省林业厅召开新闻发布会，宣布"镇坪县发现野生华南虎"，同时公布了周正龙当年 10 月 3 日拍摄的两张华南虎照片，并向其颁发奖金 2 万元。2008 年 6 月 29 日，陕西省政府新闻发言人、省政府办公厅、省公安厅、省监察厅的负责人向公众通报"华南虎照片事件"调查处理情况。经查证，周正龙用老虎画拍摄假虎照，还用木质虎爪模具在雪地揿印假虎爪行骗，已被公安机关以涉嫌诈骗罪报请检察机关批准逮捕。本案涉及的 13 名人员分别受到不同程度的处分，其中陕西省林业厅副厅长孙承骞、朱巨龙被免职，野生动植物保护处处长王万云、信息宣传中心主任关克被撤职。

值得注意的是，在这一事件中，坚持不懈地揭示真相的主力军是网络媒体和网民群体，而不是传统媒体；换言之，是"第五种权力"而不是"第四种权力"，才使得周正龙的年画"纸老虎"闹剧大白于天下。在这一过程中，传统媒体的表现是微弱的、苍白的，甚至是被动的。其关键点在于传统媒体的表现不是不懈地追求真相，而是缺乏独立性的报道、质疑、呼吁政府深度干预，无实际作为。

水落石出之后，传统新闻界恰如一篇评论所说的那样：

"华南虎照片事件"调查结论公布之后，许多新闻媒体有如释重负的感觉。但是，在政府主导的新闻调查中，新闻媒体可悲地扮演了"起哄"的角色。在这一事件中，新闻媒体的贡献或许就在于，不断地骚扰新闻事件的当事人，不断地提出质疑，并且希望政府机关干预。这种仰赖官府提供权威信息的做法，非但不会建立真正的新闻市场，反而会形成一个十分恶劣的先例——那就是当社会公众发现问题之后，新闻媒体不是主动介入调查，从而自主地发现问题的真相，而是不断地制造新闻效果，从而引起公众广泛注意，最终"感动"执政者，并且由执政者作出最终的结论。①

　　网民群体是揭示"纸老虎"真相的主力军，考虑到写作本文时中国网民数量已达 2.5 亿，即使只有 10% 被卷入，也是任何一个传统新闻媒体都无法匹敌的庞大群体。"华南虎照片事件"中的"终极证据"——年画虎，是网友首先提出来的。

　　据悉，2007 年 10 月 13 日，仅仅在陕西省林业厅召开新闻发布会的第二天，网友"yixians"就在色影无忌交流论坛上发帖，请教华南虎照片是否经过后期处理。色影无忌交流论坛号称全球最大的中文摄影网，一批 PS 高手和业余动物学家纷纷指出这张照片的破绽，有网友搬出"EXIF 数据"、"1/物距＋1/像距＝1/焦距"等专业术语，证明照片造假。专业的 PS 高手甚至用线性代数来计算，闪光灯、拍摄距离、色温、3D 立体图等专业术语也频频出现。质疑的帖子越聚越多，"平面虎"的呼声越来越高。网友"小鱼啵啵啵"在天涯和猫扑网站人肉搜索引擎上都留下了质疑"纸老虎"的问题，随后，一位叫"攀枝花 xydz"的网友在"小雨啵啵啵"的提问后面留言，说有重要的线索，让"小鱼啵啵啵"把 QQ 号码留给他。凌晨一点多，他们联系上。但一直等到五点钟，"攀枝花 xydz"都没跟"小鱼啵啵啵"说话。"早上八点半一上班，我开了 QQ，他忽然在线，给我发了一张年画虎的截图，基本判断，年画虎就是周正龙拍的虎。……10 时左右，我把第一张虎照传到色影无忌网站上。等我想传第二张、第三张的时候，自己都进不去了。""小鱼啵啵啵"后来说。整个帖子点击率很快超过了 30 万。据《南方都市报》记者的统计，整个帖子加上转载点击率已经过亿了。而随后，一些网友从年画的左下角找到了年画虎的编号"8301"和一个模糊的"龙"字，于是很多网友试着用"龙年画"、"龙墙画"、"龙贴画"等关键词在百度上搜索，锁定了义乌的威斯特公司。接着，找到了威斯特公司经理骆光临的联系方式，还用百度快照找到了虎的原画，显示的上传时间是 2005 年，前后只用了两个小时。网站产生的积聚效果是惊人的。腾讯新闻频道编辑赵国臣说，QQ 跳出框里可以有即时新闻，同时在线 3 000 万人。3 000 万人同时议论一件事，调查一件事，好比"链式的病毒式传播"。网友的信息源是多样的。如果自己去寻找年画虎，一个记者可能要找上百年。可这么多网友，凭照片上的蛛丝马迹，

---

① 新闻媒体应从华南虎事件中吸取什么教训?. 中国江西网，2008－06－30.

两个小时就找到了印制年画虎的企业。① 人气最旺论坛"猫眼看人"的网友"载水之舟"，也在 10 月 22 日就指出"纸老虎是'没骨擦笔年画'的水粉作品"，并提醒网友注意义乌等地的年画批发市场，结果果如所言。2007 年 12 月 2 日，网易头条刊出文章《水落石出！六方专家一致认定华南虎照片为假》。当然，由于事情的复杂性，这一真相直到 2008 年 6 月 29 日才大白于天下。

笔者以为，在"华南虎照片事件"中，传统新闻媒体表现确实不尽如人意，没有起到"第四种权力"的舆论监督作用，但如果从另外一个角度考虑问题，或可以说"华南虎照片事件"的复杂性和社会职能部门介入的模糊性，已经大大超出了传统媒体的功能和覆盖范围。当然，我们可以这样批评："在这一闹剧中最应该反思的恰恰是新闻媒体自身。是他们将一个农民的诈骗行为，变成了一个举世关注的社会闹剧；是他们将一个经不起推敲的虚假故事，变成了一个连续不断的社会新闻；……正是在新闻记者如无头苍蝇般的采访报道中，整个新闻事件高潮迭起，并最终变成一个彻头彻尾的荒唐连续剧。"②

但是，纵观这个事件，卷入了各类专业人士，粗算下来，就有司法、摄影、动物、植物、林业、刑侦、印业等专业，而这些专业技术知识，已经远远超出了新闻记者的知识范围，却因网络而凝聚到一起。例如"打虎派"的一条主要证据就来自国际著名刑侦专家李昌钰。2008 年 5 月 8 日，李昌钰博士在福建一场专题演讲中，否认了"华南虎"照片的真实性，并说："照片后期处理得相当好，我只能说咱们中国农民很不错，PS 的水平太高了。"理由很有力，他说："十月份，山上应该会有很多苍蝇，苍蝇喜欢粘在老虎的眼睛周围，如果有苍蝇而没有粘在老虎的眼睛上，就可以证明老虎是假的。"虽然很多"挺虎派"说不可能，但是通过放大照片逐个区域扫描，有网友在 40 张照片中找到了一两只苍蝇，但并没有粘在老虎的眼睛周围。③ 像李博士这样的推断和网友的配合，绝对是一般新闻媒体所难以达到的。由此，也可以反证网络媒体所拥有的"第五种权力"可以填补传统媒体的这种缺憾和空白，最大限度地实施全民舆论监督，从而促进社会进步。

综上分析，无论是真正实现"观点的自由市场"，还是设置社会议题、进行共识动员，或是不懈追求真相、实施社会监督，无疑都与网络舆论的主体——网民的"他者"身份有关：他们既不属于政府和行政权力，也不属于

---

① 白雪，王超. 华南虎事件：技术含量支撑公众理性. 中国青年报，2008 - 07 - 07.

② 新闻媒体应从华南虎事件中吸取什么教训?. 中国江西网，2008 - 06 - 30.

③ 白雪，王超. 华南虎事件：技术含量支撑公众理性. 中国青年报，2008 - 07 - 07.

传统新闻媒体。前者使他们敢于畅所欲言，即发出与政府部门不同的声音；而后者使他们能够畅所欲言，即在人员散布的广泛性上和从业领域的专业性上又远远超过了传统媒体。正是这种"他者"身份，使得网络媒体能够真正实施"第五种权力"。

（原载于《社会科学战线》，2009 年第 10 期）

"裁判员困境"与"第三方"入场

所谓"裁判员困境",是指行使司法权、监察权对行政权实施"纠错"时发生的一种窘境,其突出表现是"裁判员"、"运动员"集于一身,缺乏一个属于"第三方"的明确利益主体,从而使所谓监察流于形式,甚至导致监察者与监察对象利益一致、沆瀣一气,最终行政吞噬掉监察。目前,中国反腐形势严峻,众多贪官"前腐后继",贪腐数额越来越大,多与陷入这种困境有关。

如前所述,客观地看,传统的前"四种权力",尤其是"第四种权力",即传统媒体,也关注社会正义,监督权力运行,但由于其血缘"出身"即传统体制以及媒介性质,这种监督所需要的另一个体制外的"他者"或"第三方"始终难以出现,"裁判员"和"运动员"往往集于一身。这就使所谓关注社会正义、监督权力运行流于形式,成为空话。

之所以出现行政吞噬监察,关键在于行政、监察实为一家,"裁判员"、"运动员"集于一身;而之所以出现行政、监察一家,裁判员、运动员难分,又在于权力本身的特性。对此,看看西方宪政学家对于权力、制度本质的分析或许不无益处。

制度总要由人来执行,至于制度中的"人"究竟是一个什么样的存在,18 世纪法国启蒙运动思想家孟德斯鸠在《论法的精神》一书中,提出了"局限存在物"的理论预设,他说:"人,作为一个'物理的存在物'来说,是和一切物体一样,受不变的规律的支配。作为一个'智能的存在物'来说……他是一个有局限性的存在物;他和一切'有局限性的智灵'一样,不能免于无知与错误;他甚至于连自己微薄的知识也失掉了。作为有感觉的动物,他受到千百种情欲的支配。……这样一个存在物,就能够随时忘掉他自己;哲学家们通过道德的规律劝告了他。他生来就是要过社会生活的;但是他在社会里却可能把其他的人忘掉;立法者通过政治的和民事的法律使他们尽他们的责任。"①

而在探讨制度必要性和它的功能设计时,英国哲学家大卫·休谟则提出了著名的"无赖原则"预设。他指出,人们在考虑制度安排时,必须持有"人人应当被假定为无赖"这样一种假设,他说:"政治作家们已经确立了这

---

① [法]孟德斯鸠. 论法的精神(上册). 北京:商务印书馆,1961. 3.

样一条准则，即在设计任何政府制度和确定几种宪法的制约和控制时，应把每个人都视为无赖——在他的全部行动中，除了谋求一己的私利外，别无其他目的。"① 而制度设计要达到的目的就是：不论当权者多么利欲熏心，通过完善的制度机制的钳制功能，都能做到"规规矩矩"地服务于公益。如果说休谟的"无赖原则"是以一种"是什么"的判断方式，美国宪政学家詹姆斯·麦迪逊（James Madison）则以一种"不是什么"的方式，从另一角度对人与制度的相关关系提供了逻辑结论，即"非天使预设"——："如果人都是天使，就不需要政府了。如果是天使统治人，就不需要对政府有任何外来的或内在的控制了。在组织一个人统治人的政府时，最大的困难在于必须首先使政府能管理被统治者，然后再使政府管理自身。毫无疑问，依靠人民是对政府的主要控制；但是经验教导人们，必须有辅助性的预防措施。"② 对此，英籍奥地利政治思想家波普尔则提出了"国家是一种必要的罪恶"的大胆预设，他说："国家尽管是必要的，但却必定是一种始终存在的危险或者（如我斗胆形容的）一种罪恶。因为，如果国家要履行它的职能，那它不管怎样必定拥有比任何个别国民或公众团体更大的力量；虽然我们可以设计各种制度，以使这些权力被滥用的危险减少到最低限度，但我们绝不可能根绝这种危险。"③ 美国 18 世纪启蒙思想家潘恩也表达了这一思想："政府即使在其最好的情况下，也不过是一件免不了的祸害；在其最坏的情况下，就成了不可容忍的祸害；因为，当我们受苦的时候，当我们从一个政府方面遭受那些只有在无政府的国家中才可能遭受的不幸时，我们由于想到自己亲手提供了受苦的根源而格外感到痛心。"④

　　目前所出现的行政吞噬监察，行政、监察同构实际上是以上所说的"局限存在物"、"无赖原则"、"非天使"、"必要的罪恶"诸种假设在转型时期的中国的表现。在此的关键问题在于，要有一个超脱于上述监察者与被监察者的独立的"第三方"，由它来实施监察与纠错，而如上所论，这种"纠错"力量在既有体制内又是不存在的，需要一种"制度外"的社会力量。恰如一位媒体人所指出的：

① ［美］斯蒂芬·L. 埃尔金等. 新宪政论. 周叶谦译. 北京：生活·读书·新知三联书店，1997. 27～28.

② ［美］汉密尔顿等. 联邦党人文集. 程逢如等译. 北京：商务印书馆，1980. 264.

③ ［英］卡尔·波普. 猜想与反驳：科学知识的增长. 傅季重等译. 上海：上海译文出版社，1986. 499.

④ ［美］潘恩. 潘恩选集. 马清槐等译. 北京：商务印书馆，1981. 241.

　　如何防止监督变成分肥，严肃内部纪律仅仅是一方面，还需要这个制度以外的监督来加以保障。任何机构之间的监督，在理论上都可以化解为彼此之间的分肥或者分赃，无论机制多么复杂，只要时间足够长，彼此博弈次数比较多，都可以通过彼此间的谈判实现这一点。所以，真正的监督，实际上是有民意参与的监督。来自众多被管理者的监督，是无论如何都没有办法通过谈判达成分肥协议的；而民意的监督，则来自人民代表，来自社会，来自公共媒体。……需要引入一个第三方。①

　　而"第五种权力"的出现，却"无意中"解决了这个问题。这是因为网络舆论的主体是亿万网民，他们不从属于"四种权力"中的任何一种，是名副其实的"他者"，所以能够从自己"第三方"的切身利益与诉求出发，来监督权力的运行。试以监督"不当公款消费"为例。

　　中国不仅是人口大国，还是行政成本大国。我国行政成本高出世界平均水平25%。国家统计局数据显示，1995—2006年，国家财政支出中行政管理费12年间增长了6.60倍，远远超出同期经济发展速度，也远远超出居民收入和政府收入的增速。② 而行政管理费用占财政总支出的比重，2006年为18.73%，这个比重在日本是2.38%、英国4.19%、韩国5.06%、法国6.5%、加拿大7.1%、美国9.9%。③ 又据相关数据，"中国行政成本世界第一：从1978年至2003年的25年间，中国行政管理费用增长了87倍，远远高于财政总支出的增长和GDP的增长，并且近年来还在以平均每年23%的速度增长。据国家发改委的统计，政府掌握的社会剩余产品总价值为87.5%，留给社会的只有12.5%"④。而这些来源于民众税收的公费如何使用，始终是一个不透明的灰色地带，而这正是中国目前改革遇到的最棘手的问题之一。

　　2008年6月25日，人民网"强国社区"实名论坛出现了一个题为"问一声国务院，公款吃喝究竟有多少亿元？"的帖子。其云："这些年来，国务院与地方各级政府在强调依法行政的同时，一直都在实行政务公开。但是，奇怪的是，人民公仆们一年公款吃喝到底有多少，人民却一直不知情。……都说权力要阳光化，但这一年公款吃喝有多少，却无法让这数字见见阳光，让吃喝内容来晒晒太阳。"帖子作者郑华淦之所以要"监督"公款消费问题，是因为这涉及他的根本利益——纳税人的知情权："讨论公款吃喝究竟有没

---

①　张鸣. 监督的自身困惑. 中国青年报, 2008 – 12 – 12.

②　瞭望, 2008 – 04 – 29.

③　新华网, 2008 – 04 – 29.

④　易富贤. 其实，中国养得起更多的人. 南方周末, 2008 – 12 – 31.

有 3 000 亿元，其目的不是得出：多乎哉，不多也。……而是基于吃喝掉的公款都是纳税人交的税收收入，纳税人应该有这个知情权。"① 而在"纳税人的知情权"的背后，是他作为一个纳税人要得到保护的根本利益。

如果说郑华淦还是处于一种没有证据的"捉迷藏"状态的话，另一位网友则抓住了真凭实据，利用"第五种权力"将"不当公款消费"暴露于阳光之下。据新华网温州 2008 年 12 月 4 日报道，一则题为"我无意中捡到的某市公务员出国考察费用清单"的帖子在网络上引发热议。帖子显示，温州赴美培训团的 23 名团员均为温州市各县各部门的领导，护照性质为"因公"，在长达 21 天的行程里，他们先后游历了夏威夷、洛杉矶、拉斯维加斯等近 10 个美国大城市，其中"公务活动"却只有 5 天。培训团一共花费近 65 万元。12 月 4 日，从温州市委处获悉，温州市纪委已查清"23 人赴美培训团"的问题，为严肃纪律，市委分别作出对余薛民等 4 名相关责任人党内严重警告和党内警告处分。② 经媒体查实，发帖的是一位名为"魑魅魍魉 2009"的网友，11 月 21 日在上海地铁站捡到了上述证据，然后发到网上，网友疯狂的转载让其成为社会关注的焦点，并引起了传统媒体的注意，江西新余、浙江温州"出国考察门"事件从此曝光，掀起了"公款考察门"的风暴。11 月 28 日晚，央视《新闻 1+1》栏目播出了这个帖子，并引发了"官员出国考察该怎样规范和监督？政府公共财政又该如何更加透明"的话题。而网友"魑魅魍魉 2009"如此行事的理由很简单——"我不能让一辈子交的个税被考察团糟蹋了"，而在这一简单理由中却包含着监督公共权力非常重要的因素——独立于权力部门之外、监察者与被监察者之外的"第三方"，而这一因素又源于他作为一个纳税人的利益诉求，他坦言："我是这样算的，我每年要缴纳 1 万元左右的个税，我还可以工作 30 年，算下来有 30 万元。如果我不曝光，我这辈子的个税就让新余团给透支了（温州团我肯定是够不上了）。曝光以后，他们要退钱，我觉得我的个税没被挥霍掉，所以觉得很值，像中了大奖一样。"遭到质疑时，他仍坚持认为，公务员享受公费旅游的福利长期屡禁不止，使其成为灰色地带；而灰色地带长期得不到阳光照耀，就会变成人们习以为常的黑色地带。他选择的《明朝那些事儿》中的一段话很能代表自己的理念："因为在目睹了无数现实生活中的黑暗之后，我依然保存着我的理想。我相信，在这个世界上，还有公理和正义。"③

---

① 郑华淦. 问一声国务院，公款吃喝究竟有多少亿元?. 人民网·强国社区·实名论坛，http：//bbs1.people.com.cn，2008 - 06 - 25.

② 新华网，http：//www.xinhuanet.com，2008 - 12 - 04.

③ 叶铁桥."我不能让一辈子交的个税被考察团糟蹋了". 中国青年报，2008 - 12 - 08.

从现实操作层面来看，这种"公理"和"正义"确实得到了声张。2008年11月底12月初，新余、温州两市分别对有关人员给予免职、警告等处分。① 而在监察部马馼部长所提出的"关注群众反映强烈的问题"中，"重点治理公款出国（境）旅游"名列其中。她指出，2008年，"国家预防腐败局将其作为一项重要工作来抓，会同有关部门采取多项措施，包括查处多起案件，取得一定成效。全年公款出国（境）的经费和人数同比下降约15%。全国共压缩出国（境）团组5 189个，减少出国（境）人员18 416人"②。

显然，这种理念是基于其公民利益和权利，而正是这种利益和权利，使其成为一种"体制外"的声音，它往往能够独立于既存的"前四种权力"之外，真正从"他者"的角度去考虑问题，成为一种真正意义上的"第三方"；而这个"第三方"又恰恰是监督公共权力、避免行政吞噬监察所必需的。而从另一个角度，这"第三方"在监察、纠错的同时，又在培育着公民社会所需要的意识和行为，恰如媒体所分析的："对于公民社会的成长，以及真正的公民在面对社会事务时所应具备的公共责任感，无论是在非典，还是雪灾或抗震中，我们都有了深切体会。……相比那些大事件上的公民表现，庸常生活中的公民意识其实更重要，没有表演，没有关注，非常本色，它深深地镶嵌在这个社会中。……在公民社会里如何做一个合格的公民，如何更好地参与公共事务的管理和监督，他们为我们书写的这本最现实的教材一定会被牢牢刻录在时代进程中。"③

目前，在传统监督方式缺席与失灵的状态下，网络举报、网络反腐已成气候，成为一种独立的监察力量。2008年，这种力量的发展呈现全面开花之势，所以有论者提出，2008年，是网络民意表达的"分水岭年"，其云：

在计算机领域里有个说法叫做"分水岭日"，是指从那一天开始，世界上的计算机的计算能力超过了全体人类的计算能力之总和。在社会学研究的领域中，也有一个所谓的"20%"的分水岭。一般来说，当整体的某一部分意见超过20%的时候，这部分比重就值得重视，并且很可能这部分比重的意见或者人群将改变社会的构成。……今年中国的网民数量已经超过两亿人，看上去没有超过这个20%的门槛，但如果我们分析一下人口的构成，就会发现如果去除对于社会生活影响不大、消费能力与受教育程度不高的人群之

---

① 程少华，傅丁根. 调查称逾9成民众选择网络曝光社会不良现象. 人民日报，2009 – 02 – 03.

② 独家专访：监察部长马馼七答反腐如何"取信于民". 新华网，http://news. xinhuanet. com，2009 – 01 – 19.

③ 陈方. 他们教我们如何做公民. 中国青年报，2008 – 12 – 11.

后，这两亿人就是社会的中坚力量，这种爆发式的增长，已经超过了这个门槛，从而形成了对社会的巨大影响。2008 年，经过了从 2000 年开始的增长之后，终于成为了具有标志性的"分水岭年"，或者我们可以这么说，成为了中国民意的分水岭年。①

之所以这样说，是因为作为"第五种权力"的网络舆论已经远远超出议论、分析的范围，在现实操作层面实现了权力的"支配"与"掌控"功能。

无论是直接效应还是间接效应，都有一个明确指向：监督权力运行，保证行政行为的透明度。当然，由于"人肉搜索"的匿名性、群体性，难免带有随意性和不准确性，会催生一些现代"窦娥"，但诚如有评论所指出的："要想避免这种无休止的人肉搜索骚扰，官员唯有公开收入，让自己的收入透明，让自己的权力透明，让公众可以通过正常的制度途径监督自己。收入也许能说明一切，能制度性地证明官员的清白。"② 可喜的是，我们看到，这种对于"透明"的呼吁也从话语、舆论层面延伸到了实际操作层面。据悉，新疆阿勒泰地区县（处）级领导干部首次财产申报工作于 2009 年 1 月 1 日起实施，这一天，在阿勒泰地区廉政网上首批公示的是 55 名新提拔正科和副县级干部的申报资料。据阿勒泰地区纪委 12 月 22 日下发的文件规定，申报表分公开和秘密两份。公开申报表要填写职务工资、级别工资和高定工资，各类奖金、津贴、补贴及福利费，包括原艰苦边远地区津贴、新艰苦边远地区津贴、浮动固定工资、知识分子补贴、保健费、书报费、阳光津贴、岗位津贴、电话补助费、取暖费及单位自行发放的福利费等。秘密申报表要填写的申报内容为历年来全部财产情况。③

新疆、温州、徐州、南京……以上这些事件不能说有必然联系，但确实勾勒出中国目前舆论监督的紧迫性和必要性；不能说南京"至尊烟"、"天价表"必然导致和直接催生了阿勒泰市进行首批官员财产申报，但其揭橥的大趋势却带有我们社会的本质特征；也不能说网络舆论作为"第五种权力"已经完善，或无所不能，但它对推动整个制度改良的进步作用是不可小觑的。诚如论者指出的那样：

如果，我们能通过努力，哪怕是最微弱的呼吁和最细小的支持，让清白

---

① 五岳散人. 2008：民意表达的分水岭年. 凤凰博客网，http：//blog. ifeng. com/article.
② 曹林. 官员收入不公开　人肉搜索难休止. 西安晚报，2008 - 12 - 26.
③ 赵砾. 新疆阿勒泰市进行首批 55 名官员财产申报. 亚心网，www. iyaxin. com，2009 - 01 - 01.

者清白让卑污者现形。如果，我们能通过奋斗，哪怕是最普通的点击和最平淡的关注，让法治清明让制度公平。那么，这一条路，无论多艰难，无论多漫长，都值得坚定地走下去。真正的斗争者，不幻想辉煌的胜利，不发泄激烈的愤怒，不拘泥于暂时的挫折，也不将斗争的目标局限在一人一事身上，而是努力推动制度的改良。①

目前，在互联网上输入"舆论监督"、"民间监督"、"反腐败"、"百姓喉舌"等关键词，可以发现许多民间反腐网站，有着海量资料。《互联网——推动社会正义的重要力量》、《中国"民间反腐"力量跃上前台　互联网成"曝光台"》之类的文章络绎不绝。时至本文写作之时的 2009 年 12 月 31 日，有媒体评论称"公民新闻"正在崛起，其云：

公民新闻崛起，是 2009 年中国媒体业的一道亮丽风景，无论是杭州飙车案，还是央视大火，还是邓玉娇事件，都显示了公民新闻的逼人气势。公民新闻的崛起及以博客、微博客为主阵地的公民写作的崛起，实际上意味着公民话语权在经年酝酿后的全面崛起，实际上是以几乎整个社会的力量，倒逼着中国的新闻改革，构成中国新闻改革最大的动力源。舆论地位随之陡然提升，应对舆论遂成各级政府要务。各方对舆论场空前重视并试图主导之，已是 2009 年新闻界最显著的特征。②

还有学者指出新媒体实际上形成了一个独立的舆论场：

在信息化时代，实际上形成了两个舆论场，一个是由报纸、广播、电视、期刊等媒体形成的传统舆论场；另一个是由互联网、手机等媒体形成的新兴舆论场，网民可以在短时间内收集到大量知识、信息，通过自我吸收理解，可使某一方面的信息成为供大众共享的资源。它是一个个独立个体的意见的集聚和放大，甚至可以通过舆论压力"迫使"权威服从大众意愿。③

另外，还有舆论认为互联网已成"大规模杀伤性媒体"，据悉，人民网

---

① 周斌. 网络舆论监督，每一小步都是胜利. 中国青年报，2008 - 12 - 30.

② 笑蜀. 2009：谁引领新闻话语权?. http：//blog. ifeng. com/article/3905494. html，2009 - 12 - 31.

③ 关桂峰. 2009 年，网络监督考验政府执政能力. 新华网，http：//news. xinhuanet. com，2009 - 12 - 31.

舆情监测室分析了 2009 年 77 件影响力较大的社会热点事件，发现由网络爆料而引发公众关注的有 23 件，约占全部事件的 30%。互联网已经成为新闻舆论的独立源头之一。这个结论写进了《2009 年中国互联网舆情分析报告》，在收入中国社会科学院《社会蓝皮书》后，立刻被广泛引用。对 2009 年的互联网舆情态势，各方解读各不相同。一些网民说：互联网已经成为"大规模杀伤性媒体"，对贪官污吏和政府不当执法形成了强大的制约力量，网民成为中国最大的虚拟而又有现实力量的"压力集团"。《人民日报》12 月 25 日发表述评说，从中央部委到地方政府，初步形成了政府对网络民意的监测、反馈和吸纳机制，政府与民众在网上良性互动的局面正在中国形成。①

从腾讯 QQ 网友结成 QQ 群，到"百度贴吧"基于地名、机构、职业和兴趣爱好等关键词聚集利益相关人群，还有博客圈、豆瓣网讨论群组、BBS 网友的"版聚"等，中国网民正在网络上结成各种虚拟的社群，同声相应，同气相求。

这些都在一定程度上表明，中国网民作为具有舆论能量的"新意见阶层"，正在形成一个有现实影响力的虚拟"压力集团"（按照政治学定义，压力集团"pressure group"是指那些致力于对政府施加压力、影响政策方向的社会组织或非组织的利益群体）。

面对贫富冲突、劳资矛盾、城市拆迁、农村土地流转、环境污染、医疗教育、道德失范等问题，特别是政府施政缺失和司法不公现象，中国网民总能仗义执言，并经常能改变公共政策的方向。也正是网民的声音，迫使基层公权力经常处在从未有过的紧张和惕厉之中，并警示地方领导干部恪守基本的政治伦理和人伦底线。这种力量源自 3.38 亿中国网民以鼠标投下的民意表决票，源自他们的正义感和良心。②

综上判断，"网络舆论"、"网络反腐"或"公民新闻"、"独立的舆论场"，还有"大规模杀伤性媒体"，说明网络舆论已经成为独立的、名副其实的"第五种权力"，其力量之大"甚至可以通过舆论压力'迫使'权威服从大众意愿"，它"对贪官污吏和政府不当执法形成了强大的制约力量，网民成为中国最大的虚拟而有现实力量的'压力集团'"③。而导致这种权力"独立"的原因在于其"他者"的第三方地位。正是这种地位，使得它往往能从公民自身的利益出发，监督行政权力的运行，从而打破了"运动员"、"裁判员"集于一身的荒唐监察状态，对溢出边界、无限泛滥的权力进行了约束，

---

① 祝华新. 网络已成为"大规模杀伤性媒体". 中国青年报，2009 – 12 – 28.
② 祝华新. 网民成为压力集团是国家进步的象征. 中国青年报，2009 – 12 – 30.
③ 祝华新. 网民成为压力集团是国家进步的象征. 中国青年报，2009 – 12 – 30.

并在逐步收到实效。

从语言学角度来分析，他，是第三人称单数代词，指代"我"和"你"之外的任何第三人。在此，作为"他者"的"三"具有普遍涵盖性，可以衍生出其他任何数字，正是从这种意义上，《老子》中才说："道生一，一生二，二生三，三生万物。"《史记》里也说："数始于一，终于十，成于三。"① 在此，"三生万物"、"数成于三"是对"三"这一数字的最高评价，它所强调的是事物两极之外的第三方："三"体现为"万物"，"万物"皆是"三"也。在实际生活中，相互沟通、交往的行为总是在"你"或"我"的两个利益主体之间发生，在此之外的任何一方，也就构成了第三方。第三方，即为"他者"。

在经济、政治等与利益相关缠绕的人类活动中，为了维护公平与正义，除了"我"和"你"之外的"他者"的功能之一，就是要在利益主体之外发挥调节、中介、监督、监察等作用。例如两队比赛中的裁判、经济生活中的审计、行政过程中的监察、政治生活中的纪检、对于公共权力的新闻监督等。在此，调节、监督或监察是否有效，关键在于"第三方"能否真正作为"他者"而存在，是否属于"体制内"之外的另一个利益主体。诚如有论者尖锐指出的："当'天价香烟'不幸遭遇了被很多人所不屑的网民监督之时，当这种无须任何国家财政支持、天然环保型的廉价监督风行之时，我们是否可以思考一些原本就是常识的权力制约之道：对权力的监督和制约，最便宜但却最有效的其实还是来自权力之外的力量。当权力内部的自查自纠不再有效，网民的力量、舆论的力量显得那么让人震撼，让被监督者不寒而栗。……通过这晃眼的'天价香烟'，笔者分明看到一种新兴的监督力量——网民：他们最无所顾忌，他们最没有利益纠葛。最重要的是，他们那么快捷、有效而且廉价。"②

显然，这种理念是基于其公民利益和权利，而正是这种利益和权利，使其成为一种"体制外"的声音，它往往能够独立于既存的前"四种权力"之外，真正从一个"他者"的角度去考虑问题，成为一种真正意义上的"第三方"；而这个"第三方"，又恰恰是监督公共权力、避免行政吞噬监察所必需的。而从另一个角度，这"第三方"在监察、纠错的同时，又在培育着公民社会所需要的意识和行为，恰如媒体所分析的："对于公民社会的成长，以及真正的公民在面对社会事务时所应具备的公共责任感，无论是在非典，还

---

① （西汉）司马迁. 史记·律书第三（卷二十五）. 上海：中华书局，1982.

② 萧锐. 最廉价的监督正在网络上兴起. 中国青年报，2008－12－17.

是雪灾或抗震中，我们都有了深切体会。……相比那些大事件上的公民表现，庸常生活中的公民意识其实更重要，没有表演，没有关注，非常本色，它深深地镶嵌在这个社会中。……在公民社会里如何做一个合格的公民，如何更好地参与公共事务的管理和监督，他们为我们书写的这本最现实的教材一定会被牢牢刻录在时代进程中。"①

　　英国哲学家伯特兰·罗素曾指出："在社会科学上，权力是基本的概念，犹如在物理学上能是基本概念一样。权力也和能一样，具有许多形态，例如财富、武装力量、民政当局以及影响舆论的势力。在这些形态当中，没有一种能被认为是从属于其他任何一种的，也没有一种形态是派生所有其他形态的根源。"② 随着网络舆论在社会生活中的影响越来越大，在传统"四种权力"之外，独立的、有着自己鲜明个性的"第五种权力"正在形成。它既具备传统意义上的"第四种权力"的舆论监督等基本特征，又发挥着"第四种权力"所不具备的社会功能，从而弥补了"第四种权力"的先天不足。而能够作为一种第三方意义上的"他者"而存在，是"第五种权力"独立于其他四种权力的最鲜明的标志，也是它能存在的充分理由。它避免了传统监察中的"裁判员困境"，作为社会的"第三只眼睛"，最大限度地监督权力运行，实现实际操作层面的社会纠错功能。尤其考虑到这一事实，即中国在经历了改革开放30余年之后，目前又走到了一个关口，有学者将其形象地比喻成"又到了给自己动手术的时候了"，其严峻性并不亚于30余年前的决策，这是因为"改革曾是共识，现在却随着利益分化出现了社会认识的严重分裂。在市场化改革中痛惜丧失了旧有权力的一小批人，打算劫持民意，左转再左转，把车开回权力代替市场的旧体制。在改革中没有如愿捞得更多的另一些人，希望车头右转再右转，走上一条财富支配权力的新道路。两个旗号截然不同，两条道路却几乎是殊途同归。旗号可以是社会主义或者是资本主义，但本质却是权力垄断或者是市场垄断"③。而解决的出路则是民间的壮大、民意的觉醒、民众对行政的监督：

　　中国的希望在人心里，在民众中间。中国的前途在于坚持不懈推进改革，在于把民众的利益和未来置于其他之上。眼前迫切需要推动的，是行政管理体制改革，是建立一套约束政府行为的规矩，让行政管理公开透明；是把公共资金管理摊开在阳光之下，靠百姓监督实现政府廉洁自律和职能转

---

① 陈方. 他们教我们如何做公民. 中国青年报, 2008 - 12 - 11.
② [英] 伯特兰·罗素. 权力论——新社会分析. 吴友三译. 北京: 商务印书馆, 1991. 4.
③ 王小鲁. 又到了给自己动手术的时候了. 南方周末, 2009 - 01 - 08.

换；是在社会参与之下重建政府的效率和信誉，是通过改革重新凝聚社会共识，同舟共济。①

如上所论，这些也正是"第五种权力"所重点追求的。于是，在对"裁判员困境"的困惑与抱怨不绝于耳之时，我们也听到了一个清晰而有力的声音：请"第三方"入场！

（原载于《南京社会科学》，2009 年第 4 期）

---

① 王小鲁. 又到了给自己动手术的时候了. 南方周末，2009 – 01 – 08.

"在场困境"与"缺场悖论"
——反向全景敞视下的"第五种权力"

"第五种权力"最擅长的领域,是网络监督和网络反腐,对滥用公共权力实施舆论批评和实际纠错。在目前中国的监察领域屡屡遭遇"在场困境"之时,这一功能显得尤为明显。

空间与场所,是权力的重要构成部分;权力,总是在一定的空间中存在,而又要控制一定的空间。而"在场",则是权力监督的必要条件之一,它往往由各类纪检、监察部门来实施。而由于中国监察系统的不足,使这种"在场"多流于形式,往往以"不在场"而告终,即所谓的"在场困境"。与其相关的是"缺场悖论",它是指在现实生活中,大众具有"普遍在场"的特性,即"群众的眼睛是雪亮的"。但由于缺乏沟通的渠道和表达的平台,这种意义上的大众"普遍在场"只是一种理论上的存在,从而使大众在社会监督中往往处于"离场"或"缺场"状态,这又构成了"缺场悖论"。在现实中"无处不在"的大众之所以在权力监督中屡屡"缺场",主要在于缺乏一个发布、表达的场所。网络空间的出现,真正实现了物理空间和虚拟场所的分离,使得被监督对象的行为无所遁逃,从另一种意义上实现了由边沁到福柯的"全景敞视",即"反向全景敞视",从而产生一种新的"在场"关系,使"在场困境"与"缺场悖论"双双迎刃而解。

一、"在场困境"与"缺场悖论"

"在场",无疑是监督的必要条件之一,因为"不在场",即无法进行有效监督。1997 年 5 月 9 日第八届全国人大常委会第 25 次会议通过的《中华人民共和国行政监察法》规定:监察机关有权"责令有违反行政纪律嫌疑的人员在指定的时间、地点对调查事项涉及的问题作出解释和说明",即所谓"双规"。"双规"的必要条件之一就是"场所",所谓"指定的地点"就是强调"在场"。从监督权力运行的角度看,"在场"不仅意味着物理意义上的接近与存在,还意味着一种权力合法性的构成。从传统角度看,所谓"监督"的功能由各类纪检、监察部门实体实施,一如《中华人民共和国行政监察法》所规定的;而由于中国监察系统的先天不足,使这种"在场"往往以"缺场"、"离场",即"不在场"而告终,于是形成所谓的"在场困境"。

　　"在场困境"使所谓"监察"流于形式。目前，中国反腐形势严峻，众多贪官"前腐后继"，涉案数额越来越大，多与陷入这种困境有关。谨以"透明国际"的"腐败印象指数"对此作一说明。腐败印象指数（CPI）的评分范围是 0～10 分。得分越高，表示腐败程度越低；反之，得分越低，则表示腐败程度越高。CPI 指数从 1995 年开始正式逐年发布。对于此前的状况，"透明国际"根据不甚充分的历史调查数据进行了估计，相比后来正式发布的指数，其精确度要更低一些。根据估计数据，我国 1980—1985 年间的 CPI 是 5.13 分，1988—1992 年间的 CPI 是 4.73 分。而 1995—2007 年，我国的 CPI 得分基本都在 3.5 分以下。这表明，改革开放之后，我国的腐败程度经历了一个从轻微到严重的发展过程。

　　如果说，上述"腐败印象指数"还具有国际人士的"主观印象"成分的话，那么，基于中国政府各种机构的数据则为此提供了有实证意义的信息。据悉，仅 2006 年，全国各级纪检监察机关就共给予党纪处分 97 260 人，占党员总数 1.4‰。其中，有 7 名省部级干部涉嫌犯罪被移送司法机关依法处理。这些案件较多地表现为商业贿赂。2006 年，全国检察机关共立案侦查商业贿赂犯罪案件 9 582 件，涉案总金额 15 亿余元。其中，发生在工程建设、土地出让、产权交易、医药购销、政府采购、资源开发和经销六个重点领域以及出版发行、银行信贷等九个重点部位的商业贿赂犯罪案件 7 182 件，占立案总数的 75%。[1] 2003 年的"两高"报告里，追诉的县以上的国家工作人员刑事案件涉案人数一共是 12 830 人，而 2008 年则增加至 13 929 人，增幅为 8%。其中局级干部 930 人，省部级干部 35 人，这说明在腐败的防治和打击方面，形势还非常严峻，经过五年的反腐斗争，实际腐败人员的数量不仅没有减少，反而增加。而这与"透明国际"的"腐败印象指数"恰好吻合。[2] 而从贪腐数额来看，也呈递增趋势。1979 年，黑龙江省所破获的该省最大贪污案件，总数额为 50 万元；1990 年，原首钢公司北京钢铁公司党委书记管志诚贪腐案，总数额为 152 万元，被判处死刑。而近两年，超千万"巨贪"屡现：2008 年，郴州市原市委书记李大伦因受贿、贪污近 2 000 万元，被判处死刑；2009 年，内蒙古赤峰市原市长徐国元贪污受贿总数额为 3 200 万元，年均敛财 533.3 万元，月均敛财 44.42 万元，日均受贿达 1.5 万元。

　　据悉，2008 年，各级检察机关共立案侦查贪污贿赂、渎职侵权犯罪案件

---

　　① 马怀德. 腐败人数继续上升　反腐形势严峻. 新浪网，http：//www. sina. com. cn，2008 - 03 - 10.

　　② 马怀德. 腐败人数继续上升　反腐形势严峻. 新浪网，http：//www. sina. com. cn，2008 - 03 - 10.

33 546 件，共 41 179 人，其中，立案侦查贪污贿赂大案 17 594 件，比上年增加 4.6%；重特大渎职侵权案件 3 211 件，比上年增加 14.1%；县处级以上要案 2 687 人，其中厅局级 181 人，省部级 4 人。职务犯罪案件有罪判决 29 836 人，比上年增加 12.6%。① 据统计，从 2007 年 11 月至 2008 年 11 月，中国各级纪检监察机关立案 14.3 万件，结案 14.4 万件，处分 15.1 万人，其中，县处级以上干部 4 960 人（移送司法机关 801 人），为国家挽回经济损失 60.9 亿元。中纪委、监察部严肃查处了刘志华、陈同海、孙善武、孙瑜等大案要案，并移送司法机关审理。中国最高人民检察院反贪污贿赂总局局长王建明谈道，目前中国的贪污贿赂犯罪的行业特点越来越明显，大量的贪污贿赂犯罪集中发生在公共权力比较集中、资金比较密集、资源短缺、垄断程度高、市场竞争激烈的行业和部门。② 2012 年 6 月，《瞭望》新闻周刊披露，中共十六大至十七大的 10 年间，反腐机关共立案 677 924 件，结案 679 846 件，给予党纪处分 518 484 人，其中包括陈良宇、杜世成、郑筱萸等高级干部。

对于腐败的普遍性，法国著名政治学家莫里斯·迪韦尔热说过这样一段话：

> 腐败在任何社会制度中都将如此。马克思主义的缺点在于，它认为这种现象只存在于生产资料私有制的范畴内，只要消灭了私有制，这种现象就会随之消失。然而，所有的官僚阶层、领导阶层、比较富裕或有地位的阶层、特权集团和尖子人物都企图让后代子承父业。要想不让他们得逞，就必须建立一些制度机制来阻止他们这样做。但这些机制也难以实施，因为执行者通常正是这些机制所限制的对象。马克思主义由于相信阶级会随着资本主义的消失而消失，因而忽视在社会主义国家中对这个问题予以足够的重视并始终保持必不可少的警惕性。③

这实际上涉及西方思想家对人的本质的认识。关于人类的"存在本质"，18 世纪法国启蒙运动思想家孟德斯鸠在其被誉为"理性和自由的法典"的著作《论法的精神》一书中，作了一个具有普遍性的理论预设：

> 人，作为一个"物理的存在物"来说，和一切物体一样，受不变的规律

---

① 最高检：去年查处 4 名省部级腐败高官. 法制日报, 2009 - 03 - 09.
② 2009 年是中国反腐倡廉的重要一年. 中国反腐网, http://hb.zgff.cn/news, 2009 - 05 - 25.
③ [法] 莫里斯·迪韦尔热. 政治社会学. 杨祖功, 王大东译. 北京：华夏出版社, 1987. 157.

的支配。作为一个"智能的存在物"来说……他是一个有局限性的存在物；他和一切"有局限性的智灵"一样，不能免于无知与错误；他甚至于连自己微薄的知识也失掉了。作为有感觉的动物，他受到千百种情欲的支配。……这样一个存在物，就能够随时忘掉他自己；哲学家们通过道德的规律劝告了他。他生来就是要过社会生活的；但是他在社会里却可能把其他的人忘掉；立法者通过政治的和民事的法律使他们尽他们的责任。①

这一理论预设的价值在于，首先揭示了人类具有的局限性这一重大事实：人类作为"物理的存在物"，受到客观规律的制约；作为一个"智能的存在物"，人类是一个感性的存在，受到种种不确定因素的影响，"无知与错误"是必然的，是不受任何"主义"和"制度"约束的。

实际上，早在 2005 年 1 月，鉴于腐败形势严峻，中共中央就颁布了《建立健全教育、制度、监督并重的惩治和预防腐败体系实施纲要》，首次提出了反腐败工作的基本目标是"到 2010 年，建成惩治和预防腐败体系基本框架。再经过一段时间的努力，建立起思想道德教育的长效机制、反腐倡廉的制度体系、权力运行的监控机制，建成完善的惩治和预防腐败体系"。而几年过去了，"前腐后继"，愈演愈烈；以权谋私，花样翻新。监督需要"在场"，而中国传统监察的先天弊端使这种"在场"最终多以"缺场"、"离场"而告终。其弊端恰如学者所言：

对于中国目前的权力监督，实际上还存在两方面的漏洞。一是目前的监督主要是体制内的自我监督，如党内的纪律检查制度、政府内的行政监察制度。二是体制内的自我监督也存在着重大漏洞，没有形成一个封闭的环。尤其是对党政一把手的监督，漏洞更大。有效的监督要一环扣一环。只要有一个环节出差错，整个监督就会失去效力。体制内的自我监督当然是必要的和基本的，却不是充分的和完备的。除了体制内的自我监督，还需要体制外的公民监督和舆论监督，而后者的体制很不完备，渠道不多也不畅通。②

制度缺失如此明显，而必要的监管和监督又如何呢？试看学者的分析：

监察权失效的问题，一直是中国制度的一个难题。无论什么时候，行政

---

① ［法］孟德斯鸠. 论法的精神（上册）. 北京：商务印书馆，1961. 3.
② 2009 年是中国反腐倡廉的重要一年. 中国反腐网, http：//hb. zgff. cn/news, 2009 - 05 - 25.

部门的权限都是最大的，管人、管事、管地方，手上难免经过大量的金钱和物质。权限大，难免出事，所以需要监督。负责监督的部门和官员，没有直接的行政权，不能直接发号施令，但是可以查有权者是否违法。……因此，对于行政官员来说，最佳也最具理性的选择，是利用自己手里的权力，讨好监察者，等于是让监察者部分地分享自己的权力。久而久之，监察就变成了分肥，开始是分一杯羹，后来则四六或者五五分成，再后来，监察者甚至可以把被监察者变成事实上的下属。到了这个地步，原来平行的监察也就没有了，等于是行政吞掉了监察。①

　　其结果就是，所谓的"监督在场"最终成为"缺场"、"离场"，形同虚设，成为"在场困境"。对此，李大伦的交代是最好的脚注："市委宣传部长、市广电局长的乌纱帽是我给的，肯定不敢监督我；外地的记者可以通过主管部门做工作；省里的媒体可以通过省里的部门做工作。"② 2011 年 2 月，广东省茂名市委书记罗荫国被立案侦查。罗荫国腐败严重，被查时却很不服气，他说："要说我是贪官，官场的人都是贪官。真让我交代，我能交代三天三夜，把茂名官场翻个底朝天！"罗荫国所说虽有点夸张，但对于手中有权的官员而言，涉贪应该是很普遍的现象。可见，在此种情形下，"离场"和"无人在场"是普遍现象。

　　与"在场困境"相关的是"缺场悖论"，它是指在现实生活中，大众具有"普遍在场"的特性，所谓"群众的眼睛是雪亮的"，群众监督是反腐的利器。但由于缺乏表达和沟通的渠道，这种意义上的大众"普遍在场"只是一种理论上的假设，从而使大众在社会监督中往往"离场"或"缺场"，这又构成了"缺场悖论"。对人民监督反腐，最好的诠释是 1945 年 7 月黄炎培与毛泽东在延安的谈话。黄炎培说："余生六十余年，耳闻的不说，所亲眼见到的，真所谓'其兴也勃焉，其亡也忽焉'。一人，一家，一团体，一地方，乃至一国，不少单位都没有能跳出这周期率的支配力。……"毛泽东回答："我们已经找到了新路，我们能跳出这个周期率。这条新路，就是民主。只有让人民起来监督政府，政府才不敢松懈；只有人人起来负责，才不会人亡政息。"其后，黄炎培在《延安归来》一书中记录了这一对话。③ 在政府监督、媒体监督、自身自律都无效的情况下，如何实施人民群众的监督，从而跳出"历史兴衰周期率"？如何使"大众在场"从虚幻的理论变为现实，从

---

①　张鸣. 监督的自身困惑. 中国青年报, 2008 - 12 - 12.

②　洪克非. 原市委记一权独大. 中国青年报, 2008 - 11 - 21.

③　黄炎培. 延安归来. 沈阳：东北书店, 1946.

而改变群众"缺场"的悖论呢？

"在场困境"与"缺场悖论"犹如一个硬币的两面。在现实中"无处不在"的大众之所以在权力监督中屡屡"缺场"，主要在于缺乏一个发布、表达的场所。网络空间的出现真正实现了物理空间和虚拟场所的分离，从而产生一种新的"在场"与"缺场"的关系，即物理意义上的"在场"不再是某种特定行为的必要条件。从监督权力运行的角度看，这种新的空间与场所的关系实际上实现了福柯所说的"全景敞视"，使得被监督对象的行为无所遁逃。这样，它不仅缓解了"在场困境"的紧张与窘迫，也使"缺场悖论"迎刃而解，即把大众的"理论在场"变成了"实际在场"，从而实施有效监督。从这种意义上说，网络不仅仅是一种技术，还是一种社会思潮。所以有必要把视线转向与互联网相伴而生的电子场所和"电控空间"。

二、权力转移、"电控空间"及其特性

如前所言，近年来，随着网络通信传播技术的迅猛发展及网民群体的扩大，一种有异于"第四种权力"的新的媒介权力形式——"第五种权力"顺势崛起，大有"青出于蓝而胜于蓝"之势。目前，在中国，这种权力已在逐步走向成熟，并在媒介独立、舆论监督等方面发挥主要作用，补充了"第四种权力"之不足，从而促进了社会进步。或者可以说，就"传统"的新闻传播、舆论监督而言，正在悄然发生着一种"权力转移"的变化。简言之，就是以往只有传统的新闻媒体才具有的舆论监督的权力，正在向网络舆论或网络话语权悄然转移。① 恰如有学者所言："如果说西方社会津津乐道于媒体监督的'第四权'，中国网民则颠覆了这种精英监督的有限模式，在虚拟网络世界展现了无限监督的草根话语权模式。"② 换言之，互联网不仅仅是一种技术，还是一种思潮，而它的"思想"、"思潮"功能的发挥，又是通过其技术特性实现的。就本文涉及的"场所"和"空间"问题而言，互联网的出现，强化了自电报、电话、电视以来出现的"电控空间"和"电子场所"，最大限度地实现了"场所"和"空间"的分离，从而使"在场困境"与"缺场悖论"均有了破解的可能。

自电子媒介问世后，与此前的传播方式相比，人类传播与交往的方式有了质的变化，即它第一次突破了物理运动的局限，实现了同时异地的同步传播。

---

① 刘畅. 第五种权力. 书屋，2008（2）：10~16.
② 张敬伟. 3亿网民是涵养中国公民社会的希望. 燕赵都市报，2009-01-14.

1985 年，美国学者约书亚·梅罗维茨的《消失的地域：电子媒介对社会行为的影响》问世。在书中他指出，印刷媒介与电子媒介分别制造出属于自己的不同场景："印刷场景"和"电子场景"，而"电子场景"的最大特点在于，它可以降低人本身"亲自在场"对于"亲身参与"经历体验的重要程度。换言之，在"电子场景"中，人完全可以"不到场"地从事一些以前必须"到场"才可以做到的事情，如通过电视人们可以观看"社会人生"这座大楼里面每一个房间的"活动内容"。电子媒介无所不到的触角消解了传统意义上的"墙"——各种物理屏障的有效存在，"现场直播"的同步、即时、迅捷，使我们观看者都具有了"现场目击"的"第一手"的经历，使我们的"视觉"在广阔、私密、隐蔽、丰富的空间中通行无阻——而这是印刷媒介或印刷场景所望尘莫及的。传统意义上的"场所"、"场合"、"地点"、"地域"正在退却、消失。[①] 他指出：

电子媒介破坏了时间和地点的特殊性，电视、收音机、电话，使私人地点更易于为外部世界所接触，从而将其变成较为公开的地点。汽车立体声收录机、手表电视、个人音响系统，如索尼"随身听"，使公共空间私人化。通过这种媒介，无论在任何地方发生的任何事情，都可以"发生"在我们所处的任何地方。但是当我们无处不在的时候，也没有了特定的地方。[②]

但是，由于时代的限制，梅罗维茨对于"网络场景"、"网络同居"基本没有涉及。如果说"电视生存"造成了人在异地的"视觉在场"的话，"网络生存"则造成了人在异地的"精神在场"；"视觉在场"是单向的、线性的，而"精神在场"则是双向的、互动的；"视觉在场"还只是"我"的某一个感官（视觉、听觉）出动，"精神在场"则是五官全体出动，与心灵联袂同行，在虚拟世界的漫游中体验另一种"存在"。于是，一个"电视场景"尚未涉及的概念就出现了——"网络场景"。"网络场景"是一种介于物质和非物质之间的存在，说它是物质的，是因为它确实要依赖一些电子设备和电磁波；说它是精神的，是因为它远远超出了这些物质依赖，给人带来真实的精神满足。

要之，在这些贤哲探索媒体对人际交往的影响时，网络媒体还未出现。

---

① ［美］约书亚·梅罗维茨. 消失的地域：电子媒介对社会行为的影响. 肖志军译. 北京：清华大学出版社，2002.

② ［美］约书亚·梅罗维茨. 消失的地域：电子媒介对社会行为的影响. 肖志军译. 北京：清华大学出版社，2002. 120.

对于电子媒介能在多大程度上影响人的社会交往行为，20世纪60年代麦克卢汉在《媒介即讯息》、《媒介：人的延伸》中已有预见，第一个提出了"地球村"的概念，但他毕竟没有亲身在这个网络遍布的"村子"里生活过。随后，又有学者从人类传统交往所必需的"物质场所"出发进行了不懈的探讨，如梅罗维茨的《消失的地域：电子媒介对社会行为的影响》，它解释了麦克卢汉没有解释清楚的问题——电子媒介究竟怎样、以什么方式影响了人的日常行为？现在很清楚了，就是传统意义上的"场所"的内涵发生了变化。这一解释的意义在于，人首先是一种空间的存在，占有一定体积，存在于特定的"地方"和"场所"，在这些"舞台"上扮演一定的角色，很难想象没有"场所"的活动者，以及没有"舞台"的演员。而"电子场景"改变了这一切。但是，由于时代的限制，梅罗维茨的分析对象只能限于书籍（构成"印刷场景"）和电视（构成"电子场景"），对于"网络场景"、"网络同居"还没来得及探讨。

"网络场景"的直接结果，就是导致了社会心理学尚未涉及的概念——"虚拟自我"的产生。"虚拟自我"与以前所探讨的"物质自我"、"社会自我"、"心理自我"、"本我"、"自我"、"超我"、"镜中我"、"主我"、"客我"等都不一样，因为探讨这些自我的理论家们还没有接触到"虚拟生存"，当然也就不会研究"虚拟自我"。

同在1985年，在小说《神经浪游者》中，加拿大科幻小说家威廉·吉布森首次提出了"电控空间"一词，特指那种能够与人的神经系统相连接的计算机信息系统所产生的虚拟空间。在其作品中，所谓"电控空间"，是一个由电脑生成的空间，故事人物只要插上电源插头即可进入，有时甚至在他们的脑中植入插座，以便接通电极。当他们到达电控空间后，能够看见巨大的三维信息库。电控空间就是电子数据所居住的那个飘忽不定的空间。用吉布森的原话说，该空间具有"难以想象的复杂性"，"在头脑的非空间中有一簇簇灯火在闪烁，那是一组组数据结合在一起，像城市的灯火一样，渐行渐远……"吉布森认定："电控空间是成千上万接入网络的人产生的交感幻象……这幻象是来自每个计算机数据库的数据在人体中再现的结果。"这种交感幻象可能导致"把日常生活排斥在外的一种极端的延伸状况。有了这样一个我所描述的电控空间，你可以从理论上完全把自己包裹在媒体中，不必再去关心周围实际上在发生着什么"①。恰如学者所言："电控空间的出现，使人类的时空概念发生了根本性的改变，非物质的、无固定场所的虚拟空间

---

① 胡泳. 众声喧哗. 桂林：广西师范大学出版社，2008. 73.

将替代或部分替代现有的物质实体空间，场所成为飘忽不定的东西。地理意义上的场所，原本具有明确的实质性：当我们提到某个场所的时候，它不仅充满了意义、有真实的物体存在于其中，同时，它也和当下发生的活动联系在一起。"①

这一切所指向的是，场所从空间中分离出来，产生了一种崭新的"在场"与"缺场"的关系。在前现代社会，空间和场所总是一致的，对大多数人来说，在大多数情况下，社会生活的空间维度都是受"在场"的支配，即地域性活动的支配。现代性的降临，通过对"缺场"的各种其他要素的孕育，日益把空间从场所中分离了出来，从位置上看，远离了任何给定的面对面的互动情势。②

从权力转移的角度来看，网络开放模式下的信息流动所带来的直接效果之一就是"权威的消解"，即对权威的普遍不信任。梅罗维茨在论述这一点时曾援引《纽约时报》记者理查德·莱昂斯（Richard Lyons）的描述：

越来越多的美国人对政府官员和著名科学家的发言充耳不闻。他们中许多人继续抽烟，拒绝开车系安全带，而给自己孩子接种疫苗的人数在减少，抗议禁食糖精的建议，并且相信苦杏仁苷治疗癌症非常有效……产生这种明显的逆反性的原因还不是很清楚，但是对民意和学者的观点进行抽样调查显示，原因可能是对政府持有某种怀疑以及对权威普遍不信任。

他还描述了空间和场所的分离，使得距离不再遥远，而距离不再遥远则会导致大众自我意识的觉醒："由于美国人对远方的权威（他们在信息上不再遥远）失去信任，于是出现了'自治政府'、'社区控制'和'自我帮助'的潮流。例如，在淫秽问题上，出现了按'社区标准'发展的动向。另外，在社区内部，并不一定是要社区的领导者来判定淫秽的标准。在这个问题上，俄亥俄州的克莱韦兰研制了一份问卷对普通的公民进行调查。另外还有一种不断成长的趋势是'选民立法'，即由公民而不是选举的代表表决法律的实施。公民不断地寻找有关自己'权力'的信息，并寻求保护以避免高地

---

① 胡泳. 众声喧哗. 桂林：广西师范大学出版社，2008. 74.
② 胡泳. 众声喧哗. 桂林：广西师范大学出版社，2008. 77.

位的人、大公司或政府的入侵。"① 这段话的意义在于，它找到了电子技术与社会思潮的联系，"电子空间"或"电控空间"不再仅仅是一种技术，而是为质疑权威、监督权力进行了必要的准备。更重要的是，"传播技术允许公民同身体缺场的行为主体和社会过程建立某种程度的连接，通过这种连接，他们的体验和行为选择被重新结构化。对于前现代的人来说，缺场的权力之源——例如君主和教会的扩大化的统治——注定是不可见的和不可渗透的。而随着传播技术的扩散，情况变得极为不同。这些技术强化了在地方生活世界和'外面的'世界的侵入之间建立'工作联系'的潜力"②。就本文所论主旨而言，其直接表现就是为"身体缺场"的大众监督权力运行提供了技术支撑，使得"身体缺场"不再成为"监督在场"的一个必不可少的条件。

三、反向"全景敞视"

从舆论监督的角度来看，"电控空间"出现的意义在于使大众"缺场悖论"得以破解，其破解的方式就是出现了另一种意义上的"全景敞视"，或是对于"全景敞视"的反向运用，或可称为"反向全景敞视"。

"全景敞视"建筑，是英国哲学家杰利米·边沁（Jeremy Bentham，1748—1832）构思的一种由"权力技术"构成的建筑。其构造的基本原理如下："四周是一个环形建筑，中心是一座瞭望塔。瞭望塔有一圈大窗户，对着环形建筑。环形建筑被分成许多小囚室，每个囚室都贯穿建筑物的横切面。各囚室都有两个窗户，一个对着里面，与塔的窗户相对；另一个对着外面，能使光亮从囚室的一端照到另一端。然后，所需要做的就是在中心瞭望塔安排一名监督者，在每个囚室里关进一个疯人或一个病人、一个罪犯、一个工人、一个学生。通过逆光效果，人们可以从瞭望塔的与光源恰好相反的角度，观察四周囚室里被囚禁者的小人影。这些囚室就像是许多小笼子、小舞台。在里面，每个演员都是茕茕孑立，各具特色并历历在目。敞视建筑机制在安排空间单位时，使之可以被随时观看和一眼辨认。总之，它推翻了牢狱的原则，或者更准确地说，推翻了它的三个功能——封闭、剥夺光线和隐藏。它只保留下第一个功能，消灭了另外两个功能。充分的光线和监督者的注视比黑暗更能有效地捕捉囚禁者，因为黑暗说到底是保证被囚禁者的。可

---

① ［美］约书亚·梅罗维茨. 消失的地域：电子媒介对社会行为的影响. 北京：肖志军译. 清华大学出版社，2002. 158.

② 胡泳. 众声喧哗. 桂林：广西师范大学出版社，2008. 76～77.

见性就是一个捕捉器。"①

其后，法国思想家米歇尔·福柯将边沁的这一思想延伸，把其从具象的监狱建筑延伸到"全景敞视主义"的概念。

　　但是，全景敞视建筑不应被视为一种梦幻建筑。它是一种被还原到理想形态的权力机制的示意图。它是在排除了任何障碍、阻力或摩擦的条件下运作的，因此应被视为一种纯粹的建筑学和光学系统。它实际上是一种能够和应该独立于任何具体用途的政治技术的象征。如果说西方的经济起飞始于导致资本积累的技术，那么或许也可以说，人员积聚的管理方法导致了一种脱离传统的、讲究仪式的、昂贵和粗暴的权力形式的政治起飞。那些陈旧的权力形式很快就被废弃了，被一种巧妙的、精致的征服技巧所取代。我们可以说，规训（纪律）是一种能够用最小的代价把肉体简化为一种"政治"力量同时又成为最大限度有用的力量的统一技巧。资本主义经济的增长造成了规训权力的特殊方式。它的征服各种力量和肉体的一般公式和技巧，即"政治解剖学"能够运用于极其多样化的政治制度、机构和体制中。②

　　"微观权力"观念及其分析方法，是福柯思想中最有价值的理论遗产。福柯认为，权力分析应从国家机器、王权、司法权等传统观念中走出来，要"砍掉国王的头颅"，而代之以一种多元性、多极化的"微观权力"观。他指出："权力无处不在。这并不因为它有特权将一切笼罩在它战无不胜的整体中，而是因为它每时每刻、无处不在地被生产出来，甚至在所有关系中被生产出来。权力无处不在，并非因为它涵括一切，而是因为它来自四面八方。"③ 因此，他认为边沁的"全景敞视"道出了权力之"政治技术"的本质，指出："这是一种重要的机制，因为它使权力自动化和非个性的权力不再体现在某个人身上，而是体现在对于肉体、表面、光线、目光的某种统一分配上，体现在一种安排上。这种安排的内在机制能够产生制约每个人的关系。……因此，由谁来行使权力就无所谓了。……全景敞视建筑是一个神奇

---

　　① ［法］米歇尔·福柯. 规训与惩罚. 刘北成，杨远婴译. 北京：生活·读书·新知三联书店，2003. 224～225.

　　② ［法］米歇尔·福柯. 规训与惩罚. 刘北成，杨远婴译. 北京：生活·读书·新知三联书店，2003. 230～231.

　　③ ［法］米歇尔·福柯. 规训与惩罚. 刘北成，杨远婴译. 北京：生活·读书·新知三联书店，2003. 178.

的机器，无论人们出于何种目的来使用它，都会产生同样的权力效应。"① 但是福柯的创新在于，他沿用边沁的"全景敞视"观念，但有所延伸。他认为，所谓"全景敞视"不应仅仅局限于特定空间，如监狱，而是延展、弥漫到了社会的各个角落。例如，它在使用上具有多种价值。它可以用于改造犯人，但也可以用于医治病人、教育学生、禁闭疯人、监督工人、强制乞丐和游惰者劳动。它是一种在空间中安置肉体，根据相互关系分布人员，按等级体系组织人员、安排权力的中心点和渠道、确定权力干预的手段与方式的样板。它可以应用于医院、工厂、学校和监狱中。凡是与一群人打交道而又要给每个人规定一项任务或一种特殊的行为方式时，就可以使用全景敞视模式。除了做必要的修改外，它适用于"建筑物占用的空间不太大，又需要对一定数量的人进行监督的任何机构"②。

这样，所谓"全景敞视"就印证了他"权力无处不在"的观点，使得权力变成一种"关系中的存在"，它具有渗透性、生产性与创造性，可以延伸到任何地方，这又明显超越了边沁的"全景敞视"。福柯说："为了行使这种权力，必须使它具备一种持久的、洞察一切的、无所不在的监视手段。这种手段能使一切隐而不现的事物变得昭然若揭。它必须像一种无面孔的目光，把整个社会机体变成一个感知领域：有上千只眼睛分布在各处，流动的注意力总是保持着警觉，有一个庞大的等级网络。按照巴黎市长的意见，巴黎的这个网络应包括48名警察局分局局长，20名视察员，定期付酬的'观察员'，按日付酬的'密探'，领赏钱的告密者，另外还有妓女。这种不停的观察应该汇集成一系列的报告和记录。在整个18世纪，一个庞大的治安文本借助于一种复杂的记录组织愈益覆盖了整个社会。"③

"全景敞视主义"的要义在于权力加技术，或曰"政治技术"，边沁的"环形监狱"首先是一种建筑技术，然后才可以实现权力"监视"的功能。而本文所论"旧的权力形式正依照新轨道进行重新分配"以及"多数人从少数人那里夺取权力"，首先强调的也是网络的技术功能，然后才是其"权力"功能和"思想"功能。借用边沁和福柯的思想，我们可以说，互联网的出现，也催生了一种新的"技术权力"，一种"反向全景敞视"，即监督者与被

---

① ［法］米歇尔·福柯. 规训与惩罚. 刘北成，杨远婴译. 北京：生活·读书·新知三联书店，2003. 227.

② ［法］米歇尔·福柯. 规训与惩罚. 刘北成，杨远婴译. 北京：生活·读书·新知三联书店，231.

③ ［法］米歇尔·福柯. 规训与惩罚. 刘北成，杨远婴译. 北京：生活·读书·新知三联书店，2003. 240.

监督者的位置发生了颠倒和置换，原先的监督者处于被监督的位置，而原先的被监督者则处于监督者的地位。无论是边沁还是福柯的"全景敞视"，其所强调的都是"权力"对民众的监管和掌控，试看："全景敞视模式没有自生自灭，也没有被磨损掉任何基本特征，而是注定要传遍整个社会机体。它的使命就是变成一种普遍功能。瘟疫侵袭的城镇提供了一种例外的规训模式：既无懈可击但又极其粗暴。对于造成死亡的疾病，权力用不断的死亡威胁来对付。生命在这里只剩下最简单的表现。这里是细致地运用刀剑的权力来对付死亡的力量。反之，全景敞视建筑有一种增益作用。虽然它对权力进行了妥帖的安排，虽然这样做是为了使权力更为经济有效，但是它这样做并不是为了权力本身，也不是为了直接拯救受威胁的社会。它的目的是加强社会力量——增加生产、发展经济、传播教育，提高公共道德水准，使社会力量得到增强。"① 而伴随网络兴起的"第五种权力"则恰恰相反，它强调的是民众对于"权力"的监督。这首先是因为其"无处不在"的特征：

从读者的角度来看，网络既像一所庞大无比的图书馆，数以百万计的带索引的出版物随手可得，又像一个无限延伸的提供多种商品和服务的购物中心。从出版者的角度来看，网络构成了一个巨大的演讲平台，全世界范围内的成千上万的读者、观众、研究人员和买家都能听到演讲者的声音。任何人或任何机构只要有一台联网计算机就可以"出版"信息……在聊天室里，任何拥有一条电话线的个人都可以变成一个街头公告员。他的声音比站在任一肥皂箱上都传递得更远。通过网页、邮件分发器和新闻组，同一个人也可以成为一名小册子作者。②

之所以称它为"反向全景敞视"，是因为，首先，互联网的"无处不在"无疑十分符合"全景"的原则，并将其发挥到了极致；其次，这种"全景敞视"所监督的对象不是普通民众，而是传统意义上权力的所有者，故称之为"反向全景敞视"。恰如学者所分析的那样：

大众媒体的出现，特别是新闻的专业化，逐渐造就了新的制度权威。现在，一个人可以在身体缺场的情况下成为某种社会表演的观众，这种表演的舞台找不到具体的地点标记；结果是，一度把我们的社会分成许多独特交往环境的物理结构的社会意义日渐降低。传播技术允许公民同身体缺场的行为主体和社会过程建立某种程度的连接，通过这种连接，他们的体验和行为选

① [法] 米歇尔·福柯. 规训与惩罚. 刘北成，杨远婴译. 北京：生活·读书·新知三联书店，2003. 232.

② 胡泳. 众声喧哗. 桂林：广西师范大学出版社，2008. 215.

择被最新结构化。对于前现代的人来说，缺场的权力之源——例如君主和教会的扩大化的统治——注定是不可见的和不可渗透的。随着传播技术的扩散，情况变得极为不同。这些技术强化了在地方生活世界和"外面的"世界的侵入之间建立"工作联系"的潜力，与此同时，经由象征的散播创造了新的远距离关系："亲身体验"和"中介的体验"日益交织在一起。①

四、大众：从"缺场"到"在场"

"反向全景敞视"的意义在于，它使得以往"离场"、"缺场"的大众实现了真正"在场"。

它昂首入"场"，构造了一个"无处不在"的电子监控空间，监视权力"犯规"的每一个细微动作，使其再也不能随心所欲地为所欲为。这恰如学者所言，"这一切所指向的是，场所从空间中分离出来，产生了一种崭新的'在场'与'缺场'的关系"，"日益把空间从场所中分离了出来"。

试以"一夫二妻"区委书记董锋案件为例。2008年初，江苏省徐州市泉山区区委书记董锋之妻找到中国矿业大学副教授王培荣，提供了关于董锋的经济、作风问题的部分证据。2008年5月11日，王培荣将"证据很铁"的举报江苏省徐州市泉山区区委书记董锋的材料快递至一些纪检机关和领导，但近两个月都没有等来答复。无奈之下，7月6日晚，他在网络论坛发表题为"全国最荒淫无耻的区委书记和全国最牛的黑恶势力"的帖子。7月9日，即帖子发出后第三天，徐州市纪委秘书长赵兴友就前往王培荣处做笔录；7月10日，徐州市委书记徐鸣通过手机短信告诉王培荣："知道了，我们了解处理"，同日，董锋被停职；7月11日，徐州市委常委扩大会通报董锋的问题；7月12日，董锋遭到免职；7月13日，董锋被"双规"。正常信访渠道反映问题，近两个月没人理睬，网络一发帖，一周之内就走完了腐败官员倒台的全过程。8月29日，江苏省徐州市纪委一办案人员向《中国青年报》记者证实，该市泉山区区委书记董锋涉嫌"严重犯罪"，已被正式逮捕。② 一叶知秋，一斑窥豹，董锋案只是当下"网络反腐"大潮中的一朵浪花。

2009年1月28日，玉溪青年李荞明因涉嫌盗伐林木罪被刑事拘留，羁押期间，遭同监室在押人员张厚华、张涛等人暴力毒打昏迷，经送医院抢救无效，于2月12日死亡。事件披露后，引起了网民广泛关注。此后，昆明晋宁警方认定，李荞明的死亡，是在晋宁县看守所在押期间，与在押人员擅自

---

① 胡泳. 众声喧哗. 桂林：广西师范大学出版社，2008. 76.
② 张国. "一夫二妻"区委书记被网上曝光. 中国青年报，2008-09-01.

进行娱乐游戏"躲猫猫"时发生的一起意外事件。对此结果，网民表示强烈质疑。为应对网民和舆论的"真相信任危机"，2月19日，云南省委宣传部面向社会征集各界人士代表4名，参与调查。在网民和舆论的强大压力下，事情终于有了结果，与当时晋宁警方公布的结果有很大出入。死者李荞明的三名狱友被以涉嫌故意伤害罪送上法庭，涉嫌渎职犯罪的该所监管民警李东明、苏绍录2人被刑事拘留。此外，相关部门还对其他系列相关责任人进行了处理。①

　　当然，在"反向全景敞视"中现出原形、难以遁逃的还有周久耕。

　　2008年12月10日，江宁区房管局局长周久耕接受南京九家媒体的联合采访，指出要防止低价售房，政府将对故意压低房价的开发商进行处罚。而受到广大网民关注的，不是周久耕本人及其观点，而是他戴的表和抽的烟。12月14日，网友"西方不亮东方亮"发帖《腐败不腐败，看照片南京房管局长抽1 500元的烟》，文字配发照片，证实周久耕所抽的镶有蓝边黄色盒子的香烟是"九五之尊"。据南京卷烟厂工作人员介绍，"九五之尊"是南京系列烟中最高档的，价格在1 200元/条至1 800元/条之间。12月15日，署名"cheyou007"的网友在《周久耕局长抽名烟、戴名表》的网帖里指认周久耕左手腕上所戴手表是"江诗丹顿"，价值约10万元。随后，网上又有人爆出周久耕每日开着凯迪拉克上班。17日，天涯社区的"房产观澜"论坛里，网友"伟大的人民"发帖抖出周久耕的弟弟是开发商，为天创置业副董事长、天元吉地项目部总经理周久忠。还有网友进一步查证发现，被周久耕批评的"低于成本价销售"的恒大绿洲楼盘与周久忠所负责的天元吉地楼盘只有一路之隔，天元吉地楼盘甚至低于恒大绿洲楼盘的售价200元。于是，周久耕打击恒大绿洲是为了保护弟弟的利益，这样的因果关系也成为网友们自然而然的逻辑。12月23日，周久耕又被爆出其儿子是建材商。房管局局长—开发商—建材商，这样的关系中究竟有着怎样的利益纠葛，周久耕是否有贪腐问题？网民给公众留了一个大大的问号。此后，周久耕被冠以"天价烟局长"、"周至尊"等名号，"久耕托市"成了2008年末的一个新"成语"，火爆于网络世界。② 作为"周久耕事件"的直接效应，就是当事人被免职。据悉，12月28日，南京市江宁区房产管理局局长周久耕因擅自对媒体发表不当言论，在社会上产生了不良影响，调查表明他还存在挪用公款购买高档香烟的奢侈消费行为，江宁区委经研究决定免去其房产管理局局长职务。对网

---

①　张侃理. 云南"躲猫猫"案开庭　死者父亲望严惩当事人. 生活新报，2009 – 08 – 06.

②　杨明奇. 江宁房管局回应天价烟局长事件称网络太厉害. 瞭望东方周刊，2008 – 12 – 29.

上反映的其他问题，纪检部门正在进一步调查之中。①

在网络舆情的发展史上，"周久耕事件"具有标志性意义。2008 年 12 月 18 日，由中国人民大学舆论研究所、中央电视台《对话》栏目和《北京晚报》共同举办的《月度舆情动态分析》在新闻大厦首次发布。报告显示，周久耕事件、周慧敏倪震闹剧等 20 个事件成为 2008 年 12 月最大的舆情热点。报告认为，该月议题最大的特点是网络公众议题向社会议题、政治议题转化速度加快，网络舆情的潜伏期不断缩短，中国网民进一步理性和成熟，意见的合流速度加快②，收到了明显的社会效果。对此，最有说服力的是，"周久耕事件"后，在网民的"注视"下，南京的官员不抽贵烟，不戴名表，而且南京官场的穿戴发生了很大变化，该市房产局副局长举着袖子说，没戴手表了，现在看时间都是看手机上的时间显示。当地一小区业主告诉记者，以前维权时曾看见物价局局长抽的是 50 元一包的苏烟，现在在局长接待室看见局长抽的是 20 元一包的金南京了。③ 此外，南京卷烟厂生产的"九五之尊"，被网友认为是钱权交易的附属品，据江苏省烟草管理局内部人士透露，1 000 元/条以上的香烟或将不许再卖了，在某种程度上也有防"腐败"的意图。再有，"周久耕事件"后，网友们从对周久耕的监督案例中受到激励，并将其发展为一种常规反腐方式，网友对"戴名表"、"抽名烟"、"穿名牌"、"开名车"官员的搜索兴趣日渐高涨，网友开始搜索更多官员的穿戴，一下子曝出 15 名县委书记戴着名表的照片，统冠以"天价名表"的头衔。一种对网络人肉搜索的恐惧，正在官员间潜滋暗长。因为人肉搜索正在以一种掘地三尺、贴身紧盯、防不胜防的方式曝光着官员不经意间暴露出的问题信息。一旦发现问题线索就紧追不放，一看到疑似腐败信息就群起攻之，把官员逼入不自证清白、不公开澄清就饱受质疑的境地。④

鉴于网络监督的强大威力，2009 年 1 月初，以"网络监督是否必要"为题，《人民日报》与人民网联合进行网上调查，参与调查的网民有 87.9% 非常关注网络监督，当遇到社会不良现象时，93.3% 的网民选择网络曝光。网络监督已经成为畅达民意、维护权益、鞭挞腐败的便捷而有效的手段。⑤ 这

---

① 南京江宁区房管局长周久耕被免职. 新华网，http：//news. xinhuanet. com/newscenter，2008 – 12 – 28.

② CCTV 领衔发布中国首份"月度舆情分析报告". 北京晚报，2009 – 01 – 18.

③ 时代周报，2008 – 12 – 25.

④ 曹林. 官员收入不公开 人肉搜索难休止. 西安晚报，2008 – 12 – 26.

⑤ 程少华，傅丁根. 调查称逾 9 成民众选择网络曝光社会不良现象. 人民日报，2009 – 02 – 03.

一反腐新的生力军自然也受到了政府的重视。据悉，"如今，全国各级纪检监察机关运用现代通信、网络技术，开辟信访举报新渠道。中纪委、监察部和省级纪检监察机关相继开通举报网站。中纪委副书记、监察部部长、国家预防腐败局局长马馼在接受媒体采访时称，国家预防腐败局高度重视网友提供的线索，每天安排专人进行汇总和归纳，对网友提供的线索经查证属实的将及时处理。国家预防腐败局网站开通一年多来，网友互动栏目点击率已经超过460万次，留言近15 000条"①。

近年来，人民网的舆论监督栏目形成体系，设有《有话网上说》、《人民时评》、《人民热线》等栏目，成为网友与各级党政部门一个良好的互动平台，同时也是对各级党委、政府的有力监督。红网《百姓呼声》栏目主编肖雄表示，网络监督实践让他们尝到了甜头。该栏目自2001年5月创办以来，发出调查函3 200多件，为群众提供咨询服务7万多次，监督解决投诉问题2.5万多次，回复办理率超过85%。2007年、2008年连续两年，栏目闯过"3个1 000"，即省市县各级领导批示、政府相关职能部门回函回复处理情况、律师回复网友提问均超过1 000个。2008年，《百姓呼声》栏目荣获中国新闻奖一等奖。

2008年8月，甘肃省委书记陆浩通过甘肃省委办公厅与人民网取得联系，就网友留言中的热点问题连续3次回复，于是，兰州市教育乱收费、建材市场价格混乱等问题，成为当地政府的主抓要务。湖南、福建、陕西、天津等地书记、省长，相继通过人民网"地方领导留言板"回应网友留言。白银、衡阳、许昌、宝鸡等地多位地市级官员建立留言定期回复机制，截至目前，有近600个网友留言所提出的问题得到当地政府的正式回复和落实。②

以上事实表明，由于网络实现了一种"反向全景敞视"，使得以往"离场"、"缺场"的大众实现了真正"在场"，而且是"无处不在"，从而产生了一种新的"在场"关系，使"在场困境"与"缺场悖论"双双迎刃而解。毛泽东在应对黄炎培"兴衰周期律"时所说的"我们已经找到了新路，我们能跳出这个周期率。这条新路，就是民主"，在"在场困境"中，毛泽东的话只具有理论上的正确性，而在网络监察的"反向全景敞视"中，其所云"只有让人民起来监督政府，政府才不敢松懈；只有人人起来负责，才不会人亡政息"，才真正变成一种现实。

---

① 独家专访：监察部长马馼七答反腐如何"取信于民". 新华网，http：//news. xinhuanet. com，2009 - 01 - 19.

② 程少华，傅丁根. 调查称逾9成民众选择网络曝光社会不良现象. 人民日报，2009 - 02 - 03.

五、反向全景敞视："看"与"被看"

在论述"全景敞视"的基本原理时，边沁曾提出一个原则：权力应该是可见的但又是无法确知的。对此，福柯解释说："所谓'可见的'，即被囚禁者应不断地目睹着窥视他的中心瞭望塔的高大轮廓。所谓'无法确知的'，即被囚禁者应该在任何时候都不知道自己是否被窥视。为了造成监督者的在与不在都不可确知，使被囚禁者在囚室中甚至不能看到监督者的任何影子，……全景敞视建设是一种分解观看/被观看二元统一体的机制。在环形边缘，人彻底被观看，但不能观看；在中心瞭望塔，人能观看一切，但不会被观看到。"① 而在"第五种权力"的"反向全景敞视"之下，这种"可见的"和"不可见的"关系被彻底颠倒了过来：不是"权力"可以随时"看到"每一个民众，而是由于网络的匿名性，民众可以随时"看到"代表"权力"的每一个官员，例如周久耕，而不被对方所"看到"。用福柯的话来说，对周久耕而言："他能被观看，但他不能观看。他是被探查的对象，而绝不是一个进行交流的主体。他的房间被安排成正对着中心瞭望塔，这就使他有一种向心的可见性。但是环形建筑被分割的囚室，则意味着一种横向的不可见性。正是这种不可见性成为一种秩序的保证。"② 借用福柯的话，我们也可以说，正是网络的普遍性使得违规的权力无所遁逃，而正是网络的匿名性又使得它"不可见"，为网络监察提供了有力的保证。

就如何推进中国民主化进程，美国传记作家罗伯特·库恩认为，"一党执政更适合中国"，而在其中，"透明度"成为这种一党制的关键所在，他指出：

对我而言，在（中国）政治改革中最重要的一个词就是"透明度"。我赞赏胡锦涛主席承认透明度的重要性和提高透明度的巨大政治勇气。确实，正如李源潮部长在与我的对话中所阐述的那样，"透明"可能是政治改革中最为重要的驱动力。中国各级政府都应该提高透明度。我认为，从真正民主的构成要素来说，透明度远比多党制重要。对于西方来说，这种话可能会被看做是"异端学说"。但是，相比一个没有透明度的多党制，一个拥有很高透明度的单一政党制度更能够代表人民的利益。透明度能真正造福于人民。③

---

① ［法］米歇尔·福柯. 规训与惩罚. 刘北成，杨远婴译. 北京：生活·读书·新知三联书店，1999. 226.

② ［法］米歇尔·福柯. 规训与惩罚. 刘北成，杨远婴译. 北京：生活·读书·新知三联书店，1999. 225.

③ 舒泰峰. 透明度能真正造福于人民. 今晚报，2009－01－04.

　　换言之，在一党执政的政治生态中，在缺乏反对党的政治机制下，行政权力运行的高度透明就成为一种重要的补充，从某种意义上可以说，"透明度"就是一种"反对党"，它随时监督执政者的行为，一旦违规，立即报警。在此，"无处不在"的网民监察所形成的"全景敞视"这一新的空间和场所，无疑为其提供了必要的技术和思想条件。

　　空间与场所，不仅是权力的重要构成部分，也是权力监督的必要条件之一。而由于中国监察系统的先天不足，使这种"在场"多流于形式，往往以"不在场"而告终，即所谓的"在场困境"。与其紧密相关的是"缺场悖论"，它是指在现实生活中，大众具有"普遍在场"的特性，即"群众的眼睛是雪亮的"。但由于缺乏沟通的渠道和表达的平台，这种意义上的大众"普遍在场"只是一种理论上的存在，从而使大众在社会监督中往往处于"离场"或"缺场"状态，这又构成了"缺场悖论"。在现实中"无处不在"的大众之所以在权力监督中屡屡"缺场"，主要在于缺乏一个发布、表达的场所。网络空间的出现，真正实现了物理空间和虚拟场所的分离，使得被监督对象的行为无所遁逃，从另一种意义上实现了由边沁到福柯的"全景敞视"转化，即"反向全景敞视"，从而产生一种新的"在场"关系，进而使"在场困境"与"缺场悖论"双双迎刃而解。

（原载于《广州大学学报》，2009 年第 12 期）

新社会阶层与社会转型研究

一

中国社会正在转型，其标志之一就是出现了一种新的社会阶层，它的出现，正在深刻地改变着中国的社会结构。改革开放前，中国社会的基本社会结构是两个阶级（工人阶级、农民阶级）和一个阶层（知识分子阶层）。伴随着改革开放的发展，新社会阶层从无到有，开始崭露头角。由于这一阶层不同于计划经济时代的工人、农民、干部和知识分子，故称"新社会阶层"。按照《当代中国社会阶层研究报告》一书的划分，目前中国社会已经分化为利益不同的十大阶层，分别是：国家与社会管理者、经理人员、私营企业主、专业技术人员、办事人员、个体工商户、商业服务人员、产业工人、农业劳动者、城乡无业失业和半失业人员。在此，除了国家与社会管理者、办事人员、商业服务人员、产业工人、农业劳动者 5 个阶层可以和原先的社会阶层基本对等之外，其余 5 个阶层似乎都有"新意"，共组成了一种新的社会力量。经过近 30 年的培育、发展，中国的"新社会阶层"正在从无到有，由弱变强，轮廓由模糊变得清晰，定义由不确定到比较确定。从电视上收看了中共中央统战部等部门举办的"优秀中国特色社会主义事业建设者"表彰大会后，自由职业者陈宗璞非常高兴，觉得自己找到了归属。目前，像陈宗璞这样的人在中国越来越多，他们有了一个共同的新名称——新社会阶层。

2001 年 7 月 1 日，在庆祝中国共产党成立 80 周年大会上的讲话中，江泽民同志首次使用了"新的社会阶层"这一提法，用以概括我国自 20 世纪 70 年代改革开放以来出现的一种新的社会群体。他说："改革开放以来，我国的社会阶层结构发生了新的变化，出现了民营科技企业创业人员和技术人员、受聘于外资企业的管理技术人员、个体户、私营企业主、中介组织的从业人员、自由职业人员等社会阶层。而且，许多人在不同的所有制、不同行业、不同地域之间流动频繁，人们的身份职业经常变动。这种变化还会继续下去。"[1] 2002 年，这一思想在中国共产党第十六次全国代表大会上重新得到阐述，确认新的社会阶层中的广大人员都是中国特色社会主义事业的建设

---

[1] 江泽民. 论"三个代表". 北京：中央文献出版社，2001. 169.

者。2006 年 7 月，中共中央统战部发布了《关于巩固和壮大新世纪新阶段统一战线的意见》（以下简称《意见》），其中明确表示，"新的社会阶层人士是统一战线工作新的着力点，要最大限度地把他们团结在党的周围，充分发挥他们的作用，不断为实现中华民族的伟大复兴凝聚新力量"。"要把新的社会阶层代表人士的培养选拔纳入党外代表人士队伍建设的总体规划。"按照这份文件的界定，新社会阶层主要包括六个方面的人员：①民营科技企业的创业人员；②科学技术人员；③受聘于外资企业的管理技术人员；④个体户；⑤私营企业主；⑥中介组织的从业人员和自由职业人员。这些人员由非公有制经济人士和自由择业知识分子组成，集中分布在新经济组织、新社会组织中。按照《意见》的估算，目前，我国新的社会阶层约有 5 000 万人，相关从业人员约 1.5 亿人，掌握或管理着 10 万亿元左右的资本，使用着全国 50% 以上的技术专利，直接或间接地贡献着全国近 1/3 的税收，每年吸纳着半数以上新增就业人员。一般来说，新社会阶层具有如下特征：

（1）许多人是从工人、农民、干部和知识分子中分离出来的。

（2）他们中相当部分是知识分子。

（3）他们主要集中在非公有制领域。

（4）该阶层聚集了中国大部分高收入者。

（5）职业和身份具有较大的不稳定性。

（6）他们的政治诉求逐步增强。

（7）他们中绝大多数是非中共人士。

（8）新社会阶层具有不断扩大的趋势。

二

无论怎样评价，一个新的社会阶层已经产生，并在逐渐进入、影响中国的社会生活，已是不争的事实。学界普遍认为，新社会阶层既是一个社会概念，也是一个政治概念，在当今和未来中国社会的发展中具有重要意义。一种理论认为，新社会阶层越庞大，社会的稳定系数就越大。因为这一阶层成长壮大的直接结果，就是形成了一种中间大、两头小的橄榄型的社会结构，在上层和底层之间形成了一个辽阔的缓冲地带，可以缓解社会冲突，保证社会稳定。还有学者认为，中国目前大致存在三种社会地位资源配置关系，即权力授予关系、市场交换关系及社会关系网络；而受这三种关系的影响，现阶段中国社会上行流动的进入渠道又分为三种，即行政型进入、市场型进入和社会网络（人际关系）型进入。中国社会科学院的调查显示，改革开放以来，新社会阶层的扩张动力主要来源于市场空间的开放，"市场型进入"是新社会阶层向上流动的主导形式。在这三种上行流动的进入渠道中，"市场型进入"最为合理，社会进步含量最高，因为由"市场型进入"的新阶层有三个基本特征：一是靠"后赋性"因素（个人后天所受教育及专业努力等因素）而非"先赋性"因素（家庭、血缘、身份背景）向上流动；二是依靠知识和诚实劳动去获得财富；三是自觉地服从游戏规则、社会准则和秩序，使契约社会成为可能。

除了这些思路之外，还可以有另外的视角。在上述新社会阶层的八大特征中，有两点特别值得注意，即第三条——他们主要集中在非公有制领域；以及第七条——他们中绝大多数是非中共人士。这里透露出一个信息，即所谓"新社会阶层"是一种有别于传统体制的社会力量。如果说新社会阶层是一个政治概念，其政治意义就在于：新社会阶层的出现，使中国社会终于出现了一种体制外的异己社会力量，而体制外的异己社会力量历来是社会变革的潜在动力和强大助推器。厉以宁先生在《资本主义的起源》中指出，世界上的资本主义分为两种："原生型资本主义"和"非原生型资本主义"。前者是从自身内部孕育而出，逐渐成熟发展而成，如西欧、北美、澳洲、新西兰；后者是受外来力量刺激，模仿他人而成，如日本、印度还有目前的中国。而一个社会能否形成"原生型资本主义"的关键在于，其内部能否形成一种体制外的异己权力中心和体制外的异己社会力量。①

与"体制外"相对应的是"体制内"。一个社会的"体制内"也会形成异己权力中心和异己社会力量，但无论这种"体制内"的异己中心和力量有多么强大，由于没有新阶层的出现，没有新的政治诉求，也不会带来根本性的社会变革。据厉以宁教授分析，在资本主义生产关系萌芽以前，欧洲封建社会内部也有异己权力中心和社会力量，主要有三方面：一是农民起义，二是封建割据势力或地方割据势力，三是封建统治者家族内部的争权夺利。这三种力量彼此相互作用，此消彼长，构成了历史画卷的主要内容。但这几种力量无论有多么强大，无论它们占据了历史多长的篇幅，都属于封建社会"体制内"的异己力量，它们占据了历史舞台，只能从事旧的封建生产关系的再生产。在西欧封建社会的发展中，逐渐产生了另一个权力中心——城市，城市的主体是市民阶级，即由中小企业主、商人、小官员、司法人员组成的群体。所以，城市是西欧封建势力体制外的一个异己权力中心，而市民阶层则是封建势力体制外的一种异己社会力量，随着社会生产的发展，城市

---

① 厉以宁. 资本主义的起源. 北京：商务印书馆，2004. 43.

和市民的力量不断发展壮大，形成了资产阶级，其利益和封建领主、王权等发生了冲突，最终爆发了资产阶级革命，取代了封建阶级而登上历史舞台。

试以尼德兰的资产阶级革命为例。"尼德兰"一词原意是低地，指莱茵河、缪因河、些而德河下游和北海沿岸一带的低地地带，相当于目前荷兰、比利时、卢森堡和法国东北部地区。16 世纪后半叶，尼德兰成为西班牙王国的领土，被分为 17 个省。北方 7 省，以荷兰和西兰两省的工商业最为发达，经济发达的城市有阿姆斯特丹、密德尔堡、符利辛根等；南方 10 省，其中佛兰德和不拉奔两省工商业最为发达，经济发达的城市有安特卫普、布鲁日、布鲁塞尔等。尼德兰全境内，城市多达 300 余个。这些城市早在 13—14 世纪就出现了纺织业、造船业、冶金业的大作坊和手工工场，航海业、捕鱼业也十分发达。西班牙国王查理一世统治尼德兰时，城市中的市民阶层力量已较为强大，其中的上层和富裕的工商业者从中分化出来，成为资产阶级。其经济利益所带来的政治诉求，必然和封建统治发生冲突。由于封建统治的生产关系不能再容纳下资本主义的生产力水平，于是必然发生冲突，冲突的结果就是资产阶级革命。查理一世和菲利普二世派总督治理尼德兰，削弱城市的自治权，不断加重赋税，实施严厉的宗教统治，迫害新教徒和异端分子，这一切使得尼德兰的资产阶级和市民阶层与西班牙封建王朝的矛盾日益尖锐，最后终于爆发了反对西班牙封建统治的资产阶级革命——尼德兰革命。[①]

可见，一个社会能否实现转型和根本性的变革，关键在于这个社会内部是否孕育出了新的阶层，这个阶层是否代表着先进的生产力，它有无政治诉求，以及有无手段来实现这种诉求并引领社会的发展方向。

三

从根本上来说，社会转型依赖于新的社会阶层的出现，从西方社会的历史来看是如此，从现实上观察亦然。20 世纪 60 至 70 年代，西方资本主义又在经历着一次转型，即从工业社会转向后工业社会。而这次转型，归根结底，还是与西方社会中出现的一个新社会阶层有关。

1973 年，哈佛大学教授丹尼尔·贝尔在《后工业社会的来临——对社会预测的一项探索》一书中揭示了资本主义社会面临着一次深刻转型。贝尔指出：

---

① 厉以宁. 资本主义的起源. 北京：商务印书馆，2004. 337.

　　后工业社会的概念是一个广泛的概括。如果从五个方面，或五个组成部分来说明这个术语，它的意义就比较容易理解：1）经济方面：从产品生产经济转变为服务性经济；2）职业分布：职业与技术人员阶级处于主导地位；3）中轴原理：理论知识处于中心地位，它是社会革新与制定政策的源泉；4）未来的方向：控制技术发展，对技术进行鉴定；5）制定政策：创造新的"智能技术"。①

　　贝尔认为这五点变化是后工业社会来临的主要标志，而其中最突出的特征就是出现了一个掌握技术、知识、理论的阶层，并逐步成为社会的主导力量，这同工业社会中的资本家或企业家占据主导地位是完全不同的。恰如贝尔所说："技术已经产生了一个过去社会上从未有过的工程师和技术人员的新阶级，他们不在工作场所，但是他们是工作活动的'参谋部'。"② 贝尔认为，知识阶层成为后工业社会的主导力量的重要依据在于，是理论思维能力而不是经验知识上升到首要地位。他指出："当然，知识现在对于任何社会的运转都是必不可少的，后工业社会所不同的是知识本身性质的变化。对于组织决策和指导变革具有决定意义的是理论知识处于中心地位——那就是：理论与经验相比占首位，而且在知识编纂成抽象符号的系统以后，可以同任何规律体系一样用来说明许多不同领域内的经验。"③

　　贝尔特别以两个领域为例说明理论思维是如何超越经验而稳坐上知识王国里的第一把交椅的。首先来看化学领域。20世纪的工业技术如"炼钢、电力、电报、电话、汽车、航空……它们基本上都是发明家的创造，或者是那些聪明而有才干的工匠的发明，他们对于科学和研究工作所依据的规律都不大注意"，而到了化学工业崛起之时，科学规律越来越受到重视，"由于同科学、技术具有错综复杂联系而堪称第一个'现代'工业的就是化学工业，因为要进行化学合成——化合物的再组合和转化——就必须具备高分子理论方面的知识"④。其次看经济学领域。20世纪30年代美国出现了资本主义经济危机，在这一复杂系统面前，传统经验性的分析显得捉襟见肘，无能为力，

---

　　① ［美］丹尼尔·贝尔. 后工业社会的来临——对社会预测的一项探索. 高铦等译. 北京：新华出版社，1997. 127.

　　② ［美］丹尼尔·贝尔. 后工业社会的来临——对社会预测的一项探索. 高铦等译. 北京：新华出版社，1997. 208.

　　③ ［美］丹尼尔·贝尔. 后工业社会的来临——对社会预测的一项探索. 高铦等译. 北京：新华出版社，1997. 21.

　　④ ［美］丹尼尔·贝尔. 后工业社会的来临——对社会预测的一项探索. 高铦等译. 北京：新华出版社，1997. 22.

而最终解决问题的是凯恩斯的经济理论——"在很大程度上，正是由于理论和政策的结合，才使人们对经济管理问题有了比较正确的解决办法。凯恩斯为政府以干预经济作为弥合储蓄与投资之间的差距的手段提供了理论依据。"①

可见，贝尔之所以提出工业向后工业社会转型的根本依据是出现了一个新的社会阶层，这一阶层主要以创造和掌握知识、技术、理论为主，不同于以往的资本家阶级以掌握资本、资源、企业为主。换言之，在工业社会中，主导社会的是资本家阶级；而在后工业社会，主导社会的是知识和科学家集团。这一新的阶层是从资本家阶级中产生、分化出来的，但又与其有明显的区别。而同工业社会的知识系统相比，后工业社会知识系统的最大特点是理论知识占据主导地位，成为决定、作用于其他社会层面的中轴。对此，贝尔申明《后工业社会的来临——对社会预测的一项探索》写作主旨时清楚地说明："我在本书中所要论述的是社会的结构变化——在科学与技术关系方面革新方式的变化以及在政府政策方面的变化——其主要根源是知识性质的变化：知识的指数增长和科学的分支，新的智能技术的出现，使用研究与发展预算来创立系统研究，所有这些变化归纳起来便是理论知识的汇编整理。"②

具体而言，贝尔指出："（后工业社会中）已经展现出三个阶级：有创造性的杰出科学家和高层管理人员；工程师和具有教授地位的中产阶级；以及由技术人员、低级教职员和教育助理人员组成的无产阶级。"③ 通过统计分析，贝尔发现，20世纪30年代以来，构成知识阶级的几个群体（科学家、高级管理人员、工程师、教授、技术人员等）都出现了快速增长，其中科学家是知识阶层中增长最快的群体，这意味着他们不仅是理论知识的创造者，而且通过对理论知识的掌握控制了越来越多的社会权力，其中包括对知识阶层中的其他群体的控制。随着技术和知识阶层在就业和社会中所占的比例越来越大，社会权力也悄然发生了转移，其结果就是这一新的阶层最终控制了支配社会运行变化的所有方面的权力。

而深究这种转型的内在深刻原因，就会发现正是因为资本主义内部孕育出了一种新的社会阶层，即以占有知识、技术、理论为主的科学家、技术人

---

① ［美］丹尼尔·贝尔. 后工业社会的来临——对社会预测的一项探索. 高铦等译. 北京：新华出版社，1997. 24～25.

② ［美］丹尼尔·贝尔. 后工业社会的来临——对社会预测的一项探索. 高铦等译. 北京：新华出版社，1997. 49.

③ ［美］丹尼尔·贝尔. 后工业社会的来临——对社会预测的一项探索. 高铦等译. 北京：新华出版社，1997. 236.

员和管理阶层。

四

　　无论从世界范围内看，还是从中国近代社会的发展变迁中观察，我们都可以得出大致相同的结论，即中国社会的根本转型有赖于新的社会阶层的出现。中国社会走上现代化道路的过程可谓一波三折，千回百转，可以有许多解释的思路。但若是从社会转型与新阶层的出现来分析，可以说，能否形成一种体制外的"异己力量"或"异己阶层"是理解问题的关键所在。

　　近代中国是历史中国的一种延续。在中国漫长的封建社会历史时期内，存在着各种不同的利益集团，他们为各自的利益形成了与正统封建统治中心对立的异己权力中心和异己社会力量。纵观中国历史，能够与封建统治中心抗衡的"异己"力量主要有四种：①连绵不绝的农民起义，如从陈胜、吴广到宋江再到李自成；②封建割据势力和地方割据势力，如三国时期形成的魏、蜀、吴三国；③封建统治者家族内部的争权夺利，如吕后、武则天等；④异族入侵，如辽、金、元之代宋，清之代明。但正如厉以宁教授所分析的，无论这几种力量多么强大，无论其表演是多么的波澜壮阔、有声有色，它们都属于封建社会"体制内"的异己力量，都不会带来根本的社会变革。这是因为，在这些令人眼花缭乱的历史戏剧的背后，所进行表演的阶级角色基本上没有什么变化，即农民阶级和地主阶级，它们之间的斗争无论有多么激烈，它们占据历史舞台的时间无论有多长，由于没有新的社会阶层的出现，它们也只能从事旧的封建生产关系的再生产，例如洪秀全进南京、李自成进北京之后的所作所为，只是从农民阶级转向地主阶级，而不会带来新的社会转型。在西欧，市民阶层和资产阶级最终成为"体制外"的异己力量；在中国，由于社会内部难以生长出新的阶层和异己力量，所以中国近代的变革是由1840年西方资本主义这种"体制外"的异己力量的冲击而缓缓拉开序幕的。恰如马克思所说：

　　所有这些破坏性因素，都同时影响着中国的财政、社会风尚、工业和政治结构，而到1840年就在英国大炮的轰击之下得到了充分的发展；英国的大炮破坏了中国皇帝的威权，迫使天朝帝国与地上的世界接触。与外界完全隔绝曾是保存旧中国的首要条件，而当这种隔绝状态在英国的努力之下被暴力所打破的时候，接踵而来的必然是解体的过程，正如小心保存在密闭棺木里的木乃伊一接触新鲜空气便必然要解体一样。①

　　此后，各种意识形态经过较量，"北方吹来十月的风"，马克思主义占据主导地位。而实际上，相对古老的中华文明而言，马克思主义也属于一种"体制外"的异己力量。正是在这些与中国传统社会"体制内"因素完全不同的异己因素的作用下，中国社会才开始了缓慢而艰难的变化。

　　1949 年，"土地革命"成功，但一直到 1978 年，中国社会仍停滞不前，国民经济已濒临崩溃边缘。究其原因，主要还是因为土地革命所依靠的阶级是农民阶级，这一阶级的代表人物所憧憬的是平均主义、理想主义的乌托邦，可以像历史上农民起义那样夺取政权，却不能推动中国实现全面的、根本性的社会转型。所以，尽管从现象层面上看，"土地革命"所运用的是一种"体制外"的异己的思想意识形态，它产生于大机器时代的西方资本主义社会，但由于这种革命的主体是农民阶级，其目标是推翻旧政权，获得土地，等贵贱，均贫富。这些都是社会转型必要的、充分的条件，却不会带来根本性的社会转型，因为还没有出现实现这种转型的新的社会力量或阶层。而文化大革命中所谓的"工人阶级必须领导一切"，并未带来社会进步，而是最后化为一场闹剧，也与没有找到一个能够完成中国社会转型、促进社会进步的社会阶层有关。换言之，实现社会转型、推动中国进步，不能仅仅依赖某种政治空想和一些政治教条，而是要切实地培养出能够完成这一历史任务的阶级或阶层。否则，无论设计多么完美，理想如何远大，情怀如何浪漫，也无济于事。从这一角度来看中国目前正在崛起的新社会阶层，就会愈发感觉到这一阶层对于中国社会转型的重要价值。因为它是中国历史上从未出现过的阶层。目前，中国的改革开放已有 30 余年。这段期间取得的成就，举世有目共睹，2008 年左右，中国经济总量排名世界第三位，仅次于美国和日本。而新社会阶层，正是在这一过程中逐步成长和壮大起来的。

　　尤其值得注意的是，目前，新社会阶层在中国的政治、管理层面十分活跃，其中的精英分子正在进入国家高层。北京市委统战部工商经济处处长谭林在接受《瞭望东方周刊》采访时透露，北京市统战部门时常联络的新阶层人士，数量在 500 人左右。"其中大部分人，经过一段时间的观察，将被安排进工商联、人大、政协。"这正是 2006 年 7 月全国统战工作会议的精神落实，那次会议明确提出，要"培养和造就一支具有较强代表性和参政议政能力的

―――――――――――

　　①　马克思. 中国革命和欧洲革命. 马克思恩格斯选集（第 2 卷）. 北京：人民出版社，1972. 3.

党外代表人士队伍"。而被纳入党外代表人士队伍建设总体规划的新社会阶层，则无疑是要培养和造就的重点。新社会阶层中的精英分子正在进入国家领导高层。2007 年 4 月，中共党外人士万钢被任命为科技部部长，他是 1972年傅作义辞任水利电力部部长后 35 年来，首位民主党派人士出任政府部长。2007 年 6 月 29 日，无党派人士陈竺被任命为卫生部部长。这是改革开放近30 年来，中国第一位出任国务院组成部门正职的无党派人士。当年 7 月 6 日出版的《人民日报·海外版》在头版刊载署名文章称，重用党外人士，反映了中国共产党执政经验的日益丰富和成熟，反映出执政党的一种大视野。实际上，早在 2005 年 3 月，中共中央就出台了《关于进一步加强中国共产党领导的多党合作和政治协商制度建设的意见》，其中明确规定，民主党派和无党派人士担任国家和政府领导职务，是实现中国共产党领导的多党合作的重要内容。在地方，党外人士担任领导职务的人数逐年上升，担任正职的也不乏其例。这一方面反映出中国政治民主化的步伐，另一方面也显示出新社会阶层力量在不断壮大。

五

实际上，关于新社会阶层和社会转型之间关系的考察还可以启发我们理解学界对另一个中国历史之谜——为什么中国封建社会长期停滞，或曰"超稳定性结构"的讨论。目前，有关这方面的观点不下几十种，以下择其要者述之。

1. 马克思之前西方学者关于中国社会停滞的片断论述

实际上，随着地理大发现，欧洲进入资本主义社会，贸易、资本、市场在全球的全面扩张，东方社会或中国问题就摆在了西方学者的面前，许多知名学者和思想家相继研究了东方及中国问题。英国著名古典经济学家亚当·斯密在其《国富论》中就曾指出，中国一向是世界上最富有的国家，土地肥沃，耕作最优，人民最繁多，且最勤勉，"然而，许久以前，它就停滞于静止状态了"①。英国著名经济学家、历史学家詹姆斯·穆勒在其《英属印度史》中，也认为亚细亚制度在数千年以前就已经完全停止了进步，由于其国家的被征服或改朝换代，这种制度曾经出现表面上的变化，但其自给自足的经济，阻碍着比较复杂的社会劳动分工的发展，并且成了维系东方稳定性的因素。穆勒在《政治经济学原理》一书中，把东方国家停滞不前的原因归咎

---

① ［英］亚当·斯密. 国富论（上册）. 郭大力，王亚南译. 上海：中华书局，1949. 85.

于那里缺少相对国家而言的个人的权利和安全。西欧之所以出现显著的进步，是由于存在各种得到传统权利和公共舆论支持的、可以同国家相抗衡的独立的社会结构。为此，他进一步区分了欧洲专制政府与亚细亚专制制度，并从而得出结论：亚细亚制度没有内部的动力，因此，必须依靠外界因素来提供动力。只有依靠外国资本的侵入，才能结束这种类似静止的趋势。因为外国资本的侵入，可以建立积累规律，取代旧制度的循环运转，使经济得到发展。① 德国哲学家黑格尔在《历史哲学》中认为，中国的历史处于世界历史进程之外，是一种非历史的历史。旧中国属于历史的"幼年时期"，虽然持续地存在着，但直到今天（指黑格尔所处的时代）仍没有任何实质性的变化，是一个长期停滞的国家。其最主要的原因在于，在古代中国，客观的存在和主观的运动之间缺少一种对峙，客观性和主观自由的统一已经全部消灭了两者之间的对峙，所以它难以产生任何变化，一种固定不变的东西，"代替了一种真正历史的东西"，中国和印度可以说还在世界历史的局外，而只是预期着，等待着若干因素的结合，然后才能够得到活泼生动的进步。②

2. 马克思的"亚细亚生产方式"导致超稳定社会结构说

1859 年，马克思在《〈政治经济学批判〉序言》中首次提出了"亚细亚生产方式"这一概念。他说："无论哪一个社会形态，在它们所能容纳的全部生产力发挥出来以前，是决不会灭亡的；而新的更高的生产关系，在它存在的物质条件在旧社会的胎胞里成熟以前，是决不会出现的。所以人类始终只提出自己能够解决的任务，因为只要仔细考察就可以发现，任务本身，只有在解决它的物质条件已经存在或者至少是在形成过程中的时候，才会产生。大体来说，亚细亚的、古代的、封建的和现代资产阶级的生产方式可以看做是社会经济形态演进的几个时代。"③ 在此前后的手稿和通信中，马克思、恩格斯均对此作过大量论述。多年来，各国学者对"亚细亚生产方式"问题进行了反复探讨，迄今并未取得一致的意见。但是结合马克思、恩格斯本人的各种论述可以看出，所谓"亚细亚生产方式"，特指一种有别于西方社会的亚洲东方社会生产方式。在1853 年写的《不列颠在印度统治的未来结果》一文中，马克思明确提出了"亚洲式社会"的概念，并把它同"西方社会"相区别。他指出东方社会的特点有：①东方社会不存在土地私有制；②长期存在自给自足的村社制度；③存在着一种不同于"欧洲式的专制"的

---

①　赵一红. 马克思的"亚细亚生产方式"理论与东方社会结构. 马克思主义研究, 2002（5）：60.

②　[德] 黑格尔. 历史哲学. 王造时译. 上海：上海书店出版社，1999. 16.

③　[德] 马克思，恩格斯. 马克思恩格斯选集（第2卷）. 北京：人民出版社，1972. 83.

东方集权专制制度；④东方社会生产的好坏同政府的优劣密切相关；⑤亚洲社会长期停滞不前，自身没有内在发展动力，只有借助于外在的西方资本主义的入侵才能动摇其古老的社会根基，发生真正意义的革命。总之，马克思断定"亚洲式社会"或"亚细亚生产方式"是一种在经济制度、社会结构和发展过程等方面都与西方社会截然不同的社会类型。

　　按照马克思、恩格斯的意见，"亚细亚生产方式"东方社会结构的第一个特点是土地国有化。1853 年 6 月 2 日，马克思在给恩格斯的信中指出："东方（他指的是土耳其、波斯、印度斯坦）一切现象的基础是不存在土地私有制。这甚至是了解东方天国的一把真正的钥匙。"① 恩格斯在 6 月 6 日给马克思的回信中同意这种看法，他说："不存在土地私有制，的确是了解整个东方的一把钥匙。这是东方全部政治史和宗教史的基础。"② 对此，马克思指出："如果不是私有土地的所有者，而像在亚洲那样，国家既作为土地所有者，同时又作为主权者而同直接生产者相对立，那末，地租和赋税就合为一体……在这里，国家就是最高的地主；在这里，主权就是全国范围内集中的土地所有权。但因此那时也就没有私有土地的所有权，虽然存在着对土地的私人的和共同的占有权和使用权。"③ 他还说："在大多数亚细亚的基本形式中，凌驾于所有这一切小的共同体之上的总合的统一体表现为更高的所有者或唯一的所有者。实际的公社却只不过表现为世袭的占有者。"④ 可见，在"亚细亚的"或"古代东方"国家里，公社只是"世袭的占有者"，国家才是真正的甚至是"唯一的所有者"。东方社会结构的第二个特点是自给自足的村社制度。各自孤立的农业和手工业相结合的、自给自足的农村公社，是东方专制制度的经济基础。这种分散的、孤立的、半封闭的经济实体，其存在和发展的基础都是单个人对公社原有关系的再生产，而且包含着生产和扩大再生产的一切条件。马克思曾指出："在印度有这样两种情况：一方面，印度人民也像所有东方人一样，把他们的农业和商业所凭借的主要条件即大规模公共工程交给中央政府去管；另一方面，他们又散处于全国各地，通过农业和制造业的家庭结合而聚居在各个很小的中心地点。由于这两种情况，所以从远古的时候起，在印度就产生了一种特殊的社会制度，即所谓村社制度，这种制度使每一个这样的小结合体都成为独立的组织，过着自己独特的

---

①　［德］马克思，恩格斯. 马克思恩格斯全集（第 28 卷）. 北京：人民出版社，1973. 256.

②　［德］马克思，恩格斯. 马克思恩格斯全集（第 28 卷）. 北京：人民出版社，1973. 260.

③　［德］马克思，恩格斯. 马克思恩格斯全集（第 25 卷）. 北京：人民出版社，1973. 891.

④　［德］马克思，恩格斯. 马克思恩格斯全集（第 46 卷·上）. 北京：人民出版社，1973. 473.

生活。"① 而东方社会这种自给自足的经济结构是东方社会"停滞"的重要因素。马克思指出："这些自给自足的公社不断地按照同一形式把自己再生产出来。当它们偶然遭到破坏时，会在同一地点以同一名称再建立起来，这种公社的简单的生产机体，为揭示下面这个秘密提供了一把钥匙：亚洲各国不断瓦解，不断重建和经常改朝换代，与此截然相反，亚洲的社会却没有变化。这种社会的基本经济要素的结构，不为政治领域中的风暴所触动。"②

3. 范文澜的封建生产关系制约生产力说

范文澜先生于 1950 年发表的《论中国封建社会长期延续的原因》论文中，通过全面地考察封建社会生产力与生产关系的各个方面，来分析造成封建制度长期延续的原因。他具体从三个方面分别论述中国封建社会农业生产力发展滞缓的最主要原因：一是农业生产力的迟缓发展，二是生产关系对生产力的破坏，三是工业生产力的迟缓发展。就第二条而言，其主要表现在：①残酷的剥削使生产力萎缩；②疯狂屠杀，使生产力遭受破坏；③军阀混战，破坏生产；④外族侵入，带来落后的生产关系。而"推原致祸的基本原因，不是别的，只是由于地主对农民进行残酷的剥削和压迫"③。此外，范文澜还分析了封建国家机器和文化所起的阻碍作用："中国的政治制度是世界上第一等的几乎牢不可破的封建专制制度，在这个总制度里面，包含着各式各样阻挠社会发展的小制度，如各朝代共守的重农（地主）轻商制，如秦汉以后的土地自由买卖制，如两汉以后的儒学独尊制，如隋唐以后的诗赋取士制，如明清两朝的八股取士制。诸如此类的小制度，服务于总的封建专制制度，使它更加巩固而有力。这种经济结构和政治制度，只有在国外或国内的市场无限扩充，工商业顺利发展的情况下，才有冲破的可能，而明清两朝，特别是清朝，恰恰严格执行闭关自守政策，商人到海外贸易被认为是非法行为，当然不会奖励或保护他们去开辟国外市场；而国内市场也因占绝大多数的农民生活水平极度低下而范围很狭小，工商业者获利之后转向购买土地和放高利贷，不用于扩大再生产，因而新的社会生产因素始终不能成熟起来。"④

4. 金观涛等的超稳定系统假说

20 世纪 80 年代，金观涛等在《兴盛与危机——论中国封建社会的超稳定结构》一书中运用系统分析方法研究历史，提出了中国封建社会是一个超稳定系统的假说。恰如作者所言：

---

① ［德］马克思，恩格斯. 马克思恩格斯选集（第 1 卷）. 北京：人民出版社，1972. 764.
② ［德］马克思，恩格斯. 马克思恩格斯全集. 北京：人民出版社，1973. 396～397.
③ 范文澜. 范文澜历史论文选集. 北京：中国社会科学出版社，1997. 95～107.
④ 范文澜. 中国通史简编. 北京：人民出版社，1955. 27.

　　本书的任务是，力求在历史唯物主义指导下运用控制论方法，提出中国封建社会的结构是一个超稳定系统的假说，并根据这一假说，使中国历史上一些令人迷惑的现象和难题，如大一统的组织能力、魏晋南北朝的分裂动荡的原因、农民战争的特点和作用、对外来文化的融合能力等等，都得到统一而又明白的说明。这样，也许可以使我们发现那些被大量细节掩盖着的重大历史现象之间的内在联系。

　　作者将中国封建社会分为三个子系统：经济结构、政治结构和意识形态结构。作者认为，在政治结构和意识形态结构之间，通过受儒家思想影响的官僚网络的连接，存在着一个自发的调节力量，保证社会趋于统一稳定，由于中国是一个家国同构的宗法社会，所以他将其称为宗法一体化结构。作者认为，在宗法一体化结构之外，还存在着一种无组织力量，即"某种社会结构在维系自身稳定的调节过程中所释放出来的对原有结构起瓦解作用，其本身又不代表新结构的那种力量"，具体来说就是官僚行为的无序化和贪污腐败，如土地兼并、官僚机构的膨胀及思想日益混乱，官方意识形态渐渐失去指导力量。这种力量膨胀到一定程度就会对社会造成极大破坏，引发农民起义和社会动乱甚至大崩溃，导致社会财富的积累中断，一切又从头开始。当然，为制约无组织力量的膨胀，封建系统内部还存在着变法运动，但这些变法都遵循着效率递减的规律，即越是王朝前期，变法越能成功；越是王朝后期，变法越不能成功。但是，中国封建社会又有着极强的自我修复和复制功能。经过农民战争消除了无组织力量后，在宗法一体化结构的作用下，系统很快又会重建，因此作者认为中国封建社会是一个超稳定系统。[①]

　　5. 刘泽华先生的王权干预经济活动说

　　2000 年，刘泽华先生出版《中国的王权主义》一书，对于中国封建社会长期停滞提出了自己的见解，他认为："对于中国封建社会长期性和后期迟滞的原因，固然需要从多方面来探讨。但我们认为，认真分析封建君主专制国家对封建社会经济规律的干预和破坏，或许能找到一把打开这个迷宫的钥匙。封建时代的经济规律，具体讲起来有许多，但从封建社会能否生存和发展这个根本点上来看，有两个最主要的规律：一是简单再生产的规律，一是价值规律。……从以上分析可以看出，封建君主专制中央集权对封建社会两个经济规律的破坏是极其严重的。沉重的赋税、徭役、官吏的贪污以及其他

---

　　① 金观涛，刘青峰. 兴盛与危机——论中国封建社会的超稳定结构. http://www.qiji.cn/eprint/abs，2006 - 11 - 15.

形式的剥削，常常使简单再生产不能进行，社会难以存续。抑末的结果就是破坏了价值规律的正常运转，因而社会也就失去了发展变化的活力。这样，我国封建社会后期便长期处于迟滞状态。"① 持此说的还有廖建林先生，他比较了中西王权的不同，指出：西欧封建领主社会长期是王权软弱，领主分裂割据，王权是随着商品经济发展和新兴的市民阶级的支持建立起来的，王权一为感谢、报答市民阶级的支持，二为增加王室收入，采取了一系列满足工商业者利益和鼓励支持商品经济发展的政策，从而实现了由"农本"向"重商"的转变，使西欧最终突破了封建制的外壳，率先实现了向近代社会的转型。中国较早地形成了中央集权，它一方面促进了中国工商业发展过快、过早的繁荣，但因为这种繁荣缺乏可靠基础，因而是不健康和病态的，同时因中央集权制是建立于农本经济之上的，封建财政收入主要来源于田赋，外贸及工商业收入比重微不足道，而商品经济的破坏性对中央政权的巩固构成了严重威胁，因而政治的考虑就成为封建政府制定商品经济政策的重要出发点。封建中央集权政府必须而且有能力采取不利商品经济发展的抑商政策，因而重农抑商成了历代中国封建统治者传统的商品经济政策。其结果是使中国社会发展付出了沉重代价，长期在封建轨道上徘徊。②

作为这种观点佐证的还有吴琦的漕运使中国封建社会长期延续说。吴琦先生著文《漕运与中国封建社会的长期延续》，指出漕运与中国封建社会的长期延续存在极大的关系：漕运加强集权政治的稳定性，是封建王朝中央集权不断强化的物质基础；漕运的掠夺性极大地抑制了社会经济的发展，尤其是延缓了发达地区的前进步伐；漕运一定程度上限制了国内市场的发展；漕运给沿线带来的繁荣具有不稳定性，难以引发所在地区的经济发生质的变化；漕运如同沉重的枷锁，把广大的小农固着在土地上，并不断强化农民的保守意识。……总之，作为集权政治的产物，漕运从经济、政治、军事各方面促进了大一统专制政体的稳固与发展，强化了社会的大一统意识，广大农民视纳漕为自然，这些都不利于社会结构的演化与进步，反而使传统政治结构日益僵化，难于解体。③

6. 特殊地理文明圈说

特殊地理文明圈说认为，中国封建社会是处在一个与世界相对隔离的封闭地理环境中，它东濒大洋，西隔高原，西北、北部与东北部则是高山、沙

① 刘泽华. 中国的王权主义. 上海：上海人民出版社，2000. 113.

② 廖建林. 封建王权与中国商品经济的发展——兼与西欧封建社会比较. 咸宁师专学报，1999（5）：69~74.

③ 吴琦. 漕运与中国封建社会的长期延续. 中国农史，2000，19（4）：12~17.

漠、草原和原始森林。恩格斯就曾指出地理环境与东方式集权之间的关联："但是东方各民族为什么没有达到土地私有制，甚至没有达到封建的土地所有制呢？我认为，这主要是由于气候和土壤的性质，特别是由于大沙漠地带，这个地带从撒哈拉经过阿拉伯、波斯、印度和鞑靼直到亚洲高原的最高地区，在这里，农业的第一个条件是人工灌溉，而这是村庄、省或中央政府的事。"① 任春明先生也曾指出，与欧洲地理单元破碎、陆地与海洋交叉分布的特征明显不同，中国大陆地理单元完整，大陆与海洋界线分明，相互对立。长期以来，海洋成为中国人与远方文明社会进行交往的障碍。地理环境的大陆性特征决定了中国人对外交往和扩张的方式是陆地的，而非航海的。……如果说欧亚大陆东西两端的农耕社会内部的购买力都不足以支持各自的纺织业成长起来，都必须借助于一个外在的市场使其纺织业的发展突破临界点，成为不可逆转的趋势，那么谁先发现并控制了新大陆的市场，谁的工业就会率先发展起来，谁就会率先进入工业社会。中国地理环境的大陆特征制约着中国人的海洋意识和航海倾向，尽管中国农耕文明很早就达到了成熟的水平，尽管中国的纺织业在产量、品质和价格上都胜过欧洲，但由于中国人在海洋扩张运动中不敌欧洲人，因而没能像西欧那样获得新大陆市场的支持，中国国内的纺织业生产因需求不足而受到抑制，使得中国社会长期停留在农耕社会阶段。因此可以说，中西地理环境的显著差异，是影响它们历史变迁不平衡的根本原因。②

与此紧密联系的是张文先生的游牧民族袭扰农耕文明说。他通过对比发现，由于地理条件的差异，东西方社会发展进程呈现出全然不同的面貌。西欧大陆由于土地条件适于农耕，所以那里的游牧民族在封建制度形成后不久顺利实现了农业化，对于定居性文明而言，这意味着消除了一个危害社会发展的必要外在因素；而在东亚大陆，蒙古高原等北方地区的土地条件不适于农耕，所以该地区一直未能实现农业化。于是，在漫长的历史时期，北方地区的游牧民族，对以黄河—长江流域为主体的农业文明地区进行的周期性的侵袭，便严重制约了这一地区的社会发展，因此也就造成了处于东亚农业文明区的中国封建社会的长期延续。张文先生认为，中国封建社会之所以长期延续，最根本的原因就在于，中国封建社会是一种农业文明，由于地理环境所限，它与其北方相邻的游牧文明之间长期处于紧张的对峙状态，在这种对峙态势中，游牧民族总是作为主动进攻的一方，对属于农业文明的中国封建

---

① ［德］马克思，恩格斯. 马克思恩格斯全集（第28卷）. 北京：人民出版社，1973. 260～263.

② 任春明. 关于中国封建社会长期延续的几个问题. 广东社会科学，1996（6）：105～111.

社会实施着一而再的、越来越沉重的打击。在这种特别严峻的外部挑战的压力下，中国封建社会实在是举步维艰，难以谋求正常的发展。①

7. 文化意识形态消极制约说

蒋昌和先生撰文《民本思想的反作用是中国封建社会延长的根本原因》，指出："我认为，中国封建社会的延长必然有其更深刻的历史原因，这就是中国古代社会特有的社会意识——禁锢中国古人思想达数千年之久的民本思想和圣贤崇拜心理——对中国封建社会经济生活和政治生活的巨大反作用。民本思想是中国传统文化和中国古代社会政治理论的核心，是中国古代社会特有的长期统治地位的社会意识，它曾对中国古代社会稳定发展起着不可低估的作用。但是民本思想也对中国封建社会科学技术和工商业的发展以及封建社会的变革起着十分巨大的阻碍和延缓作用。民本思想的这些反作用才是导致中国封建社会延长的根本原因。"② 还有学者指出，中国封建社会的长期存在不仅是由社会结构因素造成的，更是独特的文化心态和强烈的社会认同感使然。其中，"均平"理想是其思想根源；"编户齐民"和官控手工业、商业是其经济支柱；文官体系的制约机制是其政治保障；"二元化"的社会人格以及由此反映的无为、中庸、知足常乐的处世哲学是其深层文化心态诱因；巨大的社会地位财富流动性和由此引发的强烈的社会认同感是其长期存在的社会基础。这些具有民族特质的政治、经济、思想、文化诸因素，它们既有历时的先进性、优越性和积极性，也有一定的局限性、狭隘性和消极性，这些"好"的方面和"坏"的方面既互相交织又互相转化，既对立又统一，共同导致了中国封建社会长期存在。③

至此，我们可以在上述讨论中再增加一个新的观点，即在诸多因素的制约下，中国社会始终难以产生新的社会阶层，而没有新的社会阶层的出现，任何社会变革或"革命"都只是表面上的政权更替，无论这些变革和"革命"表面上看起来是多么轰轰烈烈和气势磅礴。尤其考虑到 1949—1976 年这段特殊的历史事实，更加证明新的社会阶层的出现与中国社会转型如影随形、互为表里。没有新的社会阶层的出现是中国东方式专制主义长期存在，以及中国社会超稳定存在的根本原因。

---

① 张文. 论中国封建社会长期延续的原因. 云南行政学院学报，2000（4）：63～67.

② 蒋昌和. 民本思想的反作用是中国封建社会延长的根本原因. 长沙水电师院社会科学学报，1996（4）：100～105.

③ 陆万振，李文中. 中国封建社会长期存在的辩证反思. 平顶山师专学报，2001，16（3）：37～39.

六

　　综上，观察和分析新社会阶层可以有多种角度。如果说新社会阶层不仅是一个社会概念，还是一个政治概念，其最大的政治意义就在于：新社会阶层的诞生，使中国社会终于出现了一种"体制外"的异己社会力量，而"体制外"的异己力量历来是社会变革和转型的潜在动力和强大助推器。这一点，可以从三种社会转型中得到证明：一是西欧"原生型资本主义"的产生与市民阶层和资产阶级逐步走上历史舞台有关；二是中国近代迟迟难以进入市场经济实现社会转型，与中国社会缺乏实现这种历史使命的新兴社会阶层有关；三是贝尔所预测的"后工业社会"的关键在于从资本主义内部孕育出一种以占有知识、技术、理论为主的科学家、技术人员和管理阶层。从这一角度来看中国目前正在崛起的新社会阶层，就会愈发感觉到这一阶层对于中国社会转型的重要价值。新社会阶层的出现，是中国改革开放以来社会结构进一步分化的结果。在以阶级斗争为纲的年代，中国只有"两个阶级一个阶层"：工人、农民、知识分子，其更多是一种政治身份的划分，而市场经济在中国的逐步推进使契约社会成为可能，非公有制经济在中国日渐走上时代舞台并开始扮演越来越重要的角色。这一阶层在逐步确定了自身的经济地位后，必然会开始寻找自己在政治上和国家管理层面上的位置，以及相应的政治诉求，而这些寻找和诉求对中国社会未来进步的影响无疑是深刻而巨大的。

（原载于《书屋》，2007 年第 10 期）

微博问政、治理转型与"零碎社会工程"

一

近几年中国社会"网事"如烟，但最引人注目的现象之一无疑是微博的崛起。

据悉，微博问政是各国政府部门和政治组织扩大影响力的重要方式。现在，越来越多的国家党派和政府机构开通微博账户，公布政治观点，应对突发状况，塑造良好形象。不少国家政要开通微博账户，宣扬政治理念，拉拢普通选民，应对政治危机。例如，美国总统奥巴马、俄罗斯总统梅德韦杰夫、智利总统皮涅拉、委内瑞拉总统查韦斯等都开通了微博账户，宣介本国政治、经济和外交政策；韩国国防部曾召集微博用户，介绍"天安舰"事件调查结果，消除有关执政党企图利用该事件提高地方选举得票率的说法；朝鲜也开通微博账户，内容囊括内政外交各个方面；联合国秘书长潘基文通过新浪微博等与全球网民对话。

在中国，通过网络"问政于民、问需于民、问计于民"，正是中央领导提出并率先垂范的。胡锦涛、温家宝等领导的亲自"触网"，是我党一贯重视党群、干群鱼水、血肉关系的优良传统在新技术媒介时代的发扬光大。互联网快捷、广泛、低门槛等特点，为政府了解民情、听取民意提供了"最短路径"。"网络问政"的一头是各级党政机关，另一头是近5亿网民，它的应运而生宛如架起了一座"连心桥"，让政府在百姓眼中不再遥不可及，其发展势头已经是"不可逆转"和"锐不可当"。人民网舆情频道曾有网友表示："网民轻点鼠标，就与总书记在一起了！"在腾讯网向胡锦涛总书记赠送QQ号后，网友激动地说："我想知道总书记的QQ号码，等他有空的时候，加他聊几句！"①

2012年1月16日，中国互联网络信息中心发布《第29次中国互联网络发展状况统计报告》。《报告》显示，截至2011年12月底，中国网民规模突破5亿，达到5.13亿。……同时，微博成为网民获取新闻信息的重要渠道，众多"新鲜的"即时通信软件纷纷出炉，使即时通信使用率上升至80.9%，

---

① 为"网络问政"喝彩. 中安在线，http：//ah. anhuinews. com，2011 - 09 - 02.

即时通信用户规模达 4.15 亿，比 2010 年底增长 6 252 万人。① 据悉，从 2010 年底的 6 311 万跃升至 2011 年 6 月底的 1.95 亿，再跃升至 2011 年 11 月底的 3.2 亿，中国微博用户数在不到 1 年的时间内实现了 5 连翻。如今，约占中国网民数量 65% 的微博用户已经形成一个庞大的"微"人群。② 这个人群最初以 IT、媒体行业，城市白领和年轻人为主体，后来扩展到社会的各个层面和群体。在 2011 年"海峡两岸年度汉字评选"活动中，"微"字以 40 多万票当选。而由中国特殊的国情决定，议政、问政甚至是"参政"成为中国微博的一种主要功能。140 个字的微博简洁方便，"秒互动"的传播优势，开启了一个"人人都有麦克风，人人都可发议论"的时代。具有巨大影响力的"微信息"，蕴含着纷繁而又丰富、驳杂而又单纯的原生态民意。

《人民日报》指出，2011 年是中国政务微博元年。截至 2011 年 12 月 10 日，仅腾讯微博中通过认证的广东省政务微博就有 399 家，其中包括 252 个党政机构微博，147 个官员个人微博。③ 走过第五个年头的人民网"地方领导留言板"，已经得到了 48 位省委书记、省长的公开回复，18 个省份以书面文件的形式确保规范化、制度化地办理留言。放眼全国，北方网的"政民零距离"、胶东在线的"网上民声"、奥一网的"网络问政"等平台，也早已是百花齐放。另外，遍布各个地区、各个行业的政府微博、网络发言人从 2010 年以来纷纷涌现……一批政府机构和官员加入微博群，成为 2011 年的突出亮点。"北京微博发布厅"、"上海发布"、"中国广州发布"，这些政务微博上线不久就吸引了数十万乃至百万的"粉丝"。四川开通"两会"政府微博，网友赞很"给力"；武汉代表委员"织围脖"议"两会"，网上聚民意；张春贤成为微博史上最高级别的官员，网络问政再度进入安徽省政府工作报告，警方微博已成热潮。浙江省委组织部长蔡奇俨然已是微博上的明星，不说官话，针对社会热点坦诚发表看法，和普通博友一起"围观顶起"，其微博粉丝数量已经接近 600 万。④ 开设微博"@医生哥波子"的广东省卫生厅副厅长廖新波，经常借助微博发布医政方面的信息咨询，他深有感触地说："政务博客与官员私博不一样。前者不得有个人见解，只能代表组织说话；

①　中国互联网络信息中心. 第 29 次中国互联网络发展状况统计报告. http：//www.cnnic.net.cn.

②　韩元俊. 新华网"年度人群"系列报道：走近"微"人群. 新华网，2011 – 12 – 22.

③　蒋哲，郭琛. 中国政务微博元年：从"微问政"走向"微施政". 南方日报，2012 – 01 – 03.

④　韩元俊. 新华网"年度人群"系列报道：走近"微"人群. 新华网，2011 – 12 – 22.

后者则是代表个人说话，责任与良心并存，可有个人喜恶与情感的抒发。"①

　　据人民网舆情监测室统计，截至 2011 年 8 月 1 日，仅腾讯微博中就有万余个党政机构和官员微博账户，其中副厅级以上级别的高级官员有 266 人，涵盖各个部门和地区。又据易观智库的研究数据显示，仅 2010 年中国微博市场注册用户数量就达 7 500 万，而 2009 年我国的微博注册用户只有 800 万，增速高达 837.5%。如此欣欣向荣之势，一方面得益于微博本身所具备的即时、广泛、互动等传播优势；另一方面，微博更是展现出了对中国政治生态的强大影响力：从方舟子被袭到李萌萌"被落榜"，从常德抢尸到"我爸是李刚"，从宜黄拆迁到青岛拆迁户微博留遗书称捍卫私宅……在一个又一个社会焦点中，微博都显示出强大的网络信息放大功能，这必然在一定程度上促使地方党政机关和干部意识到微博的重要性，并尝试利用微博听取民意、汇集民智。②

　　从另一角度来看，微博问政十分符合中国目前转型的特征，即"治理转型"，恰如有学者所言——"从大历史的角度看，中国社会转型要经过三个大的阶段。从 1840 年到 1949 年是中国社会转型的第一阶段，这一阶段的主要任务是完成现代国家的建设，推动社会转型的基本方式是革命。从 1949 年到 2002 年是中国社会转型的第二阶段，这一阶段的主要任务是完成现代社会基础建设，推动社会转型的基本方式是改革。从 2002 年大约到 2020 年是中国社会转型的第三阶段，这一阶段的主要任务是完善现代社会制度，推动社会转型的基本方式是治理改进。"③ 据悉，治理作为一个现代政治学概念走进人们的视野，是在 1989 年。当时，世界银行在讨论非洲情形时首次使用"治理"一词。此后，"治理"一词被广泛运用于许多领域，小到个人家庭，大到全球问题。法国更新治理研究院就认为"治理"是"从地方到全球人类社会共存的组织和调节以及产生共同规则的方法"。按照这一解释，治理的目的就是使不同层级、不同领域、不同参与者之间进行互动，就是在承认所有成员都有"共同生存"的权利的前提下，所有成员之间通过参与、互动找出保证所有成员共同生存的方法，如果借用林肯的"民有、民治、民享"说法，治理就是共有、共治、共享，这就是现代治理的基本含义。④ 很明显，微博所具有的普及性、大众性、全民性，先天就具有"共有、共治、共享"

　　① 蒋哲，郭琛. 中国政务微博元年：从"微问政"走向"微施政". 南方日报，2012 - 01 - 03.

　　② 邓子庆. 微博问政考验为政智慧. 中安在线，http：//ah. anhuinews. com，2011 - 08 - 30.

　　③ 周鸿陵. 中国社会转型的第三条道路. 中国选举与治理网，2008 - 07 - 10.

　　④ 周鸿陵. 中国社会转型的第三条道路. 中国选举与治理网，2008 - 07 - 10.

的特征。微博问政与治理转型有着天然的互补性与重合性。

治理转型的具体对象之一就是弥补制度的一个个"漏洞"，那么，制度漏洞最大的危害在哪？如何发现这些漏洞？据权威调查，排在前三位的分别为：①"加剧社会不公，形成既得利益集团、撕裂社会"（占比71%）；②"使权力更加被滥用，激发官民冲突"（占比55%）；③"让社会失去了对制度的敬畏和认同，以变通为荣"（占比51%）。填补漏洞，需要找到漏洞的根源。63%的受访者认为，制度漏洞的根源在于"缺乏公众的参与与监督"，其位列该选项的第一位。如果在人民的充分监督下，制度的设计者、执行者不为制度留下灰白地带，减少漏洞出现的机遇，在全社会树立制度的权威性，让明规则战胜潜规则，那么漏洞出现的可能性必将越来越少。①"知屋漏者在宇下，知政失者在草野"，而知社会"漏洞"者无疑是弥散于社会各个角落的广大网民，他们身处社会一线，对社会和行政制度的各种缺失有着切身的体会，因而是各种社会"漏洞"的最早发现者和预警者。

"工欲善其事，必先利其器。"以网络为依托的"微博问政"十分符合治理转型阶段的社会要求，网络的平等性、普及性再加上微博的即时性、互动性，使得微博成为治理转型时期不可或缺的利器。例如，2011年6月17日，网友"zhangou2952"在天涯论坛贵州板块贴出《致贵州省长的一封信》，直指贵州公务员招考办事效率低下。4天之后，贵州省省长赵克志给天涯网友"zhangou2952"回帖："我代表贵州省政府和公务员招考主管部门，向广大考生表示歉意。"省长的回复，迅速引发了网民"围观"，一天之内，该帖访问数高达5万人次。②又如，广州市官方微博平台"中国广州发布"于2011年12月19日正式开通，市委宣传部与20多个政府部门的官方微博集体亮相，成为政务微博发布群，意味着原本的"独唱"变成"合唱"。网民用独特的方式表达自己对社会现象的关注，积极参与对公共权力的监督，越来越多的普通百姓走进公民议政的殿堂，个体公民意识正在成长和壮大。而且民众并非自说自话地表达着诉求，"口罩男"叫停了花岗岩路基的亚运改造项目；"举牌哥"的举牌让广州地铁公司的态度来了个"大转弯"；广州市建委主任侯永铨约见要求广州暂停光亮工程的"拇指妹"区佳阳，详细解释广州光亮工程规划……③

安徽省政府特别以"网上问政"为名，开设了"问政"的专门平台，自2009年12月29日正式开通以来，对网民关注的热点问题，省直各厅局和各

---

① 王慧. 补"漏洞"，发展更健康. 人民论坛，2011-12-23.

② 为"网络问政"喝彩. 中安在线，http://ah.anhuinews.com，2011-09-02.

③ 桐子岚. "微博问政"不是终点. 南方日报，2011-12-20.

市县积极进行反馈。截至目前，"网上问政"共有近 600 条网民留言得到回复，绝大部分民生问题得到解决，真正成为了解民情、排解民忧的"直通车"。随着各部门对网络问政工作的高度重视，网民通过中安在线"网上问政"平台反映的问题，往往能在短时间内被办理，得到满意答复。尾号为5672 的手机报读者通过"网上问政"平台咨询庐江县罗河镇墩子村通往东边村庄的道路何时能完工。罗河镇政府有关负责人高度重视网民留言，及时回函告知其工程进度，并赴现场查看工程情况。淮南网民通过"网上问政"平台留言，反映谢家集区新社二村 6 号楼自来水管在整个冬季长期冻裂，浪费大量水资源，给居民生活带来不便。"淮南市市长公开电话"办公室人员在网上看到该问题后，立即转交淮南首创水务公司调查处理。两天后，小区冻裂水管得到维修，恢复正常供水。水务公司同时制订了改造方案，分期分批对矿区供水移交用户进行一户一表改造，改造完毕后，有效地解决矿区居民用水冬季爆裂管问题。①

<h1 style="text-align:center">二</h1>

　　微观转型，或治理转型，是微博问政出现的现实社会背景。②

　　之所以说 2000—2010 年构成了一个微观转型期，而 2010 年前后又到了这一转型期的临界点，是因为在这一时间段内或时间点上，中国社会出现了以前没有出现过的新问题，各种矛盾的积累到了一个临界爆发点上，而社会舆论和学者评价同时注意到了这些问题，基本达成了一种新的"转型共识"，而这种"共识"又多有批判、警醒、强烈诉求变革等特征。我们说 2010 年前后是一个微观转型期的临界点，是因为在这一时间点上（即 2010 年）或时间段内（2000—2010 年），中国社会各种矛盾的积累到了一个临界爆发点上，而决策层对这些问题正在一一给出对策。③ 恰如有学者所分析的："可以得出这样的结论：中国改革，再一次到了紧急的时刻。当前的中国，迫切需要党内健康力量发出类似邓小平南方谈话那样的登高振臂一呼，重新凝聚改革共识，凝聚深化改革的精神力量，打造和提升年轻人职业的安全感，营造人群的温暖感、国家的归属感，锤炼社会的向心力、凝聚力。……必须从思

---

①　"网上问政"听民声聚民智. 中安在线，http：//ah. anhuinews. com，2011 – 12 – 21.

②　刘畅. 微观社会转型期及其临界点的确认. 贵州社会科学，2011（7）.

③　刘畅. 微观社会转型期及其临界点的确认. 贵州社会科学，2011（7）：1～11.

想理论上回答以上迫切需要解决的实际问题，以形成主流舆论。① 又："抛开一些情绪化表达，中国当前面临着这样一些迫切、公众反应激烈的'发展起来以后的问题'：贫富差距拉大，未能形成公平的分配制度；社会事业滞后，未能建立惠及全民的社会保障体系；公众幸福感下降，未能解决最基本的民生问题；环境污染加剧，高投入、高污染产业层出不穷，食品、水、空气被污染，开发和环境保护的尖锐矛盾一触即发，带来一系列群体性事件；社会腐败向纵深发展，腐败不仅仅发生在经济领域，更深入到吏治腐败、司法腐败和舆论腐败，这三种腐败直接与体制缺陷相关。"②

改革会招惹是非，改革就是"自找麻烦"，改革也很难十全十美。30 多年后，身处深水区和攻坚期，无论方案多么周密、智慧多么高超，改革总会引起一些非议：既得利益者会用优势话语权阻碍改革，媒体公众会带着挑剔的目光审视改革，一些人甚至还会以乌托邦思维苛求改革。对于改革者来说，认真听取民意，又不为流言所动，既需要智慧和审慎，更要有勇气与担当。……宁要微词，不要危机；宁要"不完美"的改革，不要不改革的危机。一个长期执政的大党，尤其要时刻警惕短期行为损害执政根基，防止局部利益左右发展方向，力避消极懈怠延误改革时机，所思所虑不独是当前社会的发展稳定，更有党和国家事业的长治久安。③

在此方面，中国微博也有着不俗的表现。反腐，甚至成为近年来微博的"主旋律之一"，数亿用户（仅新浪微博注册用户就达 1.4 亿）集体围观并发声，微博的强大影响力自不待言。恰如媒体分析的——如果是在十几年前，有冤无处诉的人要找媒体曝光时，第一个想到的大概都是央视的《焦点访谈》。如今，他们可能会得到这样的建议："去发条微博吧！"2011 年上半年以来，诞生不足两年的微博在越来越清晰地扮演着这样的角色：舆论监督。当人人都有了便捷平等的发言渠道，真相就在泥沙俱下的混乱中渐渐浮出水面，它不仅是个别网民呼唤公平正义的平台，更包括对地方官场或行业乱象毫不留情的曝光和集体鞭挞。④

这是因为，传统媒体在监督权力方面受到技术和机制的制约，经常有死角和盲区，而无处不在的互联网，加上公民报道者包括微博发布者，就是努力消灭这些死角和盲区的新型社会力量。恰如学者所分析的："与传统媒体相比，微博比较像'人民战争'。首先，任何人只要是微博用户都可以发布

---

① 周瑞金. 中国，是否需要一次新的"南方谈话". 同舟共进，2012（2）：8.

② 周瑞金. 中国，是否需要一次新的"南方谈话". 同舟共进，2012（2）：8.

③ 《人民日报》评论部. 宁要微词不要危机. 人民日报，2012－02－23.

④ 晓德. 微博改变社会生态，专家称让滥用权力者难以藏身. 国际先驱导报，2011－07－11.

信息和意见，从而打破了原来的传播样式，并且突破了传统媒体体制下的层层审批和限制，对舆论监督非常有利。再者，微博可以跨界传播，使原本不认识的人可以互相联系，对同一事件发表意见和看法。总的来说，微博作为一种新的传播模式，使得中国的媒体去中心化，参与其中的公民越来越多，再加上意见领袖的引领，提高了信息曝光的效率。"① 其典型流程是：先有网友发微博披露或质疑某个事实，然后众网友跟进评论和转发，相关网络衍生品（如漫画、恶搞歌曲）也开始出现，接着在网络或传统媒体上出现深度评论和调查，并伴随着微博上不间断的"爆料"，一场微博事件就此达到舆论监督的高潮。

三

"他山之石，可以攻玉"。透视微博问政及治理转型，不妨借鉴一下英国思想家波普尔"零碎社会工程"的理论，在微博问政、治理改进和"零碎社会工程"之间，隐然有着一种内在的逻辑联系。如上所述，微博提出的都是具体、局部、细节的问题，治理或改进的对象显然也属于这些微观、局部的问题，而"零碎社会工程"则是从思想高度对这种微观治理或治理转型给予理论上的概括、指导和总结，有着较强的针对性和借鉴意义。

"零碎社会工程"是英国思想家卡尔·波普尔提出的概念，用以描述他心目中的渐进、稳健的社会改造以及变革的方式。他说："尽管在这一研究里，我的主题是历史主义，是我所并不同意的一种方法的学说，而不是我以为是已经成功的、而其进一步的更自觉的发展是我要加以推荐的那些方法；但是先来简短地讨论一下成功的方法还是有益的。这样可以向读者表白我自己的偏见，并澄清我批判的基础观点。为了方便起见，我把这些方法名之为'零碎技术学'（piecemeal technology）。"② "零碎技术学"亦称为"零碎工程学"，对此，波普尔解释说："尽管'工程学'一词常使人有厌恶的联想，我将使用'零碎社会工程学'这个术语来描述零碎技术学成果的实际应用。这个术语是有用的，因为需要有一个术语来包括公共的和私人的社会活动，它为了实现某一目标或目的而自觉地使用一切可利用的技术知识。在目的是超

---

① 陈娟. 与传统媒体相比微博更像人民战争. 新浪网，http：//www. sina. com. cn，2011 - 07 - 11.

② ［英］卡尔·波普尔. 历史主义贫困论. 何林，赵平译. 北京：中国社会科学出版社，1998. 52.

出技术学的范围以外这一点上，零碎社会工程学类似于物理工程学。在这一点上，它不同于历史主义，后者是把人类活动的目的看做有赖于历史力量的，所以就是在它的领域之内的。"①

"零碎社会工程"这一概念是针对整体主义的历史观而提出的，整体主义的历史观亦称为"整体论"或"乌托邦社会工程"，这种历史主义观认为历史的发展是无情的，历史进程是依照可知的普遍法则的，最后也会推进到确定的终点。波普尔把这样一种政治观称为"乌托邦社会工程"，比如苏联式计划经济以及希特勒的纯粹种族国家思想指导下的社会运动。波普尔解释说："这样的'零碎修补学'并不符合许多'行动主义者'的政治气质。他们的纲领曾被认为是一种'社会工程学'的纲领，也可以叫做是'总体论的'或'空想的工程学'。与零碎社会工程相反，总体论的或空想的社会工程从来就不是一种'私人的'，而总是一种'公共的'性质。它的目的在于按照一种明确的计划或蓝图重新塑造'社会整体'；它的目的在于'掌握关键的位置'并扩大'国家的权力……直到国家几乎变得等同于社会'；不止于此，它的目的还在于从那些'关键的位置上'来控制在塑造发展中社会的未来的各种历史势力，或者是通过遏阻这种发展，或者是通过预见到它的进程并对准它而调整社会。"②

波普尔还说："零碎技术家或工程师承认，只有少数社会制度是自觉地设计的，而大多数却只是作为非人类行为所设计的结果而成长的。"③ 在此，"非人类行为所设计的结果"颇值品味，这句话对于理解微观转型或治理转型期的意义在于，此阶段出现的社会问题不是任何人"设计"出来的，而是到了这一时间节点"自然而然"产生出来的，在深化改革阶段，一个个漏洞出现，又一个个得以弥补，而"弥补漏洞的过程，实际上就是推进改革、深化改革的过程。……在问及中国现代化进程中'漏洞'状况时，68%的受调查者认为'非常多'、20%认为'比较多'、7%认为'比较少'，仅有4%的受调查者认为'很少'。为何公众对中国现代化进程中出现的'漏洞'有如此强烈的感受？一方面是与时代背景相关，改革开放30余年来，中国在快速推进现代化、城市化的进程中，不可避免地会引起社会结构的深刻变迁、经

---

① ［英］卡尔·波普尔. 历史主义贫困论. 何林，赵平译. 北京：中国社会科学出版社，1998. 57~58.

② ［英］卡尔·波普尔. 历史主义贫困论. 何林，赵平译. 北京：中国社会科学出版社，1998. 60.

③ ［英］卡尔·波普尔. 历史主义贫困论. 何林，赵平译. 北京：中国社会科学出版社，1998. 58.

济结构的急剧变化、利益关系的重大调整和重组。在新体制、新规范没能及时建立时，就会产生一系列制度规范、技术程序和行为观念上的'漏洞'；另一方面，是由于诸多关乎百姓切身利益的问题没能及时通过改革获得推进及解决。纵观每年'两会'百姓关注焦点问题的调查，排列前十位的还是'腐败'、'教育'、'医疗'等'熟面孔'。特别是看到身边不少人频繁利用政策漏洞、制度漏洞'发家致富'，比如保障房、经济适用房的中签者不乏高收入人群，诸如此类不公平问题的频繁出现，更是让公众缺乏安全感和信任感"①。

简而言之，"零碎社会工程师"们所要破解的是一个个具体的、"技术性"的问题，而微观转型期的任务也是一个个具体的、"零碎的"社会问题。恰如波普尔所说："正如物理工程师的主要任务是设计机器并改进和检修机器一样，零碎社会工程师的任务就是设计社会制度并重建和运转现有的社会制度。这里，'社会制度'这个名词是用之于非常广泛的意义上的，既包括公共性质的制度，也包括私人性质的制度。……不管是一家小商店还是一家保险公司，以及同样地，不管是一所学校还是一种'教育制度'，是一支警察部队还是一所教堂或一个法院。"就以最让中国社会头疼的腐败问题而论，其破解之道的本质不在于意识形态意义上的"反腐倡廉"和"加大反腐力度"，而是"技术"和"制度"上的具体实施——恰如学者所分析的："在美国社会，一个人的收入可能自己都不清楚、太太不清楚、周围的朋友同事不清楚，但是有一个地方一定清楚，那就是税务局。我们正好相反，你的收入你清楚，你的太太最清楚，周围的朋友同事也差不多清楚，但是就一个地方不清楚，那就是税务局。这个事往前追，非常基本的东西，就是国民收入记录制度。美国就是因为有了这样一个制度，至少保证了两点：第一，每一个人的收入是清楚的；第二，政府是掌握的。……所以我经常说，不要老盯着中国的贫富差距有多大，基尼系数是多少，只要盯一个东西就行，就是政府要把国民收入的记录制度建立起来。……因为有了这样的制度，贫富分化就由不可治理的状态转变为可治理的状态。腐败的问题也是如此。其实加大力度反腐败一点意义也没有，只做一件事情就行，就是规范现金管理。有了规范的现金管理，腐败的问题就解决了一半。这是世界上所有发达国家、相当的一部分发展中国家都在普遍实行的制度。有了这个制度和没有这个制度是不一样的，没有这个制度，腐败在很大程度上就是不可治理的状态，不用

---

① 王慧. 补"漏洞"，发展更健康. 人民论坛，2011 – 12 – 23.

制度化的方式是没有办法发现腐败的。"①

　　另外，治理转型的另一个特征就是关注民生细节问题，而这些问题只有身处其境的当事人才能发现，才能迅速上传，以求高效解决。试以"淮南市长曹勇回复'网上问政'10条留言"为例，网友所问的都是社会民生的琐碎问题，但对当事人来说，又件件事关他们的切身利益，如"请问淮南淮河二桥何时动工？老百姓期盼大桥早日建成"，"淮南市妙山林场棚户区改造项目最终房价什么时候能定下来，会不会价格过高，让居民拿到的补助'入不敷出'？""我是八公山土坝孜居民，我们在这里已经住了几十年，房子年久失修，已经很破旧，什么时候政府能对我们这里进行旧城改造？""今年是大建设的收关之年，请问市建委、重点局学院路立交什么时候能开工，计划什么时候完工？""我是一名农民工，在淮南洛河发电厂工作，工种卸煤工。我从2001年3月开始工作至今，2008年2月份厂里开始为我们办养老金，可是我已40岁了，厂里规定50周岁就不让干了。像我们这样的以后养老金怎么办？"……对此，淮南市市长曹勇分别一一作了认真解答。②

　　更为可喜的是，已经有人在立法层面上开始考虑将微博问政规范化、法律化，作为政府职能的一部分。2010年9月，北京大学法学研究生李少文注意到政府强拆"宜黄事件"的新闻报道，同时他也注意到"大批民众微博问政，通过微博进行声援，矛头直指出现问题的地方政府，其带来的舆论压力以及由此转化成的促进民众参与的现实压力，迫使政府必须紧急应对和谨慎处理"。李少文整理了2010年和2011年初微博问政典型案例的大量资料和证据，并对一些案例的代表性人物进行了访谈。他把党政机关和官员主动开微博归纳为主流型的"体制认可的微博问政"，"可以促使政府和官员听取民意，注重与民众交流，提高立法、决策和执行的科学性和民主性"。并写了一篇《微博问政给社会管理带来的挑战及建议》登在了《人民日报》的"内参"上，其具体建议为：

　　（1）转变观念，充分利用微博问政的特点和优势，正面迎接它带来的挑战。

　　（2）在重大公共事件发生后，要注意把握微博上民意的变化。

　　（3）强化政府信息公开，实现透明运作，主动接受公众监督，建设"开放型政府"。

---

　　① 孙立平. 重建社会：转型社会的秩序再造. 搜狐博客，http：//sun－liping. blog. sohu. com，2011－12－26.

　　② 淮南市长曹勇回复"网上问政"10条留言. 中安在线，http：//ah. anhuinews. com，2011－04－12.

（4）党政机关和各级官员要主动利用、善于利用、切实有效利用网络新技术。

（5）在促进微博问政发展、鼓励公众利用网络平台参与公共事务的过程中，要明确政府机构和官员的责任。

（6）重视利用法律法规来保护和规制公众微博问政的行为。

2012年初，李少文拟了一份《武汉市促进公众利用网络参与公共事务办法》的立法建议，送给武汉市人大常委会。其中试图明确政府和官员"推动公众利用网络参与公共事务"的责任和规范、评价与考核以及公众应遵守的原则。如"禁止打压、报复利用网络参与公共事务的公民"，"市、区人民政府以及部门应当通过网站、博客、网络意见版、微博等网络平台，就涉及公民、法人或者其他组织切身利益和需要公众参与的立法、决策、规划和治理，向公众征求意见和建议"，"市、区人民政府以及部门对有价值的意见和建议，应当及时展开调查和调研"。①

而李少文的立法理念在社会中也有了"现实版"，试看《银川3干部因官方微博回复网民投诉不及时被问责》。据悉，宁夏回族自治区银川市物业办因官方微博"@银川物业"回复网民投诉不及时，其3名干部分别受到诫勉谈话和调离岗位的处分。据调查，一些银川网民反映，他们于2011年底向"@银川物业"投诉的供暖问题，直至2012年2月仍然未见回复。部分网民批评"@银川物业"成了摆设。2012年2月2日，银川市委督查室要求银川市住房保障局就此事展开调查。经调查，银川市物业办确实存在微博管理制度不健全、管理员责任心不强、回复反馈不及时等问题。银川市于2011年7月开通覆盖当地所有政府机关的政务微博群，10月25日，银川市委办公厅、市政府办公厅的官方微博"问政银川"，对19家官方微博点名通报，原因是这些单位连续7个工作日没有更新内容。②

微博问政，治理转型，"零碎社会工程"，其间隐然有一种逻辑联系，让人看到了社会的进步和希望。微博问政所要破解的是一个个具体的、"技术性"的问题，治理转型的任务也是一个个具体的、"零碎的"社会问题，而"零碎社会工程"则是从思想高度对这种微观转型或治理转型给予理论上的概括、指导和总结，有着较强的针对性和启发意义。微博问政，正在改变中国政治生态，推进信息社会下的政府和社会治理。

（原载于《南京社会科学》，2012年第4期）

---

① 陈璇. 别让"微博问政"成洪水猛兽. 中国青年报，2011 – 10 – 18.

② 张钦. 银川3干部因官方微博回复网民投诉不及时被问责. 新华网，2012 – 02 – 07.

"第五种权力"与潜在压力集团

一、导言：问题的提出

深入延伸研讨微博问政及"第五种权力"，还需要大视野、多角度的延展与观照，"压力集团"理论即为其一。所谓压力集团，是指在利益多元化的社会中，由具有相似观点或利益要求的人们组成的，通过参与政治过程，影响公共政策实现或维护自身利益的社会团体。网络群体的崛起，微博问政的出现，使得中国的政治生活中出现了一种新的"压力集团"，网络的聚集性、便捷性、广阔覆盖性、迅速即时性降低了（甚至消除了）传统媒介状态下必须支付的"组织成本"，使得有某种共同利益的群体在网络上快捷地、有效地"重新组织"起来，试图借此向政治机构和决策者提出要求以满足其利益。由于这种新的"压力集团"不是现实世界中的一个实体，也缺乏传统压力集团的行业特征，所以称之为"潜在压力集团"。考察和分析"潜在压力集团"的形成和作用，无疑为研究微博问政提供了一种新的视角。

有人士认为，在中国，网络舆论业已构成一种新的有影响力的压力集团，其云："从腾讯 QQ 网友结成 QQ 群，到'百度贴吧'基于地名、机构、职业和兴趣爱好等关键词，聚集利益相关人群，还有博客圈、豆瓣网讨论群组、BBS 网友的'版聚'等等，中国网民正在网络上结成各种虚拟的社群，同声相应，同气相求。这些都在一定程度上表明，中国网民作为具有舆论能量的'新意见阶层'，正在形成一个有现实影响力的虚拟'压力集团'。"[1]又："互联网已经成为'大规模杀伤性媒体'，对贪官污吏和政府不当执法形成了强大的制约力量，网民成为中国最大的虚拟而有现实力量的'压力集团'。"[2] 对此，也有反对意见，其云："网民其实就是普通公民，他们只不过借助网络这个平台，发出自己的声音。这些声音，本是每个公民履行自己权利时再寻常不过的声音。当然，这些声音可能确实给地方政府或既得利益者带来压力，但网民的本意并不想形成'集团'：其一，他们发出的是个人意

---

①　祝华新. 网民成为压力集团是国家进步的象征. 中国青年报，2009 - 12 - 30.

②　张起淮. 网民是中国最大现实力量的"压力集团". 新浪博客，http：//blog. sina. com. cn，2010 - 01 - 09.

见；其二，众所周知，在我国，'集团'这个词有了太多的贬义。"① 见仁见智的讨论，说明"压力集团"的概念已经与网络舆论挂钩。

二、"潜在压力集团"的理论分析框架

按照政治学定义，压力集团（pressure group）是指那些致力于对政府施加压力、影响政策方向的社会组织或非组织的利益群体，这种集团不直接谋求行使行政权力，却是代表性和参与性的政治组织。在本书中，我们将网民群体作为一种压力集团的理由是：这一群体不直接谋取正式的行政权力，他们主要以宣传某些信仰、立场、观点、道德理念及社会集体利益为目标，在压力集团中属于"目标性集团"或"立场性集团"。而上述引文中所云"虚拟压力集团"，又恰恰与政治学理论的"潜在压力集团"暗相吻合，这样，就为延伸研究微博问政提供了一种可操作的分析视角。经分析，我们可以看到：微博问政的实施与运作方式恰恰是"潜在压力集团"利用舆论优势对社会相关方面施加压力的结果。

压力集团，又称利益集团，是指那些致力于影响国家政策方向，但是其本身并不谋求组织政府及行政权力的组织。它是现代政治的必要组成部分，即使是在讲究三权分立的西方民主国家，也需要有压力集团的参与，其存在是西方多元化社会的反映，并被认为是公民参政的一个渠道。

在美国历史上，采取种种行为去影响公共政策的组织有许多称谓，如"既得利益集团"（vested interest）、"特殊利益集团"或"压力集团"（pressure group）等，它们常常含有贬义，反映了人们或媒体对此类集团的不满，认为他们并不顾及广大公众的利益。早在 1908 年，美国政治科学之父阿瑟·本特利就指出，利益集团在国家的政治生活中已具有决定性的意义，他把国家的政治过程直接等同于利益集团的互动过程，并指出，从广义上说，政府就是"一系列利益集团的调节过程"。从狭义上说，政府就是"一个或一系列有差别的、具有代表性的集团（一个或一系列机关）"②。纳尔逊·波尔斯比也认为美国社会"已经分裂成为上千万个很小的特殊利益集团了"③。20 世纪 50 年代，戴维·杜鲁门在其《政府过程》（*The Governmental Process*）一书中使用了中性词"利益集团"（interest group）的称谓。他说："利益集

---

① 汤劲松．网民是公民而非"压力集团"．海峡都市报，2009 - 12 - 31．

② Arthur F. Bentley. *The Process of Government*. Cambridge：Harvard University Press，1967. p. 260.

③ Nelson W. Polsby. *Community Power and Political Theory*. New Haven：Yale University Press，1963. p. 118.

团是任何建立在享有一个或更多共同看法基础上，并且向社会其他集团或组织提出某种要求的组织。"杜鲁门的解释含有两层意思：第一层意思是此类集团包括具有共同利益的个人或组织，由于他们有共同利益，因此认同于某些经济、社会政策目标；第二层意思是这样的组织积极参与到政治过程中，以寻求对公共政策的影响。利益集团是自愿性的组织，由具有共同利益的人为了寻求某种目标而结合在一起。大多数利益集团只代表一部分人的利益，甚至仅代表一小部分人的利益。① 就"利益集团"这一词语中的"利益"内涵而言，有学者指出："利益的意思不仅仅是指经济或政治的利益。正如原词'利害'，它包括了关心、有关者、事业、主义、利益、利息、权力及势力等多方面的意义。并且以这种利益为背景的活动常常拥有特定的集团，构成它的母体。当集团具有恒常性的组织时，它就被称为利益团体。在将自由与参与纳入政治体制的发达国家中，作为民主主义不可少的要素和归宿，这种利益集团和团体构成政治的'实质'，起着重要的作用。"②

也有学者认为"压力集团"与"利益集团"同义，可以互换，如日本学者辻中丰，其云："压力和压力团体这两个词，使用时常含有很强的政治含义。换言之，其中含有一种从旁干涉正当而合理的决定的意义。它同时也是相当大众化的词语。如果将前面说过的利益的定义和集团以及团体的定义结合在一起，假定'利益团体就是由那些关心政府的决策和执行的人们组成的集合体'，则从某种意义上讲，所有的利益团体都是企图对决策施加影响力的集团。如果把压力这个词视为是行使影响力，则所有的利益团体都是压力团体。……压力的内容应该包括呼吁同情和共鸣的说服活动及信息交换，还包括通过群众集会、示威游行、书信、电报等各种形式施加影响力的行动。"③

压力集团与实体政治组织和政党不同，后者往往直接参与或影响政策的制定，但其行为目标是为了选择不同的政策方案，而不直接强调自己的利益要求。然而，压力集团却直接从自身利益出发影响公共政策，明确强调公共政策的制定与实施必须有利于本集团的利益，使政策的正面效应尽可能地向本集团倾斜，却不谋求政治权力本身。综合西方学者的看法，可以把利益集团定义为：在利益多元化的社会中，具有相似观点或利益要求的人们组成的，通过参与政治过程，影响公共政策实现或维护自身利益的社会团体。"形成一个利益集团必须有两个要素：必须是有某种共同利益的一群人；他

---

① 谭融. 美国利益集团政治研究. 北京：中国社会科学出版社，2002. 1.

② ［日］辻中丰. 利益集团. 郝玉珍译. 北京：经济日报出版社，1989. 3.

③ ［日］辻中丰. 利益集团. 郝玉珍译. 北京：经济日报出版社，1989. 14.

们组织在一起，试图借此向政治机构和决策者提出要求来满足他们的利益。"①

　　除了实体性的压力集团（如上文提到的"美国农业联盟"、"住宅建造者全国协会"和"妇女投票者同盟"等）之外，还有一种没有明确实体及具体组织的社会集团，属于社会学上所说的"模糊群体"，这一点也有学者指出，如日本学者辻中丰就称其为"潜在集团"："集团和团体是最基本的概念。集团是指当事者之间没有任何关系的人们的集合体，仅仅是一定属性相似的人们的集合体。换言之，它可以指属性集团、态度相同集团、阶级等，也可以指具体的特定的组织，使用范围极广，甚至还存在一种概念，称为'潜在集团'，指那些虽然没有具体的组织，但将来有可能组织化的'潜在集团'。围绕判断集团的标准，众说纷纭，但最根本的标准应该是：态度相同、存在相互作用和共同利益。"② 美国学者曼瑟尔·奥尔森在《集体行动的逻辑》中指出："现在已考察了主要的压力集团，关于这里提出的理论对非经济集团和政党的关系也作了概略叙述，剩下有待考察的只有一种主要集团了。可惜人们对其知之甚少，几乎无话可说。剩下的这种集团是没有游说疏通团体并且也不采取任何行动的无组织集团。这类集团最符合本书的主要论点，它们说明了本书的中心思想：大型集团或潜在集团一般不会自愿采取行动来强化其共同利益。"③ 亦有学者指出："当人们面临挑战时，潜在的利益或'潜在的集团'也会组织起来。"④

　　相对于辻中丰等所提出的"潜在集团"而言，奥尔森提出了"无组织集团"的概念，他说："对于无组织的集团来说，那些没有游说疏通团体、不施加压力的集团是全国最大的集团之一，它们具有某些最重要的共同利益。由于这两条同样的理由，社会政治事务中大型集团中的理性个人也不愿意作任何牺牲去实现其与他人分享的目标，因而不存在大型集团会组织起来为了共同利益而采取行动的前提。只有当集团很小或他们恰巧具有选择性激励的独立源头时，他们才会组织起来或采取行动来实现其目标。"⑤ 在此，有两点值得注意，一是"无组织集团"虽然没有实体组织，却有着实际的共同利益；二是"无组织集团"之所以难以组织起来，是因为没有个人愿意作出牺牲，而没有人愿意牺牲时间和精力是因为其"组织成本"太高。所以，尽管

①　［美］艾伦·艾萨克. 政治学概论. 台湾：五南图书出版公司，1993. 342.
②　［日］辻中丰. 利益集团. 郝玉珍译. 北京：经济日报出版社，1989. 13.
③　［美］曼瑟尔·奥尔森. 集体行动的逻辑. 陈郁等译. 上海：三联书店，2008. 191.
④　谭融. 美国利益集团政治研究. 北京：中国社会科学出版社，2002. 36.
⑤　［美］曼瑟尔·奥尔森. 集体行动的逻辑. 陈郁等译. 上海：三联书店，2008. 191.

他们有着非常一致的、重要的共同利益，却长期处于分散无序的无组织状态，例如——"农场季节工是一种突出的、具有迫切共同利益的集团，并且没有能申诉其要求的游说疏通团体。白领工人是一个具有共同利益的大型集团，但没有关心其利益的组织。纳税人是具有明显的共同利益的巨型集团，但就重要性而言尚无人代表他们的利益。消费者人数至少不比社会中任一集团少，但他们没有任何组织来与有组织的垄断生产者的权势抗争。和平符合人民大众的利益，但他们却没有任何游说疏通团体能与有时能从战争中渔利的'特殊利益'集团相匹敌。防止通货膨胀和经济萧条是绝大多数人的共同利益，但他们却不拥有表达这种利益的组织。"① 于是，尽管这些"无组织集团"有着共同的利益诉求，却难以有组织性的利益表达。在这一点上，中国学者也有近似的看法，如刘山鹰在《中国政治的双重任务》中说："一提利益集团，很多人可能会觉得就是既得利益集团或者特殊利益集团，是社会上的那些强势集团，比如房地产利益集团、能源垄断利益集团等。其实，普通民众也可以成为利益集团，比如说农民工、工人、农民、白领、媒体、渴望生第二胎的民众、主张废除刑法第三百零六条的律师群体、主张待遇不低于公务员的教师群体等。"②

　　进一步分析，奥尔森指出其"无组织"的原因在于"组织成本"。他指出："不能指望这种（无组织）集团会组织起来或采取行动，原因很简单，因为集团行动的收益会超过成本。"以制止"通货膨胀"为例，奥尔森解释说，"如果某国或任何其他国家的人民作为个人只要少花一些钱同样也能符合其在价格稳定时的共同利益，那么，他们为何还要在政治上组织起来去防止通货膨胀呢？当然，不会有人愚蠢到指望一个经济系统中的个人会自愿削减开支来阻止通货膨胀。作为一个集团，无论他们能从中得益多少，他们都不会如此行动，但却可以认为，在政治或社会事务中同样的个人一般会组织起来采取行动以强化其集体利益"。集团行动意味着组织，组织则需要成本，而个人无疑是担负不了这种成本的，因为个人的努力不仅于事无补，而且还会成为别人获利的基础。对此，奥尔森进一步解释说："经济系统中的理性个人不会削减其开支来制止通货膨胀（或增加开支来制止经济衰退），因为他知道，首先光凭他个人的努力是无济于事的；其次，他能在任何情况下从别人争取到的价格稳定中获益。"③

---

① ［美］曼瑟尔·奥尔森. 集体行动的逻辑. 陈郁等译. 上海：三联书店，2008. 191 ~ 192.

② 刘山鹰. 中国政治的双重任务. 同舟共进，2010（5）.

③ ［美］曼瑟尔·奥尔森. 集体行动的逻辑. 陈郁等译. 上海：三联书店，2008. 192.

三、微博问政中呈现出的"潜在压力集团"

上述"潜在压力集团"、"无组织集团"、"组织成本"等概念，对我们理解微博问政很有启发，因为在网络出现之前，网民这一群体特别像奥尔森所说的"无组织集团"，套用奥尔森的话，网民作为一个弥散、模糊的社会群体，也有着自己的利益诉求，但在缺乏相应技术手段的情形下，每一个个体的声音微乎其微，于事无补，很难聚合成一种有影响的社会力量，对现实产生作用。因此，奥尔森在论述"无组织集团"时所写的标题是——"被遗忘的集团"——忍气吞声的集团，很形象地道出了这一群体虽然有自己的共同利益和正当诉求却难以表达的窘境——明明存在，但由于太分散、琐碎、过于私人化，容易被社会所遗忘；明明有自己的意见和诉求，却说不出来，只好埋在肚子里，忍气吞声。

但有了网络之后就不同了，网络和微博的普及性、大众性、互动性、瞬时性、零成本以及强大的聚合性，使得这些如恒河细沙的网民终于有了"组织"，并且几乎是不需要支付任何成本，从资金和技术上解决了奥尔森所说的"被遗忘的集团"和"潜在压力集团"难以组织起来的问题。更重要的是，"从单纯的社交工具到舆论监督利器，微博已经悄悄完成了一次华丽转身。作为一个强大的舆论场，微博正全面参与并影响着现实世界，其作用从某种程度上已不仅局限于简单的个体事件。甚至在可预见的将来，微博或将直接改变中国社会生态和政治语境"①。而其改变的方式就是对行政和管理部门形成一种巨大的压力。在此施压过程中，我们看到的是一个个原先缺乏"组织"、而现在却组织起来的社会上的"潜在压力集团"。

例如，"挨宰的顾客"就是这种"潜在压力集团"之一。挨宰的顾客无疑是一个庞大的社会群体，从某种意义上说，他们有着共同利益。商家为了追求利润而挥刀相向的事情发生在各个行业，尤其是与民众息息相关的旅游及餐饮业。"民以食为天"，无人不就餐、挨宰之时，"人为刀俎，我为鱼肉"，人微言轻，徒唤奈何！"挨宰门"实为不良商人唯利是图、监管部门缺位越位、决策部门讳疾忌医共同铸就。在此，挨宰的食客无疑是一个庞大的、潜在的"利益集团"，即奥尔森所说的"其实，普通民众也可以成为利益集团"，因为他们"具有迫切的共同利益"。但在传统媒体时代，每个"被宰"的顾客想要让自己的诉求出现在新闻媒体上，其难度之大无须多言，要让其有效地"组织"起来共同发生，更是难上加难。但网络话语空间和微博的出现巧妙地解决了这一难题。以三亚"宰客门"为例。2012年伊始，三亚就开

---

① 晓德. 微博改变社会生态，专家称让滥用权力者难以藏身. 国际先驱导报，2011 – 07 – 11.

展了一次空前的危机公关，而推倒多米诺骨牌的竟是一条小小的微博。2012年1月28日，微博用户罗迪在微博上反映，在三亚吃海鲜被宰，一条鱼六千多；2月1日，一位名叫"黑人光辉"的网友晒出一张9 746元的海鲜结账单。经过三亚市工商局、物价局调查，网友反映富林渔村海鲜排档存在采取不正当手段欺骗、误导消费者的行为，三亚海岛渔村海鲜城存在价格欺诈行为。三亚市工商局决定依法吊销富林渔村海鲜排档的营业执照，依法给予最高额度罚款，将该店股东及负责人列入黑名单，并且三年内不得担任同行业经营单位的法定代表人或股东。三亚市物价局将对海岛渔村海鲜城处以50万元罚款的行政处罚。① 在此，微博的"自媒体"性质使得"人人都有麦克风，人人都是传播者"，于是网友就餐被宰可以在微博上发布；微博的"零成本"使得这一"利益集团"可以有效地"组织"起来，微博的即时性、瞬间性又可以使问题迅速地得到解决。

又如，"不满炫富的普通大众"也是一种"潜在压力集团"。这一集团的共同特征是有一种"潜在的被剥夺感"。在社会不公加剧、贫富差距拉大的背景下，"不满炫富的普通大众"自然会形成一个有着共同利益的群体。以郭美美事件为例。这个最先在新浪微博上疯狂炫富的女孩，之前或许不会想到，仅仅一周之内自己就会将包括中国红十字会、天略集团在内的机构、企业或个人牵扯进巨大的舆论旋涡中。其与中国红十字会某负责人的关系，以及红十字会是否涉及招标违规等问题，都成为网民穷追不舍的问题。在此过程中，网友抽丝剥茧式的"人肉搜索"与持续不断的热议交相辉映，不仅一步步披露着后续的种种谜团和"证据"，更让相关各方压力频频。"郭美美事件引发反贪腐行动"，远在德国的一家电台网站如是远观着中国微博的热闹。2011年7月4日傍晚，中国红十字会的微博悄悄出现在网络——其当夜所发的4条微博中有3条是介绍红十字会的历史，另外一条是相关负责人作出解释的长篇博文链接——但直到此时，这场源于微博、跟进于微博并得到传统媒体呼应的网络事件，仍在进一步发酵，微博上有关郭美美真实男友身份的猜疑和对红十字会透明化的质问仍未停歇……此外，我们还看到了微博对"潜规则"的一个个挑战——四川会理县政府网站在发布官员视察的"悬浮照"后不得不公开道歉；浙江宁波机场一句"让领导先飞"引发网民对官僚主义无所不在的不满和集体讨伐；中石化广东公司天价购茅台的发票被发到微博后直接将其一把手拉下马，网友填词创作的《我为祖国喝茅台》MV广为流传；上海卢湾区红十字会因天价餐发票遭遇通报批评；而在江苏溧阳，

---

① 三亚"万元账单"海鲜店被罚50万元. 中国新闻网，2012 – 02 – 08.

"蠢局长"微博直播开房后被停职；广州白云区街道办主任网络裸聊被曝光后被免职……以至于美国《福布斯》杂志网站说，中国人已经发现一种针对地方腐败的新工具——微博。①

再如，"遭遇不公待遇的考生"也是一种"潜在压力集团"。这一集团平时散落在社会各个角落，一旦在考试过程中遭遇不公平待遇，这一集团就会自动"组织"起来，利用网络对过错一方造成压力，促成问题的解决。如"三亚温娉婷笔试99分事件"。2010年5月11日，一篇《三亚小额贷款担保中心招考工作人员，惊现行政能力测试99分的牛人》的帖子出现在网络微博，质疑三亚小额贷款担保中心的一次招聘作弊，随后被媒体报道。5月13日，包括温娉婷在内的8人已经被取消考试成绩，招考录用工作也被叫停。三亚市人力资源和社会保障局称，"在今后工作中，我们将严格按照招聘工作规程严格把关，绝不能为照顾本系统干部职工子女就业而放宽报名条件，今后更要认真组织干部职工加强学习，严格执行国家的法律政策，切实做到权为民所用"。据介绍，三亚市委领导召开了由市纪委监察局、组织部、人力资源和社会保障局、市政法委等单位领导参加的会议，决定：第一，招考录用工作暂时停止。第二，专门成立调查小组，由市委组织部有关领导牵头，市纪委监察局、政法部门派人参加，对考试有关情况进行调查。②

各类考试中的不公平竞争具有普遍性。2012年2月20日，天涯杂谈（认证）发表名为"湖南省涟源市经济开发区的神奇招聘"的微博，6小时内转发超2 720次，其在天涯社区上的原帖也有数百网友评论。微博中有一份成绩排名表，入选的15名考生里，有13名考生的备注一栏，写着"市领导打招呼"、"家境好"、"管理区书记夫人"、"副市长侄女"等字样。只有成绩第8名和第14名的考生"无家境"。天涯社区的发帖人称，招聘要经笔试、面试、测评环节。"那些领导打招呼的、有钱有关系的比那些没家庭背景的测评成绩高出许多。"③记者随后在采访有关方面时发现，虽然举报人在参考人员与地方官员的具体亲属关系确认上有出入，但这些参考人员确与涟源市的官员有着牵连。涟源市委有关负责人接受记者采访时表示，网帖反映问题后，市委组织部、市纪委和市人事局对最终入选的15名考生社会关系进

①　晓德. 微博改变社会生态，专家称让滥用权力者难以藏身. 国际先驱导报，2011 - 07 - 11.

②　任明超. "99分牛人"事件：一次严肃的照顾自己人的考试. 中国青年报，2010 - 05 - 14.

③　市场调研员. 湖南涟源招聘被指看家世背景事件始末. www.cninfo360.com，2012 - 02 - 22.

行了初步排查，这 15 人均不是涟源市现任的 30 余名市级领导三代以内的直系亲属。但是，这里显然存在一个偷换概念的问题：这 15 人虽然不是"30 余名市级领导"的亲属，但不少确实与涟源市其他级别的领导有各种亲属关系；虽然不是"三代以内的直系亲属"，但并没有排除有人与"市级领导"有着别的亲属关系。比如，备注栏中两名入选者被分别"标注"为"副市长弟弟"以及"副市长侄女"，还有一名被"标注"为"政协主席表弟"，虽然涟源市参与调查的一位工作人员解释说"副市长弟弟"的"标注"内容不实，这位副市长与参考者无直接亲属关系，但他并没有说明这名人员与该副市长到底是什么亲属关系，也没有直接说明一点亲属关系都没有。①

四、微博问政施压的路径、技术与效果

从技术路径上讲，微博问政（局部地）解决了中国社会政治生活中的一个老大难问题——民众对行政权力的监督，对公平的追求。有学者分析："中央集权的体制有一个致命的缺陷：这么大的国家，这么多的政府部门和地方政府，这么多的官员，却只有一个中央政府。……这是一个'以一对多'的困境。打个简单的比方，一个老师要控制一个 30 名学生的课堂非常容易，可是，要一个老师有效控制 100 名学生甚至 500 名学生的课堂，这可能吗？不说别的，能把这 500 名学生的名字叫上来，就已经很难了。……在这样的情况下，谈老师的权威，谈政令畅通，岂不是'鸡同鸭讲'？所以，在中央集权的体制下，中央控制不了庞大的政府体系和官员群体，这是必然的；部分地方政府和官员侵犯老百姓的利益，也是不可避免的。"② 中国网络舆论异常发达，这与传统媒体舆论监督功能的弱化，特别是常规利益诉求表达和利益协调博弈机制欠缺有关。比如信访在一些地方变成了千方百计"截访"，司法公正底线屡被击穿，官民、贫富的鸿沟因为代际相传而变得难以逾越。

这种传统监督体制可以简单表述为"一对多"，即监察、监督机构的人数远远少于被监督的官员的人数，换言之，前者要想监督后者，是一个不可能完成的任务。而"要想挣脱'一对多'的技术困境，只能是开辟一条'多对多'的途径，就是让人民来监督政府。毛泽东的大民主实验为什么失败，原因在于他没有找到人民监督政府的政治体制，毛泽东如愿以偿地砸烂了'官僚主义者阶级'这个他心目中的特权阶级，也同时砸烂了整个国家的政

---

① 湖南涟源市现萝卜招聘　网曝 15 人中 13 人是关系户. 北京晨报，2012 – 02 – 28.
② 刘山鹰. 中国政治的双重任务. 同舟共进，2010（5）.

治秩序。他没能够在追求平等、打击特权与维护秩序、发展生产之间找到平衡点，这个平衡点就是民主、法治和人权。准确地说，毛泽东找到了'多对多'的政治力量，但没有找到如何'以多对多'的恰当方式"①。可见，从"一对多"到"多对多"，主要是一个技术路径的问题——没有一条可以操作的技术路径，任何美好的思想只能是幻想。解决从"一对多"到"多对多"的问题，除了让人民充分享有宪法和法律规定的各项自由和权利之外，还应充分地开放言论，让人民能够依据法律便捷地监督政府。

央视有一个栏目名为《天网》，就是借助网络的技术力量，微博网民无处不在、无时不在、无事不在的特点织就了一张前所未有的"天网"。这是一张"多对多"的天网，有了这张网，就可以完成以前看似难以完成的任务，如中国微博在反体制性腐败方面的不俗表现。微博向一个个"漏洞"、"缺失"和"潜规则"发出了挑战，并形成一定的社会压力，而在这种"潜在压力集团"施加压力之后，往往能够促成事情的解决。例如，2012 年 2 月，王姓公安局长进入美国领事馆，又让微博沸腾。通过一次又一次的微博爆料，此事在微博大曝光，为重庆领导班子调整、终止被扭曲的"唱红打黑"发挥了巨大作用，这是微博首次影响、改变中国政治大事件演变……

这种微博问政、网络施压无疑起到了一种潜在压力社会集团的作用。据悉，不少地方党政官员向人民论坛记者反映，现在很多官员对网络都有不同程度的"恐惧"心理。有的担心个人隐私被曝光，影响正常工作和生活；有的担心工作疏漏等不良现象被曝光，影响前途；也有官员担心网络监督混淆是非、颠倒黑白，让人有口莫辩……凡此种种，不一而足。当前，有多少官员患有"网络恐惧"症？恐惧到什么程度？最恐惧什么？哪一级别的官员最怕网络监督？针对以上公众关注的问题，《人民论坛》杂志展开了广泛的问卷调查，结果显示：70% 的受调查者认同官员患有"网络恐惧"症；高达 88% 的网友认为官员"网络恐惧"是"好事，说明社会进步了"。信息时代的到来，使得网络监督无时不在，无处不在，俨然一张群众监督的"天网"。②

于是顺理成章地产生一种说法，称其为"网络倒逼改革"，意为正是微博问政、网民参政议政，使得政府的行为与效率有了很大改进，大有"不得不改、不改不行"之势。如两会期间，代表们普遍认为，微博时代，地方官员对待突发事件的唯一的办法是：第一时间公布真相，让谣言止于真相，让群众掌握真理。如 2011 年，曲靖铬渣污染事件等热点事件信息在微博上大量

---

①　刘山鹰. 中国政治的双重任务. 同舟共进，2010（5）.

②　人民论坛"特别策划"组. 7 成受访者认为官员"恐惧"网络　系系社会进步. 人民论坛，2010 - 05 - 07.

传播，使微博成为许多公共事件的策源地和发酵池。"在这样的网络环境背景下，第一时间公布事件真相是最好的处置方式。"全国人大代表、台州医院院长陈海啸说，在台州温岭，因涉嫌受贿犯罪被刑拘的原市烟草局蒋某某在看守所洗澡时突然晕倒，后经抢救无效死亡。"当地在蒋某某死亡约3个小时，就向外界发布了这一事件的真相，从而抢占了舆论的先机。"随后，温岭市公安局主动向死者家属和媒体提供了监控视频，尸检报告出来后，第一时间向公众公布。"主动满足公众知情权，就能避免可能发生的舆论事件。"陈海啸说。与此相反，"捂盖子要付出大代价"。全国人大代表、青海省海北藏族自治州州委书记严金海说，有一次，州境内某家煤炭企业发生安全事故，企业负责人瞒报，结果造成很大被动。① 对于谣言，代表们一致指出，在第一时间发出权威准确信息，公开透明能最大限度地压缩谣言传播的空间，甚至能转"危"为"机"。善用微博等网络工具减少距离感，真相仍然可能跑过谣言，让事态"小成本"化解。谣言的出现，往往是因为正规渠道不畅通，导致"自己不说别人说，政府不说百姓说，媒体不说网民说"现象发生。赵林中代表说，建议把考核的"关口"前移，上一级组织要注重看基层"有没有及时介入处置，有没有第一时间发出政府的声音"。"谁先发声，谁的观点就更容易被公众抓取，首因效应在突发事件传播过程中尤为明显"，严金海、程苏等代表认为，突发事件和群体事件发生后，只要不涉及国家机密，地方政府就应该实事求是，及时告知公众，正确引导舆论，防止谣言产生，为最终妥善处理事件赢得良好的社会舆论氛围。② 行政官员阶层整体上能有这种认识，无疑是网络和微博"倒逼改革"的结果。

　　和其他网络舆论一样，微博问政、网民施压的典型流程是：先有网友发现漏洞，发出微博，披露或质疑某个事实，然后众网友跟进评论和转发，同时，相关网络衍生品（漫画、恶搞歌曲、顺口溜）开始出现，接着在网络或传统媒体上出现深度评论和调查，并同时伴随着微博上不间断的"爆料"，至此，一场微博事件就此达到舆论监督的高潮。试以"涟源招聘门"为例，其始末如下：

　　（1）2012年2月20日。多个论坛上均出现了一篇题为"涟源市公务员选拔招聘，录取结果多为领导亲戚"的帖子。帖子中曝光了湖南涟源市经济开发区公开选调15名工作人员的考生成绩表，除了考生的笔试、面试和测评

<hr>

① 岳德亮，张遥等. 人大代表谈"谣言止于真相"："捂盖子"要付出代价. 新华网，2012－03－14.

② 岳德亮，张遥等. 人大代表谈"谣言止于真相"："捂盖子"要付出代价. 新华网，2012－03－14.

成绩外，在备注一栏还分别标有"市领导打招呼"、"家境好"、"副市长侄女"等字眼。对于最终入选的15名考生，爆料人称录取名单中有13人是"关系户"。

（2）2012年2月22日。针对微博网帖曝光的情况，"中国网事"记者赴涟源市进行了核实。2012年2月28日，"中国网事"记者陈黎明、谢樱撰写的文章《湖南涟源"萝卜招聘"拼"家境"　15人中有13人是关系户》发表。

（3）2012年3月18日。央视《焦点访谈》播出《一场可疑的招聘》，主要内容为：据举报，在湖南涟源市去年11月公开招聘15人过程中，一些考生与当地干部有亲属关系，并因打招呼获高分，当地镇政府曾开会指出考生都是哪些领导的亲戚。镇纪委书记对此予以否认，但记者随机选择三位考生调查，证实他们确是领导亲属。央视记者调查显示——在调查中，记者发现（主观）测评环节确实存在诸多难以说通的难点。首先是测评的分值计算，公告显示这次考试的笔试和面试满分都为100分，分别折算60%和20%进入总成绩，而测评总分为20分，不需要折算直接进入总成绩，等于是直接给总成绩加分，通过对各项成绩的分析，记者发现测评分数对总成绩的影响举足轻重。例如入选考生吴璇玲、谭珊珊、肖艳的笔试成绩分别为53.5、53.5和53，均未及格，笔试排在第25到27名，与笔试排在第9名的考生肖忠源（笔试成绩63分）相差10分左右，折算60%后，肖忠源领先5.7到6分，面试成绩折算后变化不大，肖忠源仍然领先5分左右。但在测评环节，吴璇玲、谭珊珊、肖艳三位考生的测评分数都是18～19分，肖忠源则只有12.86分，差距接近7分，一下使得肖忠源的最终总成绩分别低于吴璇玲、谭珊珊、肖艳的总分，排到了第20名，与入选无缘。而吴璇玲、谭珊珊、肖艳的排名则分别为第11、第15和16，跨进了入选名单，同时这三人均被举报有背景。据记者核实，其中两名确实都和当地干部有关系。另一个疑点是关于停薪留职。通过调查我们发现一些测评分数较高的考生，居然停薪留职几年以上，在入选的15人中，有5人在此次考试之前都停薪留职了。而这5人当中，有4人的测评成绩都是17～18分，甚至高过了一些一直在镇上工作的考生。①

央视的结论是："湖南涟源的这次公开招聘，由于涉及领导的亲属关系和打招呼问题，在社会上引起了轩然大波，虽然当地政府作出了回应和解

---

① 一场可疑的招聘：湖南涟源事业单位招聘被疑内定. 央视焦点访谈. http://www.sina.com.cn，2012-03-18.

释，但是质疑并未根本消除。通过调查，记者发现一些考生确实与当地干部有亲属关系。而有关部门在考试环节设置、分数计算和报名资格审核等方面，也确实未能给出令人信服的解释，本来应该公平、公正的招聘却成为一个谜团。"①

社会公众之所以如此高度关注有政府背景招考中出现的类似事件，是就业资源的日益紧张和就业机会长期以来不均等的现实生态反映，引发人们对包括"权力世袭"在内的公权力腐败的指责并不断蔓延。

综上，由中国特殊的国情决定，议政、问政甚至是参政成为中国微博的一种主要功能。探讨微博这一网络现象，可有多种路径，比如学理分析和理论观照；而在学理分析中，"潜在压力集团"无疑是一种切入视角。这一点，已有论者指出，在中国网络舆论业已构成一种新的有影响力的压力集团，但未进行学理分析。本书欲详其所略，借鉴"潜在压力集团"的理论，对微博问政进行有针对性的分析。本书认为，微博问政，节约了某些潜在社会利益集团的"组织成本"，从而构成一种新的压力集团，以舆论的形式影响着社会政策和行政决策；微博问政，从技术路径上解决了行政权力监督中"一对多"的老大难问题，变"一对多"为"多对多"；在微博问政的"倒逼"之下，局部促进了政府行为的转变。凡此种种，网民的微博问政、参政、议政无疑起到了一种"潜在压力集团"的作用，形成一种巨大的舆论效应，最终对政府和行政部门造成压力，促成问题的解决。据悉，从 2012 年 1 月 28 日罗迪宣布"被宰"后，1 月 29 日下午，三亚市政府新闻办的官方微博还称"今年春节黄金周三亚没有接到一个投诉、举报电话，说明整个旅游市场秩序稳定、良好"。于是，更多的网友被激怒，更多被宰的信息被披露，更多媒体加入质疑行列，最终才促成问题的解决。据悉，三亚常务副市长张韵声表示，三亚正开展为期三个月的海鲜市场整治行动，对存在欺客宰客、敲诈勒索等突出问题的海鲜排档将坚决实行"零容忍"，坚决实行"一次性死亡"，坚决依法追究违法经营者的法律责任，坚决维护广大游客和市民的合法权益。恰如三亚市委书记姜斯宪所说：最重要的是提高旅游服务质量，要看到存在的问题不止已经暴露出来的这些，问题的严重性要高于消费者投诉的程度。一条微博，导致一场大整顿，显示微博问政借助技术之力，已经成为当下中国社会一种名副其实的"潜在压力集团"。

（原载于《当代传播》，2012 年第 3 期）

---

① 一场可疑的招聘：湖南涟源事业单位招聘被疑内定. 央视焦点访谈. http://www.sina.com.cn, 2012 - 03 - 18.

第二编

社会心理新闻
——对一种有待完善的新闻样式与理论的探讨

社会心理新闻：概念的提出

就笔者所见资料而言，目前，无论在学界的新闻研究领域还是在业界的新闻实务领域，都尚无"社会心理新闻"这样的表述。

从新闻发展史角度看，某种新闻样式或理论的出现是由社会发展和读者需求而决定的，即前者是随着后者而发展的。

例如"客观报道"写作手法及理念的出现。18世纪70年代至19世纪30年代，美国报业中一统天下的是政党报纸，这一时期的办报模式可称为"政论模式"。从19世纪末到20世纪初，随着"廉价报纸"崛起，客观报道手法和理念逐步成为主流。美国学者韦尔伯·施拉姆曾说："客观报道的原则起源于19世纪，在美国和英国广泛地被赞为20世纪前25年中对于新闻理论的独特贡献……在美国新闻界中客观报道的加速发展，是由于报刊中政党派性的衰落以及报纸由表示意见的刊物变为传播新闻的工具所造成的……记者认为他们的工作需要一种超然的态度，他们成为当代争论的旁观者而不是参加者。"①　具体而言，它又是以阿道夫·奥克斯于1896年8月买下《纽约时报》并在该报发表的一段宣言为标志的。其云：

> 我的殷切目标是：《纽约时报》要用简明动人的方式，用文明社会中慎重的语言来提供所有的新闻，即使不能比其他可靠途径更快提供新闻，也要一样快；要不偏不倚地、无私无畏地提供新闻，不论涉及什么政党、派别或利益；要使《纽约时报》的篇幅成为研讨一切与公众有关的重大问题的论坛，并为此目的而邀请各种不同见解的人参加明智的讨论。②

又如"深度报道"写作方式和理论。20世纪初，客观报道理论以其独有的优势，在美国新闻领域独占鳌头。客观报道理论所确立的客观、迅捷、将新闻报道与意见写作分开的报道原则，成了西方新闻界必须遵循的金科玉律。但大量新闻实践证明，新闻报道不可能做到完全客观；而且客观报道只能简单地、平面地报道事实，而未能深入地分析原因；再有，随着广播、电

---

①　[美] 韦尔伯·施拉姆等. 报刊的四种理论. 中国人民大学新闻系译. 北京：新华出版社，1980. 60～61.

②　[美] 梅尔文·德弗勒. 大众传播通论. 甄建军译. 北京：华夏出版社，1989. 252.

视的发展，报纸快速传递信息的优势尽失；另外，随着读者文化水平和基本素质的提高，他们要求报社、通讯社提供有深度的报道，这就为深度报道理论的出现提供了充分的理由。恰如戴维斯所指出的："好的报纸、好的新闻广播，必须在两大深渊的中间踩软索——一方面是假的客观，它是从表面现象上看事情，使得公众为厚颜无耻的骗子所欺哄；另一方面是解释性的报道，它不能在主观与客观之间，在合理的确凿事实与记者编辑所认为的事实之间画一条明显的界线。"① 而从受众层面来说，当他们越来越明白媒介提供的新闻事实并非真正客观公正时，就会要求媒体说明其产生的原因和发展趋向。正如美国新闻自由委员会在《一个自由和负责的报纸》一书中所说的："只是真实地报道事实，已经不能令人满足了，现在需要的是报道事实的真相。"② 而美国新闻学教授尼尔·高普鲁则总结性地指出："深度报道，是将新闻带进读者关心的范围以内，告诉其重要的事实、相关的缘故以及丰富的背景材料。"因此，它要求"以今日之事态，校对昨日之背景，从而说出明天的意义来"③。于是，深度报道就取代了客观报道往日的优势。

　　还有"传媒预警"与"预警新闻"概念的提出，也与近年来频发的自然灾害有关。有学者认为：

　　当前，我国既处于发展的"战略机遇期"，也处在矛盾的"凸显期"。1998 年长江大洪水、台风、暴雨、山洪，今年年初南方雪灾、"5·12"汶川大地震等自然灾害；松花江水污染事件、矿难、列车出轨等事故灾难；非典、禽流感、艾滋病、疯牛病、手足口病等公共卫生事件，以及法轮功、西藏"3·14"事件等各类群体性事件，各种危机此起彼伏，频繁发生。④

　　于是，2003 年，有学者在《湖北社会科学》（2003 年第 10 期）上撰文《社会预警与传媒职责》，首次提出"传媒预警"这一概念，并于次年申报了我国第一个"传媒预警研究"的国家社科基金项目。作者认为："'传媒预警'是传媒机构发现、采集、传播危机可能发生的信息，并及时向公众与有关部门预警，以期化解危机或使其造成的损失降低到最小程度的行为；'预

---

　　① ［美］爱尔默·戴维斯. 但是我们生下来就是自由的. 何光先. 现代新闻学. 重庆：重庆出版社，1991. 100 ~ 103.

　　② 美国新闻自由委员会. 一个自由和负责的报纸. 展江译. 北京：中国人民大学出版社，2004.

　　③ 程道才. 西方新闻写作概论. 北京：新华出版社，2004. 17 ~ 18.

　　④ 喻发胜，宋会平. "传媒预警"与"预警新闻". 青年记者，2008（21）.

警新闻'则是传媒机构对可能发生的危机的警示性报道。"① 同时指出"预警新闻"的主要功能有：一是警示公众，二是监督政府，三是引导舆论。

预警，顾名思义就是预先发布警告，提醒相关人群注意对未来产生负面影响的事物与现象。相应地，预警新闻，就是以"预先发布警告"为内容的各类新闻。也许，我们还从未像现在这样需要各类预警新闻。有论者就当今民众对预警信息的心理渴求，总结出四个方面的原因：①信息化时代，追求高层次解惑；②转型期社会，应变心态浮动；③天灾人祸，激发危机意识；④期望把握未来，力求稳操胜券。②

可见，社会的发展和变化，会催生读者新的新闻需求；而新的新闻需求，则会催生新的新闻报道的方式和理论。恰如"预警新闻"概念的提出者所指出的："在危机频发的时代，没有人会因为'预警新闻'不符合传统的'新闻'定义而拒绝它，需要与时俱进的应该是'新闻'的定义，而不是忽视人类对一种新的信息传播产品的需求。"③ 但是，另一方面，"预警新闻"也不能简单等同于媒体播报的天气预报，它虽能较为准确地预报天气变化，但并没有预测未来发生的天气变化会给人们的生产与生活带来怎样的危险与灾害，所以并不是真正意义上的"预警新闻"。如何将蕴含危机因素的"预告（报）新闻"转化成为警示公众的"预警新闻"，就很值得深入探讨。

综上可见，社会的发展和进步，会催生读者新的新闻需求；而新的新闻需求，则会催生新的新闻报道的方式和理论，上述"客观新闻"、"深度报道"、"扒粪新闻"、"预警新闻"等无不如此。

由这种新闻史的事实和思路出发，笔者认为，在目前的新闻传播界，完全可以提出一个较新的新闻概念——社会心理新闻。它的产生，有两个重要原因：一是社会环境变化所导致的社会心理原因，二是新闻行业本身的原因。

---

① 喻发胜，宋会平. "传媒预警"与"预警新闻". 青年记者，2008（21）.
② 李素灵. 社会预警：媒体的新职能. 粤海风，2003（5）.
③ 喻发胜，宋会平. "传媒预警"与"预警新闻". 青年记者，2008（21）.

社会心理新闻出现的原因

一、社会环境的原因

作为一种新的新闻类型，社会心理新闻的出现有极其现实的社会土壤，它是由转型中的中国社会所遭遇的矛盾所决定的，有着深刻的国情背景。

根据发达国家的经验，经济收入水平与幸福感之间并不是直线关系，而是曲线关系。在收入水平达到一定高度前，收入提高会增加幸福感；当收入水平超过一定高度时，它的进一步提高未必会增加幸福感。因此，在基本需求得到满足以前，收入每提高一点，都会使人感到更幸福一些。但是，在基本需求得到满足之后，收入带动幸福的效应开始呈递减态势。收入水平越高，这种效应就越小，以至达到可以忽略不计的地步。2000年，耶鲁大学出版社推出了政治学教授罗伯特·莱恩（Robert E. Lane）的新书——《市场民主制度下幸福的流失》（*The Loss of Happiness in Market Democracies*）。翌年，"美国政治学会"将该书评为政治心理类最佳学术著作。

莱恩指出，在1972—1994年间，说自己"非常幸福"的美国人一直呈下降趋势；尤其是妇女、青年、黑人和其他一些少数民族，感到不幸福的人更多一些。一项更新的研究显示，在1960—2000年间，按不变价格，美国人均收入翻了三番，但认为自己"非常幸福"的人从40%下降到30%左右。在法国、英国和美国等经济发达国家，最近的十几年间，精神抑郁的人数与年俱增，占了总人口的11%左右；而在经济发展相对迟缓的非洲国家，仅为7%上下。[①] 这种情况在近年仍无明显改善。

"我们越来越富有，可为什么还是不开心呢？"这是令许多美国人深感困惑的问题。据统计，在美国，抑郁症的患病率比起20世纪60年代高出10倍，抑郁症的发病年龄也从20世纪60年代的29.5岁下降到今天的14.5岁。而许多国家也正在步美国后尘。1957年，英国有52%的人表示自己感到非常幸福；而到了2005年，只剩下36%。但在这段时间里，英国国民的平均收入却提高了3倍。[②]

---

① ［美］罗伯特·莱恩. 市场民主制度下幸福的流失. 纽黑文：耶鲁大学出版社，2001.

② 董月玲，张开平. 哈佛八成学生曾感到沮丧　"幸福课"火爆校园. 中国青年报，2007 – 09 – 17.

中新社北京 2009 年 12 月 21 日电，中国社会科学院社会学所所长李培林在 2010 年《社会蓝皮书》发布会上预测，到 2010 年底，中国人均 GDP 将接近 4 000 美元。这一发展速度明显快于中国官方的计划。2000 年，官方在绘制 20 年后中国经济社会的蓝图时，确定的"宏大目标"是到 2020 年人均 GDP 达到 3000 多美元。① 2006 年 4 月，胡锦涛访问耶鲁大学时曾说，28 年来，中国改革开放取得了举世瞩目的巨大成就，从 1978 年到 2005 年，中国的国内生产总值从 1 473 亿美元增加到 22 257 亿美元，农村的贫困人口从 2.5 亿减少到 2 300 多万人。中国将在未来的 15 年，集中力量建设汇集十几亿人口的更高水平的小康社会，使中国国内生产总值到 2020 年达到 4 万亿美元左右，人均达到 3 000 美元左右。②

根据国际经验，人均 GDP 1 000 至 3 000 美元这一阶段被称为"现代化起步阶段"或"物质现代化阶段"，此期全社会主要关注经济发展，它既是黄金发展期，又是矛盾凸显期。此期发展速度加快，经济效益高，然而各种环境、社会、生态问题也会接踵而至，如贫富差距加大、社会保障缺失、公共物品短缺、社会公平失衡等，这些都会造成社会心理压力，形成社会心理问题。恰如学者所言，高度现代性的物化世界导致各种"亚健康"的精神病理状态。面对流动易变且纷扰繁杂的现代性物化世界，形成稳定健康的精神生活殊为不易。"忙碌的工作、残酷的竞争，看似风光，实际上每天都在压力中痛苦挣扎：指标的压力、裁员的威胁、老板的脸色、同事关系、家人的抱怨、电脑的辐射、睡眠不足等，都在吞噬着我们心灵的健康。"一位外企白领感慨地说。同时，人们在升学、职业、择偶、居住地和生活方式上可选择的余地越来越大，但选择的同时也带来巨大的心理冲突。此外，还有那些没完没了的交通堵塞、住房拥挤、噪音污染等都迫使人们不得不去应对。但另一方面，对个体形成社会支持的人际网络却在日益变得脆弱，城市的钢筋水泥加剧了人际关系的冷漠化；居住方式的改变导致了人们的陌生感增强；社会化的交往方式使熟人越来越多，而朋友越来越少；爱情和婚姻的选择度加大，使得情感的港湾变得时时要提防危机的出现。③ 实际上，置身于物化处境中的当代人的精神生活大都处于某种"亚健康状态"。人们之所以经常用诸如郁闷、浮躁、烦、焦虑、畏怯、压抑、失落、疲惫、无奈、无聊、孤独、迷茫、荒诞、绝望等词汇来描述当下的精神感受，就是因为这些词汇表

---

① 中国人均 GDP 明年底料接近 4 000 美元. 中国新闻网，http：//finance. people. com. cn，2009 - 12 - 21.

② 胡锦涛：15 年内中国人均 GDP 达 3 000 美元. 华商网，2006 - 04 - 22.

③ 王慧. 社会巨变，国人精神健康堪忧. 今晚报，2007 - 08 - 03.

征了现时代精神生活的日常特征。

　　来自中国疾病预防控制中心精神卫生中心的数据称，神经精神疾病在我国疾病总负担中已排名首位，约占中国疾病总负担的20%，预计到2020年，这个比率将上升至25%。然而，目前卫生预算仅占国内生产总值的5.5%，其中对精神卫生服务的投入更是仅占卫生预算的2.35%。全国至少有5 600万名各类精神障碍患者尚未接受过任何有关的医疗服务，即使是严重的精神疾病患者，每4人中也仅有1人接受过正规的精神科医疗服务。① 另据世界卫生组织估计：目前中国有心理问题的人数在2亿~3亿，中国精神疾病负担到2020年将上升到疾病总负担的25%。中国目前抑郁症患者超过2 600万，但只有不到10%的人接受了相关药物治疗。据中国疾病预防控制中心精神卫生中心的保守估计，中国各类精神病患者在1亿人以上，其中大约1 600万的重症患者中，只有20%到医院就医，另外80%流散在社会中，得不到有效的治疗。在美国，每10万人中就有10.5名精神病医生；而相对于13亿国民，全中国仅有2 000名真正合格的精神病医生。②

　　于是，在心理救助和咨询短缺的情况下，人们自然会寻求解决这些问题的渠道，如心理咨询或阅读心理小说等。有专家"建议成立一个全国性的心理危机干预体系，建设一支由心理学专家、公共卫生研究人员及精神卫生工作人员组成的心理危机干预队伍，为综合性预防和处理心理危机有效地协调多个单位和机构，开通24小时心理危机干预热线电话，建设心理危机干预网络，开办专门的心理服务门诊，编织起一张生命健康的安全保护网络"。具体到操作层面，"最重要的是要有一个对外统一的号码平台，想办法让人人都知道，像119火警、120急救一样深入人心，人们有问题都会想到拨打"③。

　　对此，我们不妨观察一个有关这方面的个案——华东交通大学举办的"校园心理剧"活动。

　　大学生是一个较为特殊的社会群体，《中国心理卫生》杂志曾对12.6万名大学生进行抽样调查，结果显示，存在一定心理困惑及轻度心理疾病的大学生比例高达20.2%，其中还不乏一些极端的例子。而目前在我国，绝大多数高校心理咨询师生比远没达到规定的1∶1 000。以华东交通大学为例，该校曾连续6年对全校入学新生进行了《心理症状自评量表（SCL－90）》测试，并通过躯体化、强迫症状、人际敏感、抑郁、焦虑、敌对、恐怖、偏执、精神病性、其他10个因子反映不同方面的心理症状。测试结果显示，每年入学

① 魏铭言. 中国各类精神疾病患者人数超过一亿. 新京报，2009－01－05.
② 王俊秀. 应像120一样设全国统一的心理急救电话. 中国青年报，2009－03－02.
③ 王俊秀. 应像120一样设全国统一的心理急救电话. 中国青年报，2009－03－02.

的新生都有 9% 左右存在较为严重的心理障碍。① 就华东交通大学而言，全校共有 2 万多名学生，而从事心理咨询的老师只有 7 人，"学校的心理咨询专家有限，用常规方法只能解决一小部分学生的心理问题。通过心理剧，我们对学生的引导可以辐射到很广的范围"。该校心理咨询中心主任舒曼说。看完校园心理剧后，学校心理咨询中心还会组织同学们互相交流感受，以化解心理疑惑，对学生产生一种潜移默化的影响。②

心理剧（心理情景剧），即以舞台为景，靠角色扮演来呈现个人内在心路历程。演出中，演员是观众，观众也是演员，彼此通过舞台演出体验角色内心的酸甜苦辣、跳出自我、审视自我、认识自我，从而达到心理治疗的效果。

据悉，参与比赛的剧本很多取材于校园生活和真实的社会环境，由学生自编、自导、自演，或幽默诙谐，或严肃认真，但都不同程度地折射出当前大学生群体的生存状态和心理特征。这样做可以"让他们在表演发生在自己身边熟悉的、亲身经历的事情的同时，体验心理的细微变化，领悟其中的道理，提高大学生助人自助的心理保健知识，提高大学生心理健康水平"，舒曼说。

据舒曼老师介绍，自从 2003 年举办第一届校园心理剧大赛以来，学校已经成功举办了四届，学生在参与心理剧后的变化是显而易见的。主题为"爱"的第五届心理剧大赛历时一个月，全校 14 个学院全部参与，每个学院均以班级为单位参与学院的初赛和决赛，累计创作剧本 230 多个，前后直接参与演出的学生逾 4 000 人次，参与编排和观看的学生有 1.2 万余人次，低年级学生几乎全部参与。自从举办校园心理剧以来，学生心理健康状况呈良好上升趋势。从近三年对在校大学生的心理健康测评结果来看，存在较严重心理问题的人数比例在下降（2004 年 10.4%，2005 年 9.0%，2006 年 7.7%），而各年级有心理症状的学生比例总体也呈下降趋势。③

总之，校园心理剧以一种"润物细无声"的方式，让参与者、观看者不经意间得到心理宣泄、疏导，并将这种宣泄、疏导功能"放大"，克服了当前高校面临的心理教育咨询师资不足等困难。

根据市场规律，短缺物品需求量大，价值上扬。所以，从受众信息需求的角度看，关涉社会心理问题的新闻报道有着较大的信息发展空间。社会心理新闻就是以社会心理学的知识系统为基础，以新闻报道的形式来描述、揭

---

① 曹倩，李菁莹. 校园心理剧火爆　成大学生"心灵鸡汤". 中国青年报，2008 - 12 - 19.
② 曹倩，李菁莹. 校园心理剧火爆　成大学生"心灵鸡汤". 中国青年报，2008 - 12 - 19.
③ 曹倩，李菁莹. 校园心理剧火爆　成大学生"心灵鸡汤". 中国青年报，2008 - 12 - 19.

示、解释某些社会心理问题。从某种意义上说，它是一种非正式渠道，是另一种形态的心理咨询，有着一定的受众群和社会需求，尤其对于报纸这种具有深度分析、解释功能的媒体。

二、行业本身的原因

社会心理新闻的出现有新闻行业本身的原因，主要有：

一是报业变局与心理需求。社会心理新闻的产生有着深刻的新闻专业背景。在中外学界，关于"报业变局"、"报纸冬天"的讨论已历多年：1999年，英国学者、世界级传播学大师皮特·勾丁预言，在网络冲击下，100年后无论是报纸形态还是记者这一职业都将发生根本性变化；2005年，美国北卡莱罗纳州州立大学教授菲利普·迈尔预测说："如果现在报纸读者的发展趋势持续不明朗，到2044年，确切地说是2044年10月，最后一位日报读者将结账走人。"2005年第6期《今传媒》杂志刊载了《京华时报》社长吴海民的文章《都市报的冬天提前来到了》，提出"中国报业冬天说"。简而言之，中外学者一致认为，未来报纸唯一能够和网络抗衡的就是深度报道。皮特·勾丁在预言报纸消亡的同时还预测，未来报纸将不再提供资讯，因为这一任务已由网络媒体完全取代，报纸只能作一些深度分析的解释性新闻报道；记者也不再是具有采访垄断权的职业，因为人人都会成为记者，那时候的"记者"将是一些帮助人们释疑解惑的社会学家。[①] 虽然勾丁没有提到"社会心理学家"，但从"释疑解惑"的角度看，显然也可将其列入其中。因为目前中国社会最大的"疑"和最大的"惑"，某种程度上都与社会心理有关。

二是在中国新闻传播界，把新闻、传播与心理挂钩是一种"小传统"。恰如有学者所言："新闻心理学与传播心理学的研究几乎是与新闻学、传播学的诞生同时期的，但形成学科的年代却因社会条件的制约而有所不同。"[②] 据张骏德教授总结，中国新闻与传播心理学研究大体经历了三个阶段，一是从1918年到1958年的"新闻心理学的萌芽阶段"，二是从1978年到1988年的"新闻心理学的初创阶段"，三是从20世纪90年代初期至今的"大众传播心理学的初创阶段"。[③] 2002年11月1日至4日，以"新闻"、"传播"与"心理"学科联姻为特色的"第四届全国新闻与传播心理研讨会暨中国社会

---

① 吴海民. 都市报的冬天提前来到了. 今传媒，2005（6）.
② 张骏德. 中国新闻与传播心理学研究回顾与展望. 新闻界，2003（3）：6.
③ 张骏德. 中国新闻与传播心理学研究回顾与展望. 新闻界，2003（3）：6～8.

心理学会新闻与传播心理专业委员会第一届年会"在张家界市举行，来自全国 16 个省、直辖市的 43 位专家学者出席会议，大会共收到论文 56 篇，涉及新闻心理、传播心理、广播电视心理、互联网心理和广告心理等几大方面。其中，既有对基本理论的探讨，又有应用方法的研究，既注重抽样调查，又注重实证分析。会上，周庆元教授把中国整个 20 世纪对于新闻传播心理的研究归纳为四个阶段：

第一阶段是孕育期，可称为"采访对象说"。这是 20 世纪初期关于新闻心理学研究对象的基本认识，代表人物是邵飘萍等。第二阶段是萌生期，可称为"受众心理说"。进入 20 世纪 80 年代，我国的新闻学者提出要对受众心理进行研究，代表人物是安岗、陈朗等。第三阶段是草创期，20 世纪 80 年代后期，张骏德、刘海贵合著的《新闻心理学》正式出版，这是我国第一部新闻心理学专著，尽管不成熟不完善，然而它初步提出了新闻心理学的框架结构，开创了新闻心理学研究的崭新时代。这一时期的江新源先生提出了"记者为主说"。第四阶段是发展期，可称为"认识主体说"，酝酿于 20 世纪 90 年代初期，成熟于 20 世纪与 21 世纪之交，主要代表有刘京林等。①

由于本文只涉及"新闻心理"，所以梳理工作也主要放在"新闻心理学"上，而基本上不涉及"传播心理学"。如果把问题细化，那么"传播心理学"与"新闻心理学"的关系又是什么呢？对此，专家主要有两种意见：一种认为传播心理学涵盖了新闻心理学，而目前是新闻心理学向传播心理学方向发展；另一种认为两者相互关联又相互独立，不存在种属关系。刘京林教授过去认为传播心理学涵盖新闻心理学，现在则认为两者不存在种属关系，而是并列关系。刘教授解释说："按照完形理论的观点，被整合之后的对象不能再分解为构成它的最基本的元素。同理，虽然新闻学、心理学等学科曾经是传播学的前身与源头，但传播学一旦形成独立的学科之后，便可与新闻学、心理学平起平坐，相互之间不存在归属关系。以此类推，传播心理学和新闻心理学也不存在归属关系，而是相互交叉、相互渗透，又各自独立的学科。"② 大多专家同意这种观点。

从教材和学术角度看，"新闻心理学"在中国的发展轨迹基本如下：

1986 年 7 月，由复旦大学新闻系教授张骏德、刘海贵合著的第一本以

---

① 张骏德，叶昌前. 第四届全国新闻与传播心理研讨会纪要. 新闻记者，2002（12）：62~63.

② 张骏德. 中国新闻与传播心理学研究回顾与展望. 新闻界，2003（3）：8.

"新闻心理学"命名的专著出版，标志着"新闻心理学"以课程和学科的名义登场。

1994年，北京广播学院召开我国首次新闻心理学研究会。会上，北京广播学院教授刘京林将"新闻心理学"研究总结评价为"初级阶段，初具规模"，是从学科界定角度而言的：

> 对"学科"的界定一般有两种水平：一种是指"具有某种特征的诸多研究的统称"，在这种意义上的新闻心理学侧重研究的是运用心理学理论去解释新闻现象。例如用阅读心理去分析报刊的可读性，用视知觉理论去研究电视的可看性等等。而若将"学科"界定为是"完整、独立、系统的学科名称"，则新闻心理学的研究重点应当是在新闻活动中人们特有的心理现象。例如在看电视过程中存在着"看新闻过目即忘现象"；电视记者进行现场采访时与观众之间的心理感应等。显然，"解释水平"是"特有水平"的基础，而后者是前者更高层次的体现。目前我国对新闻心理学的研究仍然处于"解释水平"，离"特有水平"还有相当大的差距。从前者水平讲，可以说已"初具规模"，而用后一种水平要求，即形成一门完整、独立、系统的新闻心理学，只能说处于"初级阶段"。①

1997年11月，张骏德、刘海贵重新修订了《新闻心理学》，作为新闻学高级教程丛书之一，由复旦大学出版社出版。该书将近几年的学术成果如《采访中的心理感应规律》（获第七届中国新闻奖论文二等奖）、《逆反心理的特质与成因》、《联想思维在发掘新闻价值时的功效》、《编辑的心理卫生》等都充实到书本中。

2001年4月，刘京林、申凡、王仙凤主编的《新闻心理学》由武汉大学出版社出版，被指定为全国高等教育自学考试教材。该书全面系统地总结了以往的研究成果，把新闻心理学定位在：探讨新闻活动认识主体在新闻传播活动中心理现象的产生和发展规律的科学；探讨新闻活动认识主体在新闻媒介组织沟通和人际沟通相互渗透的环境里，在心理上相互影响、相互制约的特点和规律的科学；探讨新闻活动认识主体心理活动的生理和心理机制的科学。②

2001年11月，虞达文教授所著《新闻心理学》，作为新闻新学科高级教

---

① 刘京林. 试论我国新闻心理学研究的历史、现状及其走向. 刘京林，周光荣. 新闻心理学论文集. 北京：北京广播学院出版社，1996. 15.

② 张骏德. 中国新闻与传播心理学研究回顾与展望. 新闻界，2003（3）：7.

材，由新华出版社出版。书里介绍，《新闻心理学》主要研究新闻传者如何通过自身内省与受众进行心理沟通，互感互动，从而寻求发现、判断，实现新闻价值和导向价值的共同规律；具体探讨传者如何认识、调控自己的个性心理特征，培养高尚的情感境界、意志品质、注意品质，锻炼思维能力。了解受众物质的、求知的、审美的、交往的信息需求；并通过第二信号系统的符号群，唤起受众的表象，诱发他们的再造想象，促进他们的联想，使新闻事实蕴含的价值因素得以转化为社会影响与社会效果。① 虞达文教授还说：

其实，将心理学运用于新闻，目的就是研究如何使新闻事件通过传者的感觉、知觉、记忆、表象、想象、联想（即眼前信息与储存知识的联想）、思维，从而产生新的信息、新的认识、新的理念，并且巧妙地通过第二信息系统——语词、文字把它表达出来。②

总体看来，专家认为，新闻心理学与大众传播心理学正在按各自的研究路径发展。涉及实用传播心理学的交叉学科，如广告心理学、公关心理学、出版心理学、网络心理学等方面的研究正在崛起；传播心理学包括大众传播心理学、组织传播心理学、人际传播心理学、自身传播心理学等，研究领域广阔，有待开拓创新，深入研究；整个新闻与传播心理学的学科体系与结构尚需科学地搭建与调整，其独立的话语系统的建构与逻辑推理的形成，更需几代学者长期的研究探索与积累。③ 而新闻与传播心理学学科建构的主要问题在于：如何从探索事物一般规律的"解释水平"，发展到探索事物特殊规律的"特有水平"。据刘京林教授介绍，"目前我们在这方面人才缺乏，鲜有成果"④。

三是新闻学、传播学与心理学挂钩的得与失。新闻学、传播学研究与心理学挂钩，有得亦有失。其得，在于拓展了学科视野，进行跨学科研究，从而深化新闻学、传播学研究，使其本土化，带有"中国特色"。其失，在于牵强附会导致了"貌合神离"，新闻学与心理学貌似融合，实际上是"两张皮"；其失，还在于这种研究缺乏实践品格，缺乏对新闻实务操作的指导意义。

就"得"而言，新闻心理学具有"中国特色"，是中国本土孕育出来的

---

① 虞达文. 新闻心理学. 北京：新华出版社，2001.
② 虞达文. 新闻心理学. 北京：新华出版社，2001. 14～15.
③ 张骏德. 中国新闻与传播心理学研究回顾与展望. 新闻界，2003（3）：8.
④ 刘京林. 对传播心理学研究的再思考. 大众传媒心理学·序. 杭州：浙江大学出版社，2007.

新闻研究品种。在欧美新闻传播教育体系中，没有"新闻心理学"这一学科与课程。据悉，1996年9—10月，北京广播学院刘京林教授考察了美国康州昆尼比亚大学、纽约的布鲁克林大学、加州州立大学洛杉矶分校，并与其大众传播系或广播电视系的教授座谈。从座谈中刘京林教授得知，在美国甚至整个西方国家，从不开设新闻心理学，而且开设传播心理学课程的也不多。她还在1997年分别拜访了香港中文大学和浸会大学传理学院的几位教授，了解到他们也不开设新闻心理学，但都开设大众传播心理学。①

在传播心理学方面，以林之达教授的研究为代表。2004年，林教授的《传播心理学新探》问世，2006年，其论文《关于学科资格确认的依据——以传播心理学为例》发表，要求将"传播心理学"作为一个正式学科来对待，② 并由此论述了传播与心理的相互依存关系：

> 传播和心理是传播效果的生身父母，是互为依存的搭档：心理为传播而生，它生来使命就是加工处理传播送来的信息。心理又靠传播而活，它是在加工处理传播送来的信息中生存、发展的，是在加工处理传播送来的信息中显示它的功能、性质、特点的。心理是在加工传播送来的信息中体现它的价值的。所以，一旦传播背离了它，别无信息营养，它就会退化、萎缩甚至死亡。同样，传播也为心理而生，它的天职就是专为心理输送信息能源材料。传播又靠心理而活，它是在为心理输送信息能源材料中生存、发展的，是在为心理输送信息能源材料中显示它的功能、性质、特点的，是在为心理输送信息能源材料中体现其价值的。因此，传播也离不开心理，一旦心理翻脸，把全部门窗感官关上，拒不进它的货（信息），它千辛万苦送来的信息无法转化为异质的心理能，即无法产生传播的一级效果。如果传播不能产生作为中介的一级效果，那就更不能产生传播的二级效果，即看得见的社会性效果了。③

在此，林教授提出了"心理能"这一概念。他认为："人的精神力量来自心理能，心理能是心理系统把传播送来的能源材料信息，经过心理活动（又叫心理反应）加工生产出来的。这里还昭示了传播与心理的关系：传播系统的天职是给心理系统输送精神能源材料信息，心理系统的使命就是把传

---

① 虞达文. 新闻心理学. 北京：新华出版社，2001. 32.

② 林之达. 关于学科资格确认的依据——以传播心理学为例. 社会科学研究，2006（3）.

③ 林之达. 关于学科资格确认的依据——以传播心理学为例. 社会科学研究，2006（3）：23.

播送来的精神能源材料信息加工生产出心理能。"①

在"新闻心理学"方面，以虞达文教授的研究为代表。其著作《新闻心理学》基本上完成了作为一种学科的理论构建，它主要由"传者心理"和"受者心理"两大部分构成。其中"传者心理"部分包括新闻敏感、个性心理调节、情感与意志、注意心理、思维方式；"受者心理"部分包括适应受众需求、唤起受众表象、诱发受众想象、促进受众联想、受众逆反心理。本文主要研究新闻传者如何通过自身内审与受众心理沟通，互感互动，从而寻求发现、判断、实现新闻价值和导向价值的共同规律。

就"失"而言，"拉郎配"和"两张皮"是主要问题。"拉郎配"，语出林之达教授介绍自己新作时的解释：

> 书名叫《传播心理学新探》。"新"，主要在于两点：一是不走老路，二是不拉郎配。不走老路就是不走用普通心理学的原理来解释、描述、总结传播领域中的心理现象和规律的老路；不拉郎配就是不强行要求传播学与心理学按人的意志相结合，而是让两者沿着它们各自研究对象本来联系着的脉络去自然结合。②

"两张皮"，语出虞达文教授对新闻学与传播学"貌合神离"式研究的批评式分析：

> 急功近利，为了评职称，开新课，浏览一两本书，转述摘抄一些心理学概念、原理，"简单对号"，罗列一些事例，或者从采访写作编辑过程一些有效的方法中去印证它们与心理学的关系。结果，理论与实践形成了两张皮。③

试以方建移、章洁主编的《大众传媒心理学》为例，这本书基本是以"传者"和"受者"为基本框架，不过在此之外另加上了一个"心理学主要流派与大众传播研究"，从而构成一种三维结构。其主要结构分为三大部分：第一部分，心理学主要流派与大众传播，包括行为主义学派、精神分析学派、认知学派、人本主义学派这四大学派与大众传播的关系研究。第二部分，传者心理，包括记者心理、编辑心理、播音主持人心理、传媒从业人员的心理健康。第三部分，受者心理，包括儿童受众心理、青少年受众心理、成年受

---

① 林之达. 传播学与心理学融合研究的探索与展望. 西南民族大学学报，2007 (11)：182.

② 林之达. 传播心理学新探·前言. 北京：北京大学出版社，2004.

③ 虞达文. 新闻心理学. 北京：新华出版社，2001. 47.

众心理、老年受众心理、网民心理。刘京林教授在评价这本书时说："全书不可避免地缺少贯穿始终的心理学理论线索，有的部分'两张皮'的现象还很明显。"① 具体而言，在其第一大部分"心理学主要流派与大众传播研究"中，基本上是把心理学某一流派和大众传播某一现象挂钩，而详于前者，略于后者。又如第三章"精神分析学派与大众传播研究"，共19页，其中前两节用了15页介绍精神分析学派，而这些是相关心理学著作中的常见内容。第三节"精神分析学派对传播学研究的影响"只有4页，而对于"潜意识与广告说服"、"人格发展阶段与大众传播的对象性"，即使不运用精神分析理论详述也是尽人皆知的常识。恐怕这就是刘京林教授所评价的"有的部分'两张皮'的现象还明显"。

此外，就新闻学与心理学挂钩研究之失而言，这种研究往往从理论到理论，缺乏对新闻实践的指导意义。这一点亦早有学者指出："也有些论著，能运用普通心理学、社会心理学、认知心理学和由它们再分支出来的感知心理学、思维心理学、能力心理学，以及西方一些心理学派探索新闻心理现象。有些具有一定的理论色彩，也能阐明新闻一些概括现象。但心理学原理有些比较艰涩，光靠转述原理印证新闻概括现象，不仅缺乏说服力，运用于新闻采写编具体实践，往往缺乏可操作性，理论无法转过来指导新闻实践。"② 中国社会科学院新闻研究所前所长孙旭培在《中国大陆传播研究的回顾与前瞻》中也指出："自1986年以来已有（新闻心理学）著作10本左右。较早的两本是张骏德、刘海贵的《新闻心理学》和虞达文的《新闻读者心理学导论》。运用社会心理学、认知心理学等学科的原理，来阐释新闻传播领域中的心理问题，是这类著作的特点。但有些著作有生搬硬套的毛病，用新闻传播方面的实践材料进行论证的较少。"因此，他特别强调理论应与新闻实践事例相结合，相互印证。③

综合以上分析，新闻学、传播学研究与心理学挂钩之失主要有二：一失于"拉郎配"、"两张皮"，结果导致"貌合神离"；二失于从理论到理论，从概念到概念，忽视了新闻学、传播学研究的实践性品格，这样的研究不仅缺乏鲜活新闻实践事例的支撑，也难以对新闻实务有实际的指导价值，可以说陷入了困境。因此，在新闻学、传播学研究与心理学挂钩的问题上，需要转变思路。

---

① 刘京林. 对传播心理学研究的再思考. 方建移，章洁. 大众传媒心理学·序. 杭州：浙江大学出版社，2007.
② 虞达文. 新闻心理学. 北京：新华出版社，2001. 48.
③ 虞达文. 新闻心理学. 北京：新华出版社，2001. 47.

　　现在的问题似乎是：新闻学、传播学研究与心理学相结合是否还有价值？在目前"新闻心理学"的研究范式基本已经定型（即传者心理和受者心理）的情形下，是否还有其他的思路？如果有，又应该从何着手？

　　本书试图提出"社会心理新闻"这一概念，意在探索一种新闻学、传播学研究与心理学研究相结合的新的范式。简言之，笔者把此前这方面的研究称为"新闻心理"，而把这种新的范式称为"心理新闻"。从"新闻心理"到"心理新闻"，不仅仅是词序的简单变化，而是体现出一种完全不同的研究思路。简言之，此前"新闻心理"的研究主要研究传者心理、受者心理以及传播效果，其共性在于它们都着眼于新闻作品产生之后的传播过程，以及传受者之间的关系；而"心理新闻"则注重于新闻作品产生之前的创作过程，重在从实践中运用实证材料进行理论论证。这样的好处在于——来源于实践，又能指导实践。就所见资料而言，目前无论在学界的新闻研究领域还是在业界的新闻实务领域，都尚无"社会心理新闻"这样的表述。

社会心理新闻的基本特征

社会的发展和进步，会催生读者新的新闻需求，而新的新闻需求，则会催生新的新闻报道方式。只要稍加留意，就会发现：随着受众对"心理问题"的关注，"社会心理新闻"悄然出现。新闻报道，尤其是报纸中新闻报道的"心理"或"社会心理"的成分在增加，实际上，目前各类报纸中已经出现了带有"社会心理"特征的新闻报道。概而言之，这类新闻具有如下特征：

一、"心理事实"与"心理新闻"

为论述"心理新闻"存在的合理性，笔者首先提出"心理事实"这一概念。

什么是新闻？新闻的定义是什么？一百多年来，中外新闻界对此争论不休，一百个学者几乎有一百个定义。但是，所有新闻的定义都离不开"事实"。

李大钊在《在北大记者同志会上的演说词》中提出："新闻是现在新的、活的、社会状况的写真。"邵飘萍在《新闻学总论》中提出："新闻者，最近时间内所发生的，认识一切关系社会人生的兴味实益之事物现象也。"萨空了在《科学的新闻学概论》中提出："凡世界上新发生的新发现的与人类生存有关的事实与现象，都是新闻。"李公凡在《基础新闻学》中提出："所谓新闻，就是在最近的期间所发生而被认识的，能影响社会，正确地报告出来的事实。"当过《申报》董事长的潘公展在《新闻概说》中提出："最近发生的事实，能引起多数读者兴味，能给予读者以实益，方是新闻。"徐宝璜在《新闻学》中提出："新闻者，乃多数阅者所注意之最近事实也。"胡乔木在《人人要学会写新闻》一文中提出的定义是："新闻是一种新的、重要的事实。"范长江在《记者工作随想》中提出："新闻，就是广大群众欲知、应知而未知的重要事实。"徐铸成在《采访浅谈》中提出："社会（国际的、国内的、本地的）上发生的事实。为群众所关心的，对人民有较大影响，具有典型意义的事实，就是新闻。"王中在《论新闻》中提出："新闻是新近变动的事实的传布。"这里列举了十位中国著名报人、新闻学家给"新闻"下的定义，虽然表述方式有所不同，但无一例外都强调了新闻的本源是事实。

同样，严肃的西方新闻学者和新闻工作者也强调新闻报道的是事实，先有事实，后有报道。美国学者约斯特在《新闻学原理》一书中强调："新闻是已经发生或正在发生的事情的报道。"美国学者阿维因在《宣传与新闻》中提出的观点是："新闻就是同读者的常态、司空见惯的观念相差悬殊的一种事件的报道。"美国学者 D. 勃列德莱在《你的报纸》一书中的表述是："新闻就是大众注意和大众有关之事的老实、公正、完整的报道。"德国学者道比法特的定义是："新闻就是把最新的现实的现象在最短的时间内介绍给最广泛的公众。"日本学者小野秀雄在《新闻学原理》中给出的定义是："新闻是根据自己的使命对具有现实性的事实的报道和评论，用最短时间、有规律地连续进行广泛传播的经济范畴内的东西。"即便是博加特受到指责的"狗咬人不是新闻，人咬狗才是新闻"，瓦克尔的"新闻是女人、金钱和罪恶"，强调的也还是事实。

新闻是对新近发生的事实的报道，但在实际生活中，所谓"事实"一般可以分成三类：

一是物理事实。即在物理意义上自然发生的事实，例如各种自然灾害以及灾难，如地震、海啸、飞机失事等。

二是社会事实。即发生在人类社会中的各种事件，自然灾害加上人类的活动也可以成为社会事实，例如围绕"汶川地震"的人的活动。

三是心理事实。即在人的心理、精神层面上存在的大量事实。传统新闻定义过多强调了对前两类"事实"的报道，而对第三种"事实"有所忽略。

实际上，既然都是事实，就都可以成为新闻报道的对象，对物理事实的报道可以成为"突发新闻"或"国内新闻"与"国际新闻"，对社会事件的报道可以成为"社会新闻"，而对社会心理状态的报道则可以成为"社会心理新闻"或"心理新闻"——从新闻专业角度看，这正是本书所提出的概念之所以能够成立的基本理由。试举《87.5% 的人感觉熟人越来越多朋友越来越少》的报道为例，它所反映的就是一种"社会心理事实"，而非"物理事实"或"社会事实"：

因因上个月回南方老家办了婚礼。回北京后，她一直犹豫着要不要再请朋友们吃顿饭。这些天，她把手机里的电话号码从头到尾看了一遍又一遍，始终无法确定到底该请谁。"手机里有近 500 个号码，其中多数是工作后认识的，有同事、同行、客户、专家等。还有同学，主要是大学和高中同学。"除了这些，还有一些名字因因死活想不起是谁，但又不敢贸然删掉。

近日，《中国青年报》社会调查中心和腾讯网新闻中心联合实施的一项调查显示，在 15 068 个受访者中，87.5% 的人有类似"熟人越来越多，朋友却越来越少"的感觉。记者曾经听到身边不少人抱怨：心情不好的时候，拿出手机，却不知道要打给谁；周末想出去玩，往往找不到伙伴；甚至有时候想出去吃顿饭，都会为人选问题发愁。

其中，45.3%的受访者承认，在自己的众多熟人中，真正称得上朋友的不到5个；另外有34.3%的人表示，自己的朋友仅有为数不多的6～10个——换句话说，八成受访者认为，算得上朋友的人不到10个。与此同时，30%左右的受访者称自己的熟人数目在51～100个之间，另有26%左右的人认为自己的熟人数目超过100个。

记者在对北大、人大等几所高校毕业生进行采访时发现，毕业时间越长，朋友就越少，孤独感越强烈。姜琳是人大98届毕业生，她说："刚毕业那会儿同学还经常聚会，后来就越来越少，现在一年能聚上一次就不错了。"提及大学同学，姜琳有些感伤，她说，以前的好友，现在大多没有联系了，最多是在网上见到时聊几句。①

这一报道以问卷数据为依据，真实地反映出现实中国人的一种"社会心理事实"——渴望友谊而现实中友谊匮乏，并揭示了其存在的原因：

"大家都有自己的生活，工作忙、压力大，谁也不敢轻易去打扰别人。"姜琳这句话，让很多都市年轻人感同身受。王剑毕业以后，就再没有跟同学联系了，"不是不想，实在是心有余而力不足啊！"在参与调查的受访者中，64.8%的人认为，社会的流动性是造成朋友越来越少的原因，生活、工作环境的变化容易"丢失"友谊；还有58.9%的人认为，社会的压力也不可忽视，对于生活在都市中的年轻人来说，工作忙、压力大，根本无暇沟通和交流。②

而这种原因，是有现实或事实依据的，的确是一种社会现实。2008年4月，《小康》杂志联合新浪网，会同有关专家及机构，对我国"生命小康"进行了调查。在《小康》的调查中，接近80%的人感觉到了压力，或者为工作，或者为生活；有人因为生存压力，也有人因为发展压力。调查结果显示，人们目前承受的最大压力来自工作，其次是家庭生活压力，紧接着是身体健康压力及婚姻情感压力。受访者表示，工资薪酬未如理想、竞争激烈、工作强度大、工作时间长是造成工作压力大的主要原因。③ 在此大背景下，确实无暇

①　黄少华. 87.5%的人感觉熟人越来越多朋友越来越少. 中国青年报，2006－09－25.
②　黄少华. 87.5%的人感觉熟人越来越多朋友越来越少. 中国青年报，2006－09－25.
③　《小康》研究中心. 近八成人感觉活得挺累. 今晚报，2008－05－09（25）.

与人沟通与交流，久而久之，必然会"感觉熟人越来越多，朋友越来越少"。

二、积淀性或非即时性

就时间而言，"社会心理新闻"的时间性或即时性相对不强，这一点与其他新闻形式注重时效性很不一样。无论关于新闻有如何多样的定义，"时效性"、"即时性"、"新鲜性"、"时新性"无疑都是必要的因素，甚至是决定性因素。但是，由于"社会心理新闻"的采写对象是"心理事实"，而"心理事实"往往有一定时间的积淀，是对一个阶段所积累的"心理事实"的提炼与概括，所以"时效性"或"即时性"等不是"心理新闻"的必备要素。换言之，由于"社会心理新闻"的报道对象都经过一定时间的积累，所以具有"非即时性"的特征。试以《同学聚会：当怀旧变成一种资源　有时相见不如怀念》为例：

小 C 毕业才 4 年，可她却早已厌倦了每年一次的同学聚会。"每次都是先吃饭，再 K 歌，有时候甚至玩个通宵。可是热闹过后，总觉得心里空荡荡的，有种莫名的空虚感。"和小 C 不同，B 君是中国最早的大学生之一。毕业 20 余载，班里同学，有的成了略有成绩的小领导，有的下海经商，腰缠万贯；有的远赴他乡，谋求更好的发展，有的则回到家乡，过着幸福安逸的小日子。1995 年，在几个同学的召集下，他们班开了第一次同学会。第一次聚会，大家都很激动，回忆起以前的大学生活、老师和同学，还有那曾经留下足迹的宿舍、食堂、操场……离别之前，大家意犹未尽，于是约定，每两年聚一次。于是就有了第二次、第三次、第四次……可是，年年岁岁"话"相似，岁岁年年人不同。参加聚会的人越来越少，可说的话题也越来越少。翻来覆去地说着当初学校里的那些"破事"，就连比较怀旧的 B 君，也往往因无话可说而觉得颇为尴尬。[①]

同学聚会，明显不具有时间性，而是一种具有很强烈的情绪和精神色彩、积累了一定阶段的"心理事实"，它折射出社会万象、人生冷暖。

燕子 2002 年毕业于北京某名牌大学，班里 38 个同学有 30 个留在北京工作，这为他们不定期举行同学聚会创造了条件。可是，喜欢热闹的燕子近来

---

① 黄梓馨. 同学聚会：当怀旧变成一种资源　有时相见不如怀念. 中国青年报，2007 - 07 - 08.

却不太想去参加，为什么呢？"每次聚完会，我都会郁闷好一段时间。"燕子说，除了婚嫁问题，工作也着实让她心烦。"像我这种一个月只有不到 2 000 元的人，比起那些月薪好几千甚至上万的同学，心里会有很大落差。越来越多的女生穿名牌、谈时尚，而我呢，显得太寒碜了。"本来是想放松心情，没想到反而徒增压力，这是燕子不想再参加同学聚会的原因。事实上，很多人在参加同学聚会时，都和燕子一样悲喜交加：喜的是同学重逢，悲的是自身境况。因为几乎所有的同学聚会，都是有的人吆三喝四、意气风发；有的人相形见绌，只是坐在角落里静静地抽烟或者喝着饮料。①

实际上，这里已经涉及了一个非常重要的社会心理学概念——"平行社会比较"。1954 年，美国学者利昂·费斯廷格提出"社会比较"概念，他指出，"比较"是人了解自我、实现个人自尊的重要线索，它是个人自我评价的内驱力，目的在于知晓自己在群体中的准确位置，在缺乏客观标准和客观信息的情况下，他人就成为最好的参照物。而进行比较的个体越相似，比较的驱动力就越强，于是形成"平行比较"。一般来说，人们都倾向于将自己与相同水平的人进行比较。这里的相同水平包含相同年龄、相同环境、相同背景、相同职业、相同群体、相同种族等。② 而"同学"这一群体，相似性最强，最适合作"平行比较"的对象；而"同学聚会"则为这种比较提供了一种契机和平台，构成一种"平行比较"的场所，而"比较"后的或昂扬振奋，或感伤失落，或产生高自尊，或导致低自尊，则是"平行比较"的真实结果。所以，哈佛商学院一位教授曾忠告他的学生："如果几年之后你接到母校的邀请，要求你回校参加 5 年一次的同学聚会——那是件危险的事，你不要去。"他指出，聚会会逼着你审视自己在刚毕业的短短几年中取得的成就，而且是以你同学的标准，而不是以你自己的职业目标和成功标准来评判你的成就与收入。"整个同学会将引发你关于职业成功与个人价值的巨大焦虑和徒然担忧。"③

三、普遍性、重复性、体验性

一般的新闻报道只针对一个具体事实，对人具有"一次性"影响；而

---

① 黄梓馨. 同学聚会：当怀旧变成一种资源　有时相见不如怀念. 中国青年报，2007 - 07 - 08.

② ［美］阿伦森等. 社会心理学. 侯玉波等译. 北京：中国轻工业出版社，2007. 185.

③ 黄梓馨. 同学聚会：当怀旧变成一种资源　有时相见不如怀念. 中国青年报，2007 - 07 - 08.

"社会心理新闻"的报道对象与内容具有普遍性，是多次地、重复地发生的"心理事实"，如上文所列举的《同学聚会：当怀旧变成一种资源　有时相见不如怀念》所提到的现象，就是多次、反复、重复发生的"事实"，不仅具有很强的心理、情绪色彩，还会在社会上许多人身上发生，具有极大的普遍性。下面这则《春节：唤起全民族的共同情感》就属于这类"心理新闻"：

　　在信息化时代的现代生活中，不少人对春节满怀期盼的同时又不无怀疑：短信拜年、旅游购物……这些"简化"手段、"快捷"方式还是中国人的年吗？以至于有人大声疾呼要"保卫春节"。"这未免太悲观了"，中国文联副主席、著名作家冯骥才说，"春节是一家人团聚的节日，带有强烈的生命情感，凡是有很强烈生命情感和人间情感的东西都不会轻易失去，最好的证明就是每年有上亿人从外地回家过年，这在全世界绝无仅有。什么东西能使全民族共有这样的情感，那就是节日和传统的力量。"①

　　接着，这则新闻又分别以"重亲情团圆：春节最核心的内涵并没有变"、"游子怀回归之心，更是中华民族的精神寄托"、"只要不是人为削减，就不会影响传统继承和发扬"、"春节：要'保卫'更要发展"为子标题，并在其中分别穿插了具体个案事实，构成了一则很有特色的"心理新闻"。之所以说它是"新闻"，是因为它是以"事实"而不是"分析"或"心理报告"作为载体的，例如，"在广州某媒体工作的小麦早早地就为家人准备了春节礼物，并决定放弃与男朋友出游的机会，留在广州陪伴家人。'平时工作太忙了，而且经常出差，即使是放假也总是把工作带回家做，现在应该趁过年好好陪陪父母。'小麦说。"又如，"西安的郑女士今年决定和朋友一起，到安徽南部的古老村落里过春节。繁华而喧嚣的都市令她一年中忙碌得不可开交，在这全家团圆的热闹节日，她却无比渴望悠闲和宁静"。再如《调查显示：88%公众认为地震改变了自己的生活》：

　　距离汶川特大地震发生的10天之后，外交学院硕士生石岩终于强迫自己关掉新闻网页，打开平时最爱的淘宝网——各式各样的衣服和化妆品，一如往常地挂在网页上，却第一次让她心烦意乱。"我以前追求的太虚华了。之前看上的那双400多元的凉鞋，如今一点儿购买的欲望都没有。"很快，石岩作出一个决定，把买鞋的钱省下来，全部捐给灾区。"我现在才懂得，人生

---

①　赖少芬，刘喜梅等. 春节：唤起全民族的共同情感. 新华每日电讯，2006－01－30.

中最宝贵的是平安和健康。内心的充实从来不是只靠物质的享受就能得到的。"从 5 月 12 日 14 时 28 分开始,有多少颗心因为汶川特大地震的灾情而悸动?又有多少人的生活变得与以往不同?近日,《中国青年报》与搜狐教育频道联合开展的一项在线调查显示(4 309 人参加),88%的公众认为这场地震改变了自己的生活,只有 8.9%的人表示"没有改变"。①

上述两条新闻都是意在反映中国人的一种普遍的共同情感和心理感受,并且是以"心理事实"的个案方式呈现出来的,其反映的对象具有极大的普遍性和可重复性。

由于其普遍性、重复性的特征,这种新闻的效果也就具有了可延迟性和体验性。所谓可延迟性,是指由于"心理事实"具有普遍性和重复性,所以它带给人的阅读效果可以延续一段时间;所谓体验性,是指这种"心理新闻"可以给人带来某种心理体验,从这种意义上讲,它或可称为"体验式新闻"。这里涉及一个概念——"体验经济"。2003 年,由美国学者约瑟夫·派恩和詹姆斯·吉尔姆合著的《体验经济》问世,在书中,作者正式提出"体验经济"的概念:

体验本身代表一种已经存在但先前没有被清楚表述的经济产出类型……当他购买一种体验时,他是花费时间享受某一企业提供的一系列值得记忆的事件,就像在戏剧演出中那样使他身临其境。产品的特点是自然化,商品的特点是标准化,服务的特点是定制化,体验的特点是人性化。农产品是可加工的,商品是有实体的,服务是无形的,体验是难忘的。……在体验经济中,以货币换感受、换快乐、换体验,不是传统意义上的换取物品或服务。如买一个恐龙玩具,不是用理性来衡量其成本价多少,而是以人的喜好来衡量其价格。在"体验经济"论看来,企业不再提供商品或服务,而是提供最终的体验,充满感性的力量,给顾客留下难忘的愉悦回忆。②

如果把新闻也视为一种"产品"的话,那么借用"体验经济"的概念,我们也可以说有"体验式新闻",而在诸多新闻分类和品种中,最接近"体验式新闻"的就是"心理新闻"了。因为这类新闻主要不是提供信息,而是以反映"心理事实"的方式为读者提供一种体验,而用约瑟夫·派恩和詹姆

---

① 王聪聪等. 调查显示:88%公众认为地震改变了自己的生活. 中国青年报, 2008 – 05 – 30.

② 王兴斌. "体验经济"新论与旅游服务的创新. 桂林旅游高等专科学校学报, 2003 (1).

斯·吉尔姆的话说，"体验是难忘的"。下面这则《奥运大幅提高国人幸福感》就涉及了人的心理体验：

奥运会给人们生活带来了什么样的变化？中国青年报社调查中心进行的另一项网络调查显示，71.4%的网友认为北京奥运会改变了自己的生活。47.6%的人因为奥运"心情变好了"，21.2%的人"家人团聚的时间多了"，有调查还发现奥运让近两成人推迟跳槽。奥运会给中国老百姓的家庭带来了欢聚，带来了话题，带来了兴奋。三口之家只有晚饭才聚在一起的状况发生了变化。孩子的暑假作业可以缓缓再做，爸爸的工作可以先放一放，妈妈也从厨房出来了，吃饭就叫外卖好了。三口人坐在同一张沙发上，一起看比赛直播，一起聊奥运金牌。①

而奥运结束，也导致中国人心理上的一些变化，对此，新闻媒体给予了及时的报道，如《奥运结束上班族遭遇"忧伤"　专家为心理调整支招》：

"哎，多么希望年年举办奥运，一次就办半年啊！"在广州某大型国企上班的阿彬笑言。从昨天开始，他又恢复朝九晚五为工作忙、回到家遥控器被老婆霸占着看韩剧的"苦闷日子"。阿彬恋恋不舍地收起"奥运掌中宝"，告诉记者，奥运闭幕式这个周日是最后一个狐朋狗友齐聚家中喝啤酒、老婆打扫仍无怨无悔的好日子了。由于之前为看奥运会堆积太多工作没收尾，阿彬昨天忙碌了一整天，但他依然十分失落："打车时习惯性想叫司机换广播听最新奖牌数和比赛情况，但突然想起来没得听了。"……小杭是名初一学生，他平时就非常喜欢踢球、骑车，奥运会期间他几乎一场没落，天天在电视机前守候十个小时以上。"爸妈说看奥运比赛总比我打游戏要好。"半个月下来，小杭对运动员们的经历如数家珍，但眼看奥运结束、开学在即，小杭心情一天比一天郁闷。……据武警广东总队医院心理科李炜主任介绍，观众对奥运比赛投入持续长时间的热情、精力，积极参与其中，而且已经随之"潜移默化"更改自己的日常工作、生活习惯，而当执着关注的对象行将结束时，难免会感到短暂的空虚和迷茫，但很快这种失落就会被生活中新的变化、新的目标取代。②

---

① 汪东亚. 奥运大幅提高国人幸福感. 中国青年报，2008 - 09 - 04.
② 全杰，涂端玉. 奥运结束上班族遭遇"忧伤"　专家为心理调整支招. 广州日报，2008 - 08 - 26.

如果用"体验经济"的必备要素"体验是难忘的"、"以货币换感受、换快乐、换体验"、"给顾客留下难忘的愉悦回忆"等来衡量,上述"心理新闻"无疑具有这些特征。

四、对"心理事实"的二次发现

"体验式新闻"除了要关注"心理事实"之外,更重要的是,要再次发现"心理事实"。如前所述,"心理事实"的一个最大特征是具有常态性、普遍性以及非即时性。在日常生活中,虽然人人可以感知得到,但未必人人写得出。这就需要对"心理事实"进行提炼式的再次发现。

举例而言,大学生宿舍悬挂"床帘"以求"私密"已有多年,这早已不是什么"新闻",而是一件"旧闻"。2008 年 11 月 27 日,南开大学新闻网发布张剑、孙天会所写的《大学宿舍床帘里"私人空间"的自由》,就可视为这种"再发现"的一种实践。这篇报道先描述了尽人皆知的"床帘"现象:

吃过晚饭,大三学生小慧回到了静悄悄的宿舍。像往常一样,她利索地跳上床,拉上床帘,然后迅速点开电脑里刚刚下载的美剧《绝望的主妇》。在床帘背后的小空间里,她肆无忌惮地爆发出阵阵笑声,仿佛整个寝室只有她一个人。不知从何时起,大学生寝室里纷纷挂上了床帘。走进宿舍,五颜六色、各式各样的床帘格外引人注目,帘子后面忽地探出的小脑袋微笑地向来人打招呼,令人倍感神秘莫测。①

如果仅此而已,这一报道并不具备什么新闻价值;但如从"心理事实"的角度去观察,它并非没有新闻价值,其价值就在于它可以折射出当事人的"心理体验",所以这一"旧闻"中潜藏着再次发现"新闻"的因素。接着,这篇报道以"私人空间体验内心自由"为子标题,对现象背后的"心理事实"进行了挖掘和描述:

对很多女孩来说,"私人空间"是个特别重要的概念。因为只有在这里,她们才会彻底放松下来,丢掉一切伪装,回归内心,做最真实的自己。……"幸好有床帘",玲玲说,"在自己的空间里可以肆无忌惮地流泪,没有人会看见,也没有人会打扰。哭过之后,心情就好多了,我再精神百倍地出来,谁也不知道。"小娴扯了扯围在自己床边的彩色布帘:"要是没有它,我可能

---

① 张剑,孙天会. 大学宿舍床帘里"私人空间"的自由. 南开新闻网,2008 – 11 – 27.

都睡不着觉呢，现在真的离不开它了。"和小娴同宿舍的雯雯是个学习刻苦的山东姑娘。"我的目标是毕业后到美国读PHD"，她说，从大一开始，自己就开始抱着"红宝书"狂背单词，为大二时考托福做准备。"有次我正在背书，被同宿舍的同学看到了，她们都惊讶地说我太刻苦了。"雯雯说，"我知道同学其实没有别的意思，可我听了心里就是不是滋味。"现在，雯雯每次回到宿舍就把床帘一拉，"谁也不知道我在看书听歌还是睡觉，这才算有了点私人空间"。①

获得"私人空间"内的自由体验，是"床帘现象"产生的根本心理原因，但它无疑也造成了沟通障碍：

有一天，小白从自习室回到宿舍，一进门就看见了满屋封得严严实实的床帘。"我一个人站在那儿，看着'空荡荡'的寝室，寂寞得恐怖！""现在大家似乎习惯这种寂寞了，或者是学会忍耐这种寂寞了。"和小白一样，芳芳也是宿舍里最后挂上床帘的。"以前大家都不挂床帘时，宿舍里每天都充满了欢声笑语，不论是正事还是闲事都能被大家搞成乐子高兴很久，舍友之间也少有隔阂和不快，有什么说什么，没有猜忌和秘密，相互之间的感情也很好，就像在家里一样温馨。"芳芳说。"现在回来看见她们一个个床帘紧闭，不知道都在干什么，也不好打扰"，芳芳说，"有几次我甚至觉得，在寝室里说话就像自言自语似的，经常要担心自己起了话头又没人搭理，真憋死人了。"更郁闷的是，宿舍里的其他人都挂上床帘了，就芳芳一个人露在外面。"为什么郁闷我也不太说得上来，反正干什么都不自在，好像干什么都有一双眼睛盯着似的。"熬了两天，芳芳也赶紧买来了布帘，挂上了。②

业界和学界常说新闻是一种"发现"，而这一表述尤其适用于"体验式新闻"，因为它的长处不在于"时效性"的"新"，而在于发现视角和开掘深度的"新"。同样一种"事实"，其价值能否被再次发现，以及发现后如何"叙述"，对一件"体验式新闻"作品而言，具有生死攸关的意义。以《大学宿舍床帘里"私人空间"的自由》为例，其价值就在于挖掘了"床帘现象"背后的"私人空间自由"与"传播沟通障碍"的双重心理体验，再次"发现"了这种"心理事实"。

---

① 张剑，孙天会. 大学宿舍床帘里"私人空间"的自由. 南开新闻网，2008－11－27.
② 张剑，孙天会. 大学宿舍床帘里"私人空间"的自由. 南开新闻网，2008－11－27.

五、可策划性

正因为"社会心理新闻"具有反映心理事实、非即时性、可重复性或延迟性体验等特点，于是就自然导出了它的第四个特点——可策划性，即可以预先策划。如前所言，"社会心理新闻"也属于"新闻"，既然是"新闻"，就要具有"新鲜性"和"时新性"，但这种"新鲜性"或"时新性"不是来自于其速度意义上的"新鲜性"，而是来源于作者对于新闻选题的提炼和策划的"新鲜性"，这就加大了对选题策划的质量要求。

关于"新闻策划"的概念先行和事实先行，历来就有争论。由于"社会心理新闻"的上述特殊性，可以说，这类新闻是可以预先策划的，而且是要用心理学或社会心理学的知识去进行策划的。试看以下这篇《人人都有小圈子吗？》的报道：

豆瓣网首页上有一句话："从 1 435 303 名注册用户中找到和你臭味相投的人。"该网站上用户自建的兴趣小组至少有 12 826 个，主题千奇百怪，"请假借口研究所"、"自己和自己玩"……还有一个小组叫做"跟在陌生人后面排成一列走"……你喜欢 LOMO 摄影？加入"爱 LOMO 爱生活"吧。你喜欢双层吉士汉堡？加入"我爱双吉"吧。你对身边的情侣感到厌恶？加入"情侣去死去死团"吧。你热衷桌上足球？加入"桌上足球管理办公室"吧……这些在当今年轻人群中流行的另类新颖的"小圈子"，主题千奇百怪却全部发自兴趣。这些"圈子"之所以这么"小"，是因为它把人们的兴趣爱好极度细分化。相对于大众喜欢的看电视、听音乐、读书来说，这些兴趣只属于小部分人，是"小众"文化，然而也更加新奇和前卫。近日，中国青年报社调查中心与腾讯网联合开展一项调查（1 025 人参加，77.5% 为"80 后"），结果显示，43.7% 的人表示自己加入过各种"小圈子"，36.2% 的人表示"以后会尝试"，完全不打算加入的只有 12.1%。[①]

实际上，这篇报道涉及社会心理学的一个知识点——"内团体"和"外团体"知觉。大量研究表明，人们在知觉群体类别时会出现"圈内"（内群体）和"圈外"（外群体）之分。而就"内群体"而言，人们会认为自己更像同属一个群体的人，这被称为"假定相似性效应"（assumed similarity effect）。一项研究发现，美国大学校园里的兄弟会成员认为彼此之间的相似程度高于他们与住在校外的走读生之间的相似程度，而走读生也有类似的看

---

① 吴荇. 人人都有小圈子吗?. 中国青年报, 2008 – 05 – 05.

法。甚至当圈内和圈外的成员随机分配的时候，也有同样的现象发生。在进行相关研究时，表面上告诉被试学生，是按照个人的艺术喜好对他们进行分组的，而实际上是随机分派的。结果发现，被试学生认为与自己同一组的人跟自己更相似，甚至在与艺术完全无关的事情上他们也认为同组的人会有更相似的看法。"内团体"还容易出现"圈内人偏袒效应"（ingroup favoritism effect），即人们通常会对圈内成员给出更积极的评价，对他们的行为作出更有利的归因，给他们更多的奖励，预期从他们那里得到更优惠的待遇，认为他们比圈外成员更有说服力。也就是说，只要人们觉得自己隶属于某个群体，他们就会对该群体内的成员更好，对圈外人更差。①

如果把这种学理上的表述与《人人都有小圈子吗?》这篇新闻报道一一比较，就会发现，实际上，二者有很强的对应性或同构性，可以说，前者是对后者的抽象提炼，而后者是对前者的形象说明。这就提示我们，由于"心理新闻"对时效的要求不强，在一定的社会心理学学理和理性的指导下，完全可以对这类"社会心理新闻"进行预先策划。所以，要了解社会心理新闻，首先要了解社会心理学的知识结构和基本知识点。一般而言，社会心理学的主要知识框架为：自我意识、社会化、社会角色、社会动机、社会认知、社会态度、人际关系、人际沟通、亲社会行为、反社会行为、社会影响、集群行为、群体心理。《人人都有小圈子吗?》这篇新闻报道属于"自我意识"中的"内群体意识"。

---

① ［美］泰勒. 社会心理学. 谢晓非等译. 北京：北京大学出版社，2004. 201.

社会心理新闻：从感性到理性

在新闻实践中，"社会心理新闻"已经出现，但它只是一种感性的、经验的存在，并没有上升为有专业知识指导的有意识的理性新闻行为，亟须理性总结，以便指导实践。为达此目的，就要从新闻专业的学理角度廓清"社会心理新闻"的面貌。从西方新闻理论分类来看，"社会心理新闻"不属于客观报道理论，而属于深度报道理论；从具体写作类别来看，它不是一种纯新闻，而是属于解释性报道，主要从社会心理角度对新闻学的"5 个 W"进行了延伸；从成果形态来看，它又带有特色新闻、特稿写作的特征。

社会心理新闻有两种情况，一是当记者无意触及这些领域时，二是有意识地运用这些专业知识来观察生活、报道事实、分析背景时，社会心理新闻都有可能产生。而就目前分析，前者成分居多，也就是说，报道者有意无意地触及了社会心理学的领域，写出了相关报道。这种情况说明两个道理：一是目前关于社会心理新闻的写作正处于自发的、无意识的状态，二是急需从学理和理论高度分析、总结、概括，给予理性的总结，以求指导新闻实践，写出质量更高的社会心理新闻，为新闻领域增添一种新的新闻样式。试以上面所举《87.5% 的人感觉熟人越来越多朋友越来越少》为例，它以问卷数据为依据，真实地反映出现实中国人的一种"社会心理事实"——渴望友谊而现实中友谊匮乏。而友谊、朋友、亲密关系等，又属于社会心理学中"人际关系"、"人际沟通"、"人际吸引"的研究范围；而在"人际吸引"中，又可以细分成"能力与喜欢"、"外貌与喜欢"、"报酬与喜欢"、"相似、互补与喜欢"、"临近、熟悉与喜欢"等范畴。如果了解这些社会心理学的知识，再去写此类报道，就会提高报道的质量。总之，"社会心理新闻"这一概念及新闻样式的提出，既能为新闻类型研究开辟一个新的领域，也能为一线新闻从业人员提供一种既有操作性价值、又具理性指导意义的新闻写作范式，因而对它的探索具有实际应用和理论探索的双重意义。

（第二编文章原载于《中州学刊》，2009 年第 1 期；《新闻记者》，2009 年第 2 期；《南京社会科学》，2010 年第 5 期）

第三编

新闻传播人思维方式初探及其他

邦乔妮与新闻传播的"事实思维"

新闻传播人是否有自己独特的思维方式？如果有，它又是什么？对此，可一言以蔽之曰"事实思维"。所谓事实思维，简单地说，就是"运用事实来进行思维"，即把社会生活中发生的一个个"事实"作为"阅读文本"及基本的思考对象来进行思维活动。这是介于形象思维和逻辑思维之间的一种思维活动。根据教科书的思维分类，除了凭借实际动作来解决问题的动作思维之外，人的思维形式可分为形象思维和逻辑（抽象）思维，分别被人脑的右半球和左半球所控制。形象思维借助形象和"图画"来认识和反映世界，它重直觉、讲顿悟、善联想，多跳跃；逻辑思维又称抽象思维，是思维的一种高级形式。它借助概念、判断、推理来认识世界，以分析、综合、比较、抽象、概括作为思维的基本过程，从而揭露事物的本质特征和规律性联系。

一个从事新闻传播的人，当然要有基本的形象思维和逻辑思维能力，但更重要的是要有对"事实"的敏感和领悟，以及以此为基础的思维能力，即"事实思维"的能力。事实思维有自己的独特性，这个独特性就是"事实"和"思维"的组合，它是一种介于形象和抽象思维的中间地带。如前所言，事实思维的基本特征是"用事实进行思维"，这使得它既具有形象思维的特点，又具有逻辑思维的特征。因为任何事实都会以形象的方式，即感性、表象、图画的形式出现，这是形象思维的特征；而事实思维并没有在披露、陈述、再现"事实"这一环节面前止步，而是上升到了思维间接、概括、抽象的层面，而这明显又是逻辑思维的特征。所以说，事实思维兼具两者的特征——这，就是它存在的理由或曰独特性。

试以美国专栏作家萨拉·邦乔妮的《没有"中国制造"的一年》为例。在该书中，邦乔妮"试图证明'中国制造'并不能影响我生活的方方面面，但事实证明并非如此"这一道理。在此，邦乔妮想证明的道理无疑属于逻辑判断，因为判断

美国专栏作家萨拉·邦乔妮

是肯定或否定事物之间关系的思维方式，属于思维的范畴。但是，她"论证"或证明这一点的方式既不是"形象思维"，也不是"逻辑思维"，而是一种基于自己家庭一年"不买中国产品"这一"事实"的一种思维方式，即"事实思维"。

（1）"事实思维"把事实作为触发创新意识的起点。有较强事实思维能力的人，对一些能够揭示本质的"事实"十分敏感，而这种敏感又会成为一种触发创新意识的起点。"事情源于 2004 年的圣诞节。在节日庆典过后，准备清理家居的邦乔尼突然注意到一个不容辩驳的事实——'中国制造'正在占领她的家庭：桌子上的电视机，门边的球鞋，圣诞树上的彩灯，地板上的洋娃娃，屋里随处可见中国制造的产品。'中国'在 DVD 里散发着蓝光，在缠绕松树的灯泡里闪烁，在斑纹袜子里挠我痒痒……"这些，引起了长期从事新闻工作的邦乔妮的注意，于是，她家中无处不在的"Made in China"就成为触发她思考问题的一个起点。

（2）"事实思维"用事实来作为创新意识的延伸。"邦乔妮把家里所有的用品分'中国制造'和非中国制造两类进行了一次盘点，结果发现总共 39 件用品中，'中国制造'25 件，非中国制造 14 件，也就是说，64% 是中国产品！美国的圣诞节简直已经成为中国人制造出来的节日！"于是邦乔妮突发奇想：如果把"中国"关在门外，日子会怎么样？她略施小计，外加苦口婆心地劝说，把丈夫也争取了过来。于是，从 2006 年元旦开始，她家开始了为期一年的拒绝"中国制造"的日子。她想看一下，中国产品到底在多大程度上渗入了普通美国人的生活，完全放弃的话到底需要花费多少时间和金钱，以及会带来多少不便。在此，邦乔妮在注意到家里有 64% 的中国制造之后，没有就此停止，而是进一步延伸自己的思维——如果没有"中国制造"又会如何？

（3）"事实思维"用事实来完成思考或思维过程。"不要中国玩具，不要中国电子产品，不要中国服装，不要中国电视……"邦乔尼说服了她的丈夫，作出了一个决定，从第二年的元旦开始，一直到年底，整整一年都不再购买新的"中国制造"产品，甚至不要一切标有"中国制造"的塑料、金属、木制产品……她决定把中国货关在家门外。然而，此后的一年，以前再简单不过的小事，包括买一双新鞋、一盒蜡烛、修理家具，都变成了对邦乔尼一家痛苦的折磨，都变得非常麻烦。例如，为了给儿子买一双非中国产的新鞋（只需 10 美元），邦乔妮伤透了脑筋，除了挑款式，还得仔细看目录、阅读标签。经过两周的奔波，疲惫不堪的她最后咬咬牙，花 68 美元给儿子买了一双意大利进口的运动鞋。为了给丈夫的生日蛋糕买蜡烛，邦乔妮开车去了6家杂货店，都没有买到非中国产的。家里的一个抽屉拉不开了，邦乔妮的丈夫在商店里找到了修抽屉用的工具，结果发现工具上贴着"中国制造"的标签，他只好又把它放回了货架。家里的搅拌器和电视机坏了，也只能让它坏在那里，因为维修用的零件都是中国制造的。邦乔妮得到了一个教训，很多标榜"美国制造"的商品其实都来自中国。

（4）"事实思维"用事实形态作为最终的思维成果。结论是思维的最终成果，在"事实思维"中，结论不是通过逻辑推理获得的，而是通过"事实"得来的。作为路易斯安那州巴吞鲁日的一名商业记者，邦乔尼报道国际贸易已有10个年头。她说："我曾看过美国商务部的贸易统计数据和中国的贸易额常常是以数十亿美元计算的，但总觉得那和我自己一点关系也没有。"但这没有"中国制造"的一年的经历，让她重新思考"中国和我之间的距离"，她很想通过这个试验知道，美国人对中国商品到底有多大依赖，需要多大的代价和多久的时间才能达到放弃购买中国产品的习惯，以及这样做会带来多少不便等。在《没有"中国制造"的一年》上市前的一次访谈中，她说："我希望这本书是友好的、不带任何价值判断。我想通过它说明，普通人是如何与全球经济发生联系的。""在把中国推出我的生活之外后，我得到一个'中国已经深深介入我们生活'的结论。"但这样的结论，不是通过逻辑推理来实现的，而是自己亲历的一个个活生生的"事实"。

（5）把"事实"与学理结合起来。"事实思维"强调从基本事实出发，但并非没有学理性，其实，"思维"二字本身就在强调它是一种思维方式，而思维方式最终要和理论挂钩。当然，这种带点理论性的文章并非是从抽象概念出发的，而是注重从日常生活的细节中挖掘、提炼有价值的东西，这是因为，许多有价值的"学理"往往潜藏在日常生活之中。恰如本尼迪克特所说，一个没有受过文化人类学训练的研究者，"往往会忽视许多日常生活的细节甚至人们对琐事的固有看法，这主要是因为他把太多事情都视为理所当然。他不明白正是这些习惯和普遍接受的说法深层次地渗透了这个民族的民族性格，影响着这个民族的未来。它们的作用已远远超过了外交官所签订的各种条约。人们只有高度重视一个民族中普通老百姓的日常生活琐事，才能充分理解人类学家提出的理论前提的重大意义：不论是最原始部落还是最先进的开化民族，普通老百姓个人的处事方式都是从日常生活中学来的。不论他们的行为是如何怪异、思想是如何的偏激，个人的感觉和思维方式往往总是与个人的经历有关的"（《菊与刀》）。所谓"日常琐事"，所谓"个人处事方式"，所谓"个人经历"，都是在强调日常生活中藏有更为深刻的东西，善于观察生活细节和琐事，从中找出事物间的联系，这成为本尼迪克特的一种卓有成效的工作方法——"我越是对日本人的某种行为迷惑不解，就越认为在日本人的日常生活中一定是有某些最平常的细节和琐事造成了这种奇特行为的产生。我的研究越深入到日本人的日常生活小事中，我的研究就越容易出成果"（《菊与刀》）。这种思路对笔者启发很大，笔者将其概括为"日常生活学理化，学理日常生活化"，即在表面的日常生活细节和较深刻隐蔽的学理之间达到一种互动，并将其作为指导笔者思考和写作的一种方法。可以说，这是一种长期指导笔者写作的原则和基本方法，笔者从中获益匪浅，本书内许多文章的写作，遵循的就是这种原则。

从把事实作为触发创新意识的起点，到用事实来作为创新意识的延伸；从用事实来完成思考或思维过程，到用事实形态作为最终的思维成果，邦乔妮的《没有"中国制造"的一年》除了给社会提供了一本思考中美关系和地球村的畅销书之外，还提供了一种典型的新闻传播人的思维方式——事实思维。今天，她的故事虽然已有些陈旧，但翻阅旧闻，触发新意，故事虽旧，但其所启示的思维方法还是不无新鲜因素的。希望读者，尤其是对新闻传播学感兴趣者，能从中受到启发——此中有真意，欲辨已忘言。如此，则我心窃喜，我心甚慰。

无中生有：新闻人是生活的"卧底者"
——《走读韩国》自序

一

　　《走读韩国》是笔者旅韩一年心理体验的记录，2012 年 6 月由暨南大学出版社出版。

　　本书的读者群范围很广，其中之一便是新闻传播专业的师生，主要是学生们，当然还有那些对于新闻写作感兴趣的人。这是因为摆在读者眼前的不仅是一本异地观光的散文集，还是一本有关新闻特写的参照读本。写作的初衷，就是想在记述赴韩体验的同时为学习或有志于新闻写作者提供一种参照，一种在没有任何新闻资源的情况下"寻找"、"挖掘"的能力，一种新闻人特有的"窥视"、"卧底"能力。之所以这样说，是因为笔者赴韩的主要任务是讲授汉语，每周 11 节课，几乎天天有课，且初到异国，语言既不通，活动范围也极其有限，所任教的水原大学并不如其名，它不在京畿通衢交通发达的水原市内，而是在偏远的华城市卧牛里，这一点经常造成误会。学校周边稻田环绕，菜花开，稻花香，林鸟啼啼，并时有蛙鸣，一派田园风光的农村景象；另外，第一学期独自一人生活，要自己照顾自己，买菜、做饭、洗衣、出行，全需要自己操心，而我在韩国的时间只有一年，一般出国，前一两个月都要遭遇"文化震荡"，需要熟悉和适应环境。据过来人说，初到异地，来韩一年，也就是"水过地皮湿"，了解个大概，如要深入观察，提炼出点"干货"来，至少需要两年……在这种时间、积累、阅历、语言沟通及新闻资源都很"吃紧"的情形下，如果想写出一本有点深度的能够反映韩国社会心理与文化的书来，可以说，诸多条件根本就不具备——因为"韩国没有什么新闻"。

　　但是，由于自己目前国内的在岗专业是新闻传播学，也算是一个"新闻人"了，而新闻人的本能就是敏感、好奇、多思和手勤，从这点来说，又具备一定的条件——主观的内因条件，所谓"外因是变化的条件，内因是变化的根本，外因通过内因而起作用"。平时上课总是给学生们讲，作为新闻人，思维要敏捷，手要勤，动作要快，要随时注意观察生活，要从平常的现象中挖掘和提炼出不平常的东西来……那么，目前的"困境"不正为自己提供了一个很好的实践机会吗？困难与机会，往往如影随形，初到异地，困难很多，但正因为初来乍到，对什么都有一种新鲜感、新奇感，这不正是最大的一种"资源"吗？在课堂上，关于新闻学、传播学的理论已经讲了很多，重要的是实践，是像一个实习生一样，从零开始，观察、记录、思考、整合、提炼……

于是，一个不自量的念头恍惚冒了出来——作为一个"新闻人"，我要写一本关于韩国的书，它要从周围细节入手，秉承"日常生活学理化，学理日常生活化"的原则，挖掘那些能够反映韩国社会心理与文化的元素；虽从表象入手，但绝不停留在表面；从细节出发，但又不止于细节；注重学理，但又坚持从日常生活出发……

记得那时，来韩甫满一月，在韩国京畿道华城市卧牛里新明小区的某一房间里，躺在床上，对着天花板，想到了这些问题，感觉很有心得，深感"学而不思则罔"的正确——思则得之，不思则不得也。就这样躺着，想着，身体很平稳，四肢处于静止状态，思绪也就容易延伸，一个行色匆匆的人难以有什么真正的思考。同时也在想，思想、思绪、情感本身，无疑是世界上最自由、最廉价的东西之一，经商需要本钱，劳动需要工具，出行需要乘车，购物需要货币，争权夺利需要搏斗，与人打交道需要语言沟通，还要注意人际关系，当然有时还要看人的脸色，即使是视觉、听觉这样的行为，也需要"动用"眼睛和耳朵的，而思考完全可以在任何时间、任何地点进行，可以闭上眼睛进行，没有视觉，没有听觉，四肢不动，都不要紧，要紧的是你真正"想到了"，哎，思考真好……"思考真好"的另一层含义是，它解决了我目前的"资源匮乏"问题，没有资源不要紧，只要有大脑就行，思考就是最大的资源，选题是"想"出来的，文章是"写"出来的。这样想了一会儿，不由信心倍增，无意中发现这短短的十几分钟里，竟有了三点收获：一是确定了要写一本书，二是这本书要侧重于挖掘韩国社会的心理、文化，三是要从具体的生活细节和自己的实际观感出发，而不是从已有的观念和别人的印象出发。这三点都很重要——第一点确定了我在韩业余生活的主要内容，使自己在韩国十分有限的一年时间里，有一个切实的目标，时刻知道自己要干什么；第二点确定了这本书的层次，即尽量挖掘那些表象背后有深度的内容，第三点则确定了这本书的纪实风格，使其具有一定的新闻传播学实践的参照意义。

<h1 style="text-align:center">二</h1>

当然，促成写作此书的还有一个因素——《韩国生活》杂志。"无中生有：新闻人是生活的'卧底者'"是我在韩国首尔一次讲座的题目，对象就是《韩国生活》中文杂志社的编辑和记者们。由于自己在国内讲授有关新闻媒体的课程，所以来韩国之后，对媒体比较敏感。一个偶然的机会，和《韩国生活》结缘，并接受了编辑部部长徐娅的一个"硬"任务，——为该刊提供专栏文章。《韩国生活》是半月刊，我要在韩国待大约一年，也就是说，如果开设专栏，就要写24篇有关韩国的文章，而这个数字恰好基本构成一本书的容量。由于我来韩国才两周，"阅历"既浅，积累亦薄，能否完成"任务"，心里很没底。深知专栏一开，就要每期按时供稿，不能间断，否则会耽误杂志的运作，很是犹豫不决。最后应承下来，也是有了前面的思考，想给自己一种压力，激发自己的潜能和极限，所以就逼出了这个题目"无中生有：新闻人是生活的'卧底者'"。

换言之，我是以一种"卧底者"的心态来接受这个"任务"的。以前在学校讲授，也提到过这个话题，但那多半都是成型的理论和别人的经验，但这一次，有《韩国生活》的"压力"，我要自己实践一次"新闻人是生活的'卧底者'"的过程，亲身体验一次新闻人"双重身份"的独特生活。其实，当时也朦胧感觉到这个过程本身就是一次极好的锻炼机会：韩国"阅历"浅，更会有一种新奇感；积累不厚，更会刺激和提高"挖掘"、"提炼"及"整合"的能力；24篇文章压力大，则会激发思考的潜能、挑战自己写作的极限……总之，要变被动为主动，变压力为动力。

所谓"卧底者"，是一个形象的比喻，是想说明合格的新闻人是以一种双重身份进入生活的。一方面，他有自己本身的生活；另一方面，他还有"观察"、"窥视"别人生活的任务。

一般而言，一个新闻人面对报道和写作对象时，无非有两种情况：有中生有，以及无中生有。所谓"有中生有"，是说你报道的对象十分具体，确实有一个事件的"实体"存在，如一次祭孔活动、一次中韩学者联谊会、一次韩国学生汉语大奖赛等，你的任务就是把这次活动"忠实"地记录下来，展示给读者。所谓"无中生有"，是说当你进入一个陌生的社会和生活时，你遇到的有写作价值的"事件"十分有限，并没许多具体的事件在"等着"你去报道，你感觉每天遇到的都是一些琐屑的、重复的、缺乏深度的"场景"和"细节"，构不成一篇文章的内容。这时候，启动"无中生有"

就十分重要了；这时候，也是体现一个新闻人"卧底者"本领的大好时机。在此，"卧底"和"无中生有"，一而二，二而一，息息相关。当然，在这种"没有什么新闻线索"的情况下，要写出"东西"来，也还有两种情况：一是从一个新奇、独特的视角审视熟知的题材；二是从散碎、分散、常见的细节中提炼出新的"选题"来。

就第一种情况来说，即从一种新奇的视角审视已知的、熟悉的材料，这方面的高手之一是罗森塔尔，其代表作《奥斯维辛没有什么新闻》曾荣获普利策新闻特写奖。这是典型的"温故知新"，或是"以旧为新"式的"无中生有"。

我遇到的则属于第二种情况——从散碎的材料中"无中生有"，即要从散碎、分散、常见的细节中提炼出新的"选题"来。因为来韩时间短，社交范围狭窄，所谓"阅历既浅、积累亦薄"，如果"等着"事件来找你，一年内24篇专栏文章是难以完成的，很简单，除了授课之外，一年内身边不会有24个事件发生。除此之外，还有一个更大的不利因素，因为中韩两国距离太近，韩国文化与中国文化具有较高的同质性，来过韩国的中国人很多，中国人对韩国很熟悉，该写的差不多都被人写了，创新型的"写作空间"已经被压缩得很小，几乎无用武之地了。在此情境下，只有主动出击，去找"事件"，甚至"制造"事件，无中生有，从一般、常见、散碎的信息、资料里面挖掘、提炼、整合出有价值的选题。

三

几个月后，梳理来韩后所写的文章，共有17篇，也就是说，距离《韩国生活》所要求的24篇，只有7篇未完成。这是答应开设专栏时没想到的，当时觉得一年内完成已属幸运了，现在看来，可以提前约半年完成任务了。细思其中的关键，感觉还是在每月两篇的"压力"之下找到了一条较为准确的思路和操作办法，这就是"卧底者"的意识和"无中生有"的方法。再进一步分析，会发现，这20多篇文章中，真正属于确有其事的完整"事件"只有一件，即《百闻一见：韩国水原中心大教堂礼拜纪实》，其他的都属于从常见的、分散的、每日接触的细节中挖掘、整合、提炼而成的选题。如《韩国：民生细节》是从洗衣机置于阳台之上，洗手香皂状如糖葫芦，洗手间小便池上方的石头台，座椅、鱼缸、盆景三位一体，户外搬家的移动电梯等小事中整合而成的。其方法是每次出门，都仔细观察，每有一见，便记录在小本子上，一次数条，几次便会有十几条，基本上就可以成文了。再如《韩国：细节里的宽松与信任》），也是从注意整合了"化妆室"供应卫生纸、肥皂、洗手液、冷热水，饮料店旁设有饮水机，列车员进入车厢面对旅客鞠躬，三个陌生中年男子热情给我们"马格里"饮料等细节，从中"总结"、"提炼"出了"细节里透露出社会的宽松与信任"这一内涵。其他如《韩国：点点滴滴"陌生度"》、《韩国：有意思，没意思?》、《韩国：洁净有道》、《俭素：校训与国魂》、《韩国老人：山上，山下……》、《韩国"兴文化"：戏谑与幽默》、《行在韩国：山痕处处，石迹斑斑》、《土俗村："一根筋"》等，都是这样完成的。

这些选题形成的共同特点是：它们本身都不是作为一个"事件"或"选题"客观存在的，而只是一些散碎的、分散的、常见的生活场景，需要你用一个"卧底者"的双重身份与眼光，用"无中生有"的方法，去观察、去记录、去积累、去挖掘、去整合、去提升……使之"形成"一个个有效的选题，并源源不断地"发展"成一篇篇文章。无中生有——在此，所谓"无"，就是那些本来常见的、分散的、容易被人忽略的琐事；所谓"有"，就是经过你的思考、整合和提炼出的具有价值和意义的选题。这种训练的意义在于：如果你能从"无"中生出"有"来，那么，当你面对一个具体的真"有"——一个具体的事件和故事，驾驭起来就会感觉轻松得多了。有无之间，虚实之际，情往似赠，思来如答。这或许能为喜爱写作的读者及有志于新闻事业的人提供一种实践参照。

四

在韩一年，不短不长。

就一般观光而言，一年确实有点长，尤其是韩国与中国有着千丝万缕的联系，相同的地方很多，难怪有人说，若只是去看看，半年也够长的了；但就深入了解而言，一年的时光又嫌太短。乍到异国，人地两生，一切都要自己操心，且课务繁忙，杂事纷纭，生活如同一堆难以聚拢的碎片，如再各地观光，这碎片的命运就更堪忧了。更重要的是，一个民族的文化心理是深藏在其日常生活背后的，短时间内难以窥透。据过来人说，来韩一年，也就是"水过地皮湿"，了解个大概，如要深入观察，提炼出点类似文化心理的"干货"来，至少需要两年。而这"文化心理"恰恰是我所要观察的重点，我则不可能再有一年的时间。所以，尽管尽了一些努力，想较全面深入地介绍韩国社会的一些情况，但由于条件所限，就全面和深刻而言，还差得很远。就像管中窥豹一样，只看到了局部的一些毛色和景观，这是需要广大读者理解和宽容的。

其实这一点，在没动笔之前就已明白了——就算是在韩国再待上一年或更多，是否就全面、客观和深刻地了解了呢？似乎也不敢说这个话，因为有时全面、深刻和时间长短并非成正比。其实，要写韩国，似乎很像"盲人摸象"，如果不把"全面、深入、客观"作为一个具有终极指标意义的"大象"的话，事情就要简单得多了。盲人摸象的故事，始见于《大般涅槃经》卷三十二。其佛教思辨性很强，善于以事喻理，将深奥佛理蕴于形象之中，以启众智，以警世人。这个故事昭示的是人性多喜以部分代整体，对事物未作全面了解而各执一偏。长期以来，它一直作为一个暴露人类谬误、讽刺人类弱点的寓言来运用，实际上，抛开其意义指向不论，这个故事本身就不无一定的真理含量。反观人类自身的活动，无论是思维的运动，社会的观察，还是对问题的分析，无不具有广义的"盲人摸象"的性质，只不过有的是摸到的是大象的尾巴还是大象的牙齿的区别。这本小书也是如此，它看到的韩国毕竟有限，涉及的问题也许并不具有代表性，有些分析也不无片面之嫌。但如果仅仅是因为这些就不"开始"去摸摸这头大象，那就永远没有"开始"了，也就没有这部摆在眼前的小书了。看着它，很庆幸自己作出了"开始"的决定，并坚持了下来。

韩国是中国的近邻，历史和现代受中国文化的影响很深，地理上又如此接近，从天津到仁川只需要飞一个小时，经济互补性强，人员往来频繁，这些都导致韩国社会与中国同质化的东西很多，难以再有发挥写作的空间。而来韩写作的目的之一，就是力图挖掘这个民族与社会独特的地方，这无疑和"中韩社会同质化较强"构成了尖锐的矛盾。这个问题的解决，还是受到本尼迪克特的启发，她在《菊与刀》中写道："一个部落可能有百分之九十的正式习俗与邻近部落相同，但却有可能有一小部分与周围任何民族都不相同，正是这一小部分差异体现着他们独特的生活方式和价值观念，也正是这一小部分差异最终决定着该民族的未来发展方向，尽管他们在整体中所占的比率非常小。对于一个人类学家来说，最重要的就是研究这种在整体上具有共性的民族间的差异。在研究日本的过程中也应该关注这种不同文化间差异、影响及其后果。"同理，韩国社会可能有90%的东西与中国相似或是接近，但可能有10%的东西与其不同，而这10%的部分恰恰是要着力挖掘的，于是就有了《俭素：校训与国魂》、《初识韩国"恨文化"》、《韩国"会议文化"：穿插演奏总相宜》、《韩国"兴文化"：戏谑与幽默》等篇，力图揭示韩民族独特的民族文化心理。这些命题都可以继续挖掘，尤其是"恨文化"这个概念，在韩文化研究中具有提纲挈领的意义，其本身就有一本书的容量，只是目前资料很少，积累很薄。

五

当然，这种带有点研究性的文章并非是从抽象概念出发的，而是注重从日常生活的细节中挖掘、提炼有价值的东西，这是因为，许多有价值的"学理"往往潜藏在日常生活之中。恰如本尼迪克特所说，一个没有受过文化人类学训练的研究者，"往往会忽视许多日常生活的细节甚至人们对琐事的固有看法，这主要是因为他把太多事情都视为理所当然。他不明白正是这些习惯和普遍接受的说法深层次地渗透了这个民族的民族性格，影响着这个民族的未来。它们的作用已远远超过了外交官所签订的各种条约。人们只有高度重视一个民族中普通老百姓的日常生活琐事，才能充分理解人类学家提出的理论前提的重大意义：不论是最原始的部落还是最先进的开化民族，普通老百姓个人的处事方式都是从日常生活中学来的。不论他们的行为是如何怪异、思想是如何的偏激，个人的感觉和思维方式往往总是与个人的经历有关的"。所谓"日常琐事"，所谓"个人处事方式"，所谓"个人经历"，都是在强调日常生活中藏有更为深刻的东西，善于观察生活细节和琐事，从中找出事物间的联系。本尼迪克特的一种卓有成效的工作方法——"我越是对日本人的某种行为迷惑不解，就越认为在日本人的日常生活中一定是有某些最平常的细节和琐事造成了这种奇特行为的产生，我的研究越深入到日本人的日常生活小事中，我的研究就越容易出成果"。(《菊与刀》)这种思路对我启发很大，我将其概括为"日常生活学理化，学理日常生活化"，即在表面的日常生活细节和较深刻隐蔽的学理之间达到一种互动，并将其作为指导我思考和写作的一种方法。于是，就有了《韩国人对华印象：态度与行为之差?》、《韩国：细节里的宽松与信任》、《土俗村，"一根筋"?》、《韩国：点点滴滴"陌生度"》等文章。

怀着好感和善意，学习与吸取韩国文化中好的东西，是观察韩国社会的基本态度，也是写作这部小书的基本态度。国家有大小，但不能以此分优劣，小国如有优点，也可以成为大国学习的对象，从而使自己的国家更富强。在此，极端民族主义在韩国问题上的"两个凡是"态度，不仅解决不了任何问题，还会导致两国之间由于缺乏了解而彼此误解，有时纠纷仅仅是细微的毫厘之差，却会由于偏激、偏见和狂热变成无法填平的鸿沟。其实，即使退一步讲，对他们所狂热热爱的自己民族和国家的发育及成长也很不利，道理很简单，除了有亡我之心不死的特别阴险的敌人之外，与人为善，就是与自己为善。基于这种想法，于是有了《韩国：民生细节》、《韩国：洁净有"道"》等篇。由于文化基因的先天性，一个人无论怎样想达到"客观"，里面总会有"主观"的成分，这是你在选择"观察什么"之初便已决定了，本尼迪克特称之为"有色镜片"，其云："任何民族在观察生活时所使用的镜片、所采用的视角都不同于其他民族。人们在观察事物时，也很难意识到自己是透过镜片观察的。任何民族都把这些视为当然，任何民族所接受的焦距、视点，对该民族来说，仿佛是上帝安排好的。我们从不指望戴眼镜的人自己会弄清镜片的度数，我们也不能指望各民族自己会分析他们对世界的看法。当我们想知道眼镜的度数时，我们就训练一位眼科大夫，他就会通过特定的技术来检查眼镜的度数。无疑，将来我们也会承认，社会科学工作者的任务就是为当代世界各个民族提供类似眼科大夫那样的服务。"（《菊与刀》）由此可知，我们不期望彻底摘掉这种主观的"眼镜"，而只是希望自己弄清镜片的度数，及其与实际事物的差距。当然，镜片度数越小，距离真实事物就越近。"虽不能至，心向往之"。

　　人生苦短，多有遗憾。雁过留声，人过留痕，飞鸿踏雪，偶留指爪，也算是一种对流逝岁月的补偿吧。

语言修辞与思想修辞

一、思想与修辞：问题的提出

本文意在从语言修辞出发，探索一种新的"修辞"视角——思想修辞。笔者认为，除了语言修辞外，还有一种"修辞"尚待研究，这就是"思想修辞"。当然，语言是思想的载体，无论多高明的思想，终究要通过语言来实现，但不是任何语言都有思想，而表达思想，显然是有技巧的。所以，笔者提出"思想修辞"的概念，以期与"语言修辞"相区别。如果说，"语言修辞"是表达者通过各种手段，以求达到语言运用的最佳效果；那么，"思想修辞"就是表达者通过各种手段，以求达到思想传达的最佳效果。二者的共性在于，它们都要通过"修辞"手段以达到自己的最佳效果；二者的区别在于，它们围绕的核心，一是语言，一是思想。简而言之，前者是语言润色，后者是思想润色；前者着重的是如何使语言漂亮，更有感染力、说服力，后者着重的是如何使思想更有感染力、说服力，更为大众普遍接受。

作为一门古老的人文学科，西方修辞（rhetoric）传统上就一直被等同于"言说的艺术"（the art of speaking），或者是"说服的艺术"（the art of persuasion）。在西方，"修辞"作为一种艺术起源于公元前5世纪的意大利，其时西西里岛推翻了寡头统治，确立起"民主"制度的雏形，政治权力由公民议事会议行使，于是普通公民可以通过"竞选"途径参政议政，这就使得改进口才、善于雄辩成为一时之需，修辞被比拟为大权在握、使人不能不从的王公，被描绘成口吐天宪、神通广大的女神，被讴歌为"使饥渴难当的人感到精神饱满，哑然无声的人变得振振有词，双目失明者重见光明"的一种魔力。于是一些"修辞手册"应运而生，指导人们掌握论辩的技巧，一些雄辩大师也随之出现，当然还有对此的理论上的总结：柏拉图的《对话录》和亚里士多德的《修辞学》。①

在中国，修辞活动起源也很早，杨树达的著作《中国修辞学》开篇列举了许多《左传》中的例子，这说明，作为一种追求最佳效果的积极的语言活动，春秋时代，人们在政治、外交等场合，修辞活动已是很频繁了，此不赘言。《易经》上也有"修辞立其诚"的话。战国时期，权力多元，百家蜂起，

---

① 刘亚猛. 西方修辞学史. 上海：外语教学与研究出版社，2008.

雄辩、论辩、游说成为某些士人的谋生手段，极大地刺激了有中国特色的修辞学的发展，《文心雕龙·论说》所谓"暨战国争雄，辩士云涌；纵横参谋，长短角势；转丸骋其巧辞，飞钳伏其精术。一人之辩，重于九鼎之宝；三寸之舌，强于百万之师"。

像任何概念一样，对于什么是"修辞"，也有众多的解释，但无论如何界定，都会在"修辞是语言的艺术"这一点上达成共识，都认为所谓"修辞"，是对语言的技巧性应用及对语言最佳应用效果的积极追求。

16 世纪的法国学者拉米斯曾把思辨和言辞视为两个截然不同的领域，他说：

> 自然赋予人类理性和言辞这两种人人享有的一般天赋。辩证是有关前者的理论，语法和修辞则事关后者。因此，辩证应当从人类理性中汲取力量，以便对（话语的）主题思想和材料的组织安排进行思考。语法应该从词源、句法、韵律等角度分析言辞的纯正性，同时还应该关注正字法，以达到正确言说和正确书写的目的。修辞则应该揭示如何首先应用转义和非转义辞格，然后通过采用富有尊严的各种表达方式，对言辞加以修饰……如果将这些艺术的管辖范围清楚地加以区分，使其各司其职，那么语法在其合法领域中所讲授的内容就不会跟修辞混杂起来，而辩证也不至于侵犯其他艺术的研究范围。[①]

既然思辨和修辞分属两个不同的领域，于是，从思维和言辞是人类截然不同的两种禀赋这一大前提出发，拉米斯认定西塞罗以修辞的名义所孜孜追求的理想，即"脑和舌的统一"，是大错特错的糊涂观念。修辞与熟悉的生成和意义的构筑无涉，起作用只局限于对通过非修辞途径产生的想法和念头加以修饰，以便准确、生动、有力地表达它们。因此，有必要在将思维的艺术和言说的艺术，即辩证和修辞，严加区分的基础上，对修辞进行再认识。修辞的正当研究对象应该只包含文体和表达两项，而它一向承担的中心任务，即念头、话题、话点的发明以及材料的组织和安排，必须划归辩证学。[②]中国学者王希杰在《汉语修辞法》中也明确指出："修辞学，是研究提高语言表达效果的规律的语言学科，是以修辞活动为自己的研究对象的一门科学。它是语言学的组成部分，是一门独立的学科，它的研究对象是语言的社

---

① 刘亚猛. 西方修辞学史. 上海：外语教学与研究出版社，2008. 222～223.
② 刘亚猛. 西方修辞学史. 上海：外语教学与研究出版社，2008. 223.

会功能，是如何有效地使用语言的问题。"①

翻开一些关于修辞的著作，其核心都是围绕着如何使用语言以期达到最佳效果进行的，如陈望道的《修辞学发凡》中，就列出了"消极修辞"和"积极修辞"两大类别，在"积极修辞"中，又列出了"譬喻"、"映衬"、"借代"、"摹状"、"双关"等辞格——这些明显属于"语言修辞"的范畴。另外，翻查一些修辞学著作，也常见到"譬喻"、"比拟"、"摹状"、"对偶"、"排比"、"错综"、"借代"、"移就"等修辞格，并以此为主要内容进行解释和论证。②

本文试图提出并论证"思想修辞"的存在，但其基础是"语言修辞"。区别二者的难点在于：语言修辞的对象是语言，思想修辞的对象也必须以语言为中介，但语言修辞只是要把某一片段的意思表达清楚或完美，而思想修辞则是要系统、完整地把某一种思想表达清楚或完美。如毛泽东在《星星之火，可以燎原》结尾写道："它是站在海岸遥望海中已经看得见桅杆尖头的一艘航船，它是立于高山之巅远看东方已见光芒四射喷薄欲出的一轮朝日，它是躁动于母腹中的快要成熟了的一个婴儿。"这明显就是"语言修辞"而非"思想修辞"，因为它是运用了比喻的手法，将新政权像什么……这样一个片段的意思表达得更加完美。

二、思想与修辞：历史的合理性

修辞究竟与理性和思想有无联系，对此，有些学者的判断是肯定的，其云："随着现代科学的发展和修辞学研究的深入，虽然我国学术界基本上倾向于修辞学归属于语言学，但从中外修辞学研究的历史和现状看，修辞学已很难以划归或者局限于语言学范畴。实际上，修辞学被放置在了一个语言学与传播学乃至于哲学的交叉地带。"③ 并明确指出：

随着修辞学研究的深入，人们发现修辞在物化思想和知识的同时，实际上也参与了知识的形成和真理的创造。修辞学家人类修辞方法"隐喻"的研究表明，"隐喻"不仅是一个修辞格，而且还是一种认知方式。隐喻不仅存在于语言表达的层面，而且存在于思维层面，是一种思维模式。④

---

① 王希杰. 汉语修辞学. 北京：商务印书馆，2009. 7.
② 陈汝东. 当代汉语修辞学. 北京：北京大学出版社，2004；王希杰. 汉语修辞学. 北京：商务印书馆，2009；吴礼权. 现代汉语修辞学. 北京：复旦大学出版社，2008.
③ 陈汝东. 当代汉语修辞学. 北京：北京大学出版社，2004. 42.
④ 陈汝东. 认知修辞学. 广州：广东教育出版社，2001. 460.

修辞具有认知性质，存在于思维层面，是一种思维模式，这种认识，验之修辞学史，尤其是西方修辞学史，是有充分依据的。先看看亚里士多德的修辞理论。亚里士多德在《诗学》中论述悲剧的性质时曾指出："悲剧是对于一个严肃、完整、有一定长度的行动的模仿；它的媒介是语言，具有各种悦耳之音，分别在剧的各部分使用；模仿方式是借人物的动作来表达，而不是采取叙述法，借引起怜悯与恐惧来使这种感情得到陶冶。"[1] 在分析"悲剧"的各种构成要素时，他说：

整个悲剧艺术包含形象、性格、情节、言词、歌曲与思想。……情节乃悲剧的基础，有似悲剧的灵魂；性格占第二位。悲剧是行动的模仿，主要是为了模仿行动，才去模仿行动中的人。思想占第三位。"思想"是使人物说出当时当地所可说、所宜说的话的能力，这种活动属于伦理学或修辞学范围；旧日的诗人使他们的人物的话表现道德品质，现代的诗人使他们的人物的话表现修辞才能。[2]

在此，亚里士多德明确作出了"'思想'是使人物说出当时当地所可说、所宜说的话的能力，这种活动属于伦理学或修辞学范围"这样的判断，在《诗学》的另一处，他也指出："有关思想的一切理论见《修辞学》，这个题目更应属于修辞学研究范围。""思想"包括一切须通过语言而产生的效力，包括证明和反驳的提出、怜悯、恐惧、愤怒等情感的激发。但是很明显，当激发怜悯与恐惧之情，表示事物的重大或可能时，还须按照这些方式从动作中产生出"思想"的效力。[3] 由此可见，在亚里士多德心目中，思想与修辞、理性与修辞无疑是有密切联系的。

梳理思想与修辞关系的另一条思路是雄辩学、辩论学或诡辩学。雄辩学或诡辩学是流行于古希腊、古罗马时代的一种"言说的艺术"。在此层面上，思想、情感、语言技巧是密不可分的，甚至诡辩学本身就被称为"修辞学"。洛克就曾批评说：

修辞学的一切技术（秩序和明晰除外），和演说术中发明的一切技巧的迂回的文字用法都只能暗示错误的观念，都只能够动人的感情，都只能够迷惑人的判断，因此，它们完全是一套欺骗。因此，在雄辩中，和演说中，这

---

① ［古希腊］亚里士多德. 诗学. 罗念生译. 北京：人民文学出版社，1982. 19.
② ［古希腊］亚里士多德. 诗学. 罗念生译. 北京：人民文学出版社，1982. 21～23.
③ ［古希腊］亚里士多德. 诗学. 罗念生译. 北京：人民文学出版社，1982. 66.

些把戏虽是可奖赞的，可是我们的议论如果在指导人，教益人，则我们应完全免除了这些。因为在真理和知识方面，这些把戏委实可以说是语言本身的缺点，或应用这些语言的人底过错。①

很明显，在此，他把"修辞学"嵌入了"雄辩学"之中。

但在古罗马著名的修辞学家西塞罗眼中，雄辩学却有着至高无上的地位，他指出，除了雄辩之外，没有任何其他东西可以"将散居各地的生灵聚集在一处，使他们脱离在蛮荒中的野性生存，进入作为人类以及作为公民所享有的那种文明状态，使他们在建立社群之后，能制定法律、建立审判庭、获得民权……完美的言说者不仅维持了自己的个人尊严，而且维护了整个国家的安全"②。这种褒扬和赞美不是无目的的，而是要指向一种方向——舌与脑的统一。他明确指出："就像雄辩由语言和思想组成一样，我们必须在保持我们的措词无误和纯洁——也就是使用良好的拉丁语——的时候，能够选择既'恰当'又有文采的语词。所谓'恰当'，就是要选择最优雅的语词；所谓有文采，就是要适度使用比喻，小心避免不着边际的对比。另一方面，就像有许多种思想一样，我在上面说过有许多种演讲风格。比如为了快乐，阐述和解释就应当是欢快的和诙谐的，为了激励情感，它们就应当是有分量的和给人印象深刻的。除此之外，有一种把语词放在一起的方式——一种结构——用来产生节奏和流畅这两种效果，还有一种安排观点的方式和一种最适宜证明某个案例的秩序。但所有这些都只是一座建筑物的组成部分，而它的基础是记忆，有了记忆才有可能表达。"③

很明显，在西塞罗心目中，统而言之，雄辩之组成有两大部分："语言"和"思想"；分而言之，还涉及风格意义上的"恰当"和"文采"，论证意义上的"阐述和解释"，构思意义上的"结构"和"秩序"，以及心理意义上的"记忆"。

即使是在语言运用的层面上，西塞罗认为，也有思想或观念的参与，例如概念的定义。他解释什么是"定义"时说：

定义是解释被定义的对象是什么的一个陈述。定义有两个基本类别，一类定义存在的事物，另一类定义只能由心灵把握的事物。所谓存在的事物，我的意思是那些可见可触摸的事物，例如农村、房屋、墙壁、雨水、奴隶、

① ［英］约翰·洛克. 人类理解论. 关文运译. 北京：商务印书馆，1959. 497.

② 刘亚猛. 西方修辞学史. 上海：外语教学与研究出版社，2008. 106.

③ ［古罗马］西塞罗. 论公共讲演的理论. 西塞罗全集. 北京：人民出版社，2007. 270.

动物、家具、食物等。有时候你不得不给这类物体下定义。另一方面，所谓不存在的事物，我指的是那些不可触摸或指出，但毕竟可以用心灵来接受和理解的事物，例如，你可以用长期占用、监护权、氏族、父系亲属来定义"获取"，这些事物没有形体，但可以在心灵中留下清晰的类型和理解，我称之为观念。在论证过程中，这种观念常常需要定义。①

可见，西塞罗心目中的雄辩学是多种要素的统一，其中自然包括理性思考、思辨和思想。恰如学者所分析的那样：

一方面，他心目中理想的修辞应该是理想和智慧的统一。通过自己长期投身罗马政治、法律、社会事务而获得的经验和阅历，他深知雄辩具有沛然莫之能御的力量，如果不用理智对它加以限制，听任其蜕变为煽动和蛊惑，则它对社群、公众和国家可能造成极其严重的危害和破坏。另一方面，他认为融雄辩和智慧于一体的修辞应该是至高无上的美德，是包括"哲学"在内的一切智力追求、一切学科艺术的最终归宿。为了说明后面这一点，西塞罗推出了可以称得上是"第一部西方智力史"的一个历史叙事。根据这一叙事，古希腊学术在其发端之后的很长一段时间内信奉一种雄辩和智慧合二而一，行动和思维密不可分的言、知、行统一观，雄辩家也就是智者，行动家跟思想家见之于同一人。②

毫无疑问，既然雄辩学具有如此之高的地位，那么，修辞与思想、雄辩和智慧、雄辩家和智者、行动家与思想家就有着高度的融合度。换言之，在西塞罗看来，思想与修辞之间存在着直接的联系，而这是无需争辩和论证的。

实际上，从广义修辞学的角度看，一些修辞技巧实际上包含了思想、情感、思维方式、语言技巧等多种因素，例如，成书于公元前 1 世纪的《献给赫伦尼厄斯的修辞学》，亦称《罗马修辞手册》，认为修辞有"表现"、"审议"和"法务"三大动因，修辞者应掌握"发明"、"谋篇"、"文采"、"记忆"、"发表"五大能力："发明，即构想出真实或大抵如此的说法，以便使所提出的论点使人信服；谋篇（arrangement），即分派言说材料的次序，使每一点排列在什么地方一清二楚；文采，即选用恰当的词句，使之顺应所构想出的说法……"③ 此外，西塞罗曾写作《话题》一书，力图对修辞方式作出

---

① ［古罗马］西塞罗. 论公共讲演的理论. 西塞罗全集. 北京：人民出版社，2007．285．
② 刘亚猛. 西方修辞学史. 上海：外语教学与研究出版社，2008．107．
③ 刘亚猛. 西方修辞学史. 上海：外语教学与研究出版社，2008．82．

一种系统明晰的表述。他首先提出两个初始命题，第一，"一切论辩性话语所关注的无非两件事：论点的发明和所发明论点是否确当作出的判断"；第二，"论点应该被理解为使有疑问的事物变得可信的（那些因素）"。在这两个命题的基础上，他将"话题"界定为"论点蕴藏处"或"论藏"，并根据话题"内在于"还是"外在于"言说主题将它们分为两大类。"内在话题"是由主题的本质确定的，可以从主题的"整体、部分、意义、联系"中提取出来。西塞罗指出：

　　讲演者应当具有开题（invention）、布局（arrangement）、文体（style）、记忆（memory）、表达（delivery）的能力。所谓开题，就是对那些真实的或者似乎有理的事情进行设想，从而使事例变得可信；所谓布局，就是对整个事件进行安排或配置，从而使事情的每个要点所处的位置变得清晰；所谓文体，就是针对构思出来的事情采用恰当的词句；所谓记忆，就是把事情、用语和布局牢牢地记在心里；所谓表达，就是优雅地使用声音、表情和姿态。①

　　显然，所谓的"开题"、"布局"、"文体"、"记忆"、"表达"都不仅限于语言层面，而是涉及思想和思维方式的层面。在另一处，西塞罗明白无误地论述了思想和讲演术、演说的关系，他借布鲁图之口说：

　　但就讲演术而言，我的快乐并不过多地取决于从讲演中得到的奖赏和名声，而在于它包含的学习和训练。……因为，不是一名健全的思想者，就不能成为一名优秀的演说家。因此，无论谁热心于真正的讲演术，都会献身于健全的思想，哪怕在伟大的战争时期也没有任何理由加以搁置。②

　　既然思想与修辞有着如此紧密的联系，思想已经参与到修辞中来，那么，在语言修辞已经有着自己林林总总的修辞格的情况下，思想修辞也应该有类似的修辞格或者范畴。这一点，在笔者思考"思想修辞的修辞格"问题之前，前人已经有了类似的思考，较早的，例如亚里士多德，他在《修辞学》中曾指出：

　　修辞术是论辩术的对应物。因为二者都论证那种在一定程度上人人都能认识的事理，而且都不属于任何一种科学。人人都使用这两种艺术，因为人人都企图批评一个论点或支持一个论点，为自己辩护或者控告别人。大多数人，有一些是随随便便地这样做，有一些是凭习惯养成的熟练技能这样做。既然这两种办法都可能成功，那么，很明显，我们可以从中找出一些法则来，

---

　　①　［古罗马］西塞罗. 论公共讲演的理论. 西塞罗全集. 北京：人民出版社，2007. 3.
　　②　［古罗马］西塞罗. 布鲁图. 西塞罗全集. 北京：人民出版社，2007. 665. 译者注："健全的思想"在这里的意思是哲学。它代表了作者在《论演说家》中提出来的观点，即理想的演说家必定也是哲学家。

因为我们可以研究为什么有些人是凭熟练技能而成功的，有些人却是碰运气而成功的。人人都承认这种研究是艺术的功能。①

也就是说，在承认思想参与修辞中来的前提下，思想修辞也应该是有一些规律可循的。

在这一点上，已经有先贤提出了"思想辞格"这样的概念。例如希腊化时期的学者德米特里撰写《风格论》，较早对修辞格进行了比较深入的讨论，并率先对"思想辞格"（Figures of Thought）和"语言辞格"（Figures of Speech）加以区分。②《罗马修辞手册》作者对当时已知的辞格进行了一番大清点，通过定义和示例详细讨论了分为"思想内容"和"语言辞格"的两大类共计四五十个的辞格。③ 可见，笔者所提出的"思想修辞"并非没有丝毫的学术积累。

但是，如果以"思想修辞"为关键词在谷歌、百度、CNKI 等上进行搜索，却发现目前这一领域的研究一片空白，笔者运用"思想修辞"进行搜索的结果是，只有"修辞思想"，如"亚里士多德的修辞思想"、"钱钟书的修辞思想"等；有一篇名为"语言修辞与思想修辞"，是笔者发表在凤凰博客上的一篇博文。④

如前所述，笔者深感有探究"思想修辞"的必要，深感在这一问题上，仅仅引用前人的权威语句，如亚里士多德和西塞罗等，说明思想与修辞的关系是远远不够的，要紧的是做一些具体的工作；其中更为要紧的是确立一些具有可分析和可操作的"思想修辞格"，或曰"思想修辞范畴"。笔者对"思想修辞"的基本认识是"整体、系统、发现、创新"，所谓"整体"、"系统"，是说语言修辞关注的对象是零散的、局部的语言现象，这一点在各种修辞学著作中可以轻易找到，而思想修辞是对一个问题整体的、系统的思考；所谓"发现"、"创新"，是说"语言修辞"关注的是语言层面上的创新，"思想修辞"关注的是思想层面上的创新。判断一种"修辞"究竟是"语言性质"的还是"思想性质"的，有一点很关键，那就是运用"思想修辞"。这往往能使问题深入一步而导致一种创新和发现，而"创新"、"发现"恰恰是"思想"的本质。空论无益，下面试图归纳、抽象、总结出一些具体的"思想修辞范畴"。篇幅所限，本篇只讨论"比喻延伸"和"中观思维"。

---

① ［古希腊］亚里士多德. 修辞学. 上海：上海人民出版社，2006. 19.

② 刘亚猛. 西方修辞学史. 上海：外语教学与研究出版社，2008. 75.

③ 刘亚猛. 西方修辞学史. 上海：外语教学与研究出版社，2008. 92.

④ http://blog.ifeng.com/article/17099497.html.

三、比喻延伸：思想修辞范畴之一

比喻延伸，是思想修辞的范畴之一。所谓比喻延伸，即不只是把"比喻"这种修辞格视为润色、修饰语言的手段，而是将其延伸到思想层面，形成一种新的思想或知识系统。

确立"思想修辞"的关键之一在于"修辞在物化思想和知识的同时，实际上也参与了知识的形成和真理的创造"，也就是说，一种修辞手段，可以发生在语言层面，也可以上升或深入到思想层面，形成一种新的知识系统——例如，"修辞学家人类修辞方法'隐喻'的研究表明，'隐喻'不仅是一个修辞格，而且还是一种认知方式。隐喻不仅存在于语言表达的层面，而且存在于思维层面，是一种思维模式"[1]。

试以"角色理论"为例。角色理论，亦称"拟剧论"，是一种社会学或社会心理学的研究范式或知识系统，其要义在于以戏剧中角色表演来比拟社会人生。可见，它无疑属于"思想"的范畴。角色（role）最初是由拉丁语 rotula 派生出来的，这一概念最初在学术著作中出现是在 20 世纪 20 年代社会学家齐美尔（G. Simmel）的《论表演哲学》一文中，当时他就提到了"角色扮演"的问题。但直到 20 世纪 30 年代，"角色"一词才被专门用来谈论角色问题。在此之前，"角色"一直是戏剧舞台中的用语，是指演员在戏剧舞台上按照剧本的规定来扮演特定人物；但不断有人发现：现实社会和戏剧舞台之间的内在联系，舞台上上演的戏剧是现实生活的缩影。反之亦然。其后，美国社会学家米德（R. H. Mead）和人类学家林顿（R. Linton）把"角色"这一概念正式引入了社会心理学的研究，后来符号互动论者 E. 戈夫曼发展了这一理论，试图从人与人之间的日常交往方面来解释人的社会行为，其代表作为《日常生活中的自我表现》，使"角色论"或"拟剧论"更加系统化、学理化。[2]

其实，早在莎士比亚的《皆大欢喜》里，就有这样的台词："全世界是一个舞台，所有的男男女女不过是一些演员；他们都有下场的时候，也都有上场的时候，一个人一生中扮演着好几个角色。"在曹雪芹的《好了歌注》里，也可以看到这样的"拟剧"之影："陋室空堂，当年笏满床；衰草枯杨，曾为歌舞场。……因嫌纱帽小，致使锁枷杠，昨怜破袄寒，今嫌紫蟒长：乱哄哄你方唱罢我登场，反认他乡是故乡。甚荒唐，到头来都是为他人作嫁衣裳！"其中亦有"人生如戏剧"的辛酸与慨叹。应该说，这短短几句话已经

---

① 陈汝东. 认知修辞学. 广州：广东教育出版社，2001. 460.

② 全国 13 所高校编写组. 社会心理学. 天津：南开大学出版社，2008. 65.

具备了后来"角色理论"或"拟剧论"的基本要素，但由于它只是一种比喻，只停留在"语言修辞"层面，没有形成一种"思想"，这就是典型的语言修辞——把"世界"比喻成"舞台"，把"男男女女"比喻成"演员"。

但是，如果不只停留在"世界如舞台"、"人生如戏"这样的比喻层面，而是由此出发，构建起一种学术思想和学术体系，那就是一种"思想修辞"了，其典型代表就是戈夫曼的《日常生活中的自我表现》。戈夫曼明确指出，其灵感和思想来自戏剧表演："本报告所使用的观点是戏剧表演的观点，其原理从舞台演出艺术原理引申而来。我将讨论个体在普通工作情境中向他人呈现他自己和他的活动的方式，他引导和控制他人对他形成的印象的方式，以及他在他人面前维持表演时可能会做或不会做的各种事情。"① 表面看来，这同前面所说的"世界如舞台"、"人生如戏"的比喻没什么区别，但细究之后，会发现，在此戈夫曼已经将这种比喻有意识地发展成为一种思考模式和学理系统了。换言之，他从"人生如戏剧"这一基本视角出发，把戏剧表演的各种要素引入其学理系统中来，例如"观众"这一要素在莎士比亚的比喻中是没有的，但戈夫曼却指出，"观众"也参与了表演——"也许更重要的是，在舞台上，一个演员在一种角色的庇护下，向其他演员所表演的角色呈现自己；观众构成了互动的第三方——这是必不可少的一方，然而，如果舞台表演是现实的话，它就不会出现在那里。在现实生活中，三方并为两方；一个个体扮演的角色迎合其他在场人扮演的角色，然而这些他人同时构成了观众"②。此外，从"戏剧表演"的诸种要素出发，戈夫曼构建了一个完整的"角色表演"的理论体系，这一体系的要素有：舞台设置、角色、表演、剧本、剧情、剧班、观众、前台、后台、假面具、表演失败、社会界墙、印象控制、印象管理等——很明显，在此，以戏剧要素来比拟社会活动是一种比喻，一种修辞，但这种修辞明显已经不仅仅是停留在语言层面，而是进入了思考方式、学理构建、系统思维的高级层面上，这种学理意义上整体的、系统的建构，戈夫曼称之为"框架"。他说：

我认为，上述特征和要素组成的框架，体现了在英美社会中，人们在自然背景下所进行的大量社会互动的特征。就这一框架可以运用于任何社会机构这一点而言，它是一种正式的和抽象的框架；但是它却不仅仅是一种静态的框架。这一框架涉及各种动态问题，他们产生于维持在他人面前所投射的

① ［美］欧文·戈夫曼. 日常生活中的自我呈现·序言. 冯钢译. 北京：北京大学出版社，2008. 1.

② ［美］欧文·戈夫曼. 日常生活中的自我呈现·序言. 冯钢译. 北京：北京大学出版社，2008. 1.

情境定义这一动力中。①

　　显然，从莎士比亚"语言修辞"层面上的比喻，到戈夫曼"思想修辞"层面上的比喻，二者既有联系，又有区别——有联系，故称其为"修辞"；有区别，故称其为"思想修辞"。为通俗起见，或可称前者为"小比喻"，后者为"大比喻"；前者是局部的、零散的，后者是整体的、系统的（显然，戈夫曼在将"社会互动"视为"戏剧表演"时，其着眼点不是局部的、片段的，而是整体的、系统的）；前者只是一种"A 像 B 一样"的修辞表达，后者则是一种完整的知识系统。例如，戈夫曼把"所有的男男女女不过是一些演员"、"一个人一生中扮演着好几个角色"这样的认识发展为一个系统的"表演框架"，内含上述"舞台"、"演员"、"假面具"、"表演"诸多要素。这种修辞源于语言层面（因为它本质上也是一种比喻），但又高于语言层面（因为它进入了学理系统化的整体构思层面），所以笔者称其为"思想修辞"。

　　比喻延伸的第二个例子是钱钟书先生的《围城》。它本源于法国的一句成语："fortresseassi"，说婚姻犹如"被围困的城堡"，"城外的人想冲进去，城里的人想逃出来"。又据，英国也有一句类似的古话，把婚姻比喻成一个"金漆的鸟笼"："笼子外面的鸟想住进去，笼内的鸟想飞出来。"这无疑只是对婚姻的一种比喻，明显属于"语言修辞"的层面。但钱钟书先生却把这一比喻发展成了一种看问题的视角、一种隐喻知识体系，写出了《围城》这样的著作，这就是"思想修辞"了。

　　钱钟书先生的《围城》源于上述"被围困的城堡"及"金漆的鸟笼"的比喻，但又明显超出了"语言修辞"的层面，进入社会、人生、婚姻、家庭的系统性思考。书中以方鸿渐、赵辛楣等人为形象依托，细述了其从对爱情、婚姻、事业上的追求到理想的幻灭、绝望，犹如一座座围城。作者借方鸿渐之口表达了这样的认识："我还记得那一次褚慎明还是苏小姐讲的，什么围城，我近来对人生万事都有这个感想。是啊，在局外人的眼里，留学生的招牌、专家教授的头衔、阔商政客等社会名流，是多么让人艳羡！"恰如有学者所分析的那样：

　　钱先生的杰出之处正在于他通过方鸿渐这个现代人的生存体验，对人的存在处境的荒诞性作了创造性并堪称是经典性的揭示。钱钟书先生正是用围城与人、笼子与鸟的比喻，形象深刻地展示了"现代中国"的"某一部分社

---

　　① ［美］欧文·戈夫曼. 日常生活中的自我呈现·序言. 冯钢译. 北京：北京大学出版社，2008. 104.

会、某一类人物"。"围城"本是一个封闭的实体，而钱先生却将人类生存状态和人们的思想、情感、态度、意志、行为、心理等等全部投放到这一具体的实体中，使"围城"充满了哲理意蕴，它已经不单单是一个具象的事物，而泛化为人类生存的一种普遍范式。小说中最典型的隐喻本体是婚姻，但钱先生却赋予其更为广泛的寓意。由"结婚"而推广到家庭、事业、现实人生、人类理想、人们的生存境况等等，无一不是围城：无数的人想冲进去，而进去之后却又失望地逃出来，逃出来之后其实已经又陷入另一座无形的围城。（张俊卿：《钱钟书〈围城〉巧用比喻手法的艺术魅力》）

小说以主人公方鸿渐的恋爱婚姻和求职事业为两条基本线索，前者描述了他与几位女性的情感纠葛，一次次陷入进退两难和危机境地；后者描述了他恋爱失败后，到内地求职，在三闾大学落聘后，又回到上海，路上历尽艰辛和痛苦，所遭遇的是人生旅途中一座又一座的"围城"。就这样，出城，等于又入城，再出城，又再进入城……永无止境。每一次都是费尽心力冲进去，立刻发现不是理想所在，再想方设法逃出来，真是"乘兴而入城，败兴而出城"。但很明显，在钱先生的笔下，"围城"这一比喻显然已经超越了"语言修辞"的层面，这一隐喻结构暗含了现代人对人生处境的哲学思考，正是钱先生把"围城"从一个简单的比喻发展成为一种整体的思考、一种系统的思想——它是一种隐喻，但又远远超出了一个简单比喻的水平，而是延伸到了整体构思、哲理思考、谋篇布局的思想层面，因而可将其称为"思想修辞"中的"比喻延伸"。

四、中观思维：思想修辞范畴之二

中观思维，是思想修辞的范畴之二。

"中观思维"一词，语出胡伟希先生，他曾指出："相对于西方哲学的'二分法'思维，中国哲学可以概括为中观思维，其基本含义是'执两用中'。中观思维贯穿中国哲学的始终。……中国哲学的这种'非二分法'思维，本文用一个词来表达，称之为'中观'。它不仅说明中国哲学思维是非二分法的，还要指出中国哲学在何种意义上是非二分法思维的。换言之，'中观思维'一词才是中国哲学非二分法思维的具体形态。"①

本文使用"中观思维"一词，与胡伟希先生略有不同，即笔者不是在哲学意义上，而是在思想方法意义上使用"中观思维"这一概念。所谓中观思

---

① 胡伟希. 中国哲学的中观思维. 中国人民大学学报，2008（3）.

维，是指一种在两个已知的学术观点、学术视角的中间地带发现问题、形成自己独特视角的思维方式。如果能够知其内在规律，运用纯熟，就会形成一种较为稳定的思维模式，形成一种新的思想或知识系统。因而，本文也将其视为一种思想修辞的范畴。

例如罗宗强教授首先提出"文学思想史"这一概念，就是"中观思维"较为典型之一例。罗先生之提出"文学思想史"，是在对两个已知学科——文学史和文学理论批评史——的思考中产生的。罗先生认为，在中国文学史和中国文学理论批评史的中间地带，还存在着一个被人忽略的学科范畴——文学思想史。在大量研究的基础上，他认为："文学思想史应该是一个独立的学科，它与文学批评史、文学理论史既有联系又有区别。"道理在于：很多文学思想不仅体现在已经成型的文学理论范畴之中，所以"文学思想史的研究对象显然比文学理论批评史更为广泛。文学理论与批评当然反映了文学思想，是文学思想史研究的主要对象。但是，文学思想除了反映在文学批评与文学理论中之外，它大量地反映在文学创作里。有的时期，理论与批评可能相对沉寂，而文学思想的新潮流却异常活跃。如果只研究文学批评与理论，而不从文学创作的发展趋向研究文学思想，我们可能就会把极其重要的文学思想的发展段落忽略了。同样的道理，有的文学家可能没有或很少文学理论的表述，而他的创作所反映的文学思想却是异常重要的。这样的例子在中国文学思想史上为数不少。例如，李商隐的诗文思想。义山诗歌，无疑反映着一种异常独特而又十分重要的诗歌思想倾向，由于他追求凄美幽约，表现朦胧情思，他对于诗的特质与功能、诗的技巧与趣味，就都有着完全异于他之前对这些问题的不同理解。但是，他却几乎没有明确的理论表述"。此外，文学思想史研究与文学史研究也有区别，他指出："同是研究一种文学现象，文学史研究的是这种现象本身，而文学思想史研究的是这种现象所反映的文学思想。……它只注意文学现象中那些反映出新的文学思想倾向的部分，而忽略其余。"[①] 就这样，罗先生在已有的两个传统学科——文学史和文学理论批评史的中间地带又发现了一个大有潜力的新领域，他将其命名为"文学思想史"，从而发展成一个新学科。从思维规律的角度讲，他所运用的方法属于"中观思维"，即在两个已知的思维对象的中间地带发现一个新的领域，从而产生一种新的思想和思维角度。这种现象，在人文社会科学的研究中，不是一个个案，而是带有普遍性，所以将其命名为"中观思维"。

要之，所谓"中观思维"，是指在两个已知的知识或思想中间发现未知

①　罗宗强. 宋代文学思想史·序. 上海：中华书局，1995.

因素，从而创立一个新的思想角度或知识体系。如上所举的罗先生发现"文学思想史"就是一个例子。这种方式不仅是一个个案，而是具有一定的普遍性。试再以法兰克福学派学者之一弗洛姆的《逃避自由》为例。弗洛姆指出："除了理解产生法西斯主义的经济和社会条件之外，还有一个人性的问题需要探讨。本书目的就是分析现代人性格结构中的一些动态因素，正是这些因素使法西斯国家的人们甘愿放弃自由，并如此广泛地充斥于我们数百万同胞的心灵中。"① 他的这种把心理性格和社会政治文化结合起来的思路，是受到两个人的启发，一是马克思，二是弗洛伊德。在对马克思主义、弗洛伊德主义的研究、"综合"中阐发的，关于人的存在、本性、异化与解放的理论构成了弗洛姆学说的核心。一方面，弗洛姆认真研究了《1844 年经济学哲学手稿》等马克思著作，认为其异化劳动理论具有合理性，但过分强调经济、政治因素，虽提出经济基础和上层建筑的概念和关系，但并未说明二者是如何实现转化的；另一方面，弗洛姆深受弗洛伊德的影响，认为其较前人高明之处在于：他引导人们注意观察和分析决定人类若干行为的非理性和无意识力量，但尚缺乏科学论证，其性本能说也过于偏颇。于是，弗洛姆在二者的学说中发现了一个中间地带——"我也试图找出弗洛伊德学说中那些仍然闪耀着真理光辉的思想和那些需要修正的论断；对于马克思的理论，我也是这么做的。在理解和批评这两位思想家后，我最终找到了一种综合"。换言之，在吸取了马克思和弗洛伊德学说的精华之后，他同时看到了二者的缺陷：马克思过分强调上层建筑和意识形态对社会发展的作用，弗洛伊德则过分强调了纯粹生理和本能对人的影响作用。于是他试图"综合"二者。弗洛姆认为，"怀疑一切"的理论出发点、相信真理的力量、强调人道主义和运用辩证法的动力学研究方法，是实现二者结合的基础。他用弗洛伊德的"无意识"、"性格"补充马克思之不足，提出"社会无意识"和"社会性格"，作为联结经济基础和上层建筑的纽带，实现了二者的"综合"。②

　　为深入理解"中观思维"，再举一个西方学者的例子——梅罗维茨和他的《消失的地域：电子媒介对社会行为的影响》。这是一部主要以电视为对象、论述"媒介场景"的著作。仔细剖解其学术思想形成之际的一个思想萌芽，会发现梅罗维茨的思想方法也有"中观思维"的影子，即善于在两个已知的思想范畴之间发现一个新的视角和切入点。梅罗维茨曾对麦克卢汉和戈夫曼十分崇拜，前者提出了"媒介是人的延伸"，是研究新媒介的大师，

---

① ［德］埃里希·弗洛姆. 逃避自由·前言. 刘林海译. 北京：工人出版社，1987.

② 陈学明. 逃避自由·译序. 北京：工人出版社，1987.

后者前文已经提及，是"角色理论"或"拟剧论"的代表性人物。梅罗维茨这样描述他对两位学者的感受：

当我还是大学生时，曾试图将我所学过的和所经历的综合成一个整体，我对这两种理论的不完整感到不安，但对他们对社会秩序的看法感到好奇。戈夫曼和麦克卢汉为理解社会行为提供了不同的思路。戈夫曼提出了影响行为的一个因素："环境的限定"，它是由特定的交往地点以及观众所决定的。戈夫曼显然忽略了角色和社会秩序的变化。而另一方面，麦克卢汉指出了电子媒介的应用所产生的社会角色的普遍变化，但是没有清楚地解释电子媒介"怎样"和"为什么"会引起这些变化。①

这种想法一直延续到梅罗维茨攻读博士学位，并决定以此作为自己的学术突破方向。他说：

当我攻读博士学位时，我对分析媒介和人际行为的相互作用产生了兴趣。我惊奇地发现这两个领域的研究是完全孤立的。当然，人们观察了媒介如何影响真实的行为，真实的行为如何与媒介的内容相关。然而，未将两个传播系统截然分开，作为整体进行研究的模型几乎没有。绝大多数的研究都关注"人们模仿在电视上看到的行为"，或者电视所展示的内容不是现实的确切反映，现实生活与媒介有冲突。很少有人将媒介和人际交往在同一"行为"系统中或"对他人行为响应"系统中进行研究。好像也无人研究社会行为信息的新的获取模式在如何影响人们扮演旧时角色的能力。②

于是，他把麦克卢汉和戈夫曼各自的不足，即二者学说的中间地带作为自己突破点，最终形成了自己的学术兴趣，他这样描述自己的学术历程："将这两种理论流派合二为一的兴趣，以及经过10多年的努力，终于形成了这本书。我认为戈夫曼和麦克卢汉二人的优势和劣势是互补的。戈夫曼侧重研究面对面的交往，而忽视了媒介对于他所描述变量的影响和作用；而麦克卢汉侧重媒介的效果，却忽略了面对面交往的结构特征。面对面的行为和有中介的传播是完全不同类型的交往，即现实生活和媒介场景的差异。"《消失

① ［美］约书亚·梅罗维茨. 消失的地域：电子媒介对社会行为的影响·引言. 肖志军译. 北京：清华大学出版社，2002.
② ［美］约书亚·梅罗维茨. 消失的地域：电子媒介对社会行为的影响·引言. 肖志军译. 北京：清华大学出版社，2002.

的地域：电子媒介对社会行为的影响》提出了一个新的概念——一种"能够将面对面交往与媒介的研究联系起来的共同基础"，即"社会场景"的结构。他指出："我认为电子媒介影响社会行为的原理并不是什么神秘的感官平衡，而是我们表演的社会舞台的重新组合，以及所带来的我们对'恰当行为'认识的变化。这是显而易见的：因为观众变化的同时，社会行为也会变化。"①于是，在此认识的基础上，他实现了媒介分析与社会场景的结合。

简而要之，本文认为，除了语言修辞外，还有一种"修辞"尚待研究，这就是"思想修辞"。如前所述，思想修辞明显带有"思想方法"或"思维模式"的特征，但是，之所以将其称为"思想修辞"，是因为它像语言修辞一样，带有修辞的诸种特征，如固定的模式、稳定的规律、适用的普遍性……这也就是本文侧重分析的地方，而对于其"思想方法"或"思维模式"的要素则忽略不计。另外，之所以将其称为"思想修辞"，是因为其范畴的基础是语言修辞，例如"比喻延伸"就是建立在语言修辞的"比喻"、"譬喻"、"比拟"的基础上，并将其延伸到思维层面的。还需要指出的是，尽管从亚里士多德到西塞罗、再到现代汉语修辞学家都曾指出"思想"和"修辞"的联系，甚至已有人提出"思想辞格"这样的概念，但究竟什么是"思想修辞"的辞格或范畴，还有着较大的探讨余地和空间。笔者试图把语言修辞的"辞格"移用到"思想修辞"中来，更试图构建一系列"思想修辞"的修辞格或范畴，于是就有了本文对于"比喻延伸"和"中观思维"的探索，认为它们是思想修辞的两个重要范畴。

---

①　［美］约书亚·梅罗维茨. 消失的地域：电子媒介对社会行为的影响. 肖志军译. 北京：清华大学出版社，2002.

从《红楼梦》看曹雪芹的新闻价值观

一

　　所谓新闻价值观，就是新闻工作者在新闻实践中确定什么是新闻、如何选择新闻的基本准则。在我国新闻界，徐宝璜 1919 年所撰写的《新闻学》中，就曾有专章论述新闻价值的问题，指出："新闻之价值者，即注意人数多寡与注意程度深浅之问题也。"① 但若从世界新闻史角度来看，"新闻价值"概念的真正形成，大约在 19 世纪 30 年代的美国。其时，美国的政党报刊逐渐衰落，大众化报业蓬勃兴起。大众化报纸，即所谓"廉价报"、"便士报"，以平民为读者对象、价格低廉、信息简明、文字通俗、销售方便。为最大限度地吸引读者、占领市场、获取最大利润，他们必须抛弃一党一派的新闻价值观念，转而采取读者普遍认可的新闻价值观念。于是，讨论、确定新闻价值标准的使命就被提上了议事日程。

　　美国大众报刊——便士报的创办者们就在实践中形成了对新闻的认识。他们发现，"如果以轻松活泼的方式将新闻发表出来，那么新闻就是很有价值的商品"。当时，《纽约太阳报》的主编查尔斯·达纳（Charlse Dana）认为，所谓新闻就是"使社会上大部分人感兴趣并且从未引起注意过的任何事情"，而"人类真正的趣味"是衡量新闻好坏的"绝对标准"。他手下的本市新闻版主编约翰·博加特（John Bogart）说得更为明白："狗咬人不是新闻，人咬狗才是新闻。"即反常性和趣味性是构成新闻价值的要素。1883—1911年，被称为"报界怪杰"的普利策主持《世界报》，他反复告诫手下记者，去采集"与众不同的、有特色的、戏剧性的、浪漫的、动人心魄的、独一无二的、奇妙的、幽默的、别出心裁的，适于成为谈助而又不致破坏高雅的审美观或降低格调的，尤其不能损害人们对报纸的信任……"② 1897 年，该报一跃成为美国销路最大的报纸。长期以来，尽管西方新闻界对新闻价值的定义五花八门，但还是达成了一些基本共识。主要包括：

---

① 徐宝璜. 新闻学. 北京：中国人民大学出版社，1994. 24.
② ［美］威·安·斯旺伯格. 普利策传. 陈志宝，俞再林译. 北京：新华出版社，1989. 380.

（1）影响力，即对多少受众产生影响，影响范围有多大；

（2）及时性，即强调新闻报道的时效性，时间越近，价值越大；

（3）接近性，即关注新闻报道与受众之间的距离，距离越近，价值越大；

（4）显要性，即新闻报道所涉及主体的知名度越高，价值越大；

（5）异常性，即所报道事件明显偏离常规和日常经验，亦称新异性、反常性；

（6）冲突性，即强调必须抓住事件发展过程中始终存在着的矛盾和冲突；

（7）趣味性，即强调新闻报道能够使读者产生浓厚兴趣。①

新闻传播，是一种普遍存在的社会交往现象，恰如传播学大师施拉姆所说："传播是社会得以形成的工具。'传播'一词与'社区'一词有共同的词根，绝非偶然。没有传播，就不会有社区；同样，没有社区，也不会有传播。人类有别于其他动物社会的主要区别是人类传播的特性。"② 简而言之，只要有社会、群体存在的地方，就会有新闻传播活动，也就会有对新闻传播价值的认识。新闻价值观是现代报业的产物，主要在现代西方形成，不等于处于其他时代的其他民族群体没有对新闻传播价值的认识；只不过其区别在于：前者是学理化的、抽象的、概念分析性的，而后者则是生活化的、形象的、直观感悟性的。对此，看一看曹雪芹的新闻价值观或许有助于我们进一步理解。

二

查程甲本一百二十回《红楼梦》，"新闻"这一词汇共出现了 13 次，其中前八十回出现了 12 次，后四十回出现 1 次。由于学界基本认定后四十回为程伟元、高鹗搜集残稿，续补而成，所以若讨论"曹雪芹的新闻价值观"，只能以前八十回出现的这 12 次"新闻"为依据。而在这 12 次中，有两次属于同义互见，一为第二回《贾夫人仙逝扬州城　冷子兴演说荣国府》所载：雨村因问："近日都中可有新闻没有？"子兴道："倒没有什么新闻，倒是老

---

① 徐耀魁. 西方新闻理论评析. 北京：新华出版社，2004. 136~146.

② ［美］威尔伯·施拉姆，威廉·波特. 传播学概论. 陈亮等译. 北京：新华出版社，1984. 4.

先生的贵同宗家出了一件小小的异事。"① 二为第四十八回《滥情人情误思游艺　慕雅女雅集苦吟诗》所载：且说平儿见香菱去了，就拉宝钗悄说道："姑娘可听见我们的新闻了？"宝钗道："我没听见新闻，因连日打发我哥哥出门，所以你们这里的事，一概不知道。"② 所以，严格地讲，在曹雪芹笔下，实际上共有 10 次使用了"新闻"这一词汇。参照国际新闻界比较公认的新闻价值观，一一剖解这 10 次"新闻"词汇的运用，可以说，尚处于传统传播时代的曹雪芹已经较为直观地、朦胧地形成了自己对于新闻价值的看法，尽管它还不是现代新闻学意义上的。

（1）新闻欲与"知道感"。第一回《甄士隐梦幻识通灵　贾雨村风尘怀闺秀》载：

当下雨村见了士隐，忙施礼陪笑道："老先生倚门伫望，敢是街市上有甚新闻否？"士隐笑道："非也。适因小女啼哭，引她出来作耍，正是无聊的很，贾兄来得正好，请入小斋，彼此俱可消此永昼。"③

这里涉及新闻作为一种信息产品的原始心理需求——"新闻欲"的问题。先辈新闻学者刘元钊曾指出："我们讲到新闻的原始，就要提到'新闻欲'的问题了，新闻之所以发生，实源于'新闻欲'。人类的本能是富于'新闻欲'的，如果没有'新闻欲'，人类就绝不会进化，文化也绝不会发达的。所谓'新闻欲'者，乃由于'欲知道'、'欲使人知道'及'欲被人知道'三个心理作用而发生了"新闻欲"。"④ 而在所谓的"新闻欲"发生的心理过程中，首先产生的是"新闻期待"，即在心理上期待着有什么新鲜事儿发生。贾雨村看见甄士隐倚门伫望街市热闹之处，就推想他知道了什么新闻，在此虽是写甄士隐，实则道出他自己期待、渴望知道某些新鲜事儿的心理，这一点，结合第二回《贾夫人仙逝扬州城　冷子兴演说荣国府》所载"雨村因问：'近日都中可有新闻没有？'"就会看得更清楚。这种心理，就是现代新闻学所说的"新闻欲"。人生在世，会产生各种心理需求，想知道新奇、未知之事的欲望，即为其中之一。所谓新闻欲，就是人类对社会或自然界新近变动的事实信息因感觉缺乏而渴求满足的一种心理愿望。这种愿望得到满足，就会产生精神快乐；反之，就会产生无聊、烦闷等消极情绪。甄士

---

①　曹雪芹，高鹗. 红楼梦. 上海：中华书局，2005. 11.

②　曹雪芹，高鹗. 红楼梦. 上海：中华书局，2005. 357.

③　曹雪芹，高鹗. 红楼梦. 上海：中华书局，2005. 4.

④　童兵. 理论新闻传播学导论. 北京：中国人民大学出版社，2000.

隐所说的"正是无聊的很",正揭示了自己也极其需要外界新奇信息的刺激,来消磨无聊的时光;而贾雨村的到来,恰似一种活的"新闻"的到来,解决了无聊的问题,即所谓"彼此俱可消此永昼"是也。

另据心理学研究表明,新近、新奇、变化的新闻信息会极大满足人的"知道感",而"知道感"的满足,一般会引起脑中枢的兴奋过程,产生愉快的情绪;反之,一般则会引起中枢神经的抑制过程,产生消退、逃避或排斥的心理与行为。一项心理实验分析结果显示:"'知道感'的记忆项目与'不知道感'的记忆项目的脑活动模式有着显著的差别,'知道感'项目可以导致大量积极的脑(特别是额叶区域的)活动,而'不知道感'的项目则只伴随有少量的脑活动。因此,'知道感'可能是基于一个积极的提取和元记忆判断过程,而'不知道感'则可能基于一个'虚无的'脑活动状态,也就是说,人们基于'一无所获'而获得'不知道感'。"① 对某一"新闻"事件从"不知"到"知",是一个满足"新闻欲"的积极心理过程,在这一过程中,新闻受众会产生极大的心理愉悦和满足感,第三十六回《绣鸳鸯梦兆绛芸轩 识分定情悟梨香院》载:

> 不想林黛玉因遇见史湘云,约她来与袭人道喜,二人来至院中,见静悄悄的,湘云便转身先到厢房里去找袭人。林黛玉却来至窗外,隔着纱窗往里一看,只见宝玉穿著银红纱衫子,随便睡着在床上,宝钗坐在身旁做针线,旁边放着蝇帚子。林黛玉见了这个景儿,连忙把身子一藏,手捂着嘴,不敢笑出来,招手儿叫湘云。湘云一见她这般光景,只当有什么新闻,忙也来一看,也要笑时,忽然想起宝钗素日待她厚道,便忙掩住口。②

这一幕场景描绘得很细腻,黛玉原本想找袭人,却无意中看见宝玉和宝钗同处一室,一坐一卧,一个悠闲小憩,一个在做针线,俨然生活中的一对儿小夫妻,所以发笑,又不敢笑出声儿来,而湘云见状,也想知道这笑的原因,这就是人的好奇心和"知道感"在起作用。在这里,曹雪芹所用的"只当有什么新闻"的"新闻"一词,主要指一般人想知道自己尚未知晓的事实,这种"欲知道"的心理和愿望如得到满足,就会产生精神快乐。所以,史湘云"忙也来一看",也看到了这一幕场景,知道了这一"新闻"是什么,知道了黛玉发笑的原因,获得了心理愉悦,原先的"新闻期待"得到了满

---

① 心理学家揭示"知道感"赖以实现的大脑过程. http://tech.163.com.
② 曹雪芹,高鹗. 红楼梦. 上海:中华书局,2005. 263.

足，内心极其高兴——只见她"也要笑时，忽然想起宝钗素日待她厚道，便忙掩住口"。

（2）新闻的异常性。美国《太阳报》的创办人戴伊认为，在世界上发生的事件中，只有新奇的、不寻常的、灾难性的、骇人听闻的事才可以上报，才会引起公众的兴趣，从而使报业兴旺。①《红楼梦》第一回《甄士隐梦幻识通灵　贾雨村风尘怀闺秀》载，甄士隐遇见疯跛道人，听见他满口"好"啊、"了"啊的，并为其《好了歌》作注解，于是引出那段著名的"陋室空堂，当年笏满床；衰草枯杨，曾为歌舞场……"的议论，书载：

> 那疯跛道人听了，拍掌大笑道："解得切！解得切！"士隐便说一声："走罢！"将道人肩上的褡裢抢了过来背上，竟不回家，同了疯道人飘飘而去。当下哄动街坊，众人当作一件新闻传说。②

这里的"新闻"内涵，主要强调的是反常性或异常性，主张新闻要着眼于所报道事件的反常特点，即那些明显偏离常规行为和人们日常经验的特点。在出走之前，甄士隐连遭厄运，先是在元宵节丢了女儿英莲，又因邻居家失火使他的家烧成了瓦砾场，后来万般无奈去投奔岳丈封肃，寄人篱下，晚境凄凉，书载：

> 士隐知投人不著，心中未免悔恨，再兼上年惊唬，急忿怨痛已伤，暮年之人，贫病交攻，竟渐渐的露出那下世的光景来。

但这更多地表现为心理上的忧郁和煎熬，其中委曲，并非全为外人所知；在"街坊"等外人眼中，他作为一个有家有室的凡俗之人，结果竟抛下家人，与疯跛道人飘然而去，不知所终，就明显地偏离了人们的常规行为，违反日常经验，所以"当下哄动街坊，众人当作一件新闻传说"。这非常符合约翰·博加特所说的"人咬狗才是新闻"，强调事物的反常性。另外，这一行为的反常性还可以从其妻封氏的反应中得到证明——

> 封氏闻知此信，哭个死去活来，只得与父亲商议，遣人各处访寻。那讨音信？无奈何，只得依靠着她父母度日。幸而身边还有两个旧日的丫鬟伏侍，

---

① ［美］莫特. 美国新闻史. 太阳报，1993 – 09 – 03.
② 曹雪芹，高鹗. 红楼梦. 上海：中华书局，2005. 8.

主仆三人，日夜作些针线发卖，帮着父亲用度。那封肃虽然日日抱怨，也无可奈何了。

由此也可见甄士隐出走对一种正常生活的影响。另外，第五十七回《慧紫鹃情辞试莽玉　慈姨妈爱语慰痴颦》中，宝玉去看黛玉：

正值黛玉才歇午觉，宝玉不敢惊动，因紫鹃正在回廊上手里作针线，便上来问他：“昨日夜里咳嗽的可好些？”紫鹃道：“好些了。”宝玉笑道：“阿弥陀佛，宁可好了罢。”紫鹃笑道：“你也念起佛来，真是新闻。”宝玉笑道：“所谓病急乱投医了。”①

宝玉素无吃斋念佛的习惯，也不信佛，在紫鹃面前满口“阿弥陀佛”的，与其日常行为形成鲜明反差，明显属于反常行为，所以紫鹃说这是一件新闻。

（3）新闻的接近性。第二回《贾夫人仙逝扬州城　冷子兴演说荣国府》写到贾雨村见到旧时相识古董商人冷子兴，说话投机，最相契合：

雨村因问：“近日都中可有新闻没有？”子兴道：“倒没有什么新闻，倒是老先生的贵同宗家出了一件小小的异事。”雨村笑道：“弟族中无人在都，何谈及此？”子兴笑道：“你们同姓，岂非一族？”雨村问是谁家。子兴笑道：“荣国贾府中，可也不玷辱了先生的门楣。”②

这里，冷子兴直接就把贾雨村所说的“新闻”称为“异事”，也是强调新闻的异常性；但这一条的不同之处在于，它还涉及了新闻价值的另一特征，即接近性，报道者要关注新闻事件与受众之间的距离，距离越近，价值越大。根据后文，冷子兴所说的“异事”有两层意思，一是财政紧张，所谓“如今生齿日繁，事务日盛，主仆上下，安富尊荣者尽多，运筹谋划者无一；其日用排场费用，又不能将就省俭，如今外面的架子虽未甚倒，内囊却也尽上来了”。二是后继无人，所谓“谁知这样钟鸣鼎食之家，翰墨诗书之族，如今的儿孙，竟一代不如一代了”！这些事情，对绝大多数人来说，并非具有新闻价值，但对贾雨村则不同，后来他就任金陵应天府一职，就是荣国贾

_____

① 曹雪芹，高鹗. 红楼梦. 上海：中华书局，2005. 432.
② 曹雪芹，高鹗. 红楼梦. 上海：中华书局，2005. 11.

府贾政的举荐。所以，荣国贾府的盛衰，与他个人的前程有直接的关系，反映荣国府内一切变化的信息，对他都有一定的参照价值，所以冷子兴认为这些个"异事"，对贾雨村来说就是"新闻"，这是由于贾雨村与荣国贾家属于"同宗"、"同谱"，他的前程要依赖贾家的这种接近性所决定。按照现代新闻理论，所谓"接近性"主要有三点，一是时间的接近性，二是地域空间的接近性，三是利益、利害关系的接近性。这里所涉及的"新闻"价值所在，明显属于第三种。接近性，也可称为"针对性"，它一般是专门针对收受主体的欲知、未知、应知而制造的，只面对某一特定人群。在此，所谓"新闻"、"异事"的对象就是贾雨村。又如，第四十八回《滥情人情误思游艺　慕雅女雅集苦吟诗》载：

　　且说平儿见香菱去了，就拉宝钗悄说道："姑娘可听见我们的新闻了？"宝钗道："我没听见新闻，因连日打发我哥哥出门，所以你们这里的事，一概不知道，连姐妹们这两天没见。"平儿笑道："老爷把二爷打的动不得，难道姑娘就没听见？"宝钗道："早起恍惚听见了一句，也信不真，我也正要瞧你奶奶去呢，不想你来。又是为了什么打他？"①

　　这段文字涉及新闻的接近性的两个特征：一是利害关系的接近性。《红楼梦》的主题思想之一，就是与父权社会的冲突，对男权社会的不满和反抗，贾政屡次毒打宝玉，就是这种思想的表现。而宝玉挨打之日，又往往是众姐妹们怜惜他、关心他的绝好时机；尤其以宝钗和宝玉的关系，宝玉被打，当然是一件大新闻，所以平儿问"姑娘可听见我们的新闻了"？二是时间的接近性，也称为"及时性"。及时性，是强调新闻报道的时效，报道越及时，价值越大。新闻是新近发生的事件，曼切尔认为，及时性是指"事件刚刚或最近发生"所具有的新闻价值。西方现代新闻界认为，及时性之所以是新闻价值必不可少的标准之一，是因为新闻是"高度易腐的商品"（曼切尔语），"'陈腐'的新闻缺乏吸引力"（德弗勒和丹尼斯语）。因此，西方新闻界长期流行着一句格言："死得不能再死的是昨天的报纸"，如今又加上了一句："或是一小时前的广播、电视新闻。"② 宝钗因连日忙于薛蟠的事情，不知此事，从时间的接近性上来讲，宝钗知晓此事越快，新闻的价值也就越大，因为及时的新闻会使听众随时掌握事态的发展，使人们的行为有明确的目的

---

　　① 曹雪芹，高鹗. 红楼梦. 上海：中华书局，2005. 357.
　　② 徐耀魁. 西方新闻理论评析. 北京：新华出版社，2004. 138.

性。这次宝玉挨打"也没拉倒用板子棍子，就站着，不知拿什么混打了一顿，脸上打破了两处"，平儿说"姨太太这里有一种丸药，上棒疮的，姑娘快寻一丸子给我"。于是"宝钗听了，忙命莺儿去要了一丸来与平儿"，解决了问题；如果她知道得晚，这药来得也就晚些，恐怕误事。

（4）新闻的趣味性。趣味性的本义是 human interest。好奇、求新、求异，乃人的天性。被称为"报界怪杰"的普利策在主持《世界报》（1883—1911 年）期间，对新闻的共同兴趣提得更具体，执行得更彻底。1897 年，该报成为美国销路最大的报纸，可见"趣味性"在吸引读者方面的影响力。其实，曹雪芹也注意到了趣味是"新闻"构成的要素。《红楼梦》第二回《贾夫人仙逝扬州城　冷子兴演说荣国府》载：

> 这政老爹的夫人王氏，头胎生的公子名唤贾珠，十四岁进学，不到二十岁就娶了妻，生了子，一病就死了。第二胎生了一位小姐，生在大年初一，就奇了；不想后来又生了一位公子，说来更奇，一落胎胞，嘴里便衔下一块五彩晶莹的玉来，上面还有许多字迹，你道是新闻异事不是？雨村笑道："果然奇异。只怕这人来历不小。"①

公子衔玉而生，闻所未闻，能够使读者产生探个究竟，接着读下去的浓厚兴趣。这也就是普利策所说的"与众不同的"、"有特色的"、"戏剧性的"、"独一无二的"等，曹雪芹称之为"新闻异事"，也就是认识到了趣味性是新闻元素的重要组成部分。另外，第三十九回《村老老是信口开河　情哥哥偏寻根究底》载：

> 凤姐儿见贾母喜欢，也忙留道："我们这里虽不比你们的场院大，空屋子还有两间。你住两天，把你们那里的新闻故事儿说些与我们老太太听听。"贾母笑道："凤丫头，别拿他取笑儿。他是屯里人，老实，哪里搁得住你打趣他。"说着，又命人去先抓果子与板儿吃。板儿见人多了，又不敢吃。贾母又命拿些钱给他，叫小幺儿们带他外头玩去。刘姥姥吃了茶，便把些乡村中所见所闻的事情说与贾母听，贾母越发得了趣味。②

在此，刘姥姥所讲的乡间的"新闻故事"已经直接与"趣味"挂了

---

① 曹雪芹，高鹗. 红楼梦. 上海：中华书局，2005. 12.
② 曹雪芹，高鹗. 红楼梦. 上海：中华书局，2005. 288.

钩——所谓"贾母越发得了趣味"。

（5）新闻的冲突性。《红楼梦》第八十回《美香菱屈受贪夫棒　王道士胡诌妒妇方》写道：

> 半月光景，忽又装起病来，只说心痛难忍，四肢不能转动，疗治不效。众人都说是秋菱气的。闹了两天，忽又从金桂枕头内抖出个纸人来，上面写着金桂的年庚八字，有五根针钉在心窝并肋肢骨缝等处。于是众人当作新闻，先报与薛姨妈。薛姨妈先忙手忙脚的；薛蟠自然更乱起来，立刻要拷打众人。

现代新闻理论认为，冲突性是对"反映人们或机构之间相互交锋的事件"的报道。冲突性之所以具有新闻价值，是因为"这里的法则是和谐等于平淡，而竞争就有了新闻价值"。历年普利策新闻奖获得者多为报道负面新闻，即强调必须抓住事件发展过程中始终存在着的矛盾和冲突。夏金桂自编自演，制造假新闻，要加害于秋菱，矛盾冲突尖锐，所以"众人当作新闻，先报与薛姨妈"。

实际上，这里还涉及新闻的独立性问题，即新闻符号世界一旦被创造出来，就不会依赖传播主体和收受主体而存在，就具有了一定的独立性。根据新闻学理论，新闻符号世界具有相对的独立性。新闻符号一旦被创造出来，就不会依赖传播主体和收受主体而存在，就具有了自己独特的价值与生命。施拉姆和威廉·波特在《传播学概论》中写道："话说出来以后就不可能是没有说过。当一个句子印出来之后，就不可能是没印过。当一个人的面部表情传达了某种情绪时，一个人就不能把它收回。但是，假若参加这种传播关系中的另一个人并没有注意到这种表情或者在声波行进之前的一刹那没有听到讲出来的话，或者印在纸上的句子还没有被读到，或者是'死海羊皮纸卷轴'正在洞穴里等着某人去发现它们。在这个间隔时间里，不管是长还是短，只有光波、声波或纸上的墨迹，它们是完全脱离参加这种关系的任何人的。"① 夏金桂自己先"策划"新闻，然后使其成为一种"新闻事实"，这种"符号事实"最终要对"客观事实"产生影响——薛蟠先是要拷问众人，后来又"更被这一席话激怒，顺手抓起一根门闩来，一径抢步找着香菱，不容分说便劈头劈面打起来，一口咬定是香菱所施"。

---

① ［美］威尔伯·施拉姆，威廉·波特. 传播学概论. 陈亮等译. 北京：新华出版社，1984. 56.

三

如前所述，西方现代新闻价值观主要有七点，即影响力、及时性、接近性、显要性、异常性、冲突性、趣味性。① 而经过梳理研究曹雪芹对"新闻"一词的具体运用，他实际上已经触及其中的几个重要点，即异常性或反常性、接近性、冲突性和趣味性。当然，作为生活在清朝前期的曹雪芹，不可能从现代报业的意义上去理解和运用新闻价值观，他只是朦胧地感受到了"新闻"一词和某种事物特性的联系。但是了解这一点对于研究清代的新闻传播活动却不无帮助。曹雪芹生活的清朝康、雍、乾时代，新闻传播活动已经比较发达。清朝入关后，参考明代官报发行体制，继续在全国范围发行"邸报"。清初的顺治、康熙、雍正三朝的公私文献中，都有不少关于当时"邸报"的记载。清代官报的发布方式、发行渠道与明代的十分接近，即经由通政使司、六科、提塘三个环节。通政使司是于顺治元年（1644 年）设立的，据《清朝文献通考》卷 82 载，通政司"掌受内外章疏，臣民密封申诉之事，凡在外之题本、奏本，在京之奏本，并受而进之于朝，核其不如式及程途稽限者。凡大政大狱，咸得偕部院予议焉"。其具体任务是，收各省题本，校阅后送内阁；查有题本不合规制的，送内阁参处；有逾限期的，移交关系衙门议办。各省将军、副都统与总督、巡抚、提督、总兵等官，按季将奏过本章造具印册，咨送内阁查核。清代"邸报"刊发的大量章奏就来源于此。由于通政司地位重要，担任通政使的官员，特别是其中的满员，历来是皇帝宠信的大臣。而通政使司这一环节尤其重要，因为曹雪芹的祖父曹寅因接驾有功，在康熙第五次南巡之后，在江宁织造之外加赐通政使司通政使衔。② 该职名为"通政"，是以政务比水，取其下情上达、上下常通之意。其所掌管的事务多与信息、情报、新闻有关。从实际操作情况来看，曹雪芹的祖父曹寅实际上充当了康熙皇帝的情报官和耳目，从事了一种特殊的新闻报道活动，这在《曹家档案史料》中有诸多反映。当然，这已经是另外一篇文章的内容了。

（原载于《文学与文化》第八辑，2008 年 6 月）

---

① 徐耀魁. 西方新闻理论评析. 北京：新华出版社，2004. 136～146.

② 方汉奇等. 中国新闻传播史. 北京：中国人民大学出版社，2002. 33.

"传统回归"与"两级传播"

一

1980 年第 10 期的《诗刊》上，登载了一首题为"中国，我的钥匙丢了"的诗，作者梁小斌。诗中写道：

中国，我的钥匙丢了。
那是十多年前，
我沿着红色大街疯狂地奔跑，
我跑到了郊外的荒野上欢叫，
后来，
我的钥匙丢了……

天，又开始下雨，
我的钥匙啊，
你躺在哪里？
我想风雨腐蚀了你，
你已经锈迹斑斑了；
我要顽强地寻找，
希望能把你重新找到。①

其时，"文革"刚刚结束，中国百废待兴，百业待举，正处于解放思想、弃旧图新的急剧转型时期。黄钟毁弃，瓦釜雷鸣；偶像坍塌，神殿寂寥……一代青年从虚无缥缈的"现代乌托邦"中走出来，踏着"推倒"、"砸烂"、"打碎"的废墟瓦砾，满身伤痕，展望现实，两眼一片迷茫……其时，旧的已经打碎，新的尚未建立，打碎一个旧世界，并未能如期地建设一个新世界。钥匙丢了，不能回家；思想丢了，没有方向；自我丢了，无法认同。这首诗正是从这一独特的视角，写出了一代青年失去心灵家园的困惑和思考；从一把小小的钥匙的丢失，折射出一个民族的历史失落和精神迷惘。在此，"钥

---

① 梁小斌. 中国，我的钥匙丢了. 诗刊，1980（10）.

匙"的象喻外延很广，可以是健康的精神、美好的理想、甜蜜的爱情、幸福的生活等；但是，更重要的是一种精神家园，一种可以自我认同的民族精神。中国传统文化，作为开启我们民族精神家园之门的钥匙，自近代始，确切地说，自"五四运动"、"打倒孔家店"始，在各种因素的撞击、挤压、打击下，已经丢失了，也就是学界盛谈的"文化断层"、"文化断裂"。其过程、细节，史实俱在，此不赘述。试看国学大师南怀瑾先生对这一"文化断裂"的描述：

> 中华民族有着五千年的文化历史，如今却像个乞丐一样，向西方讨文化的饭吃。这是因为中国历史进入近代后，经济、科技和军事等许多方面都落后于西方国家，遭受西方列强的欺负和侵略。一些知识分子寻找中国贫穷落后的原因，结果把账算到了文化传统的头上。他们以为是旧的文化、特别是孔子的儒家学说禁锢了中国人的思想，拖累了中国社会的进步。尤其是"五四运动"时的一班人，为了使中国走向现代化，提出"打倒孔家店"，推翻旧文化。可是，他们分不清甚么是中国文化传统中经过几千年考验积累起来的精华，甚么是后来人穿凿附会、肆意曲解，加进去的糟粕，结果就把精华与糟粕一起抛弃，就像倒洗澡水把小孩一起倒掉了。旧文化推翻了，新的中国文化是甚么，并没有建立起来，就这样把中国文化传统拦腰砍断。①

2002 年，张祥龙教授在《全球化的文化本性与中国传统文化的濒危求生》一文中对此作了总结性的梳理，他认为中国传统文化濒临灭绝，其理由是：

> 我们说一个文化是活的，就要看：①这个文化是否还有严格意义上的传人，即一些以团体的方式、用自己的生命实践在自觉地传承她的"道统"的人们；②她赖以生存的最基本的社会结构是否还存在；③她的基本价值取向是否还能影响人们在生活中作出的重大选择；④她的独特语言是否还活在人们表达关键思想和深刻感情的话语和艺术形式之中。……更具体地说，如果以上讲的四个标志中的一个所指示的现象基本消失，那这个文化就出了较大的问题，有两个或三个标志现象不明显，这个文化就已陷入危机或严重危机，如果四个标志现象都不可见了，这个文化就已经寿终正寝。②

---

① 人民启蒙网·南怀瑾专栏，http://www.renwen.cn，2004 - 03 - 25.
② 张祥龙. 全球化的文化本性与中国传统文化的濒危求生. 南开学报，2002（5）.

当按照自己提出的"四个指标"分别分析了中国传统文化之后，张祥龙教授总结说：

由此可见，四个标志现象中，儒家文化或者完全缺席，或者气息奄奄；总合起来，它们指示出这样一个事实：以儒家为主的中国传统文化已陷入了生存危机，可说是"人命危浅，朝不虑夕"，而且从目前的发展趋势上看，总的形势还在不断恶化。黄河水中流走的是我们中华民族的生存之血，而现今的时代潮流冲走的则是我们民族精神的元气血脉。"中国向何处去？"这个曾被完全政治化的问题，现在已经获得和正在获得越来越浓重悲凉的文化含义。①

20世纪60年代，美国学者列文森在《儒教中国及其现代命运》一书中也曾指出，在现代中国，儒家传统已经失去其真正的价值，只能成为"博物馆"里的陈列品。所谓"博物馆学的意义"是指"陈列品都只具有历史的意义，它们代表的是既不能要求什么，也不能对现实构成威胁的过去。或者说他们只具有'审美'的意义，只能用价值的而不能用历史的眼光来欣赏。他们被小心翼翼地从过去中提取了出来参加展览，换言之，它们从过去的整体文化中被割了下来，并成了新的文化的一部分"②。从这种意义上来看，他认为，儒家文化已经"死"了：

当儒教最终成为历史时，这是因为历史已超越了儒教。固有的古典学问，亦即源自经典所记录的有关抽象的人如何创造永恒历史的那种实践不起作用了。③

就像在欧洲能感觉到苏格拉底的神圣一样，在中国也能感觉到（或再次感觉到）孔子的神圣。但是，犹如古希腊文明，儒家文明也只具有了"历史的意义"且现代中国文明和任何其他民族文化如西方文化一样，都是世界文化的一部分，它可以通过平装本的古籍来使世界理解"孔子的智慧"。因此，在一个真实的世界历史中，当所有过去的成就都成了没有围墙的博物馆的陈列品时，每一个国家的过去也就成了其他国家的历史，这意味着非儒教化和

---

① 张祥龙. 全球化的文化本性与中国传统文化的濒危求生. 南开学报，2002（5）.

② ［美］约瑟夫·列文森. 儒教中国及其现代命运. 郑大华，任菁译. 北京：中国社会科学出版社，1995. 373.

③ ［美］约瑟夫·列文森. 儒教中国及其现代命运. 郑大华，任菁译. 北京：中国社会科学出版社，1995. 359.

传统感的丧失。①

理论总是灰色的，只有生活之树常青。理论追求稳定，而现实总处于生转流变之中。变化的现实总是要向一些"定论"提出挑战。在中国，"历史"真的"已超越了儒教"吗？孔子、儒家、传统文化果真成为了一种只具有"历史价值"、"审美意义"的陈列品吗？就在"断层说"、"博物馆说"、"寿终正寝说"、"完全缺席说"几乎已成定论之时，一股回归传统文化的风潮正在中华大地上涌动。转机与危机同在；"传统"正在与"现代"对接；"博物馆"中的"孔子"，正在走入今天的生活。

二

综合各类媒体信息，笔者基本可以作出这样一种判断：无论争论有多么激烈，无论怎样评价，作为一种客观事实，近年来，一股回归传统文化的风潮正在中华大地上涌动。早在1995年3月第八届全国政协会议上，9名德高望重的全国政协常委提出议案，以焦急迫切的文字，表达了对传统文化教育的忧思：

我国文化之悠久及其在世界文化史上罕有其匹的连续性，形成一条从未枯竭、从未中断的长河。但时至今日，这条长河却在某些方面面临中断的危险。……（传统经典）是我们的民族智慧、民族心灵的庞大载体，是我们民族生存、发展的根基。也是几千年来维护我民族屡经重大灾难而始终不解体的坚强的纽带；如果不及时采取措施，任此文化遗产在下一代消失，我们将成为历史的罪人、民族的罪人。②

在这种思想指导下，目前，这种"回归"潮正在由随意和朦胧变为主动和自觉。梁启超先生论"时代思潮"时曾说：

凡时代思潮无不由"继续的群众运动"而成。所谓运动者，非必有意识、有计划、有组织，不能分为谁主动、谁被动。其参加运动之人员，每各

① ［美］约瑟夫·列文森. 儒教中国及其现代命运. 郑大华，任菁译. 北京：中国社会科学出版社，1995. 382.

② 人民启蒙网，http：//www. renwen. cn，2004－03－23.

不相谋，各不相知。其从事运动时所任之职役，各各不同，所采之手段亦互异。于同一运动之下，往往分无数小支派，甚至相嫉视相排挤。虽然，其中必有一种或数种之共通观念焉，同根据之为思想的出发点。①

　　目前在中国出现的"传统回归"之风恰恰具有这种"非必有意识、有计划、有组织"，"每各不相谋，各不相知"的特点。如果稍微留心一下中国的文化市场和媒介资讯，就会强烈地感受到各种"传统文化"正"八仙过海，各显神通"，在现代中国"复活"、"复兴"。概括而言，它有如下表现：一是《百家讲坛》等用传统文化打造品牌；二是"现代私塾"悄然兴起在华夏大地；三是"现代读经"有了专门读本；四是"国学院"现身高校；五是"祭孔"、"祭黄"等各类"公祭"方兴未艾；六是"冠笄之礼"等传统礼仪融入日常生活；七是孔子学院遍布全球，中国向世界亮出名片。不赘。

　　几乎是与此同时，一些文化名人也纷纷撰文演讲，在一个更高的层面上不约而同地表达"传统回归"、"传统复兴"的意愿。

　　南怀瑾先生是较早推动少儿读经的学者，这首先基于他对近百年来中国文化出现断层的深刻危机感。无论是在著作中、讲堂上，还是在与学生或友人的言谈中，南先生都表达了对民族文化发展命运的深切关怀。他常说，一个国家、一个民族亡国都不怕，最可怕的是一个国家和民族自己的根本文化都亡掉了。这就沦为万劫不复，永远不会翻身的境地。我们只要看看犹太人就知道。自摩西出埃及，到现在两三千年来，犹太人在世界上始终是领先的。在几千年以后的现在又重新建国。犹太人几千年来的教育，自成一个独立的系统，始终保存它自己的文化。南先生多次意味深长地说：一个没有文化根基的民族是没有希望的。没有自己的文化，一个民族就不会有凝聚力，始终像一盘散沙。没有自己的文化，一个民族就不会有创造力，只会跟在外国人屁股后面模仿。没有自己的文化，一个民族就不会有自信心，也不可能得到外人的尊重。②

　　半个多世纪以来，从大陆到台湾，从美国到香港，南怀瑾先生一直苦心孤诣地为重振中国文化而奔走、呼号。近年来，南先生更强调文化重建要从儿童抓起。他说："像我们这个年龄层，七八十岁的人快要死光了，将来要想靠我们承先启后、继往开来，把国家民族文化保存下来是几乎不可能的了。"而三四十岁的人，从小就没有打好中国文化的基础，不中不西，不今

---

① 梁启超. 中国近三百年学术史. 北京：中国书店，1985. 11.
② 魏承恩. 重整中国文化断层的宏图大业. 实修驿站，www. shixiu. net，2009 - 11 - 04.

不古，很难担当复兴民族文化的重任。这一代没有办法了，只有寄希望于儿童，寄希望于未来。趁我们接受过传统文化教育的老一辈还在，极力培养下一代，把中国文化的薪火传下去，使得命如悬丝、不绝如缕的文化传统得以保存，进而发扬光大。南先生经常动情地说："我是看不到小树成长的那一天了，但我相信，小树是一定会成长起来的。"①

台湾著名现代新儒家代表人物牟宗三先生说：少儿读经是中华文化的储蓄银行。中华文化最好的货币就是经典，在年幼时将最好的货币存在他们心中，他们长大后一定会知道怎么用。牟宗三的学生，在台湾和大陆推动少儿读经的王财贵教授著有学术报告《儿童中西文化经典导读与启蒙教育》，认为儿童是吸收的年龄，而不是发表的年龄；儿童是累积的年龄，而不是组织的年龄，所以儿童只管吸收，他就像海绵一样，有什么吸收什么，全部吸收进来，至于懂不懂，不是他的事。对于自己懂，他很高兴，对于自己不懂，他也很高兴，对于自己懂不懂，他自己都不晓得，我们大人不要那么紧张，提醒他你一定要懂，这是违反了他的天性。②

白先勇先生指出："我觉得 20 世纪已到尾声，世纪初那一批有识之士对中国文化的质疑、抨击，所提出的林林总总的改革方案，直到现在似乎仍没有一个肯定的答案。……我一直觉得，也一直希望，下一个世纪，中国会有一个新的'文艺复兴'，这个运动如果成功，一定是中国传统文化与世界现代文化衔接、通电后一种新的中国文化之诞生。"③

2006 年 6 月 1 日，《光明日报》刊载了王蒙先生《全球化视角下的中国文化》一文，系统论述了全球化语境下及中国崛起背景下中国文化的位置问题。文章认为："全球化引起文化的焦虑，是指全球化使一些国家和地区的文化感到有一种被融化、被改变的危险。首先你会失掉自己的身份。所谓认同危机，就是学来学去都是英美的东西，主要是美国的，可是你学完了，又不是美国人。这种危机在许多国家，包括法国、中国等都存在。"王蒙指出："现在越来越多的人认识到，中国文化很有价值，它消灭不了。中国文化尽管有落后、僵化、腐朽的一面，但更有它灵活的、开放的，能够吸纳、适应、自我调节、获取新的生命力的一面。……我们中国文化显示了自己的再生能力，显示自己完全能够与时俱进，完全能够跟得上现代化、全球化的步伐，同时又保持我们自己文化的性格、特色、身份、魅力，表达了我们对中国文

---

① 人民启蒙网·南怀瑾专栏，http：//www. renwen. cn，2009 – 11 – 04.

② 原道网，http：//www. yuandao. com，2006 – 07 – 07.

③ 人民网，http：//culture. people. com. cn，2006 – 07 – 04.

化的信心和自豪。"①

　　而余秋雨先生则提出了"搭建中国文化通向世界的'第四座桥'"的问题。他认为，中国在综合国力提高、跻身世界大国的同时，必须告诉人们中国文化到底是什么。可是，直到今天，世界上许多国家都知道中国经济发展非常快，也曾经有过漫长的历史，并出现过许多精彩之笔。他们也可以判断下个世纪中国将更强大，但他们还缺少对中国人及其灵魂的了解。从文化意义上讲，找回中国人失落多年的尊严才是我们的最终目标。而这种体验主要是通过艺术语言来表达的，因此，建立"第四座桥"便成为摆在世纪文化当中的一个严峻课题，而更多的华人则把这种期望寄托在中国大陆。他指出，以往国际社会接受中华文化主要有三座桥：第一座是"古典学理"之桥，第二座是"世俗民艺"之桥，第三座是"传媒信息"之桥。"但还不完全，还应建立'第四座桥'，这一座桥就像人们通过歌德、贝多芬了解德国，通过雨果、罗丹了解法国，通过海明威了解美国一样。我们还缺少能够传达我们文化的最精致的部位，又能感动世界其他民族的这种艺术作品，这座桥到今天还没能真正搭建起来。"②

三

　　可见，围绕这种"传统回归"现象，学界意见不一、仁智互见，有时还爆发激烈的争论。争论的焦点之一就是究竟传统能不能进入现代人的视野？能不能被现代人所接受？如果能的话，又要通过什么样的传播途径？理论总是灰色的，只有生活之树常青。就在理论家和学者们进行抽象的"概念博弈"的同时，流动变化的传播现实似乎已经对这些问题给出了答案，这就是：传统文化若要进入现代人的生活，亟须"两级传播"的中介功能和转化作用。

　　"两级传播"是传播学四大先驱之一美国传播学家拉扎斯菲尔德的一大发现。20世纪三四十年代，在传播效果研究上，传播学界盛行着一种"魔弹"理论，也称为"子弹论"或"皮下注射论"，其核心观点是：传播媒介拥有不可抵抗的强大力量，它们所传递的信息在受传者身上就像子弹击中躯体，药剂注入皮肤一样，可以引起直接速效的反应；它们能够左右人们的态

---

① 王蒙. 全球化视角下的中国文化. 光明日报, 2006 – 06 – 01.

② 余秋雨. 中华文化走向世界还缺少什么. 人民网, http://culture.people.com.cn, 2006 – 07 – 04.

度和意见，甚至直接支配他们的行动。恰如施拉姆所说："传播被视为魔弹，它可以毫无阻拦地传递观念、情感、知识和欲望。……传播似乎可以把某些东西注入人的头脑，就像电流使电灯发出光亮一样直截了当。"对此，拉扎斯菲尔德持有异议。1940年美国总统大选期间，他围绕着大众传播的竞选宣传，对选民投票意向的影响进行了一项实证调查，历时6个月，其成果凝结为《人民的选择》。由于这一活动是在俄亥俄州的伊里县进行的，所以在传播学史上又称为"伊里调查"。在《人民的选择》中，拉氏首次提出了"意见领袖"（opinion leader）和"两级传播"（two step flow of communication）。"意见领袖"是人群中比较活跃的群体，他们拥有更多的主观兴趣，因此，他们比一般的人更多地接触媒介，比一般的人知道更多的媒介内容。他们把他们所知道的东西，通过自己头脑的加工，使其再次"流"向"人群中不太活跃的部分"，以致对这些"不太活跃者"产生决策上的影响。与一般受众相比，无论对报纸、杂志还是广播，意见领袖的接触频度和接触量都远远高于和大于一般人。据此，研究人员对传播过程作了这样一种推测：大众传播并不是直接"流"向一般受众，而是要经过意见领袖这个中间环节，即"大众传播—意见领袖——般受众"，于是便产生了"两级传播"的概念。

在此，如果借用一下拉扎斯菲尔德的"两级传播"概念，我们可以说，"传统文化"若要进入现代中国受众的视野，并让他们接受，就要借助现代大众媒介的"两级传播"机制。中华文化源远流长，经史子集，灿然可观。尤其是在历史领域，自《春秋》、《史记》以来从未间断的历朝正史，绵延2 000余年，其记载之详细、史料之完备，为我华夏民族所仅有。但由于古今文化、语言、价值观念、审美趣味的诸种隔绝，已经造成了一种在古典精英文化和一般大众之间的"传播障碍"，其直接结果就是许多学人哀叹的文化萎缩，古典精神式微。从传播方式看，以往传统文化主要依赖"一级传播"，即文言文的语言、线装书的形式、象牙塔内学究式的封闭研究、私塾的知识传承方式，这种"一级传播"形式，弊端在于传播手段有限、受众面狭窄、影响力不大，使得传统文化的精华不能传达到大众的精神领域。换言之，十分有限的"一级传播"方式已经对"传统回归"形成了制约，是弘扬我国优秀传统文化的传播障碍。如何改变这种局面，在学界尚无完整的理论概括之时，传播实践给出了具有操作价值的答案。以下试分析几个传播个案，以说明"两级传播"在"传统回归"中所发挥的重大作用。

2005年初，58集大型电视连续剧《汉武大帝》在央视黄金时段热播。据悉，该剧播出首周的平均收视率达到4.49%，其最高收视率更是突破了5%。此外，其广告收入也很可观，达到了1.2亿元，创中央电视台历年来单剧广告收入新高。据业内人士透露，由于《汉武大帝》渐入佳境，因此收视率还将攀升。

对历史正剧，历来褒贬不一。《汉武大帝》亦然。就正面的意见而言，审看过样片的秦汉史专家认为，在大的脉络上，该剧基本符合历史记载。主创阵容强大，制作华丽精美。全剧以《史记》、《汉书》为依据，围绕汉武帝刘彻的跌宕人生和历史功绩，巧妙地安排戏剧冲突，全景式展现了汉武帝时期的社会历史画卷，在成功塑造刘彻形象的同时，卫青、霍去病、李广、张骞、司马迁、苏武等著名历史人物的形象也得以生动展现，给人以巨大的视觉冲击力和心理震撼力，是一部上乘之作，堪称银屏史诗。然而负面意见也不少，主要集中在是否符合史实上，据称该剧有七大硬伤：一是电视剧名称不符国情；二是太皇太后像日本艺伎；三是司马迁有胡子；四是历史名言经不住推敲；五是文字发音不符合古语；六是节奏、风格照搬《雍正王朝》；七是外国现代名言（如高尔基"鹰鸡之论"）进入中国古代。对此，导演胡玫一一作了回应。其他类似意见也不少，如"西汉有无纸张"、"太子刘荣是否被逼自杀"、"刘陵是否风流公主"等。依笔者之见，总体观来，该剧瑕不掩瑜，值得肯定。

这样说，还基于一个传播学的理由。《汉武大帝》之所以值得肯定，还在于它实际上发挥了一种在古典文化、传统文明和广大读者之间的"二级传播"功能。

《汉武大帝》等历史正剧利用大众传播媒介的强大辐射、普及功能，充当了古典精英文化和一般受众之间的一个"二级传播"角色，打破了种种"传播障碍"。其特殊之处还在于，它以活泼生动的视觉画面，取代了艰深难读的文字。有实例为证。笔者的女儿很少阅读正史，某日《汉武大帝》结束后，她忽然兴致大发，看起了《汉书》，凡剧中涉及人物的传记均一一过眼，卫青、霍去病、李广、苏建、张汤、郅都、主父偃、赵信、窦婴、灌夫、韩安国、田蚡……有时为文言精粹之美所吸引，难免诵读时琅琅有声：

> 李广，陇西成纪人也。其先曰李信，秦时为将，逐得燕太子丹者也。孝文十四年，匈奴大入萧关，而广以良家子从军击胡，用善射，杀首虏多。……数从骑射，格杀猛兽，文帝曰："惜广不逢时，令当高祖世，万户侯岂足道哉！"

显然，这是《汉武大帝》的"二级传播"功能，使她对《汉书》产生了兴趣。无独有偶，易中天教授在讲《三国》时也有这样的例证，他说：

"有这样的反馈。有一个13岁的小男孩，他说他在看了我的节目之后已经把《三国演义》看完了，甚至把《三国志》都看了。所以我认为有必要做一个可读的《三国志》，比如说把《三国志》翻译成白话文，或者一个文白对照的版本，或者节选本，把其中好看的提出来，加上注，翻译成白话文。"①

电视剧的图像之精，与史书文言之美，在此交融互动，互为补充。看完《汉武大帝》之后，想读《汉书》或相关文献的观众当然不在少数。另外综合媒体报道，反映中国历史的古装电视剧，上至远古时期，下至近现代史，期间众多历史名人、重大事件，很多已列入创作规划，并开始投入运作，秦皇、汉武已经制作完成，唐宗、宋祖正处于剧本创作修改阶段，一代天骄成吉思汗业已播出。其他一些优秀的中国历史人物，如孔子、荀子、墨子、商鞅、曹操、努尔哈赤、忽必烈、王安石、张居正、郑和等，剧本也都在筹备运作当中。

四

2005年9月，湖南卫视在黄金时间播出韩国电视连续剧《大长今》，将韩剧在中国热播推上了又一个巅峰，使其拥有一个极大的受众群体。韩剧热播，角度很多，委婉感人的故事结构、深厚的儒家文化底蕴、现代或古典的俊男美女再加上娓娓道来的"细说"叙事方式，是韩剧构成的四大要素；而其核心，则聚焦在家庭伦理之内，反映普通人的命运起伏、生存状态及情感历程。这种"家庭伦理型"的文化产品，曾经是我们的强项。20世纪90年代，随着"恩怨忘却，却把真情从头说"的主题歌，《渴望》曾使"万人空巷"，创下了当时中国最好的电视剧收视率。但其后，随着利益驱动所导致的文化市场转型，受到美国"大片"审美观的影响，"平淡"、"质朴"、"伦理"受到冷落，"复杂"、"曲折"、"离奇"、"刺激"、"快节奏"成为主潮，电视剧生产者唯恐构思不奇，内容不新，手法不刺激，于是导致"怪、力、乱、神"流播视屏，成为追捧的对象，使得我们原来的优势和强项——家庭伦理——出现了真空，有着极大的心理需求空间。根据市场规律，如果某种物品短缺，则其市场需求变大，价格上扬；反之，则市场需求变小，价格下跌。这种文化产品如果我们本土匮乏，则需要文化"进口"。正是在这样的文化市场背景下，韩剧的"家庭伦理型"品种进驻了我们的视屏，填补了市场空白，满足了我们社会对传统文化价值观的渴求。而作为其中的佼佼者，

---

① 易中天. 传统文化对接现代传播. 光明日报，2006 – 08 – 10.

《大长今》又巧妙地融合了中华传统文化的核心要素，博大精深的中医、中药，色香味俱佳的中华美食，色彩斑斓、潇洒飘逸的传统服装，对深陷现代"审美疲劳"、"心理枯竭"的中国观众有着巨大的魅力。韩剧热播的背后，正折射出我们的社会对传统文化价值观的极度饥渴，也反映出"二级传播"的极大威力：《大长今》等韩剧正是利用了大众传播媒介的强大辐射、普及功能，充当了古典精英文化和一般受众之间的一个"二级传播"角色，打破了由文言文、线装书、私塾讲授所造成的种种"传播障碍"。《大长今》之热播，实际上发挥了一种在古典文化、传统文明和广大读者之间的"二级传播"功能。《大长今》这种传播传统文化的"出口转内销"或"文化倒灌"提示着我们："二级传播"大有可为，"传统文化回归"若要进入当代大众视野，急需"二级传播"。

《百家讲坛》是传统文化通过"二级传播"走向大众普及的另一个成功范例。

央视《百家讲坛》起初定位于"文化品性、科学品质、教育品格"，内容上至天文地理、人文科学，下至饮食起居、养生保健，无所不谈。但收视效果并不理想。2004年7月，制片人万卫上任后把定位转移到"传统文化"上，坚持用"传统"打造《百家讲坛》。

结果是"传统文化"的定位大获全胜：即便刘心武当年写《班主任》产生的影响，也没有今天他研究《红楼梦》受到如此大面积的关注和争议；阎崇年先生研究了一辈子清史，出版了22本学术专著和几百篇学术论文，他的知名度也仅仅是在学界，他最近的一本书《正说清朝十二帝》出版后一年内就再版了15次，一本历史学书籍，销量超过32万册；山东大学中文系马瑞芳教授一直是研究《聊斋》的专家，她以前写了八九本关于《聊斋》的专著，以前的书最多也就卖一万本，而她最近出版的《马瑞芳讲聊斋》，出版后一个月就再版了，而且还带动了她以前的书热卖。另据最新消息，厦门大学教授易中天的《品三国》热销，被称为"'易旋风'上海书展发威"，据悉：

为期一周的上海书展已经闭幕，尽管连续高温，读者热情丝毫没受影响。据上海书展组委会统计，在书展七天里，一共迎来20余万人次的观众，2 800多万元的零售收入。比去年增长了300多万元，在排名前十位的图书中，易中天的《品三国（上）》更是独占鳌头，以14 725册的销量遥遥领先，其销量甚至比后九位的销售总量加起来还要高出1/3。书展第一天亲临现场签售的厦门大学教授易中天创造了销售奇迹，一天卖出6 349册《品三国

（上）》，要求签售的长队一直排到楼上，里三层外三层的保安更增添气势，其流行程度，只有一个月前的李宇春出席同样在展览中心举办的动漫展可堪比拟。此后的几天，《品三国（上）》更是每日稳占销售冠军宝座，在最后的书展销售总排名中，毫无悬念地以 14 725 册的销量夺魁。①

而易中天恰恰就是通过《百家讲坛》走向大众的。

可见，在传统文化遭遇"一级传播"不畅的尴尬时，通过"二级传播"就可以扩大知名度和影响力，从而走入现代，走入大众的精神世界。在此，大众传播媒介实际上在传统经典文化和当今普通大众之间充当了一种"意见领袖"的作用，通过现代媒介技术手段，出色地完成了传统与现代的"二级传播"和"异代对接"。

对待"二级传播"，态度决定一切，要有"平视"大众的态度，如易中天教授所说：

能不能把观众吸引过来，看有关传统文化的内容？这就要求学者用非学术的语言，来讲学术性的内容。观众认为你和他们是一样的人，故事中那些历史人物、英雄人物也和他们一样，他就爱听你讲话。今天的人看古人自然比古人自己看自己要清楚。……说得再白一点，你要说人话，别说书话，更不能打官腔。我总结我自己就是三句话，也叫三要三不要：说真话不说假话，说实话不玩虚套，说人话不打官腔。②

由于这些活跃的"意见领袖"的特殊身份，由于他们有较高的学养，深厚的积累，占有大量信息，并能够以一种"讲故事"的方式传播出来，所以能够在传统文化和现代大众之间搭起一座"二级传播"的桥梁，让"传统"走入"现代"，让"博物馆"中的人物走出橱窗和围墙，走入现代中国人的精神世界。这些，也正是易中天教授所想的：

我只希望激起广大观众对我们祖国历史和传统文化的兴趣。深入地研究是那些历史学家的事。把历史文学化，使它变成一个有趣的事情，激起大家的兴趣，他们再去读书，这样我们的历史不就传承下去了吗？我们的传统文化不就得到弘扬了吗？③

---

① 高丽等．"易旋风"上海书展发威．今晚报，2006 – 08 – 15．
② 易中天．传统文化对接现代传播．光明日报，2006 – 08 – 10．
③ 易中天．传统文化对接现代传播．光明日报，2006 – 08 – 10．

　　综上，《百家讲坛》用传统文化打造品牌，《大长今》热播华夏银屏，"现代私塾"悄现上海、苏州，"祭孔"、"祭黄"方兴未艾，专业"国学院"现身高校，"现代读经"有了专门读本、传统礼仪现代复苏、文化名人倡导传统复归……当然，如果篇幅允许，我们还可以加上"冯骥才抢救文化遗产"、"郭德纲复活传统相声"、"青歌大奖赛增添'原生态'唱法"、"韩少功《山居心情》回归农耕"……如何定义这种"回归"的内涵，借用梁小斌的诗歌语言，就是要寻找我们民族"回家"的"钥匙"。近现代以来，传统文化，作为一把返回精神家园、实现民族"自我认同"的"钥匙"，确实曾经一度被我们丢失了，即学界盛行的"文化断层"、"文化断裂"说。现在，是把它找回来的时候了。综上可知，目前在中国，这种"寻找"的工作正在由朦胧转向自觉。

　　上述现象看上去毫无关联，我们若是只单独地面对其中一种现象，看到的不过是一道"似曾相识燕归来"的风景，既形不成"风"，也构不成"潮"；而若从梁氏所言的"继续的群众运动"考察，则贯穿上述分散现象的"共通观念"，"思想的出发点"就是"传统回归"这根红线。传统文化正在中国顽强地复苏，而其核心精神，则是要"寻找"到我们"回家"的"钥匙"。

裸露性传播的学理角度观照

无需仔细观察，就可以得出一个基本判断：从媒体暴露人体的程度来看，我们已经进入了一个"全裸"的时代。照相机的发明，电影的问世，以及电视的登场，已经对人类的身体奥秘构成了巨大的威胁。而互联网和宽带技术的普及，Web2.0理念的应用，以及各类"把关人"的憾然缺失和悄然离场，更使人体奥秘的最后防线彻底宣告失守，这使得人类活动中一般秘不示人的"后区"成为一个历史名词，只有博物馆意义上的存在。人体露，裸风吹，现在媒体上究竟谁怕谁？大千世界，芸芸众生，裸态千种，裸像百变，看得人眼花缭乱。现在，只要稍微接触一下媒体，就会感觉到，当今社会的"裸风劲吹"，不仅已经远远超出了"戏不够，裸来凑"影视界等原始领地和行当，而且也不局限于"裸奔"、"裸陪"、"裸聊"、"裸绘"（人体彩绘）等传统、狭窄的天地，而是迅速扩张，蔓延到了许多我们原先比较陌生的"新兴领域"，例如"裸宴"、"裸婚"甚至"裸教"，堪称"裸露的另类"。与此同时，也在传媒界构成了一种"裸露性传播"的风气。下面，试对其成因及背景进行学理上的梳理和分析。

一、裸露性传播："重新部落化"的实际印证

裸风劲吹，裸露性传播，作为近年来我们这个小小的"地球村"里频繁出现的普遍现象，其背后必然有某种时代性的文化心理因素。仔细考察、甄别几种理论之后，麦克卢汉提出的"重新部落化"的命题是一种比较接近的解释。

20世纪60年代，加拿大传媒界怪杰麦克卢汉提出了著名的"地球村"（global village）概念，这一原创性概念主要有三层含义：一是传播速度的提高使地球空间在实质上变小，"我们生活的地球村里，事情在同步发生"，成为一个狭小的空间范围；二是"村落"意味着地球已经成为一个共同的社区和我们可以共同塑造的全球社会；三是村庄意味着部落，人类在经历了非部落化之后，又进入一个"重新部落化"的历史阶段。关于人类进化、社会发展的历史阶段的划分，从不同的视角出发有不同的划分方法。如果以人类生产方式来划分，人类历史可以分成采摘、渔猎文明，农业定居文明，工业机械文明，电子信息文明。如果以占有生产资料来划分，人类历史可以分成原始社会、奴隶社会、封建社会、资本主义社会、社会主义社会、共产主义社

会。如果以媒介发展来划分，又可以分成口语传播阶段、文字传播阶段、印刷传播阶段和电子媒介传播阶段。而麦克卢汉的分法与众不同，他以媒介技术的发展变化为基本判断标准，以人类感知世界的方式为心理基础，他把人类社会分成部落化、非部落化和重新部落化三个阶段。

他认为，人类进化的第一个阶段是部落化阶段，在部落化的世界里，口语占据主导地位，由于没有书写文字，人们只能面对面地交流，信息只能靠口耳相传。部落人在口头交流时，调动了所有的感官，即眼、耳、口、鼻、舌、身全部调动，感官之间相互协调、没有分割。部落化时代的传播特点是人和部落完全融为一体，和外部世界融为一体。恰如麦氏所描述的："拼音文字发明之前，人生活在感官平衡和同步的世界之中。这是一个具有部落深度和共鸣的封闭社会。这是一个受听觉生活支配，由听觉生活决定结构的口头文化的社会耳朵与冷静和中性的眼睛相对，它的官能是强烈而深刻的，审美力强、无所不包的。它给部落亲属关系和相互依存编织了一张天衣无缝的网络。"①

第二个阶段是非部落化阶段，也就是文字阶段，不过这里的"文字"特指拼音文字，而非东方的象形文字。拼音文字是空间的线形展开。它和口语的根本区别在于其高度抽象，也就是说，文字的外形与它所指称的事物没有必然联系。拼音文字可以完全脱离听觉世界，突出视觉文字，形成文字的视觉空间。他分析说：

在部落社会中，由于非常实际的原因，触觉、味觉、听觉和嗅觉都非常发达，比严格意义上的视觉要发达得多。突然，拼音文字像炸弹一样降落到部落社会中，把视觉放到感官系统最高的等级。文字把人推出部落社会，让他用眼睛代替耳朵，用线性的视觉价值和分割意识取代整体、深刻、公共的互动。拼音文字是视觉功能的强化和放大，它削弱听觉、触觉、味觉和嗅觉，渗透到部落人非连续的文化中，把他的有机和谐、复杂通感转换成一致、连续和视觉的感知方式。直到今天，我们仍然把这种感知方式当做"理性"生活的标准。整合的人变成了分割的人。拼音字母粉碎了令人着迷的圈子和部落世界共鸣的魔力。它好像使人发生爆炸，变成专门化的、心灵贫乏的"个体"或单位，在一个线性时间和欧几里得空间的世界里运转的单位。②

---

① ［加］埃里克·麦克卢汉，弗兰克·秦格龙. 麦克卢汉精粹. 何道宽译. 南京：南京大学出版社，2000. 364.

② ［加］埃里克·麦克卢汉，弗兰克·秦格龙. 麦克卢汉精粹. 何道宽译. 南京：南京大学出版社，2000. 365.

麦克卢汉认为，文字是目光的延伸和强化，它成为可以看得见、摸得着的外在客体后，就可以对其进行分割肢解、抽象分析了。人们在操纵、利用这个工具的同时，艺术和科学应运而生，编年记事、计时器和建筑物相继产生，歌舞音乐和说话发生分离，和声与肢体表演发生分离，哲学、逻辑、修辞和几何等高度抽象的学问也应运而生。麦氏认为，拼音文字加速了从部落人到"文明"人疏离的过程。他认为印刷术直接产生了"宗教改革、装配线及其后代、工业革命、整个因果关系的观念、笛卡儿和牛顿的宇宙观、艺术中的透视、文学中的叙事排列、心理学中的内省或内部指向"，这一切都大大地强化了个人主义和专门化的倾向。

第三个阶段是重新部落化阶段，也就是电子媒介阶段。之所以说"重新部落化"，是因为电子传媒的即时、同步、瞬时、突出图像而非文字的视觉特征使得全世界变成了一个可视、可听、可触、可感的"部落化"村庄，也就是所谓的"地球村"。麦氏详尽地描绘了这个新奇的世界：

这将是一个完全重新部落化的深度卷入的世界。通过广播、电视和电脑，我们正在进入一个环球舞台，当今世界是一场正在演出的戏剧。我们整个的文化栖息场，过去仅仅被认为是一个容器，如今它正在被这些媒介和空间卫星转换成一个活生生的有机体。它自身又包容在一个全新的宏观宇宙之中，或曰一场超地球的婚姻之中。个体的、隐私的、分割知识的、应用知识的、观点的、专门化目标的时代，已经被一个马赛克世界的全局意识所取代。在这个世界里，空间和时间的差异在电视、喷气飞机和电脑的作用下已经不复存在。这是一个同步的、"瞬息传播"的世界。此间的一切东西都像电力场中的东西一样互相共鸣。①

所谓"重新部落化"阶段，其有三个特点：一是空间和时间概念的消失；二是图像视觉代替了文字视觉，感性代替了抽象，人的感知系统不再只偏重视觉文字，人类进入了一个集体读图时代；三是感知外界时所运用感官的丰富，由于媒介的丰富，人在感知事物的时候不再只运用一种感官，而是视觉、听觉、触觉、味觉、嗅觉全面调动，这正如原始部落时代人们交往时面对面的情景一样。

麦克卢汉以"部落"为关键词划分社会发展阶段自有他的道理。他的

---

① ［加］埃里克·麦克卢汉，弗兰克·秦格龙. 麦克卢汉精粹. 何道宽译. 南京：南京大学出版社，2000. 389.

"重新部落化"的命题无疑为我们理解现今"裸风劲吹"提供了一种视角和分析框架。在所谓人类"重新部落化"的时代，整个世界又变成了一个整体，一个生命有机体，人们的感官又像部落时代那样丰富，而借助现代媒体的"裸露性传播"正是这样一种迹象。裸露性传播即人们在表达意见和立场时，不是仅用一种单一的语言文字方式，而是用最古老的媒介——身体作为载体，而身体这种"媒体"在表达观念和意见时，是视觉、听觉、触觉、味觉、嗅觉的全面调动——"它的官能是强烈而深刻的，审美力强、无所不包的。它给部落亲属关系和相互依存编织了一张天衣无缝的网络"。

例如"裸抗"。2005年7月4日，闻知G8峰会即将在苏格兰的格伦伊格尔斯举行，苏格兰首府爱丁堡居民举行游行示威，并与防暴警察发生冲突，其中就有裸体抗议者。其后，2006年1月21日，在西班牙城市巴塞罗那，一个名为"人道对待动物协会"的70位男女示威者裸体躺在巴塞罗那市政厅外的人行道上，裸体示威抗议使用动物皮毛制作衣服。其中的一女子所举的标语牌上写着："制作一件皮衣需要多少生命"，并谴责为制作皮衣虐待和杀害动物的行为。同年3月21日，1 500多名委内瑞拉人聚集在19世纪民族解放英雄西蒙·玻利瓦尔的塑像前举行"全裸"示威，支持总统查韦斯发起的左翼运动。据称，共7 800多人曾在示威之前的问卷调查单上签名，但只有1 500多人到场。一位名叫杰瑞·里奥的示威者向记者说："这是一个全新的经历，不光是摆脱了衣服的束缚，其中更包含了许多政治艺术的东西。"2006年9月26日，法国里昂消防员裸体示威游行反对法国内政部长萨尔科齐，由于游行队伍被禁止穿统一工作制服，游行队伍的大多数成员便脱光衣服以示抗议。2006年10月21日，法国城市里尔，"人道对待动物协会"的成员再次举行裸体示威，他们近乎全裸地躺在用薄膜包裹的盒子里，身上涂满类似血液颜色的液体，向路人宣传素食、抗议虐杀和食用动物。

可见，"裸抗"是一种典型的"重新部落化"时代人们表达意见时的行为，它不是使用单一的语言文字，而是调动人的所有感官，包括身体来表达。恰如麦氏所说："部落人生活在听觉空间和声觉空间之中。听觉空间没有中心和边缘的区别。它是有机的、不可分割的。它是由眼、耳、口、鼻、舌、身同步互动而产生和感觉到的空间。"

电子媒介的快捷、即时、同步以及突出图像视觉的特征，使得地球又重新变成了一个"大村子"或"大部落"。在这个大的传播空间中，由于传媒技术的进步，人们凭借技术的优势，又可以像部落时代的人们一样，感受到一种类似口语交流时的感受空间，它是一体的、有机的、不可分割的，是通过各种感官的同步互动而感觉到的空间……

在技术光动艺术空间和空间动力学整体剧院的影响下，伟大的触觉交流文化来临了！这是接触的、感官拟态的、触觉神秘主义的全部想象，说到底是整个生态学被移入这个操作仿真的世界，多种刺激带来多种回应。……不再有舞台，不再有中断，不再有"目光"：这是表演的终结，是表演性的终结，戏剧走向了整体的、融合的、触觉的、知觉的（不再是美学的）环境性。①

在这种传播空间中，眼、耳、口、鼻、舌、身各种感官同步互动，视觉、听觉、触觉、味觉、嗅觉、运动觉相互沟通，组成一种直观、感性的认知空间，使得自古希腊哲学以来"语言优位"的传播趋势受到挑战。而"裸风劲吹"、"裸露性传播"这一现象的出现，无疑也透露出现代社会"重新部落化"的某种迹象，印证了麦克卢汉的这一预言。

所有这些分析都直接涉及麦克卢汉的名言："中介是信息。"事实上，正是中介，正是剪辑、切割、质问、煽动、勒令的中介方式本身在调节意指过程。我们明白了，为什么麦克卢汉在电子大传媒时代看到了触觉传播时代。因为在这一过程中，人们更接近的是触觉世界，而不是视觉世界。在视觉世界中，间离效果更明显，反思总是可能的。当触摸对我们而言失去感官和肉体价值的时候（"触摸主要是感官的相互作用，而不仅仅是皮肤和物体的简单接触"），它有可能重新成为一种传播界的图式——这是作为触觉和策略仿真场的图式，在这里，信息使自己成为"信息"，成为触手般的煽动，成为测试。人们到处都在测试你们，触摸你们，方法是"策略的"，传播领域是"触觉的"。至于"接触"的意识形态就更不必说了，它以各种各样的形式，力图取代社会关系的观念。一整套策略形态就像在围绕着指令分子代码旋转一样，在围绕着测试（问/答细胞）旋转。②

二、"视觉转向"与"裸播"

如上所述，"重新部落化"阶段有三个特点，其中之一就是视觉图像日益取代语言文字，感性代替了抽象，人们在感知外界、接受信息时不再只偏重视觉文字，而是更偏爱视觉图像，人类进入了一个集体的"读图时代"，也就是德国哲学家海德格尔所说的"世界图像时代"。在新闻传播活动中，视觉图像的重要性日益超过了语言文字，标志着"视觉转向"时代的来临。

---

① ［法］让·波德里亚. 象征交换与死亡. 车槿山译. 南京：译林出版社，2006. 104.
② ［法］让·波德里亚. 象征交换与死亡. 车槿山译. 南京：译林出版社，2006. 92.

广义地说，这种"转向"始于 19 世纪，如同尼尔·波兹曼所分析的："到了 19 世纪中期，照片和其他插图突然大量侵入了符号环境，这就是丹尼尔·布尔斯廷在其著作《图像》中所称的'图像革命'。布尔斯廷希望通过这样的表达方式，提醒众人注意到各种机械制作的图像对语言进行的猛烈攻击——照片、印刷画、海报、图片和广告。……我这里特意用了'攻击'这个词，是为了强调布尔斯廷的'图像革命'中表达的深刻含义。……从早期的广告牌、海报和广告到后来的所谓'新闻'杂志和报纸，如《生活》、《纽约每日镜报》和《每日新闻》，图片把文字驱赶到背景里，有时干脆就把它驱逐出境。到 19 世纪后期，广告商和新闻记者发现，一张照片不仅胜过 1 000 个字，而且，如果从销售情况来看，好处更多。对于无数美国人来说，'看'取代了'读'而成为他们进行判断的基础。"① 而进入 20 世纪后的现代社会，"图"胜于"文"、"看"取代了"读"的趋势愈演愈烈，其总体上恰如周宪教授所概括的：

> 我们正处于一个视像通货膨胀的"非常时期"，一个人类历史上从未有过的图像富裕过剩的时期。越来越多的近视现象仿佛是一个征兆，标志着人们正在遭遇空前的视觉"逼促"。从广告形象到影视节目，从印刷图片到服饰美容，从互联网图像传输到家庭装修，甚至在医院里，透视、CT、核磁共振图像，我们的眼睛从没有像今天这样忙碌。一方面是越来越挑别的视觉索求，另一方面是越来越重的视觉负担。……晚近所谓的"语言转向"，正在被一种新的"图像转向"或"视觉转向"所替代。以语言为中心的文化，日益转向以视觉为中心的文化。在西方，这个转向的轨迹清晰地与"后现代转向"纠结；而在中国，我们也已深切地感受到这个转向，它似乎和日趋完善的"小康社会"关系密切。②

而在"视觉图像中心"取代"语言文字中心"的过程中，人的身体作为一种消费欲望的对象和符号，被前所未有地展示出来，甚至成为新闻传播的内容本身。这方面的代表莫过于席卷全球的"裸播"现象。所谓"裸播"，就是女性电视播音员或主持人半裸或全裸进行电视新闻或节目的播报。目前还只局限在内地以外，其全名是"裸体新闻"（Naked News）。

据悉，1999 年 12 月在互联网上诞生了世界上第一个脱衣新闻节目"裸

---

① ［美］尼尔·波兹曼. 娱乐至死. 章艳译. 桂林：广西师范大学出版社，2004. 98.
② 周宪. 反思视觉文化. 江苏社会科学，2001（5）：71.

体新闻"，并且大受欢迎。这种"裸体新闻"的所有主播均为女性，年龄介于 20 至 43 岁。每位女主播会一边报道当天的全球要闻和花絮新闻，一边慢慢地脱光衣服。2006 年 4 月该网站还增设了脱衣男主播，而脱衣女主播也从 4 位增至 10 位。"裸体新闻"发言人平克特接受采访时还声称，该节目已推出电视版的"裸体新闻"，进军全球有线电视网络并陆续进驻美国、加拿大、俄罗斯、保加利亚电视台。

目前，出现"裸体新闻"的国家和地区有加拿大、美国、英国、俄罗斯、日本、中国香港、匈牙利、保加利亚等。以俄罗斯为例，其 M1 电视台《赤裸裸的真相》节目开创了全球电视台裸体播报的先河，节目创办人莫斯克温表示，苏联解体后，新闻自由使电视台在俄罗斯出现百花齐放的局面，如何在众多的竞争中脱颖而出，成为一项重要课题。M1 电视台刚开始靠一些插科打诨的节目维生，然而眼见自己投注的资金就要血本无归，一个偶然机会，莫斯克温看到以苏联共产党中央报纸《真理报》头版头条新闻的标题"赤裸裸的真相"（Naked Truth）后，他突发奇想要做一个真正赤裸裸的新闻节目。M1 电视台为此重金礼聘了一批年轻貌美的漂亮"美眉"为节目献身。来自乌克兰的波克特丝佳，是第一位上《赤裸裸的真相》播报新闻的主播。她边报新闻边脱衣，十分钟新闻播完，波克特丝佳已经一丝不挂，形象地阐释了"赤裸裸的真理"。据悉，M1 电视台"杀"出这条血路后，收视率一路攀升，成为俄罗斯最受欢迎的电视台之一。

2000 年，加拿大多伦多的"裸体新闻"网站开始了"裸播"，共有四位女报道员，分别负责报道国内、国外、体育、天气和经济新闻。其共同之处是以无遮掩之躯与观众相见，当中一名女报道员一边口述新闻，一边宽衣解带，新闻报完，身上衣物也已褪尽，另外三名女报道员则是一开始便"袒荡荡"地报道新闻。加拿大"裸体新闻"网站，光靠女主播就已一炮而红，在网站成立不到两年内，每个月吸引 600 万人次上站。

2001 年 12 月 10 日，保加利亚私营有线电视频道 M - SAT 为增加收视率，在晚间新闻中"加料"，安排四位年龄在 18 至 23 岁之间的美女轮流做主播，主持"裸体新闻"，并声称是欧洲电视史上的一大创举。据报道，这个叫"裸露的真相"的节目开始时，女新闻报道员都会穿得严实整齐，与一般新闻节目毫无两样，但随着节目的继续，她们便慢慢将全身衣服逐一脱掉，直至完全裸露。这些独树一帜的女主播不仅长相漂亮，身材也很"火辣"。《赤裸的真相》仅仅播出两天后，该有线电视台的用户就增加了 5%，但由于该节目播出后引起了全国高达 75% 的观众抗议，最终被取消。

另悉，台湾网站也已跟进。2002 年 1 月初，台湾一家网站推出所谓"内衣主播"新闻，试图以仅穿内衣的女郎来吸引网民。该新闻频道每天推出大约10分钟的影音新闻，最大特色是主持人身穿性感内衣出场，最初屏幕上只露上半身，随着新闻流程推进，镜头开始越拉越远，逐渐出现热辣的窈窕身材。其后，2002年1月15日，另一家台湾网站又推出《新裸体主播，网络抢先报》节目，由两位女主播全裸播报。女主播身穿蓝色的套装，梳着标准的主播头，主播的开场白清晰、简洁有力，和一般的电视台主播没两样。但是开播以后，主播就会一边播一边脱衣服，最终把播报带到最高潮。①

从传统意义上说，作为电视新闻的播报人，其身份只是新闻内容的"转述者"而非"生产者"，也就是说，电视新闻的播报人并不会"生产"和"制造"新闻。虽然她们的视觉形象是节目内容的一部分，但只起陪衬和辅助的作用，并不是内容本身。而在"裸播"中，手段和形式本身就是内容，甚至是主要内容。在此，形式生产着内容；而内容已经从新闻语言转向人体本身。恰如尼尔·波兹曼在《娱乐至死》中所分析的："简单地说，（电视）新闻节目是一种娱乐形式，而不是为了教育、反思或净化灵魂，而且我们还不能过于指责那些把新闻节目作此定位的人。他们播报的新闻不是为了让人读，也不是为了让人听，他们的新闻是让人看的，这是电视自身所指引的方向，他们必须遵循。……'好电视'同用于陈述的语言或其他口头交流形式无关，重要的是图像要吸引人。"②

随着政治和意识形态逐渐淡出公众生活视野，我们已步入一个消费时代。消费社会给人的直观印象是作为商品的物包围了人，而由于符号消费是消费社会的基本特征，所以，物对人的包围，又顺理成章地转换为符号形象对人的包围。而在"形象"对人的包围中，人的身体形象又占据了主要份额。从各种广告、包装、形象代言人、时装发布会、汽车推介会等，我们都会发现人的身体形象占据了主要位置，所谓视觉转向，其实是"身体的转向"或"人体的转向"——人体形象成为公众视觉消费欲望的重要组成部分。"裸播"的出现，不过是这种"视觉转向"大趋势、大潮流中的一朵浪花。在"裸播"中，"图像优于文字"、"形式本身就是内容"的特点得到了淋漓尽致的展示和发挥。

三、"新闻娱乐化"背景下的虚假新闻

2007年7月，中国部分媒体报道了一起针对北大女生张颖的假新闻事

---

① 扑面"人怀"的全球裸体播报. http://www.sina.com.cn, 2004-06-18.
② ［美］尼尔·波兹曼. 娱乐至死. 章艳译. 桂林：广西师范大学出版社，2004. 115.

件。4月初，名为"中国女留学生在北欧户外全裸行——为慈善活动募捐"的帖子出现在天涯和猫扑等国内大型论坛上，该帖子的图片中，一名年轻亚裔女子未着寸缕，在国外街头漫步，旁边还有外国人观望。帖子称，该女子叫张颖，是北京大学新闻学院2002届学生，裸奔的目的是为慈善活动募捐。其后，此帖子在网上广泛流传，引发了网友的热烈讨论。网友认为女子此举"有辱北大"，甚至"有辱国格"。该帖也迅速成为热门文章，被千余网站转载。随着影响扩大，网友怒火升级；随着搜索进行，越来越多关于其身份和隐私的信息被网友挖掘而出。例如张颖毕业于天津，她当年的高考分数，她的毕业院校和所学专业等。4月6日，当事人张颖偶然浏览网页时发现了此事，甚为震惊，遭受精神世界和现实生活的双重打击，于是被迫休学，中止在加拿大的留学生活。7月初，张颖断然回国维权，准备向造谣者及传播此消息的网站索赔。

这不由使人想起了几年前另一起针对北大女生的假新闻。1999年入夏以后，国内数家媒体竞相登载一篇报道，名为"北大的超短裙风波"，内容如下：

近期，北大特别风行超短裙，而且一个比一个穿得短。校领导见了认为极不雅观。贴出布告严厉禁止。谁知布告一出来，就掀起了轩然大波。最先作出反应的是中文系的女生，她们在宣传栏的报眼位置写了一首打油诗："几千师生齐争吵，只因裙子太短小。具体情况怎么样，宣传栏里有报道。"待中午休息，各系也纷纷表明了自己的观点。美术系写道：维纳斯证明适度的缺少会更加美丽。法律系写道：法律禁止的只是原告由超短语萌发的邪念，而非被告所穿的超短裙。经贸系写道：不管校方对所有男生推销有色眼镜，还是给所有女生推销黑色长袜，我们都想入股。生物系写道：人与猩猩的根本区别不是裙子的长短，而是看见长裙与短裙能否作不同的想象。政治系写道：从长裙到短裙，再到超短裙，这恰恰是民主集中制最有力的体现。公共关系写道：看低谈判对手的目光，这正是我们4年寒窗苦读所追求的。①

而经调查核实，该报道内容子虚乌有，是一篇假新闻。实际上，该篇文章出自大学生们在BBS网站上杜撰的一个笑话。据分析，作者很可能是一个调皮捣蛋的学生。他（她）以北大女生为对象，从美学、法治、商业、心

---

① 梁知音，龚晓犁. 一条"超短裙风波"的假新闻引发了人们思考. 中华新闻报，2000 - 01 - 17.

理、民主、公共关系学等不同角度虚构一些不无智巧的评论，无非想表明北大学生们对事物的不同看法。但就是这篇子虚乌有的东西，被一些不知内情的记者当做真实的新闻资源，以讹传讹。

两起假新闻，相隔 8 年。二者相同之处在于：都是北大，都是女生，都与身体有关。而不同之处也很明显：首先，假新闻的攻击对象从较为模糊的一个群体转移到了具体的有名有姓的个人；其次，假新闻的内容从"超短裙"的局部裸露扩大到了身体的全部裸露，即所谓"北欧户外全裸行"；再次，事情发生的地点从国内移到了国外。而这几点不同的共性只有一个：追求一种吸引眼球的娱乐效果。

分析这种现象当然有许多角度，其中之一无疑是和新闻传播的生态环境变化有关。近 10 年来，包括西方在内的世界传媒界的最大变化之一就是"资讯娱乐化"或"新闻娱乐化"现象的出现。"新闻娱乐化"是英文 Infortainment 的中译。而翻遍现有英文辞典，查不到"Infortainment"这个词，因为它是 Information（信息、资讯）和 Entertainment（娱乐）两个单词的组合。所谓"新闻娱乐化"，就是用娱乐化的态度去对待和处理新闻，在传统的新闻传播学精神中，新闻的首要功能是监督或守望环境，为人们的行为决策提供信息服务。所以，在新闻价值的取向上以"重要性"作为首要标准；而在当今席卷世界的"新闻娱乐化"潮流中，新闻的首要功能则变成了娱乐。所以，在新闻价值的取向上，"趣味性"上升为首要标准，表现在媒体内容上，就是严肃性新闻大幅下降，而休闲性的"趣味新闻"大幅上升。据业内人士披露，1998 年底，美国新闻工作者协会和 Medill 新闻服务局合作研究《纽约时报》、《华盛顿邮报》、《今日美国》、《洛杉矶时报》美国四大报于 1977 年、1987 年、1997 年这 20 年间新闻报道的状况，结果发现头版的内容构成发生很大变化：①硬新闻从 1977 年的 60% 下降为 1997 年的 30%；②以丑闻为重点的新闻从 4% 上升到 12.5%；③有关生活质量的报道从 4% 上升到 8.3%；④对稀奇古怪事物的报道从 0.5% 上升到 5%。综上所述，总体来看，软新闻从过去的 8% 上升到 25%，占总体新闻的四分之一。除《今日美国》外，其余 3 家报纸都是美国领导舆论的严肃高级报纸。可见，Infortainment 的主要特征就是大砍硬新闻，大兴软新闻。新闻的取舍标准成为：女人 + 名人 + 血腥。警匪冲突（血腥）、明星名人逸闻（星）、男女关系（腥、星、性）成为新闻的常规品种。煽情、炒作是 Infortainment 常用的手法，或是硬新闻软包装，在硬新闻中寻找趣味作为"卖点"。Infortainment 发轫于 20 世纪 90 年代，三大标志性事件掀起了"新闻娱乐化"的狂潮：1994 年，美国前橄榄球明星辛普森杀前妻案，这是明星 + 两性 + 血腥；1997 年，英国戴安娜王妃之死，这是名人＋两性＋血腥；1999年，美国克林顿和白宫实习生莱温斯基的绯闻案，这是名人＋两性。这三大故事曾长久占据美国、英国乃至世界各大媒体的主要版面和荧屏。美国各大报对戴安娜王妃之死的报道，除《纽约时报》外，各大报的版面比"二战"胜利结束报道的版面还多；莱温斯基在3个月之内成为媒体曝光率最高的人物。①

了解了这样的背景，对于前后相隔8年针对北大女生的假新闻就不会感到奇怪了。"覆巢之下，安有无完卵？"世界范围内整个新闻传播的生态环境在恶化，在此背景下，假新闻具体伤害到什么人，却有一种看似偶然、实际必然的规律。在上述两起针对北大女生的假新闻事件中，其中的几个要素非常符合"新闻娱乐化"的取舍标准：女人＋名校＋身体裸露。"新闻娱乐化"是对新闻功能的异化，假新闻，是一种信息谣言，是一种比假商品危害还要大的社会公害。"新闻娱乐化"是对新闻功能的异化，是值得每个公民尤其是新闻人警惕的，这里的底线就是：任何"娱乐"都不要建立在他人的痛苦之上。

四、裸露的重量

其实，从人类传播史的角度来看，裸露历来是艺术刻画人物的一种手段。在钱钟书先生的小说《围城》中有一段描述：在一艘驶往中国的西洋邮轮上，如果天气晴朗，你总会看到一位着泳装的貌美摩登小姐在晒太阳，由此，船上的一群归国留学生、游学生们称之为"局部的真理"。对此，小说中的旁白解释道：因为据说真理总是赤裸裸的，而日光浴中的鲍小姐虽然只着"三点"，但毕竟还不是"赤裸裸"的，所以，只好称做"局部的真理"。这段关于裸露的描写，巧妙、诙谐地揭示了人物性格，为未来的情节埋下伏笔。裸露未必都是轻飘飘、没有重量的。在裸露问题上，也存在着一个"或重于泰山，或轻于鸿毛"的问题。法国著名雕塑家罗丹的杰作《青铜时代》、《思想者》就属于前者，虽然是"全裸"，但其中透出的思想深度和人文内涵却远非许多"直立而衣"者可比，恰如他所说："在任何民族中，没有比人体的美更能激起富有感官的柔情了。"（《罗丹艺术论》）

魏晋名士"皆以任放为达，或有裸体者"，他们搞餐饮聚会时就曾"嗜酒荒放，露头散发，裸袒箕居"，"去巾帻，脱衣服，露丑恶，同禽兽"（《世说新语·德行》）。但了解那段历史的人都知道，那是一种对名教的曲折反抗。魏晋名士刘伶嗜酒，史载其"常乘鹿车，携一壶酒，使人荷锸而随之，

---

① 林晖. 从新词流行看全球媒体的新变化. 新闻记者，2005（11）.

谓曰：'死便埋我。'其遗形骸如此"。(《晋书·刘伶传》)一日，刘伶大醉，脱掉衣衫，在屋内赤裸露着身子，碰巧有人来访，或讥之，刘伶反唇相讥说："我以天地为栋宇，屋室为衣裤，你为何钻入我的裤中来了？"其放达尚裸中有着深刻的内涵。

有这样一尊雕像，矗立在英国考文垂市中心文化广场。这是一尊全身赤裸的女性青铜雕像，主人公年轻美丽，两只美丽的大眼睛流露着淡淡的哀愁，默默地骑在马上。她是考文垂人民心中最神圣的女性——戈黛娃夫人。戈黛娃夫人的丈夫名叫列佛瑞克，是当时考文垂的领主，他对自己能想到的一切东西都征税。戈黛娃夫人十分热爱艺术与文化，随丈夫来到考文垂后，希望更多的人能够喜爱艺术、欣赏艺术。可是她发现，由于生活贫困，人们所有的时间都花在谋生上，根本无暇顾及文化和艺术。戈黛娃夫人明白，要想让当时还只是个落后村庄的考文垂进一步发展，就必须发展文化，而要发展文化，就必须减少税收。初听到妻子的要求，列佛瑞克觉得她肯定是疯了，但戈黛娃夫人执意要坚持自己的主张。列佛瑞克不胜其烦，他对妻子说，无论古希腊还是古罗马，人体都被认为是自然界中最美丽的事物。对于从没过这种美学熏陶的考文垂市民来说，让他们欣赏人体将会是一堂意义非凡的艺术修养课。如果你戈黛娃真的信仰和崇尚文化，应该身体力行。接着列佛瑞克提出，如果戈黛娃愿意白天赤裸着身体在考文垂市最拥挤的市场上骑行，就取消考文垂的所有税收。让列佛瑞克万万没有想到的是，戈黛娃竟然同意了。戈黛娃夫人将要赤裸骑行的消息传开了，由于好奇和怀疑，那一天市场上照例熙熙攘攘、一切如常。中午时分，戈黛娃夫人果然出现了，赤身骑行，后面还有两个衣着整齐的侍女陪同着。在所有人的惊奇中，戈黛娃夫人非常优雅地骑在马上，表情自信、宁静、毫不羞涩。人们不仅没有产生任何淫秽的念头，反而感受到了一种从未感受过的美感。一切在平静和尊严中结束。关于戈黛娃夫人的故事就这样一代代流传下来。后来英国国王爱德华一世曾专门派人对这个传说进行考证，发现1057年后考文垂果真没有税收，这在当时的英国是唯一的。

有这样一幅照片，拍摄于1972年6月8日，其时，越南战争已接近尾声。久战不胜的美国军队已经变得歇斯底里，对着平民村庄和赤手空拳的百姓狂轰滥炸。照片拍摄的是一群孩子被从天而降的燃烧弹吓坏了而四处奔跑的情景，特别是中间那个小姑娘因为身上的衣服被烧着，不得不脱掉衣服，全身赤裸着在路上奔跑。这裸露形象十分鲜明地展示了人类皮肉的痛苦与精神上的极度恐惧。作者黄功吾是一名越南战地摄影记者，当年只有22岁。这幅照片很快就被刊登在美国《纽约时报》的头版上，一下子成了美国社会和民众关注的话题。这幅照片逼真地揭露了战争的残酷性，显示了战争对人类灵与肉的深重伤害。美国人早已被这场远离美国本土而无休止的战争弄得漠然麻木了，但这幅照片中人体赤裸的逼真现场性和直观性重又唤醒了他们的良知，于是一场反战的浪潮又兴起。不久，越战宣告结束，有分析人士称，正是这幅照片促使越战提前半年结束。1973 年，《火从天降》荣获美国普利策新闻摄影奖；同年，在荷兰世界新闻摄影比赛中又被评为年度最佳照片。

这样的"裸露"，与当下"强行"进入公众眼帘的那些为了"裸露"而"裸露"的社会景观，明显有天壤之别。而这样既有尊严又有重量的裸露，在我们的媒体中，实在是太少了。

目前，充斥于各种媒介的裸露性传播，不仅折射出我们所处的消费社会的浮躁和欲望，也反映出部分媒体的媚俗和浅薄。作为大众媒介，不仅要愉悦大众，满足欲望，还要引领潮流，坚持舆论导向，否则，就会像波兹曼所担忧的那样："在这里，一切公众话语都日渐以娱乐的方式出现，并成为一种文化精神。我们的政治、宗教、新闻、体育、教育和商业都心甘情愿地成为娱乐的附庸，毫无怨言，甚至无声无息，其结果是我们成了一个娱乐至死的物种。"① 而据国家广电总局的调查，95.4% 的观众认为，电视节目低俗化趋势确实存在。

好在我们看到了相应的行动：2007 年 8 月 23 日，国家广电总局下发通知，禁止策划、制作和播出群众参与的各类整容变性节目。为抵制低俗之风泛滥荧屏，继叫停重庆电视台制播的格调低下的选秀节目《第一次心动》后，国家广电总局再次下发通知，广东电视台的整容真人秀节目《美莱美丽新约》因内容血腥恐怖等因素，被勒令停播。通知指出，整容节目《美莱美丽新约》和其他涉及变性的节目，节目导向意识不强，画面血腥、恐怖、暴露、格调低下，活动组织奢华铺张，审查把关不严，片面追求收视率，引起观众强烈不满。通知称：为确保广播电视宣传导向正确、切实抵制低俗，进一步提高广播电视的公信力，维护广播电视良好的社会形象和声誉，广电总局要求，自通知发出之日起，各级广播电视播出机构一律不得策划、制作和播出群众参与的各类整容、变性节目（包括涉及变性的新闻、专题、访谈等各类节目），正在制作、播出的必须立即停止。② 如果任其发展下去，这样的警告并非杞人忧天："如果一个民族分心于繁杂琐事，如果文化生活被重新定义为娱乐的周而复始，如果严肃的公众对话变成了幼稚的婴儿语言，总而

---

① ［美］尼尔·波兹曼. 娱乐至死. 章艳译. 桂林：广西师范大学出版社，2004. 4.
② 今晚报，2007 - 08 - 29.

言之，如果人民蜕化为被动的受众，而一切公共事务形同杂耍，那么这个民族就会发现自己危在旦夕，文化灭亡的命运就在劫难逃。"①

（原载于《当代传播》，2008 年第 1 期）

---

① ［美］尼尔·波兹曼. 娱乐至死. 章艳译. 桂林：广西师范大学出版社，2004. 202.

"网人合一"：从 Web1.0 到 Web3.0 之路

如同任何生命有机体的生长过程一样，万维网络传播也处在不断的发展演进之中。这一过程可以理解为从比较简单的、低级的向复杂的、高级的层次进化和演进。自 20 世纪 90 年代万维网技术的正式应用至今，互联网走过了一条"网"与"人"不断接近、不断融合、不断合而为一的道路，或可以简称为"网人合一"之路。综观互联网的发展道路，可以看到："网人合一"是其最高追求和未来发展趋势。据业内人士预测和分析，目前互联网正在进入 Web3.0 时代。而根据陈力丹先生的归纳，"对于 Web2.0 的研究进一步深入，对 Web3.0 的研究初现端倪"雄踞"2007 年我国网络传播研究的六个主题"之首①。从 Web1.0 到 Web3.0，万维网走过的实际上是一条"网人合一"的道路。而要理解正在形成过程中的 Web3.0，很有必要对 Web1.0 和 Web2.0 进行简单的历史梳理。

一、回顾 Web1.0 和 Web2.0

据专家介绍，互联网发源于 20 世纪 60 年代的美国，是军事策略、大型科学组织、科技产业，以及反传统文化的创新所衍生的独特混合体。互联网的起源是世界上最有创造力的研究机构——美国国防部先进研究计划局（The US Defense Department's Advanced Research Projects Agency，ARPA）所执行的一项工作。20 世纪 50 年代后期，苏联发射了第一颗人造卫星，警示了美国的高科技军事机构，美国国防部先进研究计划局于是采取一连串大胆尝试，其中一部分改变了科技史，并且引领信息时代的来临。这些策略之一，是由兰德公司的保罗·巴兰（Paul Baran）在 1960—1964 年提出的概念，即设计出不易被核弹攻击和摧毁的通信系统。以封包交换通信技术（packet switching communication technology）为基础，这个系统使网络可以独立于指挥与控制中心而运作，所以信息单位会沿着网络寻找自己的路径，而在网络上的任何一点重新组合成有意义的信息。② 据分析，"某种程度上，它是毛泽东主义战略在电子领域的对等物，在广大的领域中分布游击力量，利用容易变

---

① 陈力丹，付玉辉. 2007 年我国网络传播研究的六个主题. 当代传播，2008（1）：4.

② ［美］曼纽尔·卡斯特. 网络社会的崛起. 夏铸九等译. 北京：社会科学文献出版社，2006．41.

通和对地域的熟悉来对抗敌人的力量。如此发展的结果是一种符合发明者需要的网络结构，它无法由任何中心控制，而是由好几千个自主的电脑网络组成，可以绕过电子障碍，以无数种方式连接"①。其后，1992 年 1 月，在美国国家科学基金会的倡议下，"互联网协会"成立，以代替 ARPA 的军事功能。

20 世纪 90 年代万维网成立至今，它走过了一条从 Web1.0 到 Web2.0 再到 Web3.0 的道路。

Web 是 World Wide Web 的省略语。World Wide Web，简称 WWW，中文称为"万维网"，其特点是将分布存在的信息片断无缝地组织成为站点，其中，图像、文本、音频、视频成分可以分散存储于相距甚远的计算机上。它是 1990 年由英国人 Tim Berners - Lee 在欧洲共同体的一个大型科研机构任职时发明的，此时，世界有了第一台 Web 服务器和 Web 客户机。1993 年，伊利诺斯大学学生安德里森在美国国家超级计算机应用中心实习时开发出图形界面浏览器 Mosai，让人们可以用空前方便的方法访问万维网信息资源。从此，万维网在世界范围内不胫而走，被称为"网中之网"。万维网是因特网应用取得爆炸性突破的关键性条件，通过 Web 万维网，互联网上的资源，可以在一个网页里比较直观地表示出来；而且资源之间在网页上可以链接来接链去。这种利用互联网络实现人类海量资源共享的技术，就叫做"Web1.0"。

"Web1.0"的本质是聚合、联合、搜索，其聚合的对象是巨量、芜杂的网络信息。"Web1.0"的聚合对象，是业界所说的微内容（microcontent）。微内容，亦称私内容，是相对于我们在传统媒介中所熟悉的大制作、重要内容（macrocontent）而言的。学者 Cmswiki 对微内容的最新定义是这样："最小的独立的内容数据，如一个简单的链接，一篇网志，一张图片，音频，视频，一个关于作者、标题的元数据，E-mail 的主题，RSS 的内容列表等等。"也就是说，互联网用户所生产的任何数据，都可以被称做微内容。比如 Blog 中的一篇网志；Amzon 中的一则读者评价；Wiki 中的一个条目的修改；Flickr 中的一张照片；Del.icio.us 中的每一个收藏的网址；小到一句话，大到几百字，音频文件、视频文件，甚至用户的每一次支持或反对的点击，都是微内容。把这些零星散乱的数据众沙成塔，成为网络神奇力量的真正来源。② 可见，在互联网问世之初，其核心竞争力就在于对"微内容"的有效聚合与使用。恰如喻国明先生所说："让这些私内容真正进入公共话语空间，是互联网所具有的互联互通、海量存储和相关链接等等，再加上 Google、百度等有

---

① ［美］曼纽尔·卡斯特. 网络社会的崛起. 夏铸九等译. 北京：社会科学文献出版社，2006. 6.

② 喻国明. 微内容：数字时代的价值源泉. 新闻与传播，2006（10）.

效的搜索引擎工具，一下子把这种原本微不足道的离散的价值聚拢起来，形成一种强大的话语力量和丰富的价值表达。"在 Web1.0 上作出巨大贡献的公司有 Netscape、Yahoo 和 Google。Netscape 研发出第一个大规模的商用浏览器，Yahoo 的杨致远提出了互联网黄页，而 Google 后来居上，推出了大受欢迎的搜索服务。① 但是也应注意到，Web1.0 只解决了人对信息搜索、聚合的需求，而没有解决人与人之间沟通、互动和参与的需求，所以 Web2.0 应运而生。

Web2.0 的本质特征是参与、展示和信息互动，它的出现填补了 Web1.0 参与、沟通、交流的匮乏与不足。2004 年 3 月，欧雷利媒体公司（O'Reilly Media Inc.）负责在线出版及研究的副总裁戴尔·多尔蒂（Dale Dougherty）在公司的一次会议上随口将互联网上出现的一些新动向用了 Web2.0 一词来定义，该公司主席兼 CEO 蒂姆·欧雷利（Tim O'Reilly）立刻被这一说法所吸引，并召集公司相关人员用头脑风暴的方式进行探讨。在欧雷利媒体公司的极力推动下，全球第一次 Web2.0 大会于 2004 年 10 月在美国旧金山召开。从此，"Web2.0"这一概念以不可思议的速度在全球传播开来。目前关于 Web2.0 的较为经典的定义是 Blogger Don 在他的《Web2.0 概念诠释》一文中提出的：

Web2.0 是 以 Flickr、Craigslist、Linkedin、Tribes、Ryze、Friendster、Del.icio.us、43Things.com 等网站为代表，以 Blog、TAG、SNS、RSS、Wiki 等社会软件的应用为核心，依据六度分隔、xml、ajax 等新理论和技术实现的互联网新一代模式。Web2.0，是相对 Web1.0（2003 年以前的互联网模式）的新的一类互联网应用的统称，是一次从核心内容到外部应用的革命。②

MySpace 和 YouTube 是典型的"游戏 2.0"时代的代表。MySpace 提供单纯的社交空间，全部内容来自于用户创造，提供个人博客、群组、照片、录像、音乐等多种互动服务。而 YouTube 则提供一个视频发布平台，上传的内容以用户原创为主，比如家庭录像、个人的 DV 短片等，其宗旨为"允许任何人上传并共享任何视频内容"。它的大部分内容都是由用户自己创作的——点击率最高的很有可能是两个男孩的无伴奏 Hip-Hop 演唱，或者是一个女孩面对摄像头的独白。2005 年 12 月，新上传的周末现场音乐短片"懒

① 电脑网，http://www.pc-web.cn，2006-03-08.
② 喻国明. 关注 Web2.0：新传播时代的实践图景. 新闻与传播，2006（12）.

惰的星期天"（Lazy Sunday）在 YouTube 上的点击率高达 500 万次。

如果说 Web1.0 主要解决的是人对于信息的需求，那么，Web2.0 主要解决的就是人与人之间沟通、交往、参与、互动的需求。从 Web1.0 到 Web2.0，需求的层次从信息上升到了人。喻国明先生认为："作为一个新的传播技术，Web2.0 以个性化、去中心化和信息自主权为其三个主要特征，给了人们一种极大的自主性。"① 2007 年 1 月，美国《时代周刊》公布了其 2006 年"年度人物"（Person of the Year），这次不是某一个具体的个人，而是全球数以亿计的互联网使用者。对此，《时代周刊》封面的下方还有一段解释文字："是你，就是你！你把握着信息时代，欢迎进入你自己的世界。"（Yes，you. You control the Information Age. Welcome to your world.）之所以选择亿万网民，《时代周刊》执行总编辑施滕格尔解释说："如果你选择一个个人为年度人物，你必须得给出他是如何影响数百万人生活的理由；但是如果你选择数百万人为年度人物，你就用不着给出理由了。"据悉，目前中国的网民已逾一亿六千万，也就是说，2006 年，有超过一亿的中国人都获此殊荣。《时代周刊》的"颁奖辞"说：

Web2.0 是一个大型的社会实验。与所有值得尝试的实验一样，它可能会失败。这个有 60 亿人参加的实验没有路线图，但 2006 年使我们有了一些想法。这是一个建立新的国际理解的机遇，不是政治家对政治家，伟人对伟人，而是公民对公民，个人对个人。②

二、酝酿、形成中的 Web3.0 概念

Web3.0 的本质是深度参与、生命体验以及体现网民参与的价值。目前，这一概念正在酝酿、形成之中。这一概念的出现，力图补充 Web2.0 的不足。2005 年圣诞节，Bille Gaizi 在美国微软公司高管会上，讲述了微软公司的互联网战略，主要围绕着一个互联网新的概念模式展开，并给了这种互联网模式一个新的名词——Web3.0。这次讲话的部分内容在圣诞节后有所披露，在硅谷引起了各互联网企业高管关注。美国著名 IT 评论家和投资人 Mezi Bulunbulei 博士在自己的 Blog 中，最先对 Bille Gaizi 提出的 Web3.0 概念进行整理，并作了评论，从而使 Web3.0 概念被迅速地传播出去。2006 年 4 月 1 日，Web3.0 被中国几个有深厚硅谷背景 Web2.0 从业者了解和认识。被喻为

① 喻国明. 关注 Web2.0：新传播时代的实践图景. 新闻与传播，2006（12）.

② 新华网，http：//news. xinhuanet. com，2006 - 12 - 17.

互联网 2.0 教父的方兴西博士在自己的 Blog 中撰文：《既然 Web3.0 来了，Web4.0 还会远吗?》，对 Mezi Bulunbulei 博士对 Web3.0 的观点进行转载，同时表明了他在经营的博客中国行网站将更可能突破 Web3.0，进军到 Web4.0。Web3.0 因此得到中国互联网从业者的普遍关注。2006 年 4 月 2 日，IDV 中国投资总裁陈星星也在一次风投会议上谈到了 Web3.0，认为 Web3.0 是比较切实可行且受投资商欢迎的模式。与此同时，前雅猴中国总裁周宏伟亦在接受媒体访问的时候公开声明，如果 Web3.0 的确如同 Mezi Bulunbulei 博士所说，那么他的投资方向将有所转移。NEW 狼董事长陈兔先生在自己的 Blog 中使用了醒目的标题："论真英雄，还属 Web3.0"，整个 NEW 狼高层为之震动。①

从技术角度来看，同 Web1.0、Web2.0 一样，Web3.0（及 Webx.0）也只是由媒体及营销人员自己造出来的概念词语而已，它从来就没有所谓的定义。在 2007 年韩国"首尔数字论坛"上，Google 的 CEO Eric Schmidt 就被问及在 Google 眼里，到底 Web3.0 是什么。Eric 给出的答案是：Web3.0 将是拼凑而成的应用程序。这些应用程序的共同特征是它们都是相对较小、数据以云形式存储（即存储于互联网的真实物理设备上）、运行速度快、可定制性强、病毒式传播（通过社会化网络、电子邮件等），并且可以在任何设备上运行。Eric 的这个回答虽然可能并无意这样暗示，但听起来的确有点像是 "Google 正在打造 Web3.0"。联想一下 Google 的产品你就会发现这一点。②

业内人士认为，Web3.0 跟 Web2.0 一样，仍然不是技术的创新，而是思想的创新，进而指导技术的发展和应用。Web3.0 之后将催生新的虚拟王国，这个王国不再以地域和疆界进行划分，而是以兴趣、语言、主题、职业、专业进行聚集和管理的王国。任何人都有机会打造出一个新的互联网王国，而成为一个国王。据业内人士分析，Web3.0 到来的三个可操作性的技术前提：①以博客技术为代表，围绕网民互动及个性体验的互联网应用技术的完善和发展。②虚拟货币的普及和普遍，以及虚拟货币的兑换成为现实。③大家对网络财富的认同，以及网络财务安全的解决方案。③

而从深度参与、体验角度来看，Web3.0 也被称做"游戏 3.0"。2007 年，依托于"第二人生"这一平台，"游戏 3.0"的概念浮出水面。同年 6 月，索尼电脑娱乐公司总裁菲尔·哈里森（Phil Harrison）用"游戏 3.0"的概念解

---

① 海中帆. 深度报道 Web3.0. 搜狐 IT 世界，http：//it. sohu. com/20060223，2006 – 02 – 23.

② G 速客网，http：//www. gseeker. com/50226711/google，2007 – 03 – 17.

③ Web3.0，Web2.0，Web1.0 三者的区别与联系. 世界经理人管家，http：//my. icxo. com/256899/viewspace，2007 – 02 – 17.

读了 10 年来虚拟环境的变迁。他指出："游戏 1.0"是在那些各自独立的游戏机上进行的，并没有人与人之间的互动；"游戏 2.0"是将游戏终端通过网络联系在一起，但其中的程序和场景都是预先设定好的；而"游戏 3.0"则是在网络游戏的基础之上，放手让用户主动参与、深度体验，创造内容，并进行在线互动协作。可见，"游戏 3.0"与"游戏 2.0"的最大区别在于前者更重视没有设定的"虚拟角色"扮演和深度生命的体验，没有按照自己的愿望重新设计、实施自己的"第二人生"。他认为，今天的"第二人生"就像是 20 世纪 90 年代初的文字网页，在未来，虚拟的三维世界将会成为互联网内容的最大载体。①

综上所述，我们可以清楚地看到，如同任何生命有机体的生长过程一样，万维网的发展也经历了一个从较简单的、低级层次向复杂的、高级层次不断进化的过程。这一过程可以概括为"网人合一"之路。如果说 Web1.0 主要解决的是人对于信息的需求，那么，Web2.0 主要解决的就是人与人之间沟通、交往、参与、互动的需求，而 Web3.0 的本质是深度参与、生命体验以及体现网民参与的价值。万维网从 Web1.0 到 Web3.0 所走过的道路，就是万维网网络虚拟世界的仿真程度越来越强，网络虚拟生活正在向真实生活的深度和广度进行全方位的延伸，从而达到逼真地、全面地模拟人类生活的程度。

三、"网人合一"："全球脑"与体验经济

从 Web1.0 到 Web3.0 所走过的道路来看，网络虚拟世界的仿真程度越来越强，网络虚拟生活正在向真实生活的深度和广度进行全方位的延伸，从而达到逼真地、全面地模拟人类生活的程度。"网"的服务与"人"的感官、功能越来越趋向一致，"网"与"人"越来越接近、合一，是大势所趋。这或许可以称之为"网人合一"。假如说 Web1.0 的本质是微内容的搜索、聚合，那么 Web2.0 的本质就是展示、参与和互动，它让网民更多地参与信息产品的创造、传播和分享。但是，Web2.0 的缺点是没有体现出网民劳动的价值，不能满足现代人"渴望成为另外一个人"的深度体验。从这种意义上说，Web2.0 很脆弱，缺乏商业价值，它需要与具体的产业结合起来才会获得成功。Web3.0 是在 Web2.0 的基础上发展起来的，它能够满足网民对于生命深度体验的心理需求，更好地体现网民的劳动价值，并且能够实现价值均衡分配。"第二人生"的"居民"模仿一切真实社会的生活场景和生活内容，

---

① 中国 TNT 论坛·虚拟社区，http://bbs.chinalabs.com/315074.html，2007 – 03 – 17.

它以虚拟现实技术所构建的高度仿真体验，以游戏为载体，逐步渗透到商务、经济、外交、新闻传播、教育、政治等我们生活的方方面面，从而完全颠覆了人们对于互联网社区和社会性网络的传统想象。而这种强调大胆想象、深度参与、无止境创造，体现出网民的参与价值，从而给参与者带来如身临其境般的深度生命体验的网络模式，无意中勾勒出了 Web3.0 的雏形，也预示着互联网未来发展的大趋势——"网人合一"。

在"网人合一"时代，人类进入了一个全新的"类像"（亦称"仿像"、"拟像"、"幻象"）时代。法国思想家让·波德里亚在《象征交换与死亡》中指出：

> 仿像的三个等级平行于价值规律的变化，它们从文艺复兴开始相继而来：仿造是从文艺复兴到工业革命的"古典"时期的主要模式。生产是工业时代的主要模式。仿真是目前这个受代码支配的阶段的主要模式。第一级仿像依赖的是价值的自然规律，第二级仿像依赖的是价值的商品规律，第三级仿像依赖的是价值的结构规律。①

从技术层面上看，"类像"的逼真性依赖于现代科学技术的突破性进展。摄影、广播、电影、电视和集成电路、计算机、万维网等微电子技术使人们有条件精确地再现客观现实本身。由于电子技术的大量运用，"类像"已经彻底摆脱了传统符号的自然限制，展现出现代技术的无限可能性。"类像"不仅能够让我们看到与日常经验完全一致的真实场景与客观物象，而且能够让我们感受到自然感官根本无法感知的景象和场面。技术进步使"类像"以极度逼真的方式向客观现实无限制贴近。而传统符号受制于手工、人眼、发音器官、天然工具等技术前提的有限性，它所创造的文化形态根本无法与"类像"的逼真性相媲美。影视艺术和新兴的数字多媒体艺术有效地调动了人类的视觉和听觉系统，其结果是，"类像"世界成为客观现实世界的精确复制物。在感性经验的范围内，"类像"这一彻头彻尾的人工制品和虚拟物品最终成为客观真实本身。至此，"类像"完成了它对"真实"的替换，用鲍德里亚的话说，"类像"完成了"对真实的谋杀"②。

所谓"对真实的谋杀"，是说"类像"可以达到"比真实还要真实"，其如莱恩所说："它能产生所谓'超真实'——即一个没有真实原本的世界。

---

① ［法］让·波德里亚. 象征交换与死亡. 车槿山译. 南京：译林出版社，2006. 67.
② 赵一凡. 西方文论关键词·类像. 上海：外语教学与研究出版社，2006. 321.

因此，对第三序列的仿真，我们再也不能将它看做真实的对等物。鲍德里亚最终认为，超真实将成为我们感知和理解这个世界的主导方式。"①

如果说，逼真的"第二人生"所代表的 Web3.0 达到了肢体、行为、感知、行动层面的"网人合一"的超真实效果，那么，"全球脑"（global brain）则是更高层次的"网人合一"目标。这是因为，"类像世界"还只是对于肢体、行为、感知、行动层面的"仿真"，而"全球脑"则是对人的记忆、思维、智力的"仿真"。1983 年，Peter Russell 提出了"全球脑"这一概念。他认为，通过电话、传真等电信传播工具，人类将会形成一个连接紧密的全球网络。Russell 观察到许多自然科学例证，表明如果一个系统内部大量单元相互作用，可以使系统特性实现质的飞跃。例如生物分子内的大量原子，细胞中的大量分子，人类大脑皮层中的大量细胞，它们的群集作用会导致事物性质发生突变和飞跃。Russell 指出，如果系统内部单元数量达到 100 亿，那么该系统的复杂性就将跃迁到类似人脑的水准。当时 Russell 认为，人类人口有可能达到 100 亿，如果 100 亿人通过通信设施连接，"全球脑"即可形成。这个"全球脑"类似于人的大脑，会形成一个具有独立运作能力的有机体，具有记忆、思考、反馈诸多功能。根据 Russell 的构想，全球脑形成后，它将具备类似于人类大脑的功能，可以思考、记忆、牵动整个系统的运作。当联机上网范围扩展到世界各地，网络间能够实现点对点沟通，分布式网络架构逐渐形成，网络传播系统就能形成整合个体的全球性自组织信息系统，不但能集中存储人类的知识信息，还将具备学习能力，进而发展解决复杂问题并发掘知识的能力，这样更高水平的"全球脑"也就曙光初现。限于当时的条件，Russell 没有预见到网络传播的飞速发展及其重要意义。而在网络传播飞速发展的今天，由世界各地的网络主机连接而形成的网络传播系统，将形成人类"全球脑"。与以往思维方式的整体性和系统性不同的是，网络思维方式的多元互联性突破了以往思维联系中的单向性和收敛性，而具有实时交互性和发散性特点。这样，人类的大脑就将与万维网的"全球脑"并行不悖，共同促进人类文明和文化的发展演进。可以大胆预期，当全球有大量计算机实现联机时，将有可能达到模拟人类大脑的基本需求。而随着"全球脑"的逐渐形成，终有一天，网络传播系统会成为人类进化史上重要的一环。②

万维网从 Web1.0 到 Web3.0 所走过的道路，概括起来就是万维网网络虚拟世界的仿真程度越来越强，网络虚拟生活正在向真实生活的深度和广度进

① 赵一凡. 西方文论关键词·类像. 上海：外语教学与研究出版社，2006. 326.

② 王京山. 网络传播演进与全球脑的形成. 北京印刷学院学报，2007（1）：46.

行全方位的延伸，从而达到逼真地全面模拟人类生活的程度。展望未来，如果说，逼真的"第二人生"所代表的 Web3.0 达到了肢体、行为、感知、行动层面的"网人合一"的超真实效果，那么，"全球脑"则是更高层次的"网人合一"目标。这是因为，"类像世界"还只是对于肢体、行为、感知、行动层面的"仿真"，而"全球脑"则是对人的记忆、思维、智力的"仿真"，这或许是"网人合一"的最高境界。

四、"网人合一"与体验经济

除了正在培育、塑造 Web3.0 时代的雏形之外，"第二人生"出现的意义还在于它是席卷全球、方兴未艾的"体验经济"的深度延伸。而"体验经济"首先是"服务经济"的延伸。

1970 年，美国著名的未来学家阿尔文·托夫勒在《第三次浪潮》中预言："服务经济的下一步是走向体验经济，商家将靠提供这种体验服务取胜。"① 他在另一本名著《未来的冲击》中又说："服务业最终还会超过制造业的，体验生产又会超过服务业的。"1999 年 4 月，美国战略地平线 LLP 公司的共同创始人约瑟夫·派恩（Joseph Pine）和詹姆斯·吉尔摩（Gilmore, J. H.）合作撰写的《体验经济》一书问世，在社会上引起了强烈反响。

从经济形态的角度观察，迄今为止，人类共经历了以下四个时代：一是产品经济时代，即农业经济时代；二是商品经济时代，即工业经济时代；三是服务经济时代，即后工业经济时代，以服务为主体的第三产业占据主导地位；四是体验经济时代，服务经济的一种延伸。体验经济产生于市场经济的大背景之下，但与工业经济和服务经济的特性相比，它是一种更加完备的经济形态。约瑟夫·派恩和詹姆斯·吉尔摩指出，体验经济的核心价值观在于为顾客提供个性化的、定制式的服务，这种服务带给消费者的是个性的感受，其"结果是没有哪两个人能够得到完全相同的体验"。它所产生的"体验"效应是带给消费者美好的感觉、永久的记忆和值得回味的事物与经历。消费者对这种美好的感受不会独自享有，而会与他人分享，即积极地传播，进而产生放大效应。换而言之，产品经济的特点是自然化，商品经济的特点是标准化，服务经济的特点是定制化，而体验经济的特点是人性情感和体验的延伸。农产品是可加工的，商品是有实体的，服务是无形的，而体验则是难忘的。体验经济学改变了传统的规则，如交换原则，从以物换物的使用价值交换，到货币的价值交换，是实物与服务的交换。在体验经济中，以货币

---

① ［美］阿尔文·托夫勒. 第三次浪潮·序言. 上海：上海三联书店，1983.

换感受、换快乐、换体验，不再是传统意义上的换取物品或服务。如买一个恐龙玩具，不是用理性来衡量其成本价多少，而是以人的喜好来衡量其价格。在"体验经济"论看来，企业不再提供商品或服务，而是提供最终的体验，充满感性的力量，给顾客留下愉悦的难忘回忆。他们认为，"体验本身代表一种已经存在但先前没有被清楚表述的经济产出类型、服务，解释了商业企业创造了什么，而从服务中分离提取体验的做法则开辟了非同寻常的经济拓展的可能性"①。

《体验经济》一书指出，人类经济形态的演进过程，可以用母亲为小孩过生日、准备生日蛋糕的进化过程来类比：

（1）农业经济时代：20世纪60年代，丽贝卡的妈妈过生日时，丽贝卡的外婆亲手烤制生日蛋糕，她购买价值1毛、2毛的蛋糕制作原料，比如黄油、糖、鸡蛋、面粉、牛奶和可可。

（2）工业经济时代：20世纪80年代，丽贝卡过生日时，妈妈打电话给超市或当地的面包房订生日蛋糕，他们指定蛋糕的具体式样、规格以及糖的种类和颜色、何时取蛋糕、蛋糕上的图案和文字。这种定制服务将花费10～20美元，相当于在家做蛋糕、原料不到1美元这种方式的10倍，而许多父母却认为订制蛋糕很便宜，毕竟这样做，他们可以集中精力于计划和举行画龙点睛的生日聚会。

（3）体验经济时代：21世纪初，丽贝卡的女儿过生日时，丽贝卡会把整个聚会交给"迪斯尼俱乐部"公司来举办。在一个叫纽邦德的旧式农场，丽贝卡的女儿和她的14个小朋友一起体验了旧式的农家生活。他们用水洗刷牛的身体、放羊、喂鸡，自己制造苹果酒，还背着干柴爬过小山，穿过树林。丽贝卡付给公司一张支票。当她的丈夫问起花费时，丽贝卡回答："不包括蛋糕，只花了146美元。"丽贝卡女儿的生日祝辞上写着："生日最美妙的东西并非物品。"

总之，农产品是可加工的，商品是有实体的，服务是无形的，而体验是难忘的。②

Web3.0是虚拟化程度更高、更自由、更能体现网民个人劳动价值的网

① ［美］约瑟夫·派恩，詹姆斯·吉尔摩. 体验经济·前言. 毕崇毅译. 北京：机械工业出版社，2002.

② ［美］约瑟夫·派恩，詹姆斯·吉尔摩. 体验经济·前言. 毕崇毅译. 北京：机械工业出版社，2002.

络世界，一个能够实现如同真实世界那样的虚拟世界。"第二人生"依托虚拟互动这一平台，与现实世界一一相对应的虚拟经济、商务、政治、文化、教育和社会活动也在其间悄然兴起，"第二人生"正在向生活的深度和广度进行全方位的延伸。

2006 年被《商业周刊》作为封面人物报道的德国女教师艾林·格蓄夫，是全球第一位在虚拟世界投资而成为百万富翁的人。自 2004 年以钟安社的名字加入"第二人生"以来，通过购买土地、盖建大楼之后再转手卖出的虚拟地产生意，她赚取了 3 亿林登币（合约 110 万美元），被媒体称为"虚拟世界的洛克菲勒"。英格兰一位居家父亲克里斯·米德创建了"夫妇动画"程序，可以让两个 Avatar 跳舞或者拥抱。结果这个小发明备受欢迎，一周之内就卖掉了上千个，他一年就获得 9 万美元的收入。①

由于"第二人生"三维拟真的用户界面、良好的互动性和惟妙惟肖的用户体验，不仅吸引了数量惊人的玩家，甚至连近 50 家世界知名跨国企业（如通用汽车、微软、阿迪达斯）都纷纷入驻"第二人生"，通过它来展示其最新产品，甚至进行售后服务。"林登实验室"市场经理凯瑟琳·史密斯说，"第二人生"可以提供大量现实世界无法采用的销售方法，"在这里，你只会受限于你的想象力"。目前，不少国际知名公司和企业已经把在"第二人生"中开辟"第二商圈"提上议程。日本瑞穗银行的调查人员认为，世界正处于新一轮网络革命的黎明期。他们为新商机的出现感到欣喜，也为日本经济可能遭受的负面影响而担忧。如何应对网络虚拟世界的影响，已成为不能不关注的现实问题。

喜达屋是第一个入驻"第二人生"的酒店管理类企业。不过，敏锐地觉察到"第二人生"的商业魅力的企业远不止喜达屋一个。那些全球知名的公司似乎都在比赛，他们纷纷入驻"第二人生"。从 IBM 到丰田，从阿迪达斯到 Sun，还有索尼、戴尔，如此等，不一而足。在"第二人生"广阔的原始土地上，这些公司先是标名圈地，然后各自开始了他们的虚拟经营。

Sun 公司将其在"第二人生"的地点命名为"太阳亭"（Sun Pavilion）。2006 年 10 月，该公司首席科学家 John Gag 在太阳亭举办了一次新闻发布会，有 60 位化身亲临现场。2006 年 7 月，美国服饰公司（American Apparel）在"第二人生"创建了一家虚拟商店，在该公司的 T 恤衫于现实世界正式上市之前，他们将其款式在这个虚拟店先行展示。光临展示现场的来访者将可以在现实购买中获得 15% 的折扣。阿迪达斯也唯恐落后，该公司在"第二人

---

① 姜明姗. 透视第二人生. 互联网周刊，2007 – 04 – 05.

生"销售虚拟运动鞋，密切跟踪哪些颜色和款式受到了"第二人生"居民的喜爱。该公司也希望其运动鞋在现实的市场上正式推出之前，先在这个虚拟世界测试产品的市场效果。同样以鞋而知名的锐步公司也在"第二人生"上有所行动，该公司让网络居民自行订制他们喜爱的鞋，以此作为实际设计的参考。①

迄今，通用汽车、丰田、戴尔、路透社和 IBM 公司已经纷纷在此"落户"，仅 IBM 就购买"岛屿"24 座。他们利用这个虚拟世界展示产品、检测性能和推销理念，通过在"第二人生"上放置公司的电子商务网站链接而扩大线上销售。"大体上，现实世界中的商业个体不把'第二人生'看做直接刺激收入的工具，而是看做一种品牌延伸手段，"罗斯代尔说，"长期存在于'第二人生'中，公司有机会以新奇和有创意的方式与他们的客户群保持互动"。以 IBM 为例，该公司在"第二人生"的一座"岛屿"上为其电子产品零售商开办了一家虚拟商店，"居民"的"化身"可以在店里的数字产品演示厅内移动家具电器，寻求最佳的电视机尺寸和摆放位置。当然，IBM 的最终目的还是吸引这些"化身"背后的真正消费者走入公司在现实世界中的产品零售店。

路透社打算在 2007 年召开的"第二人生"虚拟峰会上采访各国领导人；"无国界医生组织"正策划在此建立难民营，以宣传他们的工作；《"第二人生"先驱报》也宣告诞生。其他，例如外交、教育、政界也纷纷到此寻找新的增长点。

2007 年 1 月底，瑞典宣布将正式把使馆搬入"第二人生"这个虚拟世界中，用身临其境的方式让"居民"了解获得前往瑞典办理护照和签证的手续过程，还要搭建桥梁，使全世界人民更简便和省钱地接触到更多有关瑞典的信息。这个"虚拟"的大使馆完全拷贝瑞典驻美国大使馆的实景，同时还有工作人员"恭候"其中与玩家"面对面"交流。除了办理签证之外，现实中大使馆的所有公共事务，在这里也一应俱全。

教育也是"第二人生"的重要领域。IBM 制作的虚拟"紫禁城"已经在"第二人生"上聚集了不少的人气，有国内的 Avatar（游戏中的居民）兴奋地表示，在紫禁城墙下用中文交流的人越来越多。加拿大蒙特利尔市的拉萨尔学院新校园在"第二人生"开张，校内建筑几乎全部由玻璃构成，学生们可以飞到学校，并以卡通"化身"亮相。"你可以与老师和其他学生在视觉上互动"，学校负责人弗朗西斯·科默说，"而在只有幻灯片、老师画外音和

---

① 张述冠. 破解"第二人生"的商业密码. CIO Weekly, 2007 (14).

视频录像的线上讲座中，这一点永远无法实现"。对于专门教授室内设计和时尚行销课程的拉萨尔学院来说，"第二人生"虚拟学校的优势更加明显——"想象一下，在三维世界中上课，我们可以让一个学生设计房屋，而让其他学生实时观看"。根据美国有线电视新闻网（CNN）统计，目前，已有60多家美国院校进入"第二人生"，其中包括哈佛大学。哈佛大学法学院老师吉恩·古说："'第二人生'使参与者之间形成更强的凝聚力，这是远程教学无法比拟的。"

　　政治上，美国政界人士也瞄准"第二人生"，纷纷开始在此打造其政治虚拟世界。作为国会山首位挺进"第二人生"的政治人物，来自加州的众议员乔治·米勒创建了一座"国会山岛"，打算吸引更多同僚"上岛"，在这个虚拟地带讨论诸如伊拉克战争和医疗保健等现实热点问题。这一建议已经得到众议长南希·佩洛西的拍手称赞，她还邀请米勒给民主党领导层正式上一节"第二人生"课。[①] 2007年1月4日，虚拟的美国国会山正式在"第二人生"开放，并设有常驻新闻发言人。美国总统竞选人马克·华纳是第一个在这里召开新闻发布会的政客，并接受了"第二人生"全职记者 Hamletau 的采访。此外，竞选2008年美国总统的希拉里·克林顿，也在"第二人生"中建立了自己的参选界面。[②]

　　综上，可以清楚地看到，如同任何生命有机体的生长过程一样，万维网的发展也经历了一个从较简单的、低级层次向复杂的、高级层次的不断进化过程，这一过程可以概括为"网人合一"之路。万维网从 Web1.0 到 Web3.0 所走过的道路，就是网络虚拟世界的仿真程度越来越强，从而达到逼真地全面模拟人类生活的程度。这是因为，"类像世界"还只是对于肢体、行为、感知、行动层面的"仿真"，而"全球脑"则是对人的记忆、思维、智力的"仿真"，这或许是"网人合一"的较高境界。而"第二人生"所依托的网络和信息产业，不像任何传统产业一样，只是人的四肢和力量的延伸，因特网是人类的感官、感觉和神经中枢的延伸，这种延伸本身就十分符合"体验经济"的核心价值观——"总之，人们不仅是因为商品的功能或服务的功能去购买，而且出于在购买和使用过程中的美好体验"[③]。而若从"体验经济"角度观察，从 Web1.0 到 Web3.0 的发展变化，就是一个不断加深感受、体验的过程。如果说"体验经济"是"服务经济"的延伸，那么，"第二人生"

---

①　新华网. http：//news. xinhuanet. com/world/2007－03/29，2007－03－29.

②　姜明姗. 透视第二人生. 互联网周刊，2007－04－05.

③　[美] 约瑟夫·派恩，詹姆斯·吉尔摩. 体验经济·前言. 北京：机械工业出版社，2002.

就是"体验经济"的延伸，它的问世，使得"体验经济"发展到一个前所未有的阶段——以 Web3.0 为代表的深度体验阶段。

（原载于《甘肃社会科学》，2008 年第 1 期；《云南社会科学》，2008 年第 2 期）

"超日"、"超美"与大国之惑

一、从"超英赶美"到超日

上了点儿年岁的人大概都不会忘记"超英赶美"这个口号。1957年，苏联领导人提出"苏联要15年赶超美国"，作为回应，我们的最高领导层也提出中国要在15年内赶超英国。1958年，受到大跃进诸多浮夸统计数字的"鼓舞"，最高领导层又提出了"15年超英，20年赶美"，甚至更为大胆的"两三年赶超英国"、"15年赶超美国"。希望通过"三面红旗"（即总路线、大跃进和人民公社制度）等群众运动的方式，让中国国民经济超越英国，赶上美国。而在经历了三年困难时期的挫折之后，1962年，在7000人大会上，"超英赶美"的时间又被放宽到了100多年。①

兴衰成败，往事如烟。中国近代积贫积弱，党和国家主要领导人主观上急于改变中国贫穷落后的面貌，期望在较短时期内赶上世界发达水平，步入世界大国行列，心情和动机都可以理解，但其后来又成为浮夸、冒进的一个思想源头，导致全局性的混乱，很令人痛心。历史总是在曲折中前进，从历史来看，中国为这种幼稚的"跃进"和狂热的"赶超"付出了昂贵的学费。"前事不忘，后事之师"，"超英赶美"思潮涌起的20年后，中国毅然纠正了历史错误，义无反顾地走向市场经济，走向世界。50多年后的今天，"超英赶美"并非遥不可及，已逐步从梦想变为了现实。不过与50年前略有不同的是，由于20世纪60年代日本取代英国变成第二大经济体，当年的"超英赶美"，或可调整为当今的超日、赶美。这里之所以不对后者加引号，是因为它已是事实，而非纸上的口号了。

2009年7月16日，中国国家统计局公布，第二季度国内生产总值（GDP）同比增长7.9%，经初步核算，上半年国内生产总值139 862亿元，按可比价格计算，同比增长7.1%，比一季度加快1.0个百分点。分季度看，一季度增长6.1%，二季度增长7.9%。分产业看，第一产业增加值12 025亿元，增长3.8%；第二产业增加值70 070亿元，增长6.6%；第三产业增加值57 767亿元，增长8.3%。这一宏观经济数据的公布使专家普遍认为，中国

---

① 齐卫平. 关于毛泽东"超英赶美"思想演变阶段的历史考察. 史学理论与史学史，2002（2）：255～256.

经济企稳回升的局面已经确立，中国经济将从全球金融危机的复苏赛跑中率先胜出。据中国人民大学预测，2009 年底，我国全年 GDP 增长将达到 8.4%，实现"保八"目标已无悬念。

同比增长 7.9% 或 7.1%，除了预示着中国经济率先复苏、实现"保八"目标已无悬念之外，还自然带来了另一个"已无悬念"——超越日本成为世界第二大经济体。2009 年初，有专家对此专门做过分析：2008 年，中国和日本 GDP 分别为 4.4 万亿美元和 4.9 万亿美元，据国际货币基金组织（IMF）的预测，2009 年中日 GDP 实际增速分别为正 6.5% 和负 6.2%，若按此速度，2009 年底中国 GDP 将超过日本，即中日两国 GDP 分别为 4.68 万亿美元和 4.62 万亿美元。如果考虑到汇率及价格因素，IMF 认为 2009 年中国 GDP 仍将略低于日本，分别为 4.83 万亿美元和 4.99 万亿美元。要到 2010 年，中国才能够超过日本。但如根据世界银行近期发表的《中国经济季报》，将中国 2009 年 GDP 增速预期上调至 7.2%，按此推算，中国 GDP 2009 年必将超越日本。对此，日本及西方也表示认可。2009 年 4 月初，日本共同社引用日本新光证券公司的预测结果报道说，换算成美元的中国 GDP，有可能在 2009 年或 2010 年，最迟将在 2012 年超过日本。日本经济产业省也指出，如果中国经济增长超乎预期，而日本经济持续恶化，日本将结束世界经济排行第二的位置，中国 2009 年或 2010 年将超越日本。而日本内阁府 2009 年 4 月份公布的第一季度国内生产总值，创下战后两个纪录，一是战后最大跌幅，二是战后首次连续四个季度负增长。初步统计显示，调整季节性因素以及排除物价变动因素后，实质 GDP 较前一个季度下跌 4%，换算年率为 15.2% 负增长，成为战后最大跌幅。这为"日本经济持续恶化"作了生动注解。英国经济及商业研究中心（CEBR）发表的报告亦提出，中国经济将很快超过日本。CEBR 行政总裁麦威廉斯表示，他们一直预期会有这样的情况出现，但没想到事情发展得那么快。

"超日"，意味着成为世界上仅次于美国的第二大经济体，是中国迈向大国之路具有标志性的事件。改革路艰险，"超日"路漫漫。进入 21 世纪以来，中国经济驶上了快车道，将老牌经济强国一一超越。其中，2000 年尤为值得关注，这一年，中国 GDP 达到 10 808 亿美元，光荣地跨入了万亿美元级经济大国行列，先后超过了加拿大、西班牙、意大利等国，跃居世界 10 大经济大国第 6 位；2005 年，中国 GDP 达到 22 290 亿美元，跨上了 2 万亿美元级经济大国台阶，经济总量超英、法，跃居世界 10 大经济大国第 4 位，"超英"目标终于于此年实现；2007 年，中国 GDP 达到 33 700 亿美元，冲上了 3 万亿美元级经济大国台阶，经济总量超过了稳坐世界 10 大经济大国第 3 把交椅数十年的德国，中国终于成为世界经济大国的老三。于是，这一年，关于何时"超日"，成为仅次于美国的第二大经济体，也被正式提上日程。当时，有专家预言，中国GDP超过日本需要5～10年，即在2012—2017年；但是，若日本经济继续停滞乃至倒退，这一日期还会提前。但随着时间的推移，这一日期也被不断刷新。2008年6月24日，日本智库PHP综合研究所发布《日本对华综合战略最终报告》，认为随着中国经济的持续高速增长，中国GDP将在5年内超过日本，到2020年时两国经济差距会更大。2009年初，国际货币基金组织、日本经济产业省以及中外专家一致认为，中国GDP将在2010年超过日本，日本将结束世界经济排名第二的位置。也就是说，还有两年时间。但是，到了2009年四五月份，中国应对经济危机政策、措施对头，经济回暖复苏迹象明显，于是就有舆论认为，2009年"超日"已成定局。

二、何时"超美"？

那么，中国何时"超美"，成为世界第一呢？这似乎应了那句老话——"人心苦不足，得陇复望蜀"，有些贪婪，但是作为一种对未来趋势的预测，也未尝不可一试。据专家分析，美国自20世纪初取代英国成为世界经济头号大国以来，一直稳坐世界经济大国的头把交椅。美国超过英国成为世界头号经济大国花了约100年，日本从第二次世界大战的废墟中崛起为世界第二经济大国花了30年的时间。从世界历史来看，美国1894年的工业产值超越当时的世界霸主英国，并于1945年取代英国成为世界霸主，中间相隔51年。那么，中国何时"超美"呢？实际上，许多中外权威机构和人士，都对此作出了预测。2008年2月，美国盖洛普世界事务的调查显示，四成的美国民众认为，中国带领全世界的经济向前走，另有33%的美国人仍然认为是美国领导全球经济。比起在2000年的同样调查，当时有65%的美国人自认全球经济是美国在主导，认为在未来20年，美国仍会是超级经济体，但是8年后，越来越多的美国民众认为，中国才是未来20年全球经济的领航者。[1] 而渣打银行的高级经济学家斯蒂芬·格林则提出了"一个中国年等于四个美国年"的假设，他指出：每个人都生活在变化中，但其他人的变化速度赶不上此刻中国人的变化速度。根据格林的计算，一个美国年等于1/4个中国年，一个英国年等于3.1个中国月（约为1/4中国年）。换言之，在中国的生活变化要比在美国和英国快三倍。[2]

---

[1]　四成美国人认为中国超越美国成首要经济强国. 中国新闻网，2008 - 02 - 22.

[2]　彭博. 一个中国年等于四个美国年. 新华网，2007 - 09 - 25.

按时间长短,"超美"预测大致可分为 30 年、20 年和 10 年三种说法。

先看 30 年说,也就是 2040 年左右。2003 年以来,高盛公司发表了关于中国、俄罗斯、印度、巴西发展的系列研究报告。报告称,只需保持当前的发展态势,未来几十年内,世界经济版图将产生惊人的变化;其中,中国的经济规模将急剧扩张,先后在 2005 年超过英国,2007 年超过德国,2016 年超过日本,2041 年超过美国。2005 年 9 月,韩国中央银行发布年报,预测中国 GDP 规模将于 2020 年超过日本,在 2040 年赶上美国。2005 年 1 月,《华尔街日报》访问了一批经济学家,要求他们预测一下中国经济何时会赶上美国,多数人表示,中国经济将在未来 20 至 40 年内超过美国,取其中间值,则在 2040 年。

次看 20 年说,也就是 2030 年左右。1997 年,亚洲开发银行发表的《崛起的亚洲》报告,对中国经济发展趋势作了三种可能的估计:按照其基本方案推测,2025 年,中国 GDP 总量将达到美国的 1.5 倍以上。俄亥俄州立大学教授欧迪德·先卡在其著作《中国世纪》中预测说,中国将在 20 年内成为世界第一经济大国。美国《国际经济》杂志 2007 年春季号发表文章,题为"中国会超越美国吗",作者是美国印第安纳州立大学商业学院网络金融研究所研究部主任约翰·塔托姆。文章认为,中国经济发展前景看好,可以推断,中国会在 2031 年赶上美国国内生产总值的规模。[①]

中国学者也著文《近 40 年世界主要经济大国 GDP 排名》指出,自 2009 年起,若美国经济增长缓慢(增长 2% 左右),中国经济平均每年能增长 8%,平均每年保持 4 000 亿~5 000 亿美元的绝对值超过美国,中国将在 2028 年左右(即美国经济总量在 20 万亿美元左右、中国经济总量在 21 万亿美元左右时)超过美国;若美国经济出现倒退,中国经济每年保持 8% 以上的增长,则中国可能还会提前 3~5 年(2020—2025 年)超过美国。还有学者著文《2020 年中国经济规模预测》,运用"综合发展模型"计算出,到 2019 年,我国 GDP 低位预测将达到 17.18 万亿美元,中位预测将达到 23.62 万亿美元,高位预测将达到 32.42 万亿美元。即使按照低位预测,也将超过美国,跃居世界第一。

再看 10 年说,也就是 2020 年左右。持此说法的最多。世界银行 1997 年发表了题为"2020 年的中国"的报告,假设此后中国的 GDP 年平均增长率从 8.4% 逐步减缓到 5%。到 2020 年,中国的 GDP 将大大超过美国,人均GDP 相当于美国当前水平的一半。此外,该报告还预测到 2020 年中国可能是

---

① 美专家:2031 年中国 GDP 将赶上美国. 新华网,2007 – 09 – 20.

世界上第二大进口国和出口国。美国经济学史专家安格·麦迪逊在 1998 年发表的《中国长期经济运行》一书中预测，1995—2010 年间，中国的 GDP 年均增长率将由 1978—1995 年期间的 7.5% 逐步下降为 5.5%，人均 GDP 增长率由大约 6.04% 逐渐下降为 4.5%。按 PPP 法计算，到 2015 年中国的 GDP 总量将会超过美国，约占世界 GDP 总量的 17%。国际货币基金组织预测，中国 1990 年的 GDP 为 15 206 亿美元，到 2004 年增长到 73 343 亿美元，年均增长 11.89%。按照这个速度，到 2010 年将达到 143 953 亿美元，逼近届时美国的 GDP 规模，到 2015 年将达到 25 万多亿美元，将美国远远甩在后面。2004 年，中国经济学家胡鞍钢也再次预测，中国 GDP 到 2020 年将占世界的 22%，超过美国。对此，最新的资料是 2009 年 7 月 24 日，中国社会科学院在北京召开《美元霸权与经济危机》首发式暨世界金融危机与坚持中国特色社会主义道路研讨会。中国社会科学院欧洲研究所研究员王振华指出，如果印度和中国都继续以每年 8% 左右的速度增长，而美国、欧洲和日本每年增长率不足 2%，那么中国的经济总量会在 2018 年之前取代美国，成为世界第一大经济体。到 2030 年，亚洲的 GDP 将占世界总量的 53%，而美国和欧洲只占 33%。①

　　2040 年、2030 年、2020 年，30 年、20 年、10 年，恰如对"超日"的预测一样，时间越近，预测越大胆，年份越短。可见，无论是哪一年，在"超日"之后，"赶美"、"超美"只是时间问题了。从"超英赶美"到超日、赶美之路，是一条从幼稚到成熟之路、一条从梦想到现实之路。

三、大国议题重上日程

　　尼克松在《1999 年：不战而胜》中指出，中国必将在 21 世纪成为与美国比肩的超级大国。中国近代史上，首次比较系统地提出中国"东方大国梦"的是孙中山先生。1919 年 2 月，孙中山完成《实业计划》一书，后来与《孙文学说》、《民权初步》两书合称为《建国方略》。在书中，这位"现代中国之父"为贫穷落后的中国构建了一个通过实业救国的东方大国之梦。当然，由于众所周知的原因，这一计划一拖再拖，难以"圆梦"。直到改革开放之后，"东方大国梦"才具备了"复兴"的条件。2006 年，资深专家一一盘点当年《建国方略》时发现，其中许多当年天才般的设想如今都已经成为现实。如孙中山当年设想中国要建成北方、东方和南方三个大港，如今都已

---

　　①　张蔚然. 研究人士：中国有望 2018 年前成世界第一大经济体. 中国新闻网，2009 - 07 - 24.

建成，其吞吐忙碌的景象远远超出孙中山当年的设想；他所提出的铁路建设计划，有 3 条连通全国的主干线，5 条贯通全国的大干线，以及高原铁路，总长 20 万千米。而现今中国铁路网的构架，基本上没有脱离孙中山的规划。另在《实业计划》之"改良现有水路及运河"一节中，孙中山又提出长江上游的水利开发问题，这是见于国人著述中最早的三峡工程。1924 年 8 月 17 日，孙中山在广州国立高等师范学校讲演，更明确说明在三峡建坝还可发电。2006 年 10 月，三峡大坝蓄水至 156 米，三峡工程开始发挥其全面效益，除了孙中山所能想象到的航道改善、发电外，它还把长江中下游防洪标准提高到百年一遇。

上述这些"圆梦"的意义不仅在于"实现"，而是国力强大的一种象征，进而沟通昨日与今天，使"大国"议题提上日程。

2000 年至今，随着"超日"变为现实，"超美"提上议程，另一话题也自然进入舆论界的视野，即中国的大国之梦。其中 2006 年、2009 年尤其值得关注。因为 2006 年《大国崛起》上演，2009 年出现了"大国问号"系列丛书，其间构成了一个完整的"大国"意识或心态的逻辑链条。

2006 年 10 月，孙中山梦寐以求的三峡大坝蓄水发电成为现实，几乎与此同时，2006 年深秋时节，一部名为《大国崛起》的 12 集大型电视纪录片在央视 2 套与观众见面。看似巧合，实属必然。大国崛起，涉及 9 个国家：葡萄牙、西班牙、荷兰、英国、法国、德国、日本、俄罗斯、美国。虽然其中没有中国，却是中国具备了"大国意识"的一个鲜明标志。据《大国崛起》总编导任学安回忆，他的灵感源于一条新闻："2003 年 11 月底的一个清晨，我在上班途中听到收音机里播报了一条新闻：中央政治局集体学习'15 世纪以来世界主要国家的发展历史'。九大国，五百年，在北京嘈杂拥堵的三环路上，突然之间听到来自遥远浩瀚的历史的声音，一个念头让我激动不已。我想，这是历史的召唤。"[①] 2003 年 11 月 24 日，是中共中央政治局委员的集体学习日，由首都师范大学齐世荣教授、南京大学钱乘旦教授讲授 15 世纪以来世界主要国家发展崛起的历史。作为中国的执政者、决策者集体学习探讨大国兴衰定律，其中透露出来的"大国"意识，自不必多言。而把这种意识变成光影图像，则是创作《大国崛起》的直接动机，恰如总编任学安所说："《大国崛起》一片，是中国电视人第一次用影像梳理五百年世界现代历史，也是中国人第一次透过大众传媒观看五百年世界大国风云变幻。它的诞

---

① 《大国崛起》总编导任学安：一次艰难的跋涉. http：//www. enorth. com. cn，2006 - 11 - 29.

生，是正在崛起的中国从容自信的存照。我们力图用 12 集电视片构建一个窗口，通过它发现世界的坐标，寻看坐标中的大国并思考自身在其中的位置。"①

可以说，《大国崛起》虽然讲的都是外国，没提中国，但制作动机以及题材本身所透露的"大国"意识及心态是毋庸置疑的。正式将"大国"问题重新提上日程是在 2009 年，如前所述，这一年，中国即将提前完成"超日"目标，成为仅次于美国的第二大经济体。也就是在这一年，由北京时代华语图书股份有限公司策划、人民日报出版社出版的"大国问号"时政丛书问世。丛书包括法国汉学家魏柳南的《中国的威胁？》、易强的《美国沉没？》、刘仰的《中国没有榜样？》，分别从"外国看中国"、"中国看外国"、"中国看中国"三个不同角度，对下一个 60 年的国际变局和运行轨迹提供了多角度的解读，对中国威胁论、世界是否失去榜样、美国是否走向沉没进行全面、深刻的论述，以史明鉴，以校准中国在世界坐标系中的具体位置。此外，再加上《中国不高兴》和《中国为什么不高兴？》这两本"不高兴"系列丛书，可以说，2009 年是中国"大国"意识的井喷之年。

从《大国崛起》到"大国问号"等"大国系列"丛书，从 2006 年至 2009 年，中国人的"大国意识"愈渐清晰。因为前者所涉及的 9 个世界强国中，没有提到中国，在此，所谓"大国"意识，只是"虽不能至，心向往之"；而在后者中，则屡屡明确提出中国要成为"大国"的议题，如《中国没有榜样？》：

如今，这个世界性的战国游戏正在走向结束。中国的历史经验告诉今天的中国人，在这个重要的时刻，中国必须强大。只有强大，才能走到这个游戏的尽头。而且，由于中国拥有结束战国游戏之后的重建经验，中国必须成为最后的胜利者。对于这一历史的使命，中国当仁不让。

实际上，纵观整个"大国系列"丛书，提出"中国要做世界大国"是其核心观点，其中一切议题都围绕它来进行。据悉，《中国不高兴》（全名《中国不高兴：大时代、大目标及我们的内忧外患》）的作者有宋晓军、王小东、宋强、黄纪苏与刘仰。此书对以美国为首的西方国家提出严厉批评。该书策划者、北京共和联动图书有限公司董事长张小波表示："它是 1996 年的《中

---

① 中央政治局集体学习探求兴衰定律. 瞭望东方. http：//www. enorth. com. cn，2003 － 12 －01.

国可以说不》一书的升级版，在过去的这12年里，中国国内外的形势发生了巨大的变化，但有一点没有变，那就是中国和西方摊牌。"值得注意的是，本书作者之一的宋强正是《中国可以说不》的作者之一。

在《大国崛起》中，明显是"以西方为师"，而在"大国系列"丛书中，则明显是要抛弃这种心态，例如："500年来，西方文明即将到达它的尽头。尽管中国也不幸感染了同西方文明类似的病症，但对于中国来说，这个游戏没什么新鲜，中国的这一历史经验举世无双。"（《中国没有榜样？》）甚至索性提出：中国对西方，要"有条件地决裂"。其云："毋庸讳言，近30年来，我们处于一个长期被遮掩的真相中。中国人以最大的热情欲图拥抱西方，以最亲善的姿态告诉西方：'我们在向你们靠拢'，而西方的回答是：'你们在哪里？'自我矮化的时代歧路，绝不是心理镜像，而是周边都存在的活生生的现实。"（《中国不高兴》）又："如果把世界资本主义体系比作一个拳坛的话，我们近期中期目标就是打倒拳王，终极目标是打碎拳坛。……有了这一路排下去的大任务、大目标，一个民族就有事干了，就不至于醉生梦死、行尸走肉了。"（《中国不高兴》）中国要"放下小菩萨，塑伟大之目标"；那么，这个大目标究竟是什么呢？其云："中国要有大目标、大抱负，而不是小吟味、小情调。中国的精英，尤其是政治和文化精英，应该建立起这个自觉。精英无精打采腐朽成这样，说明既有的目标该调整了。不调整振奋不了精神，进入不了状态，凝聚不了力量。中华民族在世界文明史上还需要跨出一步，她需要动力，而动力来自目标。"（《中国不高兴》）那么，抛弃"以西为师"、"打到拳王"之后又会如何呢？其结论则是"学习中国好榜样"，其云："中国应该成为全球的榜样，凭经济实力，也凭道德实力。乾隆十五年，中国的工业产值是法国的8倍，英国的17倍，GDP总量占世界的1/3，超过今天美国在世界经济中的地位。600年前郑和下西洋，向全球传播中华文化和道德，也传播知识和技术，中国的道德影响力至今威风犹存。如果全球跟着中国走，以德礼治天下，世界历史将翻开新的一页。"（《中国没有榜样？》）还搬出了英国历史学家汤因比，他曾"将世界的前途寄托在东方文明的复兴上，正是因为中国是这个古老游戏完整的亲历者。中国清楚地知道这个游戏产生的原因，知道这个游戏的秘诀和规则。最为关键的是，中国知道如何结束这场无聊的游戏，并且在战国游戏结束后，如何塑造整个世界"。（《中国没有榜样？》）

从以上的心态路径来看，很明显，从《大国崛起》到"大国系列"丛书，虽然其间夹杂着民族主义的狂热和尚武躁动，但不可否认的是，自21世纪以来，中国社会上，"大国"心态逐步升温，"大国"意识不断加强，其热度和强度都已远非《大国崛起》播映之时可比了。很明显，这种意识上的"升温"又是与中国国力的增强相同步、相匹配的。

四、大国之惑

那么，在"超日"和即将"超美"之后，中国究竟是不是一个大国？对此，中西方舆论均有议论，大致可分为肯定和否定两种看法。

2008 年 8 月 15 日，美国《生活科学》发表文章，题为"中国将成为头号超级大国吗？"，指出中国注定会成为世界上新的头号超级大国。根据皮尤调查中心 2006 年的调查结果，在日本，有 67% 的人认为中国将取代美国成为世界上首要超级大国。有 53% 的中国人也持有相同的观点。皮尤调查报告写道："在德国、西班牙、法国、英国和澳大利亚，接受调查的大多数人要么认为中国已经取代了美国，要么认为中国在将来会取代美国。"[1] 2008 年末到 2009 年以来，随着席卷欧美的金融危机风暴，中国在世界上的作用凸显，与之相关的"大国"话题更是层出不穷。客观上，金融风暴推动着中国走上"大国"的地位。恰如张宇燕研究员所说："不是（中国）想不想当，而是全世界都已把中国当大国，中国必须承担国际责任。现在世界最重要的大事有三件：应对金融危机、清洁能源、气候变化。中国是世界第一大外汇储备国，能源消费量世界第二，二氧化碳排放量世界第一，跟美国加一起超过全球总量的一半。如果没有中国的参与，这几件事都很难解决。"[2]

于是，关于中美共领经济、共治世界的"G2"理论也开始浮现。2009年 1 月冬季的达沃斯论坛上，论坛主席施瓦布提出了"G2"的概念，即两国集团，指的是中国和美国，认为目前中国已经具有影响世界经济和政治的分量，当被问到是否高估中国影响时，施瓦布说："完全没有，我们提出了 G2，但是我们可能更需要 G3，意思是中国、美国和欧盟，我们不能忽视欧盟，它的经济实力已经可以和美国比肩。"G2 也好，G3 也罢，都已显示出中国的分量。但据美国媒体报道，"G2"提法源于美国。据《国际先驱论坛报》2009年 3 月 4 日报道，2008 年，美国个别媒体曾试探性提出过"中美共管太平洋"的主张。同年 5 月，经济学家伯格斯坦建议，美中战略经济对话机制应进一步升级为"领导世界经济秩序的两国集团（G2）格局"。曾被《时代周刊》在 2004 年列入"影响世界的 100 人"的美国经济史学家尼尔·弗格森（Niall Ferguson），在其 2008 年出版的著作《金钱的崛起：世界金融史》一书

---

① 美媒：中国进入奥运新时代将是下个头号超级大国. 环球时报，2008 - 08 - 18.
② 刘东等. 直面巨人症：中国离头等强国还有多远?. 南方周末，2009 - 07 - 09.

中甚至提出了一个新的英语单词"Chinamerica",可翻译为"中美国"或"中华美利坚",意为中美国战略共同体。他还进一步提出,奥巴马应"向东看",赶快去北京开创中美"两国峰会"。尼尔·弗格森的整个生涯基本都在为"帝国秩序"立言,曾被左翼讥为布什政府的"宫廷史学家"。如今连他也急切地出来提醒奥巴马政府正视中国的影响力,这一事实本身就意味深长,这标志着他似乎是宣布放弃自己所珍爱的全球霸权,以大历史的视野分析当今世界的走向,并把中美共同主宰作为未来的前景,显示出西方主流思想家对中国崛起的充分估价。

学界的这一提法迅速得到美国资深外交家的呼应。2009 年 1 月 12 日,在北京纪念中美建交 30 周年活动的一次会议上,大选期间曾任奥巴马外交事务顾问的战略家布热津斯基强调说,中美之间建设性的相互依存是全球政治和经济稳定的重要根源,现在需要全力推进一种非正式的"两国集团(G2)"。他强调,"美中之间的关系必须真正是一种与美欧、美日关系类似的全面的全球伙伴关系","美中高层领导人应进行例行的非正式会见,不仅就美中双边关系,还应就整个世界问题进行一种真正个人之间的深入讨论"。中国所强调的"和谐"可以成为美中峰会一个有益的起始点。几乎与此同时,基辛格也发表了类似的观点。这位曾为了美国利益而促成全球战略格局发生巨变的外交战略家主张美中两国应建立一种"命运共同体"结构,将两国关系提升到类似"二战"后大西洋两岸(美国与欧洲)关系的高度。

又是"两国集团",又是"中华美利坚",由此来看,中国无疑是一个举足轻重的大国了。但对此"一则以忧",即质疑和反对的声音也不少,甚至超过了肯定的声音,这种声音主要来自国内。有学者指出:"几个月来,《参考消息》转载的海外舆论中,多是美国时代即将结束的预警。其实,这正是美国的超级大国地位得以长久保持的秘诀所在:只要美国衰落的警笛不断在美国人的心头响起,美国就永远是世界第一!所以,美国知识界的一项重要工作,就是寻找有可能替代美国的目标,并毫不吝惜地将下一个世纪的桂冠放到他的头上。"①

冷静分析,具体而言,首先是总量与人均之差、之痛。据悉,2008 年日本、中国的 GDP 总量分别位列世界第二和第三,仅次于美国,日本为 4.9 万亿美元,中国是 4.4 万亿美元,相差大约 5 000 亿美元;而 2008 年中日两国人均 GDP 相差甚远,日本的人均 GDP 是 34 023 美元,位居世界第 22 位,中国则为 2 460 美元,位居世界第 104 位,两国人均 GDP 相差近 13 倍。人均

---

① 赵法生. 中国老大的幻像. 中国青年报, 2009 – 05 – 26.

GDP 位居世界第一的国家是卢森堡，为 102 284 美元，中国与之相差 41 倍。在此，仅就与日本相差的 13 倍而言，总量"超日"就显得无足轻重了。而在人均居世界第 104 位的背后，则是人均社会保障的缺失所折射出的社会不公平。这样的繁荣和强大，不是人人有份的，试看——"当经济总量的蛋糕做大，而分配蛋糕却严重不公时，GDP 越大，人们被剥夺的感觉越强，越发埋藏着社会危机。事实上，中国的贫富两极分化正在加剧。1994 年，中国的基尼系数就超过了国际公认的 0.4 的警戒线，2007 年更是高达 0.48。2006年，世界银行报告称，中国 4% 的人口掌握了 70% 的财富，美国是 5% 的人口掌握 60% 的财富。因为存在严重的两极分化，人均 GDP 也就成了一个"虚假的繁荣"①。于是学者提出，"我们不需要总量的虚空幸福感，也不需要人均的虚空幸福感，而是要真实的幸福感"②。"在'以人为本'的背景下，不仅要追求经济总量，更要提高人均实际福利水平，不仅要注重社会财富量的增多，更要注重社会财富质的提升，要努力提高社会保险综合参保率、环境综合指标等，让社会财富改善人民的生活水平，提高国民的幸福指数。"③

　　人均之差，并非虚空的数字，从直观上就可以感觉得到——"我国 15 岁以上的文盲和半文盲还有 8 500 多万，一下子能解决吗？我们的煤矿、工厂等前天爆炸、昨天冒水、今天又坍塌，不知道明天又会发生什么事，几十上百人地死，为什么这种状况总解决不了？看看我们城里的农民工弟兄生活在什么状况下？想一想我们的几亿农民，特别是贫困地区的同胞们如何？还有城里的那些下岗人员，每年那么多不好找工作的大学毕业生，北京混乱不堪的交通，罩在我们头上的昏暗天空等。每当我们看到这一大堆问题时，我们的嘴里无论如何是喊不出"崛起"这个虽然吸引人鼓舞人却解决不了什么问题的口号的"④。再以居民家庭人均资产为例，据悉，2004 年，美国家庭平均资产为 44.8 万美元。而 2002 年，中国城镇居民家庭平均资产为 22.83 万元人民币。也就是说，中国的水平还不足美国的 1/10。鉴于中国城镇化水平不足 50%，且城乡差别巨大，真实的情况很可能是：中国家庭平均资产仅有美国的 1/20。由此可以推断，"第一，中国每年新创造财富中的大部分被政府拿走了；其次，近年来中国财富迅速膨胀的账面增值部分更几乎全部归政府所有。由此就可以比较清晰地解释我上面提出的那个问题：为什么从资产的情况看中国应该是一个富裕国家，而我们的实际感受却截然相反？答案是：

① 廖保平. 中国 GDP 年内超日本：强大还是肥大虚空数字幸福?. 中国青年报, 2008 – 05 – 17.

② 廖保平. 中国 GDP 年内超日本：强大还是肥大虚空数字幸福?. 中国青年报, 2008 – 05 – 17.

③ 薛莲. 专家建议理性看待中国 GDP 赶超日本. 中国经济时报, 2009 – 06 – 25.

④ 张宏喜. 切莫再饮"崛起"这壶迷魂酒. 世界知识, 2005 – 12 – 28.

中国这个'国家'的确是个'富国',但这个国家里的居民却并不富裕。换言之,中国是世界上最富有的政府以及少数富有人士与相对还很贫穷的绝大多数国民的奇怪结合体,而这个结合体里的财富在整体上正处于相当严重的泡沫状态"①。

即使就"两国集团"或"中华美利坚"而言,也有学者指出其中的"玄机"——省略了必要的民生"社会开支"或社会保障。中美相互依存的重要因素是物美价廉的中国货,而在"这种便宜的中国货背后,体现的是短期的竞争力和长期的危机。其实,中国货之所以便宜,劳动力价格低还仅是一端,另一端在于省去了许多基本的'社会开支',如医疗保障、退休金、教育等福利。不妨看看发达国家的'社会开支'占 GDP 的比例:瑞典 32%,法国 29%,加拿大、澳大利亚、日本都在 18% 左右,福利最低的发达国家美国也有将近 17%。而据 2009 年 3 月 2 日《华尔街日报》的报道,中国的'社会开支'2007 年仅为 GDP 的 5.8%。也就是说,我们和发达国家的贸易竞争,是在省下了 11% ~ 24% 的'社会开支'的情况下进行的,中国货当然便宜了"②。但是,"社会开支"被克扣并不等于对"社会开支"的需求被取消,老百姓照样需要看病、养老、尽可能让子女接受良好的教育。国家不支付,老百姓就必须从自己微薄的收入中省下钱来支付。目前中国人的储蓄率为收入的 25% 左右。"不得不存起每分钱的穷人当然没有'内需'。在这种情况下,发展经济就必须依靠不习惯存钱的富人的疯狂消费。结果,美国成为中国最大的贸易伙伴,中国 1/5 的产品出口到了美国。要保持中国的经济发展,就必须刺激美国对中国产品的需求。刺激的方式,则是把中国的外汇盈余拿来购买美国的国债,这就等于中国借钱给美国买中国自己的货,就像汽车销售商借给消费者零息贷款以推销自己的车一样。这样,就形成了 Niall Ferguson 所谓的'中华美利坚'——中美彼此依存的'经济帝国'。"③ 结论是——"可见,'中华美利坚'见证了中国的崛起,也反映了中国对美国的和平依附。中国成为美国最大的债权国,是因为在'社会开支'上对国内的老百姓欠得太多,在支付经济发展的'社会成本'时'偷工减料'。……'中华美利坚'的世界秩序掩盖了中国的真正利益。中国能否真正崛起,并不是看自己属于 G20 的一员还是 G2 的一员,而要看能否为克勤克俭的老百姓提供基本的社会服务。只有他们,才会给中国带来持久的繁荣"④。

---

① 陈季冰. 中国究竟是穷国还是富国?. 南方都市报, 2009 – 07 – 13.
② 薛涌. 新词语"中华美利坚"的背后. 同舟共进, 2009 (6).
③ 薛涌. 新词语"中华美利坚"的背后. 同舟共进, 2009 (6).
④ 薛涌. 新词语"中华美利坚"的背后. 同舟共进, 2009 (6).

　　GDP 总量"超日"既成事实，"超美"又在进行之中，随之而来的"大国"意识与心态也随之成型。依照不同的指标，从不同的视角观察，成长中的中国既是大国、强国，又是小国、弱国，恰如学者所言——"GDP 总量，我们是大国，可是人均呢？我们是小国；制造，我们是大国，可是产品创新呢，满街开的车有多少是中国人自己造的车？又是小国；人口，我们是大国，可是人口素质参差不齐；面积，我们是大国，可资源呢，我们的水是多少呢？印书我们现在真的是大国了，可是图书评论我们是小国；教育从规模上讲我们是大国，可是学术的创新上我们是大国吗？消费上我们是大国，每天我们要吃很多猪肉，但生态上我们是大国吗？体育竞技我们是大国，可是公民锻炼身体方面我们是大国吗……"① 可见，强弱之际、有无之间，似乎是中国是否是大国的准确定位，对此，我们一定要清醒、冷静，把步子迈得更稳健扎实。

（原载于《书屋》，2009 年第 10 期）

---

① 稼轩."大国热"引发学者深层思考. 中国青年报，2009 - 07 - 13.

日本："都一样"观念与"差不多"社会

　　笔者在韩国教书时，一次语法课上，讲授"副词修饰形容词"，可班里的学生似乎都不懂"修饰"指的是什么，想到韩国整容业很发达，于是又从化妆、整容、梳妆打扮讲起，基本讲清了修饰在语法中"限定"的含义。下课后接触到班里的一个女生，她来中国进修过，中文基础很好。笔者问她："那老师问'修饰'是什么意思时，为何不举手，你若举手，我可以让你用韩语向同学们解释。"她含蓄地笑了笑说："老师，韩国学生都比较内向，不讲究冒尖，在一个集体里大家都差不多就行了，不要显得强过别人很多。"当笔者把这个故事讲给另一位旅日多年的中国老师听时，答曰：韩国还算好些，在日本，"大家都一样"更是一种普遍的观念，可以说是渗透了日本社会的方方面面，融化在普通国民的日常心理和行为之中。那位老师又说："在日留学期间，每当我要出门时，日本的房东老太太总要嘱咐我三句话：管好自己不要给别人添麻烦，大家差不多、都一样，要和别人搞好关系。有时我都觉得有点儿絮叨了，但她天天说，日日讲，也就习以为常了。"

　　听闻此言，总觉得在这背后似乎还深藏着什么东西，于是又和这位老师就此深聊起来。在其所转述的日本房东所嘱咐的三句话中，笔者较为感兴趣的是"大家差不多、都一样"，于是"采访"和讨论基本就围绕着此一话题展开。

一

　　在日本，对"大家都一样"、"人人都差不多"观念最直观的感受是出门在外时，在地铁站、街道上、办公室里、教室里，所见到的人们装束都差不多，很少浓妆艳抹、装扮奇异者，男男女女穿着都很得体，干净、整洁、大方、体面，既无赤膊不修边幅的邋遢，也无炫人眼目的奇装异服，远远望去，"大家都一样"，即使大热天也西服领带，连出租车司机也不例外，太热时最多不过是把西服脱下，衬衫领带是必需的。据介绍，男士衬衫里面还要穿一件T恤衫，以免汗液浸湿衣服，以示对他人的尊重。而女性无论老幼均化着淡妆，衣着得体，尤其是上了年纪的女性，身着大衣和及膝裙，皮肤细洁，处处透出端庄和优雅的气质，仿佛真是不食人间烟火。[①] 大家都很注意自己形象整洁、精致，可以说达到了一丝不苟的地步，因为穿着绝非个人的事情，它是社会形象的组成部分，自己穿着不当，就是给"别人"、给社会添了麻烦，这又显然违反了"不给别人和社会找麻烦"的"潜规则"。于是，仅从装束上，看不出谁穷谁富——"人人都差不多"。

资料显示，日本近代能够跨入世界强国行列，教育为其提供了坚强后盾，而保证教育公平是日本教育发展的灵魂。可以这样认为，日本教育公平程度之所以世界领先，是因为牢牢抓住了教育机会平等、教育设施统一、师资配置平衡等关键问题。

从教育理念和教育制度上，教育公平是实现社会公平的起点和基石。作为在促进教育公平和均衡发展方面起步较早的国家，日本并没有"躺在功劳簿上睡大觉"，而是不断探索，在基本实现硬件均衡、师资均衡之后，逐步走向促进个体均衡发展的阶段。

从教育机会方面看。在法律保障下，日本教育机会的公平性体现在各个方面。日本《教育基本法》规定：凡是日本国民，无论人种、信仰、社会身份、经济地位以及门第出身，都不应受到区别对待；对身体有残疾者，国家和地方团体应根据残疾状况，给予必要的教育方面的支持，以保证其接受足够的教育；无论个人学习能力如何，对于因经济原因而面临就学困难者，国家和地方团体都必须采取助学措施。日本在发展教育方面始终遵循"有教无类"的原则，日本文部省为贫困学生"开小灶"便是一个例子。

从教育设施方面看。日本无论是乡村学校还是城市学校，教学设施都按照国家标准统一配置，基本没有差别。各地学校的建筑模式、场地大小都采取标准化配置。笔者曾前往日本青森县的一所乡村高中。该校虽然是一所乡村学校，学生也只有100多人，但配备与东京中心城区的学校几乎完全相同：一栋多功能的教学楼、一个体育馆、一个运动场、一个游泳池，一应俱全。教学设施不因外部条件和地理位置的区别而不同，这就保证了所有的学生都能享受同等条件的教育基础设施。

从师资方面看。为了避免优质教育资源向部分学校倾斜，形成重点学校，日本很早就意识到，学校硬件均衡只是确保教育均衡的第一步，真正决定学校好坏的关键要素是师资水平。因此，在教育制度的设计上，日本教师属于公务员序列，国家不能随意解聘，工作相当稳定。为了实现各个学校的师资平衡，"二战"后的日本形成了一个很好的制度：教师经常性地流动，

---

① 陈庆立. 日本社会相对廉洁纯净　我们该向日本学习什么. 人民网，2009－12－29.

一位教师在一所学校最长只能任教 7 年，没有教师在一所学校工作一辈子的。在任何一所农村学校，都有城市学校轮岗过来的教师。同样，在任何一所城市学校，也都会有农村轮岗交流的教师。正因为教师在一个地区之内保持了一种制度化的流动，因而在很大程度上保证了一个地区总体教育水平的相对均衡。因此，日本义务教育阶段不存在"择校"一说。①

而仅从"小升初"这一窗口透视，也是从教育机会、教育设施、师资三方面看，中国教育制度的不平等是明显的。专家指出，从教育机会看，"小升初"病根在于义务教育资源不均，每个家庭的"小升初"之苦，浓缩的是整个社会义务教育资源不均衡的现实，校际强弱悬殊几乎都成了民怨之源。"现在教育不均衡、不公平已经到了历史最严重的时候。"中国人民大学教授程方平如此感叹。当民众诉求从"有学上"向"上好学"加速转变时，义务教育均衡化的"日程表"面临着前所未有的压力。从教育设施看，硬件分化差距明显。"国家办学校，既要有质量的底线，更要有不能突破的上限"，"义务教育均衡化首先要追求起点公平"。中国青少年研究中心副研究员洪明说，学校之间特别是一个学区内的学校要硬件基本一致，师资基本一致，生源基本一致。重点学校制度，被不少教育界人士视为校际"沟壑"难填的根源。基于各种利益驱动，一些地方政府给予重点学校特殊的政策和待遇，而重点学校通过择校、共建等途径，又获得远远超过普通学校的教育资源。从师资配置看，师资流动在实际运行中难免遭遇"知易行难"。正如北京大学社会学教授马戎所言，重点学校能提供高工资、高福利和发展机会，普通学校难以比肩，如何能让被流动的教师认可？而如果强制流动，又可能与教师的聘用机制对立。"假如一个教师通过竞聘进入好学校，最后又被强制派到一个薄弱学校，违背了聘用制的双向选择原则。"洪明解释说。专家指出：归根结底，现代义务教育的目标，并非选拔淘汰，而在于保障所有国民公平享受教育，提升整体素质。从这个角度而言，"改变基础教育集中资源培养少数尖子的精英教育思路"，已是势在必行。但熟悉中国国情的人都知道，这只是一种美好的一厢情愿，距离日本已成为"现实"的教育公平还有遥远的距离。②

在日本的教育体系中，从幼儿园、小学到初中、高中，老师不是以分数高低来区分、识别学生的优劣，因为在人人都有受教育的权利这一点上，大家都一样，也没什么重点小学、重点中学之分。不是没有差别，而是从教育

---

① 看日本的教育公平：给贫困学生"开小灶". 中国新闻网, 2012 - 02 - 03.

② 郑轶, 陈璐瑶. 校际差距，"沟壑"难填？——治不了的"小升初"？. 人民日报, 2012 - 07 - 06.

理念上，从宣传上，不提倡这种做法。老师在班里很少提到分数和学习成绩，平时多以鼓励为主。同理，不是没有优劣，而是不提倡"以分数论英雄"、"以成绩论优劣"。对此，一个中国留学生深有感慨："从个体上来讲，日本人真的没有什么能干的，然而他们却将这个社会组织得井井有条。日本的学生感觉也很笨，但是即使学习很差的学生也从来没有被公司、被社会抛弃，一样进入社会，有一份工作。有中国留学生说，中国的教育是拔尖的，从小学开始，一直往上考。而日本教育不是拔尖，而是不放弃"差生"。让他们能好好地进入社会，做自己的一份工作。不然，日本怎么会有希望。①

在中国的任何一所学校，所关注的肯定是学生的学业成绩，每天都像宣布战绩一样，积极公布学生的成绩。而日本则相反，日本人最关注的是学生在学校能否健康成长，不受歧视、不受欺负。学校的老师对学生的安全能否保障、学生是否有一个健康的心灵放在前面，而对学生的成绩好坏倒是其次。日本学校视学生间的平等和学生的安全保障为教育的本命线，并且严禁当众宣布学生成绩，认为这样会伤害学生的心灵，不利于孩子的健康成长。对此，请看一位留学生的实录，"日本大学的老师对'旷课'的较真程度，让很多中国留学生都觉得吃不消"。她说，很多在国内念本科的学生，都习惯了平时旷课、考前突击的日子。但到了日本才发现，这里绝对是态度、诚信第一，学习成绩第二。Mandy 说，在国内不少大学，很多学生都不把出勤率当一回事，可到了日本，就要当心了。在这里，上课的出勤率代表你的学习态度，不管你的成绩考得有多好，如果无故迟到或是旷课，老师就很有可能会给你打个不及格。Mandy 刚到日本时就迟到过一次。她对老师撒谎说，地铁比平时晚了一点，其实是她睡过了头。老师非常生气，让 Mandy 到地铁站，请那里的工作人员给她开一张"晚点"证明。Mandy 说，当时以为老师是开玩笑。事后别人告诉她，日本地铁的拥挤很出名，但尽管如此，地铁的到站时间还是精确到"分"的。如果比预定的到站时间晚了几分钟，列车员就要向乘客道歉，站在车门口分发证明，写明地铁为什么晚点，是故障还是道路施工等。"我真没想到日本人居然严谨到这种程度！"Mandy 说。②

那么，到高考时要分强弱、优劣时孩子们该怎么办？答曰：日本社会不是没有等级和优劣，甚至是等级森严的社会，而人的智力和能力有区别差异也是客观事实，在此，日本人的解决方式是"人贵有自知之明"——能力强的考好学校，能力差的考差一点的，各安其分，各有归宿，绝不"僭越"。

① 张睿杰. 在日本的公司打工. http：//blog. ifeng. com/article/5103823. html，2010 - 04 - 24.

② Admin. 日本学校对出勤率重视远超过成绩. 开心日本留学网，http：//www. 17japan. com，2006.

大学不是没有优劣之分、重点非重点之别，只是全社会不提倡、不宣传。这样做的目的是最大限度地做到"大家都一样"、"人人差不多"。上了大学后，分发奖学金不是看学习成绩和能力，而是看家庭收入；毕业后，如无力偿还可以延迟，甚至有终生偿还的。这一点，从一个中国留学生的亲身体验也可得到证明：

说日本人的等级很严格，那确实相当真实。除了在公司，在学校也是这样，副教授不敢和正教授说不，学生不敢跟老师说不。还有学生不能跳过助教直接去找正教授，因为这是对助教或者副教授的大不敬。很少有老师与学生关系很亲切的，都是一副很有威严的样子。但是还有一个现象，那就是虽然这里等级严格，但是所有级别的人都在一间大的工作室办公。办公场有部门之分，但是没有等级之分。最大的设计师、最大的负责人同普通的员工一样坐在一个小格子里，没有特别的关起门来的什么总经理办公室之类，更没有电视、沙发、鲜花等特殊办公硬件。如果有所不同，那可能是他们的格子也许会位于过道两侧，一边的挡板要低一点，视野比较开阔。同时大家也看得到他们，如果老板在打游戏，大家会看到的。也许正是由于这一点，负责人都看起来像是很认真地在工作，总之大家都看起来像在认真地工作，就像日语里形容工作态度的最常用的一个词"一生堪命"或者"一生悬命"。①

而在今日之中国，"不要让孩子输在起跑线上"、"喝爱迪生奶粉，像爱迪生一样聪明"的早慧宣言已是常识，谁也怠慢不得，谁也不敢怠慢——否则就要在竞争场上败下阵来！中国的孩子从起跑线出发，一跑往往就要跑15到20年，中间要过高考独木桥，亦要面临毕业后的就业压力——中国因此出现新名词"过学死"。曾有北京联合大学信息学院学生程小龙在北京四所高校发放了200张问卷，专门调查大学生的自杀问题，在所收回的问卷中，有近1/3的被调查者承认自己有过自杀念头。② 有一篇题为"我为什么忍不住对孩子'施暴'"的文章详细叙述了讲究排名、竞争的应试教育是怎样渐渐地扼杀一个孩子及其家长的自信，这位家长本来"明白孩子需要自由成长，年龄过小灌输太多的知识不仅没什么好处，还有可能压抑他的创造才能"，但随着从学校、老师、同学和同学家长各方面传递来的压力，"我却变得越来越急躁。不仅早已放弃了原来自己定下的原则：不打骂孩子，不把孩子和

---

① 张睿杰. 在日本的公司打工. http：//blog.ifeng.com/article/5103823.html，2010-04-24.

② 黄小娴. 不要让孩子输在起跑线上. 新周刊，2009-06-01.

别人比较——我开始时不时地训斥他，而且絮絮叨叨。甚至现在已经发展到'轻微暴力'：开始打孩子的屁股，把他的本子撕碎然后扔在他的脸上"①。原因很简单：孩子在倾向于排名的应试教育中屡屡处于下风——"每天放学时，老师都会打出今天全班同学在校表现的清单，一二三四五……一一列清。上面有学生完成作业质量、得小红花数量、考试总结、做操情况等。每个孩子放学都会拿回来，请父母过目后签字，第二天再带到学校"，"都说现在中小学生不允许排名，可是每天学习内容的公布其实就是一次次排名。小学一年级学生只学100以内的加减法和一两百个汉字，就能频繁地测验、排名，我无法想象今后会是什么样子。更可怕的是，孩子一次次面对这样的表扬和批评，毫无隐私。不得100分，哪怕上次考了98分，第二次考了99分，也只能被老师列进'有进步'一栏，要求家长帮助孩子继续努力。儿子得满分与不得满分的比例，好像是三七开，开始我已经很满足了，但是最近连续几次他都没能进入表扬栏。不是把减法算成加法，就是汉字少写一点，或者多写一笔。就在这些一笔一点之差中，我的耐心和淡定被一点点磨去……"②

磨去耐心和淡定还是好的，一安徽籍高三考生则直接喊出"我被中国教育逼疯了"，其云：

父亲说："考不上一本你就去死，早点死，你死了老子不会掉一滴泪……"我想过自杀，但我不甘心被中国教育折磨死。我恨父亲，但没有真正恨过，我更恨中国教育，是中国的教育让所有亲人只用分数衡量人。我被中国教育逼疯了，我不清楚自己是怎样走到今天这种地步的。

五年级是痛苦的开端：我考入了强化班，父亲开始注重我的名次。六年级，为了让我考入好初中，父亲将我送往离家较远的地方上学，在校外租了间房子，我一人自理生活。每逢暑假父母较忙（父母没有什么文化，双双务农），我就揽下所有家务，还得照看弟弟。我认为农民子女就应该这样。读书几月没人探望，我走了两个多小时回家。见到父母时，第一句话竟是问成绩，临别还是，我意识到成绩的重要性了。中考前，父亲那句话我今生难忘："考不上江中（我们那儿最好的中学），你就去死，家里有药有绳……"我是含着泪跑回房间的。我不明白，考一个好高中比儿子的存在更重要？后来我考上了，亲戚仍用异样眼光看我，因为父亲已把我说得猪狗不如。我在父亲

①　北京一读者. 我为什么忍不住对孩子"施暴". 中国青年报，2010－04－27.
②　北京一读者. 我为什么忍不住对孩子"施暴". 中国青年报，2010－04－27.

面前从来没有自尊，在父亲看来，只有考高分的学生才能有自尊。

我曾想过自杀，但我不甘心被中国教育折磨死。我恨父亲，但没有真正恨过，我更恨中国教育，是中国的教育让所有亲人只用分数衡量人。这学期父亲本来不准备让我上学，许多人说情，我又上了学，但上学只是等死。我的心理已经承受不了了。写这篇文章的时候，我只想问：下一步，我该怎么办？下一步，我该怎么办？①

二

当然，从学校毕了业工作之后，"大家都一样"、"人人差不多"的最实在、最直接的体现就是工资。一般而言，日本企业最高和最低工资之间的差距是6倍，例如索尼会长和普通员工。为限制高级管理人员高薪，日本采取累加税制，简单来说就是挣得越多，缴税越多。以某知名企业会长为例，如果其年薪为一亿日元，则需要上缴75%的税，也就是说其年薪只有2500万日元了，和其所担负的责任和所承受的压力相比，这一年薪就不算高了，再除以六，则是三四百万，也就是一个普通员工的工资了。也就是说，日本企业的最高和最低工资之间相差6倍，不是天然形成的，是政府运用法律、税收等"看得见的手"调控之后形成的，这样就最大限度地防止了收入上的两极分化，缩小了贫富差距。所以，许多日本企业的高级管理人员都说自己才是真正的"穷人"——挣得不多，责任很大，压力不小。那么，日本各企业不同职业工种间的差距究竟是多少呢？根据刘昌黎教授的研究，数据如下：

第一组：1. 男性白领和蓝领的最高工资差距为1.18倍；2. 女性白领和蓝领的最高工资差距为0.66倍；3. 男女白领最高工资的差距为0.23倍；4. 男女蓝领最高工资的差距为0.1倍。

第二组：1. 男性最高、最低职业工资的差距为2.83倍；2. 女性最高、最低职业工资的差距为3.6倍；3. 男性白领最高、最低工资的差距为2.04倍；4. 女性白领最高、最低工资的差距为2.3倍。

第三组：1. 男性各工种最高、最低工资的差距为0.72倍；2. 女性各工种最高、最低工资的差距为0.62倍。②

---

① 章锐. 我被中国教育逼疯了. 南方周末，2009 - 02 - 05.

② 刘昌黎. 日本不同职业工种间的工资差距是多少？. 凤凰博客，http：//blog. ifeng. com/article/2693880. html.

　　日本白领阶层所从事职业的工资水平普遍高于蓝领，但其差别也只有1.18 倍。在男性白领阶层所从事的职业中，医师的工资水平最高，其月均固定工资为 87.6 万日元；其次是教授，为 67.4 万日元；副教授，为 53.9 万日元；高中教师，为 46.8 万日元。在男性蓝领阶层所从事的职业中，港口装卸工的工资水平最高，其月均固定工资为 40.2 万日元；其次是电车司机，为39.0 万日元；列车服务员，为 34.2 万日元；百货商店销售员，为 30.1 万日元；私人货车司机，为 29.8 万日元；厨师，为 29.2 万日元。男性白领最高工资（医师）对蓝领最高工资（港口装卸工）的倍率为 2.18 倍。医师的平均年龄为 41.1 岁，平均工龄为 4.3 年，月均工作时间为 164 小时；港口装卸工的平均年龄为 41.9 岁，平均工龄为 15.6 年，月均工作时间为 159 小时。①

　　那么，企业之外，日本国家公务员的工资差距是多少呢？日本官场等级森严，日本的官僚采用、晋升，只循"惯例"：通过最难的国家公务员"第一种"考试进入官厅的人，被称为"career（职业官僚）"。同一年进省厅的career，基本上是以同一步伐向官僚金字塔顶端晋升，直到局长一级。最后一级就是该省厅的"塔尖"——事务次官。日本是"前辈后辈"社会。同辈之间不能发号施令，后辈对前辈更是抬不起头来。有人当上事务次官，同辈的就要离开本省，为次官创造"执政"环境。② 但是，根据刘昌黎教授的研究，日本公务员的工资差距大约是 3 倍。日本行政职国家公务员和地方公务员的月薪分为 11 级，每级最多有 32 个俸号（主任级），最少有 15 个俸号（课长、部长级），1 级和 2 级对应的职务是科员（含国家和地方），其中，1 级科员的起点工资是 1 级 2 号的 137 300 日元，最高是 1 级 16 号的 192 800 日元，最高工资相当于起点工资的 1.40 倍；11 级对应的职务是国家机关的部长和政府所属机构的部门首长，其起点工资是 11 级 1 号的 430 100 日元，最高是 11级 15 号的 597 300 日元，最高工资相当于起点工资的 1.39 倍。从上述最高、最低工资的比较看，11 级 15 号相当于 1 级 2 号的 3.13 倍。③ 由上可见，无论是企业各职业、各工种间，还是公务员的各层级之间，其工资差距是 3 倍甚至更低。

　　这种"差不多"的理念不仅体现在一般或高级公务员之间，还可上至贵

---

　　① 刘昌黎. 日本不同职业工种间的工资差距是多少?. 凤凰博客，http：//blog. ifeng. com/article/2693880. html.

　　② 马挺. 官僚们的"冬天". 凤凰博客，http：//blog. ifeng. com/article/4473831. html，2010 – 03 – 08.

　　③ 刘昌黎. 日本国家公务员的工资水平与工资差距是多少?. 凤凰博客，http：//blog. ifeng. com/article/2756402. html，2009 – 06 – 03.

族、皇室成员及最高行政长官。例如天皇的孙女也被欺负，原因是媒体的骚扰造成了学生间增长的"不平等"感受，"学校的平静被一皇家公主打乱后，学生们就产生了不满，当然就开始找茬欺负天皇孙女。这就是孩子们反抗的表现，管你天皇公主不公主，让我们普通家庭孩子不舒服，我们就造反。几年来同学们的歧视和欺负，渐渐让皇家爱子公主忧郁成症，又加上日日皇宫里的精心呵护，让这小姑娘难经任何风雨，已经不适应嘈杂的社会环境的惊扰，就患上了今天日本儿童的通病'上学恐惧症'。"① 又如鸠山首相。一日，鸠山夫妇到百货公司"高岛屋玉川"，想在那里面的日本料理店"柿安三尺三寸箸"吃午饭。到达高岛屋是1：20；开始吃饭是1：38。那中间的一刻多钟，两人干什么了？排队——因为是休息日，店里客满，就是首相夫妇，也得排队。午饭吃到2：21，又到同一百货公司的文具店"伊东屋"购物，在里边徘徊了38分钟，出门后到附近的"浅间神社"参拜后才回家。② 人们为何能对一国首相的行动如此清楚？因为各媒体都有被称为"总理番"的记者一天到晚跟着首相，而且每家大报第二天就把首相的行止，以分钟为单位，没有空白地登在《首相动静》专栏上。③ 据一长年旅日人士记载，"2009年夏天，我受日本西铁城公司邀请去轻井泽演讲。当在东京站排队上新干线时，我才发现我前面站着天皇的次子秋筱宫先生。唯恐失礼，我赶紧上前一步，递出名片，顺便从包里拿出一本《论语》签字送给他。秋筱宫先生十分有礼貌地说：'谢谢，我一定拜读'。整个站台人真不少，但没有任何围观的现象，这就是平静祥和的日本。最让我感到惊讶的是，天皇的公子外出活动，身边只有一两位宫内廷的秘书跟着，没有任何警卫大队。上了车，天皇的公子仅坐在左边的座位上看书，并与秘书坐在一起"④ 作者不由感叹——"由此可见，日本是一个公民一律平等的社会，不管你是皇室的人还是平民，只要在公众场合，就是同等相待，没有任何特权可讲。而日本学校也是这样，最不喜欢名人或富人的孩子进入学校。因为会给学生们造成不公平，形成等级差别。大家都是纳税民，平等才是公民的真正权益"⑤。

2010年3月18日，菅直人入主日本新首相之位，更是显示了日本高层政治家的廉洁。据报道，菅直人之为人，坚决不收企业的政治献金，也不举行献金酒会，作为国会议员的全部收入，都用于从事政治活动和支付秘书们

---

① 孔健祥林. 日本天皇孙女受同学欺负拒绝上学. 中国日报网，2010 – 03 – 11.
② 马挺. 首相排队吃饭. 国际先驱导报，2010 – 01 – 21.
③ 马挺. 首相排队吃饭. 国际先驱导报，2010 – 01 – 21.
④ 孔健祥林. 日本天皇孙女受同学欺负拒绝上学. 中国日报网，2010 – 03 – 11.
⑤ 孔健祥林. 日本天皇孙女受同学欺负拒绝上学. 中国日报网，2010 – 03 – 11.

的工资，生活十分清贫。2009 年，菅直人升为日本副首相兼财务大臣，但由于还没有余钱买房，所以一家还租房生活。早在选举之前，菅直人就被看好。《日本经济新闻》认为，在政治形象上，以廉政闻名的菅直人比小泽更具优势。早在竞选首相之前，菅直人便发表宣言，立志出击廉政。菅直人曾表示："我要实现的是让民主党走向廉政，日本有必要完全摆脱古老的廉洁从政。"①政治家自身的廉洁及其奉行的廉政自有内在联系，亦可见"廉洁"是日本社会"知人"的共识。

所以，日本是世界上较为廉洁的国家之一。2004 年 3 月 25 日，"透明国际"发布的全球反腐败年度报告表明，在 133 个国家和地区中，日本处于最清廉的前 30 个国家之列；而到 2009 年，日本则进入了前 20 名。据世界银行测算，欧洲国家与日本的基尼系数大多在 0.24 到 0.36 之间，而中国 2009 年的基尼系数高达 0.47，在所公布的 135 个国家中名列第 36 位，接近于拉丁美洲和非洲国家水平。②

反观中国在此方面的"成绩"又如何呢？据悉，近 10 年来，中国的收入差距正呈现出全范围多层次的扩大趋势。当前中国城乡居民收入比达到 3.3 倍，国际上最高在 2 倍左右；行业之间职工工资差距也很明显，最高的与最低的相差 15 倍左右；不同群体间的收入差距也在迅速拉大，上市国企高管与一线职工的收入差距在 18 倍左右，国有企业高管与社会平均工资相差 128 倍。北京师范大学收入分配与贫困研究中心主任李实从 20 世纪 80 年代起参与了 4 次大型居民收入调查。他说，收入最高的 10% 人群和收入最低的 10% 人群的收入差距，已从 1988 年的 7.3 倍上升到 2007 年的 23 倍。③ 而据中国经济体制改革基金会国民经济研究所副所长王小鲁测算，如果算上那些无法统计的不规范收入，现在全国最高和最低收入各 10% 的城镇居民，实际收入差距要达到 55 倍左右。中国的基尼系数也佐证了这一现状，学者一再指出：中国贫富差距正在逼近社会容忍的"红线"。国际上，常用基尼系数来判断收入分配公平程度，这个指数在 0 和 1 之间，数值越低，表明财富在社会成员之间的分配越均匀，通常把 0.4 作为收入分配差距的"警戒线"。据世界银行的报告，20 世纪 60 年代，我国基尼系数大约为 0.17 ~ 0.18，80 年代为 0.21 ~ 0.27，从 2000 年开始，我国基尼系数已越过 0.4 的警戒线，并逐年上升，2006 年已升至 0.496，2007 年达到 0.48。中央党校政策研究室副主

---

① 杨子岩. 日执政党首选举的背后. 人民网，2010 - 09 - 15.

② 中国贫富差距近 1:13. 河南商报，2010 - 08 - 25.

③ 中国贫富差距正在逼近社会容忍红线. 新华社，2010 - 05 - 10.

任周天勇教授估计，现在中国的基尼系数在 0.5 左右。[①] 而目前日本的基尼系数是 0.25，比 20 世纪 80 年代还要低。[②]

1879 年，日本陆军参谋本部熟悉英、俄、法、德、中五门外语的翻译福岛安正，乔扮成中国人，在上海、大沽、天津、北京、内蒙古等地进行了历时 5 个月的实地侦察。回国以后，福岛将侦察结果整理成《邻国兵备略》、《清国兵制集》，并呈送明治天皇。后来，福岛又数次来华搜集情报，并对当时的清王朝作出了如下判断："清国一大致命的弱点，就是公然行贿受贿，这是万恶之源。但清国人对此毫不反省，上至皇帝大臣，下到一兵一卒，无不如此，此为清国之不治之症，如此国家根本不是日本之对手。"15 年后的甲午战争，以无可争辩的事实验证了福岛安正的预言。

三

那么，与收入及社会地位紧密联系的日本住房及房价状况又如何呢？房价高，会使看上去较高的工资缩水，使数年乃至数十年的积蓄化为乌有，这在中国，已成为许多蓝领、白领必须面对的严酷现实。与工资水平"大家都一样"相似，日本国民在住房上也几乎是"人人差不多"。在日本各地，既看不到豪宅，也看不到贫民窟，所有的房子都差不多，大家居住的面积基本都一样。

在日本，即使是最好的私人房产也即所谓"豪宅"，面积大部分在 140 平方米以下。[③] 据悉，日本普通住宅以小户型为主，其中集合住宅户型面积一般在 90 平方米以下，居住着工薪阶层和青年家庭。由于特殊的区位和建筑物资短缺等原因，日本在住宅设计和产品研发上追求精益求精，形成了长期坚持开发小户型、注重细节且舒适的开发理念，80 平方米的三居室是集合住宅的主流户型。在日本人的居住观念中，并不会因为身份或收入的提高，而在住宅面积上有所体现。在日本，高收入家庭居住 80～90 平方米的房子是很普遍的现象。日本集合住宅小户型主要集中在 40～90 平方米，其中一居室在 40 平方米左右，二居室在 60 平方米左右，三居室在 80 平方米左右。不过日本住宅所指的面积是按房间的专有面积计算，相当于中国的套内建筑面积，因此日本住宅户型面积一般比中国要多 10～15 平方米，也就是说三居室大约

---

① 中国贫富差距正在逼近社会容忍红线. 新华社，2010 - 05 - 10.

② 中国贫富差距近 1:13. 河南商报，2010 - 08 - 25.

③ 日本人的科学住房消费观，"豪宅"只有 140 平方米. 杭州日报，2005 - 09 - 26.

100 平方米。日本森大厦株式会社为日本著名开发商，有记者参观该公司开发的住宅项目发现，该公司的多名高管所居住的住宅也基本在 90 平方米左右。① 据东京都 2003 年度《住宅白皮书》公布的数据显示，东京都 2003 年建成的住宅平均每套住房室内面积为 72.6 平方米（约相当于建筑面积 100 平方米）。东京都所属 20 多个市和村的住房面积都是这样的大小，如果在东京市中心的千代田、中央、新宿、涩谷和港区这 5 个区，住房面积还要小得多。②

　　当然，能做到这样"大家都差不多"不是自然形成的，而是政府参与甚至干预的结果。"二战"后，日本住房短缺达 420 万户，约 2 000 万人无房可住，占当时人口的 1/4。为缓解住房短缺问题，日本政府先后于 1950 年制定《住房金融公库法》、1951 年制定《公营住宅法》、1955 年制定《日本住宅公团法》。此后又陆续制定了一系列相关法规，通过建立健全住房保障的法规，使得日本住宅政策逐步走向正轨，不同程度地满足了不同阶层的住房需要。③《日本住宅公团法》中对"公团"的业务范围规定为：住宅建设、住宅管理、住宅用地的开发与住宅区相关的配套设施和公共设施的建设。1966 年，为解决住房短缺、提高居住质量，日本订立了国民住宅计划。该计划一直执行到 2005 年，期间共经历了 10 个五年规划。国民住宅计划的亮点是，通过制定住宅发展规划，制定指导性的住宅标准，增加公共品的供给，从而对住宅市场施加导向性的影响。国民住宅计划在每五年的发展规划中，皆注重因地制宜，引导目标区分为都市型标准和一般型标准。④

　　而且，房地产在日本是十分成熟的行业，并非中国人心目中的暴利行业，整体利润并不高。据日本国土交通省编写的《建设白皮书》提供的数据，日本房地产行业 1990 年平均销售利润率为 3.4%，以后逐步下降，到 1995 年降至 2.3%，最近几年有所提高，但也只在 3% 左右。⑤

　　① Ruse. 日本住房特征：80 平米小户型三居为主流户型. 策动中国，http://www.imcko.com，2009 - 04 - 21.

　　② 房地产利润率仅 3%：日本住房并不大　普通人家就 70 平米. 新华每日电讯，www.xinhuanet.com，2005 - 12 - 02.

　　③ 张静. 日本的住房保障制度，http://www.lrn.cn/landmarket，2007 - 04 - 12.

　　④ 日本公共住房政策：基本实现住者有其屋. 新华网，2010 - 03 - 30.

　　⑤ 房地产利润率仅 3%：日本住房并不大　普通人家就 70 平米. 新华每日电讯，www.xinhuanet.com，2005 - 12 - 02.

四

日本人并不是天生不喜欢住大房子，住房面积小的主要原因是受到经济条件等多种因素的制约。首先是地价昂贵，购买一套大面积的住房实属不易。其次，绝大多数日本人没有炫耀摆阔的陋习，在购买住房时大都量力而行，只购买能够满足自己家庭成员居住的住房，所以住房面积都不大。

此外，还有一个原因是日本征纳房地产税，住房面积越大，所征收的税就越多，房地产税按年度收缴，一般在房屋价值的 2% 左右。也就是说，一套价值 3 000 万日元的房屋，每年要缴纳 60 万日元的税。每到年底，就有专门的专业评估人员按照当时房地产的价格进行评估，房屋价值就以此为据，井井有条，一丝不苟。如果是第二套住宅，所需缴纳的房地产税就更高。所以，为了避免仅仅是为了住大房子而平白无故地把自己辛苦挣来的工资交给国家，一般日本人家都没有第二套住房，这就保证了每户只有一套住房，每家都一样，"居者有其屋"，贫者像富人一样，也可以有其屋。

拥有大房子还有一个麻烦，是当要将房屋转移给下一代时，要缴纳遗产税。日本采取分遗产税制度，始于 1905 年，并且是累加税制，也就是说遗产数额越大，所缴纳税额越多，从 1 000 万日元到 20 亿日元分为九个档次，其中 1 000 万日元的税额是 10%，而 20 亿日元以上则要缴纳 50%。日本税制严格，不分高低贵贱，一律平等。例如，1999 年美智子皇后父亲去世，要继承33 亿日元遗产，但由于遗产都是股票和房地产，无法变现，所以需要缴纳 17 亿日元的现金，但她一时又拿不出来，经过与政府公检法的反复博弈，直至2002 年，所要继承的遗产充公，变成公园，也成全民财产。皇后家族显贵尚且如此，日本税制之严格可见一斑，日本就是以此防止社会贫富差距过大的。又比如，田中首相的女儿田中真纪子，欲获得父亲留下来的家产房屋。不料一结算，她要支付 1/3 的税金才能接受这累赘的"遗产"，这让她为偿还遗产税而茶饭不思，最后，无奈卖掉一半自己和父亲住的房屋和院子，才勉强有了生存之地。她说："我身边无足够现金，家产一天不脱手，再高资产的房子都是纸上谈兵。为继承遗产，总不能叫我去借现金来偿还遗产税，所以忍痛割爱将许多中国领导人都来过，看望过我父亲的目白宅第卖掉。"①所以，日本人的住房通常都不大，也很少有第二套住房。

作为经济大国的日本，富裕阶层占全世界的 15%，每 100 个人中，就有

① 孔健祥林．"富不过三代"　遗产税消除日本穷富差别文化．网易博客，http：//kong jianxianglin. blog. 163，2009 - 09 - 18.

一人的资产超过一亿日元。然而，日本政府制定的遗产税制度，却让日本富裕阶层往往"富不过三代"。以这样的方法，消除国民穷富差别，让人们知道用劳动换取幸福的道理。① 高遗产税的好处是避免了"富二代"、"富三代"的产生。据悉，"日本有种烧酒的名字叫'百年的孤独'，卖得相当好，这正反映日本社会的冷漠和无情。同时也告诉人们，日本已形成'富不过三代'的体制，不会让你游手好闲，躺在遗产上享清福，过着花天酒地的日子"②。作为一个市场经济国家，日本的遗产税制度被认为是来自重新分配资产的"社会主义"，这在中国看来是不可思议的。据旅日25年的孔健祥林转引其所在职的软银金融大学校长北尾吉孝讲："日本自古以来，国民以清贫为高，富裕阶层往往遭受妒忌，遗产税制度有它均衡财富的一面，不会让富者更富，穷者更穷。"可见，在日本严格的累加所得税和累加遗产税的制度下，是不可能产生"富二代"、"富三代"的，巨大的私人财富经过政府、法律、法规这只"看得见的手"的调节，已经进行了有效的"第二次分配"——"所以日本出不了很多的富人，收入越高，缴税越多。这些钱被用来解决穷人的社会保障问题。很多穷人不用缴费就可以享受到医疗保障，其实这相当于'劫富济贫'了，因此，日本人常常会说'我们日本才是社会主义'。"当然，这样做也是利弊参半，例如，"我的一位好朋友退休后志愿到养老院做义工，他告诉我：'看那些老人真可怜，活着，有儿女的也大多不来探视，死了，家人也不来收尸；最高兴的是国家金库，就是这些人死后默默无名地把自己的财产留下了，让国家拉平了贫富两极分化的差距，使国民过上'平均化的幸福生活'。"③

而就那些纯粹的"私有"企业而言，也不是父死子继式的家族继承，财富也不会轻易流入"二代"之手。日本的财阀很早就实现了专业化管理，企业的"总管"是从社会上雇佣的，与家族没有血缘关系。早在18世纪，大量的商人之间就签订了协议，不将企业传给子女，而是充分发挥主管的作用。再有，家族成员在"自家"的企业中也无特权，公司聘用员工一般根据一定的客观标准进行考核，任人唯亲、用自家人并不普遍。到了20世纪30年代，日本家族企业已不再依赖家族成员管理企业。传到第二代手里，家族

---

① 孔健祥林."富不过三代"　遗产税消除日本穷富差别文化. 网易博客，http：//kongjianxianglin. blog. 163，2009 – 09 – 18.

② 孔健祥林."富不过三代"　遗产税消除日本穷富差别文化. 网易博客，http：//kongjianxianglin. blog. 163，2009 – 09 – 18.

③ 孔健祥林."富不过三代"　遗产税消除日本穷富差别文化. 网易博客，http：//kongjianxianglin. blog. 163，2009 – 09 – 18.

就退居幕后，将权力交给支薪的主管。战后，日本财阀被强制性解散，战争结束之前掌握财阀运营的股东及其管理人员丧失了对企业的控制权，很多没有股份的中层经理人员得以填补到高层管理岗位，财阀迅速以财团的形式重新组建起来，发展成为所有权高度分散、专业化管理的大型现代股份公司。①即使是家族式样的继承，也只保留了一个形式，与中国"诸子均分"的财产继承制度不同，日本实行的是"长子继承制"，家庭的大部分财产都传给长子。尽管长子对弟弟们负有各种责任，比如安排弟弟到企业中工作，但他不能出于血缘关系把财产分给他们一部分，其他孩子也不能留在家里。这种继承制对日本家族企业产生了深刻影响，避免了像华人企业那样在创业人过世之后，就被几个儿子瓜分的命运，企业规模的长期增长得到了保证。由于日本家庭成员的联系比华人家庭脆弱，相互之间承担的责任和义务也相对微弱。很早就有一些不以血亲关系为基础的交往习惯，并出现了建立在非血亲关系基础上的社团。作为这样一个组织，家庭内部各个角色并非一定要由有血缘关系的人来担当。比如，只要履行了收养程序，长子的位子可以由外人代替，甚至人们并不觉得在亲属圈之外收养儿子是一种不光彩的事。日本人宁愿把继承权传给外人，也不传给能力低下的亲生儿子。②

五

行文至此，再回头看看日本老太太的那三句话，深感其背后的深刻内涵与丰富内容。尤其感到，它从一个普通的日本老太太嘴里说出，更不普通——因为这说明"管好自己不给别人添麻烦，大家差不多、都一样，要和别人搞好关系"等准则已经深深渗透到一般国民的心理、行为之中，人人奉行，个个遵守，蔚为一种良好的风俗习惯。综上可见，就本文议题而言，从一个普通日本老太太的口头禅，到学校不重排名的风气，到上学奖学金不看成绩，到工作后工资差别很小，再到住房大家基本都差不多，直到政府高官、皇室成员的廉洁、平等观念……把这些看似不太相关的细节联系起来，可知："大家都一样"、"人人都差不多"的理念和行为已经遍布、渗透了日本社会的方方面面，构成了日本社会均衡、平等的基石，而这也正是日本富强的"软实力"所在。

正是由于人人基本上"都差不多"，大家才有一个平和的心态，才不约

---

① 潘洁. 家族企业财产继承制：日本模式可借鉴. 浙商网，2006 - 12 - 13.
② 潘洁. 家族企业财产继承制：日本模式可借鉴. 浙商网，2006 - 12 - 13.

而同地遵守文明的规则，爱护自己的国家，生怕由于自己的破坏给别人、给社会带来麻烦。日本街头看不见边走边吸烟的人，日本吸烟的人也很少，要吸烟得到有吸烟标识的地方，否则就要罚款，而且数额较大，据说要 5 000 日元，折合人民币 300 多元。公共场所、街道都有固定吸烟点，特别是街道上的吸烟点，有人自己带着简易烟缸，吸烟后将烟头放入其中带走。在日本，听说几乎没有偷东西的。在火车上、旅店、会议室，甚至在餐厅，再值钱的包放在那里也没有人动。超市里也无防盗措施，随便哪个门进去都可以，没有寄存包裹的地方，也不会翻客人的包（据介绍，即使有人忘记交钱，店方也不会派人去追）。而在东京的居民，没有发现装防盗门的，很多门都是非常薄的木板门和玻璃门，人们所到之处也未看到防护网。多数自行车也是不上锁的，连摩托车晚上也是丢在外面，根本不担心什么。①

国学大师钱穆曾言："欲考较一国家一民族之文化，上层首当注意其学术，下层则当注意其风俗。学术为文化导先路……风俗为文化奠深基，苟非能形成风俗，则文化理想，仅如空中楼阁，终将烟消而云散。"② 2001 年，美国《读者文摘》杂志社曾在全世界范围内做了一项很有意思的试验。试验内容是测试 30 多个国家（地区）民众的诚实程度。测试方法是在每个国家选择几个地区，故意在每个地区丢下 10 个钱包，里面装有相当于 50 美元的当地货币。钱包里同时附有失主的联系方式，拾到钱包的人如果想物归原主，可以轻易地联系到失主，最后统计钱包交还给失主的比例。试验发现，最诚实的五个国家是挪威、丹麦、新加坡、新西兰和芬兰。其中挪威和丹麦的钱包归还率竟然达到 100%，芬兰也高达 80%！耐人寻味的是，这五个国家在"腐败榜"中，全部入选最廉洁的前十位。③ 由此可见，植根于民众普遍意识和自觉行为的"准则"和"理念"多么重要，如果其不能成为大众认可并身体力行的风俗，任何美好的文化、思想及理想，确实"仅如空中楼阁，终将烟消而云散"。

有什么样的国民，就有什么样的制度；同理，有什么样的制度，就有什么样的国民。二者互为表里，相互依存。综上所述，从能力差不多，到收入差不多；从住房差不多，到财产差不多，再到社会地位差不多……把这些"差不多"连接起来，会发现：日本社会无意中用一个看上去有些"平庸"甚至"愚笨"的方式解决了一个令任何社会（当然也包括中国）都头痛不已的棘手问题：社会公平问题。而分配不公、贫富不均、两极分化正是社会百

①　陈庆立. 日本社会相对廉洁纯净我们该向日本学习什么. 人民网，2009 - 12 - 29.

②　钱穆. 中国学术通义. 台北：台湾学生书局，1993.

③　社会聚焦. 铁血论坛，http://bbs.tiexue.net/bbs.

病之源。日本民众之意识，既不仇官，也不恨富，因为该社会中既无贪腐之官可"仇"，也无暴富巨富可"恨"。其制度严密如精巧运转的钟摆，一丝不苟、井然有序地运转着，甚至可以说：仅就其社会内部而言，它昭示着一种新的、未来的社会形态——一个"大家都一样"、"人人都差不多"的社会，一个人人都能够生存的"均衡社会"。一个真正使每个社会成员受益、每个人都有生存的权利、都能活下去的社会，在这个社会，弱者也和强者一样，通过法律保障，享有各种不可剥夺的权利；而强者的权力和财富通过各种"看得见"和"看不见"的手的调节之后，又反馈给了社会和弱者，这些都不是仅仅停留在书本和理论上的口号和文字，而是实实在在的现实，可以精确到统计数字的小数点儿。以至于一位网民发出这样的感慨："中国和日本的差距究竟在哪里？我觉得在日常生活中，这就是差距。我经常来往于中国和日本之间，这就是我所知的日中老百姓的生活水平上的差距。因为深深了解中国，而且自认为算慢慢了解了日本，所以得出这样一个结论：如果你有钱又有权，生活在中国很潇洒、很快乐；如果你没钱又没权，是个小市民，生活在日本稳定又安心。因为这里没有起码的人间差别。"[①]

如果说，在倡导"大家都一样"、"人人差不多"和社会贫富均衡之间有某种内在逻辑联系的话，那么，在倡导激烈竞争和社会分配严重不公之间，是不是也有什么内在联系呢？说得更直白些，在中国鼓励竞争、强调尖子、倡导拔尖与社会两级严重分化、贫富不均之间是否有一定联系呢？这似乎已经超出了本文的范围，但也不妨做一点"大胆假设"，以待大方之家作更深刻细致的"小心求证"。

而只要不带偏见地看待这一问题，就会发现，解决中国目前这种困局的钥匙恰恰握在日本的手中；换言之，仅就国内而言，日本现在达到的社会平等程度恰恰是我们要追求的下一个目标。而在其中，怎样把"大家都一样"、"人人都差不多"作为一种奋斗目标和社会理念，怎样用法律和制度保证这种理念落到实处，怎样运用各种税收杠杆缩小贫富差距，显得尤其重要。原因在于，在"大家都一样"、"人人差不多"这一貌似平庸的理念里潜藏着解决中国问题的大智慧，可以解决中国人"苦斗"了几千年、几百年而没有解决的问题，在这看似普通的观念背后有着解决中国式社会困局的良方。从这一角度说，以日为师，有何不可？

本文初稿写于 2010 年 9 月 14 日，完成于今天——9 月 18 日，一个令中

[①]　一介草民要翻身. 普通中国人和日本人的生活差距. 天涯社区·国际观察，http: // www. tianya. cn/publicforum，2010 - 05 - 22.

国人心情复杂的日子。自9月7日上午日本巡逻船与一艘中国渔船在钓鱼岛水域附近发生碰撞后，已历10余天，日本仍扣留着中方船长不放，国内反日情绪高涨，甚至有不惜与日本一战的呼声……由于历史的原因，国民对日本的敌意大于善意，负面评价大于正面。但如果你仔细阅读本篇，并对两国现状进行认真思考的话，则会不由得不仔细地重新打量着这个仅仅有"一衣带水"之隔的"对手"——一个熟悉而又陌生的国家，深感两国之间的差距之大，深知我们要学习的地方之多。

（2010年9月18日于韩国京畿道华城市峰潭邑卧牛里新明公寓）

《南京！南京！》："大国心态"的视角
——当今中国人精神状态分析研究

一、导言：问题的提出

2006 年深秋时节，一部名为《大国崛起》的 12 集大型电视纪录片在央视 2 套与观众见面，它涉及 9 个国家：葡萄牙、西班牙、荷兰、英国、法国、德国、日本、俄罗斯、美国。虽然其中没有中国，但其是中国具备了"大国意识"的一个鲜明标志。

大国崛起，往往伴随着"大国心态"。恰如学者所言："中国的崛起，不仅在于国家政治、经济、文化上的成就，还在于国民心态的进步。越早建立起开放的、国际化的、健康的国民心态，就越有利于中国更好地成为一个真正的世界大国。……现实生活中开始有越来越多的中国人用更高、更规范和更加国际化的标准要求自己，大国国民的心态正在形成之中。"[①] 那么，究竟什么是"大国心态"？对此有不少讨论，如赵灵敏所言："一个大国，自然要有雍容自信、不卑不亢的大国公民和开放、温和、理性、宽容的大国心态作为支撑。"[②] 杨琳则专门写了《塑造大国心态》一文，指出"大国心态"的五种标志性表现，即平常心、进取心、包容心、自信心和责任心。[③]

但笔者以为，讨论"大国心态"，除了这种宏观概括之外，还需要微观的个案分析，否则显得抽象和空泛。例如可以从某一文艺作品的个案切入，深入分析其背后所体现的这种心态，如电影《南京！南京！》。这部影片除了历史观、国民教育、艺术审美等价值外，还有大国心态的认识价值。《南京！南京！》通过设置社会议题，反映出当下部分国人的大国心态。具体而言，它所设置的议题可细分为三类，即还原、反思的议题，抵抗、救赎的议题，以及走出"南京"的国际视野的议题。而仔细分析这三类议题，又都反映出当今中国人宽容、自信、开放的"大国心态"。以下分而论之。

①　赵灵敏. 崛起的中国需要大国心态. 南风窗，2004（19）：5.
②　赵灵敏. 崛起的中国需要大国心态. 南风窗，2004（19）：5.
③　杨琳. 塑造大国心态. 瞭望新闻周刊，2004（39）：20.

二、还原、反思的议题

作为历史事件的"南京大屠杀"已经定格在 70 多年前，其本身已经不会再有什么变化，而作为 70 多年后的《南京！南京！》则代表着现代中国人，尤其是没有经历过抗日战争的青年一代，对这一历史事件的理解和解读以及其社会影响。

换言之，历史本身不会解读历史，解读"南京"的只能是《南京！南京！》。历史是流动的，但是这种流动只能通过一种来自外部的传播、认知和解读来实现。而正因为有了这 70 余年的时间跨度，导致了看问题视角的不同，导致了"还原"、"反思"议题的出现。

陆川的《南京！南京！》上映后引发了激烈争论，双方激辩的焦点是把日本人作为"普通人"而非"魔鬼"来表现，以及出现了角川这一"日本人的视角"。从这一点上，这个《南京！南京！》显然大于国人心目中的那个"南京"。

说它"大于"，是说以往的"南京"，都是中国人的视角，是"习惯于把日本兵塑造成魔鬼"的视角；而《南京！南京！》则出现了日本人的视角，这种"日本视角"通过角川这一侵华士兵的眼睛进行"形象的叙事"，以"普通人"而非"魔鬼"来定义日本士兵。对此，争议颇多。陆川则认为，以"普通人"的视角来认识日本士兵比"魔鬼"视角更能揭示战争的本质，在此，"魔鬼"反而是一种简单化的开脱。他说："我们的很多研究，甚至学者的研究，认为日本人在南京的大屠杀中是魔鬼，是民族的精神出了问题了，是魔鬼干的事儿。真的，我特别不同意这个看法。你把他说成魔鬼，你真的是给他找了辙让他跑了。为什么？精神病患者杀了人在法庭上是不受制裁的，人家都变成魔鬼了，你还说他什么啊？"[①] 陆川认为，"还原"动机不仅是基于"人性"的考虑，还是因为一种策略考虑。他说："我们过去更多是在哭诉屠杀的事实，中国人和日本人都被符号化了。但如果一直把他们当做妖魔去描述，一味去哭诉，世界上又有多少人会真正认同这种仇恨的情感？"陆川认为，要让世界认真思考南京大屠杀事件，就必须首先把日本人作为"人"来描述，这是必要的叙事策略。[②] 他说，"我想让这部电影走出国门，征服日本，要让日本人去相信他们的祖先曾经干过这样的事情。所以如果你把日本人拍成小丑，你连深圳都走不出去"[③]。

① 专访陆川文字实录. 凤凰网·非常道, http://ent.ifeng.com/feichangdao, 2009 - 04 - 23.
② 王文硕等. 陆川:《南京！南京！》是一个去符号化的过程. 新华网, 2009 - 04 - 25.
③ 南京大屠杀纪念馆长：记住历史但不要记住仇恨. 南方日报, 2009 - 04 - 29.

　　为此，影片进行了大量细节上的"视觉还原"和"现场还原"，陆川说，"也许这些细节在银幕上只是一闪而过，但只要它们在那里，就会给电影加分"。例如，"拍摄现场所有的道具都是根据当时的文物仿制的，甚至连在南京大屠杀期间救助过中国人的德国人约翰·拉贝撕碎的一张报纸，也是按照1937年12月13日的一张德文报纸复制下来的"①。还有，"整个的军事教官是从东京请的，请的是日本军事教官在训练这些日本演员，训练三个月。刘烨送进我们的总参一支部队，进行中国军队的军事训练，日本演员接受的是日本军事训练。然后所有战争的这些装备，我们基本上都是以高仿真的状态重新给它复制，然后给它装备。就是当年日本侵华部队所有身上该有的装备，在电影中间，这些演员身上一件不落的都有，包括这个皮带都是真牛皮做的"②。民间博物馆创建人樊建川向剧组送来一批抗日战争文物，包括军服、军刀、手摇式警报器、望远镜，甚至当年士兵携带的餐具。他告诉陆川："拍细节的时候，你就用这些真家伙拍。"他还将一些当年参加侵华战争的日本老兵带到了剧组。这些老兵不仅带来了珍贵的历史文物，还给剧组详细讲解了当年的日军战斗队形，甚至手把手地教演员打绑腿、穿军服。③

　　"还原"不仅是为了"还原"本身，而是为了"反思"。

　　我们说《南京！南京！》大于"南京"，是因为从"日本视角"出发，以角川为核心，影片中构成了一种对战争的反思氛围。当然，我们会问，在此究竟是角川在反思，还是陆川在反思？对这一问题其实不必深究，一部影片中的任何元素最终都是导演意图的体现，最终当然是陆川在反思，或者说是他在让角川去反思，反思战争的本质，以及战争中人与人之间的关系。陆川曾明确地说："角川（饮弹自杀）最后那场戏是我最后想出来的。我认为到最后的时候对一场战争的反思应该不用再分什么日本人、中国人了，角川这个时候应该是代表我们所有人去反思，而不是仅仅代表他自己。"④从这一点看，《南京！南京！》明显要大于"南京"，因为在后者的语境中，"日本人反思"，于史无据。

　　2009年4月22日，《拉贝日记》在北京师范大学首映，南京大学拉贝与国际安全区纪念馆馆长汤道銮女士的到来令现场充满"考据"气氛，现场有影评人问到，《南京！南京！》中出现了角川等"很有人性的日本兵"，且是主角，那么历史上是否真有这样的日本兵？汤女士回答："我虽然不是南京

　　① 李舫. 用文化融解坚冰：一部电影的力量. 人民日报, 2009 - 04 - 24.

　　② 专访陆川文字实录. 凤凰网·非常道, http://ent.ifeng.com/feichangdao, 2009 - 04 - 23.

　　③ 李舫. 用文化融解坚冰：一部电影的力量. 人民日报, 2009 - 04 - 24.

　　④ 陆川：我想拍一个战争本性的东西. 三联生活周刊, 2009 - 04 - 20.

大屠杀方面的专家，但南京大学历史系民国研究所出版过 58 卷的历史资料，我都看了，没有发现这么有良知的日本人。当然，不能说没有，只是我没发现。"① 像这样从史实求证的还有司马平邦："而，我，和许多人，在看过《南京！南京！》之后，也多方求证，在南京大屠杀期间是不是真的有如负疚自杀的角川正雄的史实，很遗憾，确实没找到，所以，这只能证明以角川为代表的日本军人在南京期间萌发的那一点点人性的嫩芽也是中国导演编造出来的，想当然想出来的。"② 还有刘邦邦："笔者查过资料，有数据显示，整个抗日战争中，日军投诚的一共是 746 人。有反战思想，或者消极战争的会更多，但都没法证明在南京大屠杀中有过这样的一个士兵。……既然研究历史的专家都没发现这么有良知的日本士兵，那么角川是从何而来？"③ 又胡荣荣："然而可悲的是，历史上并没有角川正雄这样的日本军人。也就是说，角川正雄是个被虚构出来的艺术人物。"④ 还有论者将其称为"虚拟人性"和"历史虚无主义"，如杨禹所说："《南京！南京！》的艺术感染力很强，但它却掉入了历史虚无主义的陷阱。历史虚无主义有两大特征，一是夸张历史的支流，漠视历史的主流；二是强调个人在历史必然中的无所作为。日本兵角川之视角及其颓然自省和自绝，恰是这两点的具体写照。"⑤

　　实际上，上述议论集中到一点就是：究竟是《南京！南京！》，还是"南京"？是 70 余年后站在今天对历史的观照，还是 70 余年前的"历史真实"本身？这里的关键在于 70 余年后与 70 余年前所不同之处在于：除了血腥、残酷和仇恨之外，还需要"反思"，而《南京！南京！》恰恰就是要提出这样的社会议题。陆川明确地说："像片中角川自杀，不仅是针对日本人的，而是对整个战争的反思。我并不认为我的电影观点全部正确，但是我觉得中国怎么也需要这么一个观点的电影——就是在讲仇恨的电影外有一部电影站在仇恨之上讲对战争的反思，对战争与人的关系进行一种探讨。"⑥ 而要提出这样的议题，必然就要忽略表面的真实，而追求一种本质的真实，恰如张宏森

---

　　① 《拉贝日记》北师大首映掀起讨论长达 110 分钟. Tom 娱乐网，http：//yule.tom.com，2009 - 04 - 22.

　　② 司马平邦. "南京"电影引动民族主义和自由主义再度交锋. 凤凰博客，http：//blog.ifeng.com/article/2655397.html.

　　③ 刘邦邦. 震撼的场面虚构的忏悔. 凤凰博客，http：//blog.ifeng.com/article/2656767，2009 - 05 - 08.

　　④ 胡荣荣. 站在辛德勒的高度看南京南京. 凤凰博客，http：//blog.ifeng.com/article/2619325，2009 - 04 - 29.

　　⑤ 杨禹.《南京！》艺术观一流历史观三流. 中国青年报，2009 - 04 - 28.

　　⑥ 边律. 陆川：《南京！南京！》让我对战争有了新看法. 中国青年报，2009 - 04 - 28.

先生所说："重要的不在故事，不在情节，而是这个电影的起点和落点。一个是攀登精神高度，一个是站在21世纪的层面，努力做本质性和真实性的、当代性的表达。"①这种视角也得到了旨在推进中日关系的日方友好人士的认可，著名媒体人、曾任北京大学日本留学生会会长的加藤嘉一也认为，目前中日双方的当务之急是寻找共同点：

中国人和日本人了解到战争的残暴性、人类的共同性、人心的脆弱性、生命的可贵性、命运的不确定性后，能不能产生某种共鸣？中国人和日本人的认知能不能发现一点点重叠的部分？得到某种共同感受是不可能的吗？难道历史认识是永远不会达成共识的吗？假如这部电影只是起到进一步加剧中国人和日本人之间感情隔阂，深化相互不信任感的作用，笔者认为，陆导的"愿望"不会反映于现实，艺术作品则只好沉淀于艺术本身。②

可以说，《南京！南京！》的价值在于，它向世界传递了一个清晰的信息："要让日本人反思"，或"从日本人的视角反思"这一议题已经提上中日民众双方甚至是中日关系如何向前发展的议事日程。恰如陆川所说，"从日本人的视角来反思比从中国人的视角更为震撼"③，加藤嘉一也说："历史认识是靠着时间和交流一步一步推进的。《南京！南京！》将是促进中日两国人民'历史认识正常化'当中的切实环节和重要一步。……我相信，无论从政治还是商业的角度看，把它输出到日本市场有一定的难度。但我的立场很清楚，但愿这部电影能够到日本去，让日本人看后有所感受，有所思考。"④

显然，这些印有鲜明"当下"时间痕迹的"反思"元素，是以往"南京"中所缺乏的。在这一点上，无论怎样评价，《南京！南京！》也都要大于"南京"。

三、抵抗、救赎的议题

《南京！南京！》所提出的议题之二，是关于"抵抗"和"救赎"的议题。它主要集中在三个具体问题上：第一，究竟是否有过"抵抗"？第二，究竟什么才算是"抵抗"？第三，究竟靠谁来"拯救"（救赎）自己？

---

① 袁蕾. 不要问什么不能写，我要问你想写什么——专访电影局副局长张宏森. 南方周末，2009 - 04 - 30.

② ［日］加藤嘉一. "启蒙"还是"救亡"?. 南方周末，2009 - 05 - 06.

③ 陆川谈《南京南京》：朋友看了既想抱我又想揍我. 青年周末，2009 - 04 - 23.

④ ［日］加藤嘉一.《南京！南京！》我向陆川致敬. 瞭望东方周刊，2009 - 05 - 05.

"抵抗"之所以成为陆川《南京！南京！》的主旨之一，主要是因为南京曾长期被"强奸"、"失败"和"屈辱"所掩埋，而被世人所忽略。陆川在查阅了大量史实后指出："事实上，与抵抗有关的史料与真实细节特别多。以前所有与南京大屠杀有关的影视作品，关注的全是屠杀，但屠杀有一种同质性，是同样的角度。随着我看到的抵抗史实越来越多，我发现当时无论是在南京城里面，还是在紫金山附近进行的外围抵抗，大大小小的南京保卫战其实非常多，有很多特牛的事儿，让我看得特别心动，特想拍南京保卫战。紧接着我又看了好多日军当年的日记，里面说他们进城之后冷枪冷炮一直就没断过，他们迫切地想知道到底谁是潜伏的士兵。"而之所以形成这样的局面，据陆川披露，是"因为对于这段历史，史学界一直有一个根深蒂固的思想。我记得当初江苏有一个同题材的本子找我拍，制片人跟我聊的时候，我就跟他说，我可能会从抵抗的角度来做，他马上就说，你千万要小心，一旦让日本右翼抓住我们的把柄，就会说正是因为你们有抵抗我们才杀你们。所以他们长期以来都有这种担心，形成了一种思维习惯①。所以，《南京！南京！》的立意之一就是"用 4 年的时间、用一部电影去改变一个事实，弥补中国人在这段历史中的缺损，去重新为中国人民立传"②。例如，陆川看到妓女小江原型的历史记录，就设计了小江举手甘当"慰安妇"以拯救更多无辜者的一幕；看到陈瑞芳日记中写到一位妇女换了 6 身衣服去救 6 个男人的事迹，就设计了姜淑云多次冒充伤兵的妻子，被发现后从容赴死的义举；看到有关日军占领南京后满城都发生巷战的记载，心灵特别震撼——这将颠覆那段历史记忆，证明南京不是耻辱之城，而是光荣之城、抵抗之城。③

　　但接下来的问题是：究竟什么才算是"抵抗"？对此，也不无观众质疑，如"南京大屠杀中我们真的抵抗了吗？小规模自发的抵抗一定是有的。但是大范围的呢？如华沙起义般的抵抗呢？是一定没有的。三十万人被不紧不慢地杀掉，多少人是被刀砍，被草绳串着赶进长江"④。对此，《南京！南京！》的基调是：所谓"抵抗"，不是大规模的、物理意义上的军事行为，而是发自小人物群体心灵、精神深处的一种不屈与抗争，是一种生生不息的民族韧性。这样的处理自然会遭到某些观众的怀疑甚至质问："在这部片子里，我看到被俘的中国军人只是像猪狗一样地任日军屠杀，而被屠杀的人却出奇的平静，不作任何的抗争。……当年的《屠城血证》、《南京大屠杀》都给人深

---

① 许涯男. 南京！南京！废墟上异族狂舞中国人铁血抵抗. 精品购物指南, 2009 - 04 - 24.

② 张净净.《南京！南京》即将公映它的核心是拯救. 深圳商报, 2009 - 04 - 16.

③ 杜仲华. 中国大片正走向理性时代. 今晚报, 2009 - 05 - 04.

④ 万丹. 不看《南京南京》. 凤凰博客, http://blog.ifeng.com/article/2630022.html.

刻的警示教育，但是，在《南京！南京！》里我看不出来。"① 还有："实在看不出他刻意要拍好的中国人在哪里？难道就是那几个支离破碎的形象？是刘烨扮演的那个并没有抵抗到底的军人吗？还是范伟扮演的那个出卖同胞的拉贝秘书？或者是高圆圆扮演的那个忙乎了半天谁也没有救着的姜老师？"②

　　在此的问题在于：究竟什么才算是"抵抗"？《南京！南京！》强调的是一种意志上、精神上的抵抗，而这些"抵抗"又集中在几个"小人物"身上。这样处理是因为，若从战争胜败的角度看，"南京"军民无疑是失败者，但这种失败只是军事、肉体意义上的失败，70 余年之后再看这种胜败，就有了角度上的转换，这是因为："战争对人的摧毁是不分战胜者还是战败者的，战胜者有权力去剥夺女人的身体、女人的贞操、战败者的财富，但不意味着他的心灵是完整的，他心灵也会被异化；而战败者失去了一切，也不意味着失去了心灵。"③ 换言之，战败者的抵抗主要来自心灵的自信，这种自信从精神上可以永久屹立不倒，她是一种美丽对于邪恶的鄙视，一种柔弱对于刚强的斥责，一种韧性对于暴力的顽强，总之，是一种"精神上的抵抗"。这集中表现在影片中四个美丽的女性身上，恰如姜老师的扮演者高圆圆所说："女性很容易成为战争的受害者，但女性有自己抵抗的方式。女性甚至可以是拯救者。那 100 个站出来做慰安妇的女人，某种程度上是在拯救南京城。"无论是小江举起柔弱纤细的手说出"我去"，慷慨赴难，还是姜老师数次冒死换衣拯救男性难民，无论是唐小妹身临绝境仍款摇纤腰、清唱越剧的形象，还是唐太太不顾大道理只顾自己小生活的平庸怯懦……都不无以真实的生命来"抵抗"邪恶与暴力的成分。当然，这种"抵抗"从事实和结果上看，是无济于事的；但从精神和生命的力量来看，"她们是苦难中的四根烛光，她们的光芒虽然微弱，但非常凄美，在冰冷中特别温暖"④。小江的扮演者江一燕说："在举手的那一刻，她找到了与以往不同的自己。我认为小江在救别人的同时，也在救自己。她代表的是南京城中社会底层女性的抵抗。"⑤ 从精神内涵和本质上看，小江一声柔弱的"我去"所产生的撕心裂肺的震撼力度并不亚于千百大汉高呼"中国不能亡"。导演这样的用意显然被

---

　　① 彭永.《南京！南京！》是警示，还是屈辱展示?. 人民网, http：//www. chinanews. com. cn, 2009 - 05 - 04.

　　② 长平. 南京！南京！人性！人性!. 凤凰博客, http：//blog. ifeng. com/article/2677720, 2009 - 05 - 14.

　　③ 边律. 陆川:《南京！南京！》让我对战争有了新看法. 中国青年报, 2009 - 04 - 28.

　　④ 张净净.《南京！南京！》即将公映　它的核心是拯救. 深圳商报, 2009 - 04 - 16.

　　⑤ 杨林等. 全面解读《南京！南京！》——一座城的生与死. 新京报, 2009 - 04 - 17.

观众领悟了。有观众这样写道："当小江被日本兵带走时，她微微地回过头来看着姜淑云，然后向众人回眸一笑，泪水从眼眶滑落。这一刻，她的笑容和眼泪更是让我们感动、流泪。我觉得这个镜头被观众称为《南京！南京！》最美的一幕一点也不为过。在小江的笑容里不仅仅透出的一种美好与救赎，更让所有人看到了中国人的坚韧和尊严。"① 姜淑云的扮演者高圆圆也说："中国人可以死，但是不能是没有尊严地死。姜淑云是个在精神上有洁癖的女人，这可能是有着良好教育背景的知识女性的一个特点。对于这样的人，尊严比生命重要，她是不能忍受被日本人凌辱的。……她的死和陆健雄的死、妓女小江的死、唐先生的死，没有高低之分，都是有尊严的。②"

在此，所谓"抵抗"更深一层的含义似乎在于"救赎"和"拯救"问题。说到"南京"，很容易想到两个抽象符号："三十万"和"拉贝"，前者有关残酷，后者有关救赎。在《南京！南京！》里，对拉贝是持保留态度的，"拉贝1938年2月就离开了南京，那时候日本人的屠杀正如火如荼。我很尊重拉贝，但是反感把他说成中国人民的救世主，这是对中国公众记忆的一种侵占。谁救了谁？是自己救自己！越走进历史，却强烈地感受到，这段历史应该由谁来书写、应该怎么书写？应该是中国人，而不是德国人"③。而这里的问题在于：在完全深陷绝望、生命完全无望、明显"人为刀俎，我为鱼肉"的情形下，如何进行"自我拯救"，答案只有一个：拯救主要是精神上的庄严感，而不是行为上的战胜对手。这是流通于中华民族血脉的一以贯之的精神，恰如2009年一篇流传甚广的文章《我的中国性格》所言："从战略上讲，史可法、文天祥、陆秀夫、黄淳耀、阎应元做的事情毫无意义。他们保卫的政权，已经从上到下烂透了，他们拼上满腔热血身家性命，也根本无法挽亡国狂澜于既倒。而从人类文明史上讲，只有他们做的这些事情才有意义！没有他们，谈何中国性格！"④ 也正是在这一点上，"抵抗"与"拯救"密切相关，如影随形。如唐先生这个人物，本为拉贝秘书，也曾有过苟且偷生的行为，但在强大的兽性面前，最终还是以"慷慨赴难"寻找到了一条救赎自己的道路。行刑时，一向懦弱的唐先生，始终昂着头。他用中国话对日本人说"我太太又怀孕了"。"他救对方也是在救自己"⑤，扮演者范伟一语

---

① 三峡在线：看《南京！南京！》需要勇气 看江一燕需要眼泪. 新浪博客，http：//blog. sina. com. cn/s/blog.

② 杨林等. 全面解读《南京！南京！》——一座城的生与死. 新京报，2009－04－17.

③ 专访陆川：我不是在讲屈辱而是中国人的荣光. 武汉晚报，2009－04－17.

④ 冯八飞. 我的中国性格. 南方周末，2009－05－27.

⑤ 杨林等. 全面解读《南京！南京！》——一座城的生与死. 新京报，2009－04－17.

说出这个小人物的大光彩。而这种种发自小人物骨子里的韧性与尊严恰恰是《南京！南京！》有关"抵抗"与"救赎"的真谛所在。"至今思项羽，不肯过江东"，"中国性格是岳飞，是史可法，是袁崇焕，是陆秀夫，是佟麟阁，是谭千秋，是历尽三屠仍'无一降者'的嘉定百姓，是十七万两千'咸以先死为幸'的江阴人民。他们才是中国！中国，是他们的中国"①。

事实证明，不仅中国人，包括外国人也读懂了这种"抵抗"和"救赎"的真谛，读懂了昨日之"南京"与今日之《南京！南京！》的联系。在中国上映之前，《南京！南京！》已分别在法国和美国进行了试映，收到了一定效果。欧洲人看这个片子受到的震撼非常大，他们一方面看到中国人的抵抗，另一方面也看到一个侵略者因为战争而崩溃。曾制作《生死朗读》的好莱坞金牌制作人、美国知名影业米拉麦克斯公司主席哈维·韦恩斯坦对《南京！南京！》表示出极大关注，准备买下全球版权。哈维表示，通过这部电影才理解中国人为什么会有今天的成就，它展现了中国人的勇气和尊严。②

四、走出"南京"：国际视野的议题

《南京！南京！》提出了进入国际视野的议题，而长期以来，"南京大屠杀"只是一个局部事件。说它是"局部事件"，是因为在人们心目中，它发生在某一局部地理区域，并未引起国际社会的关注。在此不妨把"南京"和"奥斯维辛"进行比较。

奥斯维辛无疑是一个"国际事件"，以此为题材的回忆录、小说、电影、电视剧数量很多，纪实性小说有斯泰隆的《索菲的选择》，维斯拉夫·基拉尔的《世界的肛门——奥斯维辛五年》，安妮·弗兰克的《日记》，以及赫伯特·齐佩尔的《达豪之歌》；电影、故事片有《辛德勒的名单》、《美丽人生》、《逃离苏比波》、《索菲的选择》、《生死朗读》、《灰色地带》，纪录片有《奥斯维辛集中营：被遗忘的证据》；新闻作品有1958年美国记者罗森塔尔所写的《奥斯维辛没有什么新闻》，该文获得普利策新闻特稿奖。更重要的是西方思想界对"奥斯维辛"的反思高度，如法兰克福学派重要学者阿多尔诺。作为劫后余生的犹太人，他自觉肩负了一个崇高、迫切而艰巨的使命：为纳粹开具"思想病根诊断书"，寻求"着眼于奥斯维辛集中营不再重现"的"否定的辩证法"，对于启蒙运动以来的"理性精神"提出了挑战。具体而言，"启蒙旨在反对神话和迷信，却导致了各色拜物教的泛滥；启蒙旨在

---

① 冯八飞. 我的中国性格. 南方周末，2009 – 05 – 27.

② 穆晨曦. 陆川：南京没有屈辱. 半岛晨报，2009 – 04 – 21.

正确认识世界，却通过程式化、抽象化、数学化思维而歪曲了世界；启蒙旨在强化人类主体性，却将人贬低为合理化统治的工具；启蒙旨在反对封建极权，却走向了纳粹极权主义；启蒙旨在追求进步，却导致史无前例的大屠杀"①。在阿多尔诺看来，理性主义专制不仅与纳粹主义"以理杀人"异曲同工、同构、同源，而且与纳粹结成"同谋共犯"的关系，"奥斯维辛集中营证实纯粹同一性的哲学原理就是死亡"②。阿多尔诺总结说："在奥斯维辛集中营之后，任何漂亮的空话、甚至神学的空话都失去了权利。"③ 显然，在此，"奥斯维辛"已经成为人类作为一个"局限存在物"的符号，一种全人类耻辱的标记。

而"南京"，由于各种原因，被归入"局部事件"。与"奥斯维辛"相比，以此为题材的作品不成比例。恰如南京大屠杀纪念馆馆长朱成山所说："相比于世界上其他的灾难事件，尤其是一些战争和屠杀事件，我们的文学作品也好，影视作品也罢，产出的数量实在太少——反映纳粹德国屠杀犹太人的作品，不管是学术研究作品，还是影视作品，现在一共有多少呢? 恐怕你根本数不过来。"所以，拍摄《南京! 南京!》的主旨之一就是将其纳入国际传播的视野。因为"这不仅仅是我们一国、一族的事情，应该是整个世界、整个地球上的人们共同的事情"④。

近年来，"南京"进入国际视野是一种大趋势。如北美地区有张纯如的《南京大浩劫》以及安妮·皮克和比尔·斯潘克夫妇导演、郑启惠主演的《张纯如——南京大屠杀》，德国和欧洲有《拉贝日记》，"南京大屠杀"逐步走出中国，走出亚洲，浮现在世界人民面前。对制作《张纯如——南京大屠杀》这部影片的初衷，安妮夫妇说："在中国、美国、加拿大、欧洲的青年，都有这个需要来看这部电影，可是最最需要的就是日本。我们非常希望在日本公映，日本需要面对自己的历史，只有他们面对历史，全部亚洲才能往前走。……如果日本不承认历史，对他们的孩子也不公正，因为每个国家都有错误，每个国家只有承认才能往前走。"⑤ 2008 年 11 月 12 日，《张纯如——南京大屠杀》率先在加拿大多伦多举行了首映式。之后，该片陆续在美国的纽约、洛杉矶等 5 个城市放映。此外，2008 年南京大屠杀 70 周年纪念

---

① 俞吾金，陈学明. 国外马克思主义哲学流派. 上海：复旦大学出版社，1990. 134～141.

② ［德］阿多尔诺. 否定的辩证法. 重庆：重庆出版社，1993. 362.

③ ［德］阿多尔诺. 否定的辩证法. 重庆：重庆出版社，1993. 368.

④ 南京大屠杀纪念馆馆长：记住历史但不要记住仇恨. 南方日报，2009－04－29.

⑤ 林十八. 给父母还原一个张纯如. 凤凰博客，http：//blog. ifeng. com/article/2655075，2009－05－08.

日那天，该片还在加拿大一家电视台播出，历史影像资料中残酷的场景让很多加拿大观众震惊不已。而美国也有人打算让该片上电视。另外，发行方还打算让影片在日本公映："现在已经有两家日本公司在与我们洽谈公映的事。"值得一提的是，该片已在西方国家产生了巨大的影响。加拿大多伦多史维会会长王裕佳说，去年有几名加拿大众议员参加了该片在多伦多的首映式。两三周之后，加拿大众议院就通过议案：要求日本就慰安妇问题作出"正式、真诚"的道歉。王裕佳坚信：这部电影对这一议案有影响。①

让世界知晓，让日本人反思，是"陆川"们的目的，也收到了一定的效果，因为，"我发现看过电影的日本人对此事都有重新认识，因此特别希望能在日本公映"。而这样，就有可能形成一个"文化事情"，"这个电影可能会是一个桥梁，能让中日之间多一点沟通和理解。我希望中日关系别变成中东那样。我觉得现在能坐下来，能够通过电影把它讲清楚的，就用文化的手段把这事沟通清楚"②。对此，日本媒体人加藤嘉一也是认同的，他说：

《南京！南京！》将是促进中日两国人民"历史认识正常化"当中的切实环节和重要一步。陆川说："我最大的野心是把《南京》放到日本去。"我相信，无论从政治还是商业的角度看，把它输出到日本市场有一定的难度。但我的立场很清楚，但愿这部电影能够到日本去，让日本人看后有所感受，有所思考。③

此外，《拉贝日记》的导演傅瑞安转述日本演员香川照之的话说，"他认为现在是时候（让日本人）承担起责任、面对曾经发生过的一切了，应帮助日本人改变对待过去的态度"④。

简而言之，要走进"南京"，也要走出"南京"。走进"南京"，是为了抢救记忆，面对事实；走出"南京"，是为了让世人（包括日本人）知晓，面对历史。从某种意义上，"陆川"们的走进"南京"，正是为了走出"南京"。随着中国国力的增强和国际地位的提高，"南京"也会像"奥斯维辛"一样，不仅是一个局部事件，还是一个国际事件，一种全人类耻辱的标记——而这，正是陆川团队的自觉使命——"我觉得我们肩负着一个使命，

---

① 毛玉霞，沈梅. 纪录片《张纯如》再现南京大屠杀历史悲剧. 现代快报，2009 - 04 - 24.

② 杨林等. 全面解读《南京！南京！》——一座城的生与死. 新京报，2009 - 04 - 17.

③ ［日］加藤嘉一. 《南京！南京！》我向陆川致敬. 凤凰博客，http：//blog. ifeng. com/article/2647695，2009 - 05 - 06.

④ 吴轶凡. 揭示"南京大屠杀"真相影片在日遭禁映. 天天新报，2009 - 04 - 18.

就是要让全世界接受这个事实，所以我们选择一种能让外部世界接受的方式来讲述这个事件……说我们是一厢情愿也好，但可能更容易让世界接受这个事实"①。

五、《南京！南京！》与"大国心态"

从以上对《南京！南京！》的个案梳理分析中，可以看出，就"议程设置"的功能和影响力而言，有时电影要大于事实和新闻本身。如果再进行深入分析，可以说，围绕《南京！南京！》的议程讨论，实际上反映了目前中国人的"大国心态"。换言之，针对《南京！南京！》的个案分析，既可为传统"议程设置"理论增添一个新的视角，也可以从中梳理出目前中国人的"大国心态"，那就是理性、自信及宽容或包容。

先看理性。所谓理性，就是尽量排除情绪的干扰，从更为冷静、客观的视角对待事物。2006年10月，电视纪录片《大国崛起》上映，在社会各界引起了较大反响，引发了诸多议论，"大国心态"以其独特意义而广受舆论关注。那么，何谓"大国心态"？《人民论坛》记者进行了调查，结果显示："在转轨时期，随着经济的发展、国家地位的提高，国民心态更趋乐观、自信，更具责任心、包容心与忧患意识，大家抱着客观、理性、包容的心态看待中国与世界。"北京大学国际关系学院外交学系主任叶自成教授说，随着中国人对外交往机会和了解国际社会渠道的增多，人们接受的信息也逐渐丰富起来，不太容易被情绪化的东西所左右，大部分人都比较理智平和。在看到国家成就的同时，中国人也冷静地看到并承认了中国存在的问题。这种坦然面对缺点和问题的正常心态，使很多到访的外国人都感到惊讶。② 又"近七成的受访者表示随着经济全球化与信息化时代的来临，大部分人比较理智平和，能冷静、客观地看待中国发展的成败得失与世界发展的经验与教训。《中国改革》杂志社副主编董湘辉认为：中国人正在表现出其与大国地位相称的宽广胸怀。这种心态上微妙的转变是伴随着国力的强盛而发生的"③。而就这种"大国心态"与本书所论而言，就是冷静与客观的理性，这种理性甚至要"理性"到从对方甚至从以往敌人的角度去看问题，恰如陆川所说的，我们不能只从自己的立场看问题，所以必须选择一个公正的角度，公正到让世界跟着侵略者的目光去看这个事情。而之前在国外的试放映中，也证明了

---

① 吴轶凡. 揭示"南京大屠杀"真相影片在日遭禁映. 天天新报，2009 - 04 - 18.

② 杨琳. 塑造大国心态. 瞭望新闻周刊，2004 (39)：21～22.

③ 蒋海洋. 中国国民是否具有"大国心态"？. 人民论坛，2007 (1)：27.

欧洲人看这个片子受到的震撼非常大，他们一方面看到中国人的抵抗，另一方面也看到一个侵略者因为战争而崩溃。①

次看自信。何谓"大国心态"？自信是其中必不可少的精神元素。"国民的心态是一个国家软实力的晴雨表，就大国必须具备的形象与要求而言，塑造优秀的国民性格成为了当务之急。专家指出，崛起的中国需要更多耐心和创新，也需要更多自信心、责任心和宽容心。我们要从哲学层面提高国民的心理素质，塑造出中国'君子风范'的大国心态。"② 中国现代国际关系研究院美国所所长傅梦孜认为，大国心态总体上说"是一国的国民既要有自信心，塑造自己的文化形象，又要有包容心，吸纳别人的文明"③。而自信则源于我们的进步和强大。这也恰恰是支撑着陆川拍摄的精神力量——"70年后，我们的国家富强自信了，我们是不是可以换一种能够被整个世界认同的价值体系或对话语境，来重新讲述这个事情，这是电影想要做的一个探讨。我觉得70年的结论是，我们的眼泪好像并不能真正去软化西方世界，这个世界需要你用更强大的价值观、更强大的证据、更自信的讲述语境去跟它平等对话"④。这正是从"中国视角"转向"日本视角"的奥秘所在。陆川说："一代一代导演拍摄同一个题材，必然会有不同的角度和诠释。我的《南京！南京！》首次采用一个日本士兵的视角，这其实象征着中国的自信，中国整个民众的自信。"⑤

这种自信，还体现在如何去理解"抵抗"和"救赎"上。《南京！南京！》里面始终有一种支撑着我们民族前行的精神力量，恰如陆川所说："我觉得一个民族很难期盼每次灾难来的时候都有救世主，我们的民族70年都是靠自己，我们民族的抵抗从来没有停息过。"⑥ "我们中国人有一种巨大的韧性，这种韧性就是你踩不垮、踏不灭的这种韧性，就不断地跟你PK，直到把你消融了，八年抗战就是这么一个道理。"⑦ 从历史长时段来看，这种精神和心理上的强大，要远远胜于一时暴力上的强大。67年前，作为战胜国的中国曾发出这样的声音："相信我们武装之下所获得的和平，并不一定是永久和平的完全实现，一定要做到我们的敌人在理性的战场上为我们所征服，使他

---

① 南京大屠杀纪念馆馆长：记住历史但不要记住仇恨. 南方日报，2009 - 04 - 29.
② 蒋海洋. 中国国民是否具有"大国心态"?. 人民论坛，2007（1）：27.
③ 蒋海洋. 中国国民是否具有"大国心态"?. 人民论坛，2007（1）：27.
④ 杨林等. 全面解读《南京！南京！》——一座城的生与死. 新京报，2009 - 04 - 17.
⑤ 边律. 陆川：《南京！南京！》让我对战争有了新看法. 中国青年报，2009 - 04 - 28.
⑥ 《南京！南京》全球盛大首映　陆川现场潸然泪下. 搜狐娱乐，2009 - 04 - 24.
⑦ 专访陆川文字实录. 凤凰网·非常道，http：//ent. ifeng. com/feichangdao，2009 - 04 - 23.

们能彻底忏悔，都成为世界上爱好和平的分子。"① 这种思想与近来媒体流传的一篇文章不无暗合之处——"伟大，是博大精深到无法从地球上抹去的文化。是亡国灭族都无法让它中断的文化。是抽去它世界历史就得完全重写的文化。是连征服者也不得不心服口服虔诚皈依的文化。中国是伟大的。她的伟大甚至根本不需要我们这些不肖子孙来承认"②。

再看包容。与自信联袂而行的自然是包容或宽容，它们也是"大国心态"的必要组成部分。恰如学者所说："伴随着中国经济的增长，中国已经成为一个崛起中的大国。一个大国，自然要有雍容自信、不卑不亢的大国公民和开放、温和、理性、宽容的大国心态作为支撑。"③ 而杨琳所论"大国心态"五要素之一就是"包容心"："作为一个大国，其国民应该拥有大国的气概和宽广的胸怀，既要能够包容地对待世界各民族的思想、文化和意识形态，博采众家之长，也要能以包容的心态去处理历史问题和国际纠纷。……无论对内对外，都不纠缠细节，而着眼于长远的实力提升，以健康的心态去面对世界和自己，这是大国国民应有的心态。"④ 陆川也说："我们今天可以用一种普世的价值观念，以理性的、反战的、和平主义的视角去反映那场战争，使世界更容易接受，这说明我们的国家和民众更开放、更宽容了。"⑤ 可见《南京！南京！》的拍摄思想与"大国心态"有着默契的一致性。在陆川团队看来，只有包容，才能避免自说自话，走得更远。因为这有着极强的现实意义。

《拉贝日记》的导演傅瑞安在日本有个工作室，经常与一些日本的年轻导演和演员接触，令他感到震惊的是，这些日本的年轻人对于南京大屠杀一无所知，"他们中的一些人表示听说过南京大屠杀，还有一些人知道南京大屠杀发生过，但他们在学校里没有学到过这段历史。我非常相信日本的年青一代会想要知道这一切，他们会想讨论和探究历史的真相"⑥。而陆川拍《南京！南京！》的目的就是要覆盖这一"盲点"。他说："我觉得我是怀着特别巨大的民族的仇恨去拍这戏的。然后拍着拍着，我是觉得我们有必要把一些日本人到底是怎么回事儿给拍出来。……如果你觉得我拍这个有野心的话，我想说我最大的野心就是把这电影放到日本。我就挺希望这片儿将来有一天

---

① 抗战胜利告全国军民及全世界人士书. 维基文库，http：//zh. wikisource. org/wiki.

② 冯八飞. 我的中国性格. 南方周末，2009 – 05 – 27.

③ 赵灵敏. 崛起的中国需要大国心态. 南风窗，2004（19）：5.

④ 杨琳. 塑造大国心态. 瞭望新闻周刊，2004（39）：23.

⑤ 边律. 陆川：《南京！南京！》让我对战争有了新看法. 中国青年报，2009 – 04 – 28.

⑥ 吴轶凡. 揭示"南京大屠杀"真相影片在日遭禁映. 天天新报，2009 – 04 – 18.

走进去，走在他们的国家，能够影响他们的观众，然后让他们能够成群结伙地到中国来道歉。"① 当然，"把这电影放到日本"，目前看来还有难度；"成群结伙地到中国来道歉"，也不无幻想成分，但事情毕竟要做，而且需要"人"去做，一步一步、扎扎实实地做。这恰如陆川所说："外交跟文化是两码事，我觉得不管外交需要什么，民间得有声音。如果等外交特别需要民间有声音的时候我们没准备好，那这声音从哪儿来啊？我们现在是不需要声音，可是当我们需要声音的时候，那（民间）的声音不是立刻就有的。"② 2009 年 5 月 24 日，由《南方人物周刊》组织评选的"2009 年度中国青年领袖"在京揭晓并颁奖。陆川、孙红雷、谢有顺、邓亚萍等 14 人获得年度中国青年领袖称号。评委会对陆川执导的《南京！南京！》给予肯定，认为影片"以对方视角作为主线，把敌人还原为人类"③。

六、结语

饶曙光先生曾说："电影要跟我们的日常经验、审美期待建立一种必然联系，如果不能建立联系，这种电影对我们来说有什么意义？在这个意义上说，我特别希望《南京！南京！》票房能过亿。"④ 就本书所分析的对象而言，可以说这种"必然联系"的对象就是"大国心态"。因为如果稍加深入剖析，就会发现，《南京！南京！》的拍摄思想与正在成型的国民"大国心态"有着惊人的默契性。具体而言，《南京！南京！》提出了三个议题，即还原、反思的议题，抵抗、救赎的议题，以及走出"南京"的国际视野的议题。与这三个议题所对应的也有三种心态：理性冷静的心态，自信自强的心态，以及宽容和包容的心态。而这三种心态，正是《大国崛起》以来逐步成型的国民"大国心态"的核心所在。细究影片所提出的有关议题的动机，无一不与这种"大国心态"有着千丝万缕的联系。可以说，《南京！南京！》所设置的三个议题与《大国崛起》以来逐步成型的国民"大国心态"，如盐在水，如影随形；前者是后者的具体表现，后者则是前者的文化心理支撑。

电影是一种高度综合的文艺形式，研究它所蕴含的国民心态，能更清楚地看到"大国心态"在当今中国的普及和深入程度。本文以《南京！南京！》为个案依托，分析了其背后所蕴含的"大国心态"，希望能引发更为精彩的讨论。

（原载于《贵州社会科学》，2010 年第 2 期）

---

① 专访陆川文字实录. 凤凰网·非常道，http：//ent. ifeng. com/feichangdao，2009 – 04 – 23.

② 陆川：我想拍一个战争本性的东西. 三联生活周刊，2009 – 04 – 20.

③ "2009 年度中国青年领袖"在京揭晓. 京华时报，2009 – 05 – 25.

④ 王晶晶. 与我们日常经验没关系的电影毫无意义. 中国青年报，2009 – 05 – 05.

后记：视角与并存

　　很明显，本书第一部分所论"第四种权力"或"第五种权力"云云，是依托于立法权、司法权和行政执法权三权分立的一种比喻延伸，是形容新闻媒体的社会影响力、政治制衡力的一种隐喻，而不是说它就直接是政府的一个部门、行政权力的一个分支。在此，最好不要把新闻媒体和网络媒体的"第四种权力"、"第五种权力"与前三种权力作直接或等同式的理解。如果非要这样理解，也不要视为一种视角——很显然，新闻媒体确实不是政府的一个独立的分支部门，也不是一种独立的行政权力。

　　据介绍，美国密苏里大学新闻学教授莫瑞尔就曾坚持，把新闻媒体称为"第四种权力"是一种神话。莫瑞尔指出："传播这类神话的书籍和文章比比皆是。新闻学院、报社、电台和种种新闻团体如此不遗余力和神乎其神地散布这种观点，以致不明白美国历史的人初到美国，会以为新闻记者是人民选举出来的，担负着某种特殊的公共职能。这一神话的最初来源似乎是爱德蒙德·柏克或者托马斯·麦考利把英国议会中的记者席称为'第四阶级'。而英国人无意间的指称穿过大西洋抵达美国后，'阶级'却变成'政府分支'了。"莫瑞尔还指出："和'媒体是政府第四分支'这一总的假设相关的是媒体是政府'制衡'的信条。这当然会把媒体置于政府之外，把媒体置于一个监视和批评政府的位置。但难道这和其含意为媒体是政府一部分的'媒体是政府第四权力'的概念相矛盾吗？媒体当然不可能既是政府的一个部门，又是它的'制衡'。真实的情形是，媒体并非政府的一部分，它只是私人企业而已。在1973年'水门事件'丑闻和'国防部文件'泄密等事件中，一些媒体确实对政府进行了制衡，但全部媒体都是'政府的第四分支'却不过是个动听的神话而已。"

　　在此，莫瑞尔教授强调的是"美国媒体首先是私人企业"这一本质认识，因而弱化了媒体的社会监督和权力制衡的作用。但这只是视角的不同，并不能因此而作出"新闻媒介没有社会监督和权力制衡的功能"这一判断。换言之，强调"新闻媒体首先是私人企业，它因谋利而与政府共谋"，是一种视角；强调"新闻媒体具有社会监督的职能，是权力制衡的一种社会力量，其特点是以权力制约权力"，也是一种视角，不能因此就否定媒体和政治权力之间是一种情人般的"共生"关系这一判断。对这种"并存"状态，已有学者指出："当然，媒体和政治权力之间的'共生'并不否定美国媒体的浪漫主义传统，也不否认媒体在《宪法第一修正案》、《信息自由法》和《阳光政府法》等法律保护下对政治权力的监督。与世界绝大多数国家相比，美国对包括媒体在内的言论自由的保护几乎可以说是最好的。美国《宪法第一修正案》可以视为人类文明的一个里程碑式的文件，因为以宪法的形式禁止国家立法干预媒体，是由美国开其端的。"①

承认或否定媒介的社会监督和政治制衡作用，只是视角的不同，是一个硬币的两面，都有相应的事实、理论和资料的支撑，也都可以自圆其说，但这仅仅是一种视角而已，没有相互否定的必要，其最好的状态是并存，因为事物本身就是多元的。对同一事物，如有学者论述"日常生活批判"："在这平凡无奇、单调重复的日常生活世界，人被消融到周围世界之中，成了自然链条上的一环。人与周围的物、人与他人都处在一种天然的、未分化的、自在的关联之中，生存在原始给定的天人合一之中。对于这种自给自足、封闭的日常生活，从不同的视角看，会得出截然不同的结论：在诗人的眼中，这是自给自足、丰衣足食的田园牧歌般的或世外桃源般的生活；而在进化论者看来，这是封闭、落后、愚昧的生活。"②

就新闻媒体与行政权力的关系而言，是一种多重角色。即他们有时是针锋相对的"对手"，有时又是共生共谋的"情人"。如果是前者，新闻媒体就具有一种力量，一种权力，因为"权力意味着做事情、控制他者、让他者做本来不愿意做的事情的能力"③。这类例子很多，如雷吉尔在《扒粪者的时代》一书中所说的那样："（美国）1900 和 1915 年间的系列改革令人印象深刻。罪犯服役制和以劳偿债的制度在一些州被废除，监狱改革得到执行。1906 年通过了一项有关洁净食物的联邦法。很多州采用了《童工法》。1906 年通过了雇主责任的联邦法案，1908 年通过了第二个，并在 1910 年得到修改。森林资源得到了保护；《新土地法案》使得数百万英亩土地的开垦成为可能；随即通过了自然资源保护的法律。一些州通过了妇女 8 小时工作制。跑马场赌博被禁止。1908 到 1913 年间，20 个州通过了《母亲退休金法案》。在 1915 年，25 个州已经有了《工人赔偿法》。宪法中增加了一项收入税的修正案。"这是证明新闻媒体对立法、司法、执法实施特殊权力、产生巨大社会影响的铁一般的事实，也就是所谓的"第四种权力"。因为"权力意味着做事情、控制他者、让他者做本来不愿意做的事情的能力"，试看——"'标准石油'和烟草公司被分割；尼亚加拉大瀑布没有落入贪婪的大公司手中；

---

① 张巨岩. 权力的声音. 北京：生活·读书·新知三联书店，2004.
② 衣俊卿. 现代化与日常生活批判. 北京：人民出版社，2005.
③ ［美］约瑟夫·奈. 硬权力与软权力. 门洪华译. 北京：北京大学出版社，2005.

阿拉斯加被从古根海姆和其他资本家手中救了下来"，这显然是以新闻媒体所代表的社会正义力量对垄断资本的胜利，是一种"控制他者、让他者做本来不愿意做的事情的能力"，即"第四种权力"。

与此相关的还有一个认识需要辨明，即"第四种权力"、"第五种权力"云云只是一种基于三权分立基础上的比喻或隐喻，而比喻或隐喻能否作为学术研究的概念和范畴，尚存疑问。对此，笔者的回答是肯定的。从宏观上看，学术思维活动本身就具有隐喻性和修辞性质，这种思想集中表现在本书的《语言修辞和思想修辞》一文中，笔者认为，除了语言修辞外，还有一种"修辞"尚待研究，这就是"思想修辞"。如果说，"语言修辞"是表达者通过各种手段，以求达到语言运用的最佳效果；那么，"思想修辞"就是表达者通过各种手段，以求达到思想传达的最佳效果。二者的共性在于，它们都要通过"修辞"手段以达到自己的最佳效果；二者的区别在于，它们围绕的核心，一是语言，一是思想。简而言之，前者是语言润色，后者是思想润色；前者着重的是如何使语言更漂亮，更有感染力和说服力，后者着重的是如何使思想更有感染力、说服力，更为普遍接受；前者一般是局部的、分散的、片段的，而后者则具有整体性、结构性、系统性的特征。确立"思想修辞"的关键之一在于"修辞在物化思想和知识的同时，实际上也参与了知识的形成和真理的创造"，也就是说，一种修辞手段，可以发生在语言层面，也可以上升或深入为思想层面，形成一种新的知识系统——例如，"修辞学家人类修辞方法'隐喻'的研究表明，'隐喻'不仅是一个修辞格，还是一种认知方式。隐喻不仅存在于语言表达的层面，而且存在于思维层面，是一种思维模式"。比喻延伸，就是思想修辞的一个重要范畴。"第四种权力"、"第五种权力"云云，就是一种比喻延伸。

把隐喻性的概念作为自己学术研究的范畴，甚至是核心的、主要的范畴，在学术史上屡见不鲜。如福柯的"全景敞视主义"。"全景敞视监狱"是英国哲学家杰利米·边沁构思的一种由"权力技术"构成的建筑。其后，法国思想家米歇尔·福柯将边沁的这一思想延伸，把其从具象的监狱建筑延伸到抽象的学术概念，提出了"全景敞视主义"的概念。福柯指出："这是一种重要的机制，因为它使权力自动化和非个性的权力不再体现在某个人身上，而是体现在对于肉体、表面、光线、目光的某种统一分配上，体现在一种安排上。这种安排的内在机制能够产生制约每个人的关系。…… 因此，由谁来行使权力就无所谓了。…… 全景敞视建筑是一个神奇的机器，无论人们出于何种目的来使用它，都会产生同样的权力效应。"（米歇尔·福柯《规训与惩罚》）在此，"全景敞视"的隐喻意味十分明显。

　　此类的例子还有"角色理论"。角色理论亦称"拟剧论"，是一种社会学或社会心理学的研究范式或知识系统，其要义在于以戏剧中角色表演来比拟社会人生。其实，早在莎士比亚的《皆大欢喜》里，就有这样的台词："全世界是一个舞台，所有的男男女女不过是一些演员；他们都有下场的时候，也都有上场的时候，一个人一生中扮演着好几个角色。"其后，美国社会学家米德（R. H. Mead）和人类学家林顿（R. Linton）把"角色"这一概念正式引入了社会心理学的研究，后来符号互动论者 E. 戈夫曼发展了这一理论，试图从人与人之间的日常交往方面来解释人的社会行为，其代表作为《日常生活中的自我表现》，使"角色论"或"拟剧论"更加系统化、学理化。从"戏剧表演"的诸种要素出发，戈夫曼构建了一个完整的"角色表演"的理论体系，其要素有舞台设置、角色、表演、剧本、剧情、剧班、观众、前台、后台、假面具、表演失败、社会界墙、印象控制、印象管理等——很明显，在此，以戏剧要素来比拟社会活动是一种比喻，一种修辞，但这种修辞明显已经不是仅仅停留在语言层面，而是进入思考方式、学理构建、系统思维的高级层面了。

　　面对"大弦嘈嘈如急雨，小弦切切如私语"，似乎不能说"大弦、小弦之音只是乐音，既不是急雨，也不是私语"；同理，面对"全景敞视主义"及"角色理论"和"拟剧论"，似乎也不能发出这样的质疑："社会不是一个全景敞视监狱"，"社会不是舞台，人生不是一场戏剧，一个人扮演的不是各种角色"……因为"全景敞视主义"、"角色理论"、"拟剧论"只是一种触及问题本质的隐喻而已，既然我们可以接受"大弦嘈嘈如急雨，小弦切切如私语"，也就可以接受学术上的隐喻性概念和范畴——关键在于它是否触及了问题的本质。

　　所谓"第五种权力"，即相对于"第四种权力"的各种依托于网络平台的网民舆论，或网络话语权。目前，在中国，这种权力已逐步走向成熟，并在媒介独立、舆论监督方面发挥主要作用，补充了"第四种权力"之不足，从而促进了社会进步。或者可以说，就"传统"的新闻传播、舆论监督而言，正在悄然发生着一种"权力转移"的变化。简而言之，就是以往传统新闻媒体才具有的舆论监督的权力，正在向网络舆论或网络话语权悄然转移。如果说，"第四种权力"是新闻自由之子的话，那么，"第五种权力"就是信息自由之子，其自由天性是由于其独特的任何人、任何时间、任何地点的参与、表达与互动这一新媒体特征所决定的。我们说，"第五种权力"之所以能够独立，能够与其他四种权力清晰地区分出来，首先是由于其"他者"的第三方地位所决定的。这一特性实际上沿袭了"第四种权力"作为"监法"

的一种独立的社会权力。但在中国新闻史和现实之中，由于诸多原因，"第四种权力"发育得很不充分，难以充分起到"监法"的作用。这一是因为新闻业与中国近现代史、当代史的政党政治共生同行，有着先天性的"体制内"基因与"工具"、"喉舌"的烙印；二是由于诞生于网络媒介之前的传统媒体有着自身的局限性。这些都使新闻媒介难以作为一个"他者"的第三方而存在。而网络媒介之"任何人、任何内容、任何时间、任何地点"的先天特性使得这一状况有所改变，这就是作为他者存在的"第五种权力"；显然，由于传统媒体与权力千丝万缕的联系，"第四种权力"显然是不具备这种"他者"的气质的。

此外，"第五种权力"存在的理由，或曰其独立性质，还可以采用政治学理论"压力集团"的视角。所谓"压力集团"是指，在利益多元化的社会中，具有相似观点或利益要求的人们组成的，通过参与政治过程，影响公共政策，实现或维护自身利益的社会团体。网络群体的崛起，微博问政的出现，"第五种权力"的问世，使得中国的政治生活中出现了一种新的"压力集团"，网络的聚集性、便捷性、广阔覆盖性、迅速及时性降低（甚至消除）了传统媒介状态下必须支付的"组织成本"，使得有某种共同利益的群体在网络上快捷地、有效地"重新组织"起来，试图借此向政治机构和决策者提出要求以满足其利益。由于这种新的"压力集团"不是现实世界中的一个实体，也缺乏传统压力集团的行业特征，所以称为"潜在压力集团"。考察和分析"潜在压力集团"的形成和作用，无疑为研究"第五种权力"提供了一种新的视角。很显然，这种具有大众气质的"潜在压力集团"是"第四种权力"所不可能具备的。

在一个多元复杂的时代，需要的是独特的视角和包容性的思维，对同一个问题，也许A、B、C、D的解释都有道理，都可以自圆其说，差异只在于视角的不同。A没有必要为了论述自己的正确而必须将B、C、D统统否定，D也没有必要为了证明自己的合理而将A、B、C像秋风扫落叶一样一扫而光——需要的是包容的态度和并存的思维。

感谢远在美国西雅图的恩师刘泽华先生为此书作序。我曾师从先生学习中国政治思想史，其治学思想既注重"史料还原"的客观基础，又重视"思想还原"的理论提升。概而言之，其要点有三：一是从政治哲学高度研究古代思想史，二是重视普遍性、全局性、纲领性的问题，三是积极发现、主动寻找并建立新的概念和研究范畴。这是以刘泽华教授为学术带头人的南开大学中国古代政治思想史研究的三大特色。读博三年，深受其基本治学指导思想的启发，从中获益匪浅。其中，重视"政治哲学"，引导着我注意那些在政治思想与观念中最具普遍性的理论与命题，它们寓于党派又超越党派，寓于具体时代又超越具体时代；重视普遍性、全局性、纲纽性的问题，引导着我穿透历史的迷雾，贯通性地看待思想史命题，培养一种宏观的视角；注重概念、范畴、命题的研究，培养了一种从现象看本质、从散碎资料提炼有效命题的能力。把握这三点，提升了我的学术能力，其实，其基本的思想和方法，在这本书里也有所体现。此次先生又不吝笔墨，拨冗作序，不仅激励有加，亦感师生情缘。夫人许建长期的悉心照料和支持，使我得以完成此书的写作，另外，本书勒口处的作者照片出自她之手，这些，都是要特别提出感谢的。南开大学亚洲研究中心资助了本书的出版，特致谢忱。同时感谢暨南大学出版社对出版此书的支持和帮助。长期以来，南开大学文学院和传播学系对我支持、鼓励有加，借此机会，一并致谢。

是为后记。

刘　畅
2012 年 12 月于津门寓所